Bilddaten in den Digitalen Geisteswissenschaften

Episteme in Bewegung

Beiträge zu einer transdisziplinären Wissensgeschichte

Herausgegeben von Gyburg Uhlmann
im Auftrag des Sonderforschungsbereichs 980
„Episteme in Bewegung.
Wissenstransfer von der Alten Welt
bis in die Frühe Neuzeit"

Band 16

2020
Harrassowitz Verlag · Wiesbaden

Bilddaten in den
Digitalen Geisteswissenschaften

Herausgegeben von
Canan Hastik und Philipp Hegel

2020

Harrassowitz Verlag · Wiesbaden

Die Reihe „Episteme in Bewegung" umfasst wissensgeschichtliche Forschungen mit einem systematischen oder historischen Schwerpunkt in der europäischen und nicht-europäischen Vormoderne. Sie fördert transdisziplinäre Beiträge, die sich mit Fragen der Genese und Dynamik von Wissensbeständen befassen, und trägt dadurch zur Etablierung vormoderner Wissensforschung als einer eigenständigen Forschungsperspektive bei.
Publiziert werden Beiträge, die im Umkreis des an der Freien Universität Berlin angesiedelten Sonderforschungsbereichs 980 „Episteme in Bewegung. Wissenstransfer von der Alten Welt bis in die Frühe Neuzeit" entstanden sind.

Herausgeberbeirat:
Anne Eusterschulte (FU Berlin)
Kristiane Hasselmann (FU Berlin)
Andrew James Johnston (FU Berlin)
Jochem Kahl (FU Berlin)
Klaus Krüger (FU Berlin)

Beate La Sala (FU Berlin)
Christoph Markschies (HU Berlin)
Tilo Renz (FU Berlin)
Anita Traninger (FU Berlin)

Gefördert durch die Deutsche Forschungsgemeinschaft (DFG) –
Projektnummer 191249397 – SFB 980.

Umschlaggestaltung unter Verwendung von: Gm133, Infrarotaufnahme, Montage aus 2 Einzelaufnahmen; Germanisches Nationalmuseum, Institut für Kunsttechnik und Konservierung, Aufnahme: Beate Fücker (CC BY NC ND).

Bibliografische Information der Deutschen Nationalbibliothek
Die Deutsche Nationalbibliothek verzeichnet diese Publikation in der Deutschen Nationalbibliografie; detaillierte bibliografische Daten sind im Internet über https://www.dnb.de abrufbar.

Informationen zum Verlagsprogramm finden Sie unter
http://www.harrassowitz-verlag.de
© bei den Autoren
Verlegt durch Otto Harrassowitz GmbH & Co. KG, Wiesbaden 2020
Gedruckt auf alterungsbeständigem Papier.
Druck und Verarbeitung: Memminger MedienCentrum AG
Printed in Germany

ISSN 2365-5666
eISSN 2701-2522
DOI: 10.13173/2365-5666

ISBN 978-3-447-11460-8
Ebook ISBN 978-3-447-39046-0
DOI: 10.13173/9783447114608

Zum Geleit

Andrew James Johnston und Gyburg Uhlmann

Der an der Freien Universität Berlin angesiedelte Sonderforschungsbereich 980 „Episteme in Bewegung. Wissenstransfer von der Alten Welt bis in die Frühe Neuzeit", der im Juli 2012 seine Arbeit aufgenommen hat, untersucht anhand exemplarischer Problemkomplexe aus europäischen und nicht-europäischen Kulturen Prozesse des Wissenswandels vor der Moderne. Dieses Programm zielt auf eine grundsätzliche Neuorientierung wissensgeschichtlicher Forschung im Bereich der Vormoderne ab. Sowohl in der modernen Forschung als auch in den historischen Selbstbeschreibungen der jeweiligen Kulturen wurde das Wissen der Vormoderne häufig als statisch und stabil, traditionsgebunden und autoritätsabhängig beschrieben. Dabei waren die Stabilitätspostulate moderner Forscherinnen und Forscher nicht selten von der Dominanz wissensgeschichtlicher Szenarien wie dem Bruch oder der Revolution geprägt sowie von Periodisierungskonzepten, die explizit oder implizit einem Narrativ des Fortschritts verpflichtet waren. Vormodernen Kulturen wurde daher oft nur eine eingeschränkte Fähigkeit zum Wissenswandel und vor allem zur – nicht zuletzt historischen – Reflexion dieses Wandels zugeschrieben. Demgegenüber will dieser SFB zeigen, dass vormoderne Prozesse der Wissensbildung und -entwicklung von ständiger Bewegung und auch ständiger Reflexion geprägt sind, dass diese Bewegungen und Reflexionen aber eigenen Dynamiken unterworfen sind und in komplexeren Mustern verlaufen, als es eine traditionelle Wissensgeschichts-schreibung wahrhaben will.

Um diese Prozesse des Wissenswandels fassen zu können, entwickelte der SFB 980 einen Begriff von ‚Episteme‘, der sich sowohl auf ‚Wissen‘ als auch ‚Wissenschaft‘ bezieht und das Wissen als ‚Wissen von etwas‘ bestimmt, d. h. als mit einem Geltungsanspruch versehenes Wissen. Diese Geltungsansprüche werden allerdings nicht notwendigerweise auf dem Wege einer expliziten Reflexion erhoben, sondern sie konstituieren sich und werden auch reflektiert in Formen der Darstellung, durch bestimmte Institutionen, in besonderen Praktiken oder durch spezifische ästhetische oder performative Strategien.

Zudem bedient sich der SFB 980 eines speziell konturierten Transfer-Begriffs, der im Kern eine Neukontextualisierung von Wissen meint. Transfer wird hier nicht als Transport-Kategorie verstanden, sondern vielmehr im Sinne komplex verflochtener Austauschprozesse, die selbst bei scheinbarem Stillstand iterativ in Bewegung bleiben. Gerade Handlungen, die darauf abzielen, einen erreichten

Wissensstand zu tradieren, zu kanonisieren, zu kodifizieren oder zu fixieren, tragen zum ständigen Wissenswandel bei.

Gemeinsam mit dem Harrassowitz Verlag hat der SFB die Reihe „Episteme in Bewegung. Beiträge zu einer transdisziplinären Wissensgeschichte" ins Leben gerufen, um die Ergebnisse der Zusammenarbeit zu präsentieren und zugänglich zu machen. Die Bände, die hier erscheinen, werden das breite Spektrum der Disziplinen repräsentieren, die im SFB vertreten sind, von der Altorientalistik bis zur Mediävistik, von der Koreanistik bis zur Arabistik. Publiziert werden sowohl aus der interdisziplinären Zusammenarbeit hervorgegangene Bände als auch Monographien und fachspezifische Sammelbände, die die Ergebnisse einzelner Teilprojekte dokumentieren.

Allen ist gemeinsam, dass sie die Wissensgeschichte der Vormoderne als ein Forschungsgebiet betrachten, dessen Erkenntnisgewinne von grundsätzlichem systematischen Interesse auch für die wissensgeschichtliche Erforschung der Moderne sind.

Inhalt

Abbildungsverzeichnis IX

Einleitung 1
Canan Hastik und Philipp Hegel

Informatische und informationstechnische Verfahren
Einleitung von Bernhard Thull 7

Die inhaltsbasierte Bildsuche und Bilderschließung: Ansätze
und Problemfelder 11
Martin Bullin und Andreas Henrich

Tafelmalerei Digital und FAIR 35
Mark Fichtner, Tobias Gradl und Canan Hastik

Aristoteles annotieren – Vom Handschriftendigitalisat zur
qualitativ-quantitativen Annotation 53
Germaine Götzelmann und Danah Tonne

Informationssysteme für (inter)disziplinäre Daten: Zusammenführung
aus verteilten und heterogenen Datenquellen 67
Daniel Kaltenthaler und Johannes-Y. Lohrer

Anwendungsgebiete für die automatisierte Informationsgewinnung
aus Bildern 85
Stefan Conrad, Martha Tatusch, Kirill Bogomasov und Gerhard Klassen

Kunst- und objektbasierte Anwendungen
Einleitung von Hubertus Kohle 99

Digitale 2D- und 3D-Visualisierungen als ikonische Erkenntnismodelle?
Eine kritische Betrachtung ihrer Entstehungsprozesse, Potenziale und
Herausforderungen im Kontext objekt- und raumbezogener Fragestellungen 101
Mieke Pfarr-Harfst

Digitale Ikonik 117
Ruth Reiche

Von Warburg zu Wikidata – Vernetzung und Interoperabilität
kunsthistorischer Datenbanksysteme am Beispiel von ConedaKOR 133
Thorsten Wübbena

Towards a Classification of Neoclassical Objects in Interior Scenes 149
Simon Donig, Maria Christoforaki, Bernhard Bermeitinger
und Siegfried Handschuh

Philologische und medienwissenschaftliche Anwendungen
Einleitung von Andrea Rapp 171

„Ich brauch' mal ein Foto ...":
der Umgang mit Bildern im Projekt *Textdatenbank und Wörterbuch des*
Klassischen Maya 175
Katja Diederichs, Christian Prager, Maximilian Brodhun und Céline Tamignaux

Diagramme in Bewegung: Scholien und Glossen zu *de interpretatione* 199
Michael Krewet und Philipp Hegel

Kanne, Rose, Schuh ...: Textbildrelationen in jüdischer Grabsteinepigraphik
am Beispiel der Symbole 217
Thomas Kollatz

Möglichkeiten und Grenzen der Videoannotation mit *Pan.do/ra* –
Forschung, Lehre und institutionelles Repositorium 231
Matthias Arnold, Hans Martin Krämer, Hanno Lecher, Jan Scholz,
Max Stille und Sebastian Vogt

Autorinnen und Autoren 255

Farbteil 265

Abbildungsverzeichnis

Abb. 1.1
Farbteil
Beispiele für Bilder (Icones) aus dem Emblematica Online Datenbestand. Picturae by permission of University of Glasgow Library, Archives & Special Collections, https://www.emblems.arts.gla.ac.

Abb. 1.2
Farbteil
Farbverteilungen nach dem HSV- und RGB-Farkmodell. Abbildung, Martin Bullin und Andreas Henrich (CC BY-NC-ND).

Abb. 1.3
Farbteil
Farbverteilungen nach dem HSV- und RGB-Farkmodell. Abbildung, Martin Bullin und Andreas Henrich (CC BY-NC-ND).

Abb. 1.4
Farbteil
Zuordnung ähnlicher Features mit Hilfe der SIFT-Methode, Abbildung, Martin Bullin und Andreas Henrich (CC BY-NC-ND).

Abb. 1.5
Beispiel für eine Architektur eines Deep Learning-Netzwerks; Abbildung, Martin Bullin (CC BY-NC-ND), Pictura by permission of University of Glasgow Library, Archives & Special Collections.

Abb. 2.1
Deutsche Tafelmalerei des Spätmittelalters (links), Medienarchiv Tafelmalerei (Mitte oben), Objektkatalog des GNM (rechts) mit gegenseitiger Verlinkung zwischen den Datenbeständen; Abbildung, Mark Fichtner (CC BY).

Abb. 2.2
Modellierung von Struktur und Logik zur Extraktion, Verarbeitung und Anreicherung deskriptiver Metadaten; Abbildung, Tobias Gradl (CC BY).

Abb. 2.3
Suche anhand einer bekannten Inventarnummer mit Ergebnissen aus verschiedenen Datenquellen; Abbildung, Tobias Gradl (CC BY).

Abb. 3.1
Beispiele verschiedener Seitenlayouts in de interpretatione-Kommentaren. Codex Phil. Gr. 300, f. 137v. (links), Digitalisat, Österreichische Nationalbibliothek, URL: http://data.onb.ac.at/rep/1002E2A7; Codex Paris Grec 1974, f. 107v. (rechts), Digitalisat, Bibliotheque nationale de France, URL: https://gallica.bnf.fr/ark:/12148/btv1b10721606h/f226.item.

Abb. 3.2
Screenshot Annotationsoberfläche mit Codex Vind. Phil. Gr. 300, f. 137v, vgl. Abbildung 1. Digitalisat, Österreichische Nationalbibliothek, URL: http://data.onb.ac.at/rep/1002E2A7.

Abb. 4.1
Der grundlegende Lauf von archäologischen Daten von den Ämtern zu den spezialisierten Sammlungen und Spezialisten. Abbildung, Daniel Kaltenthaler und Johannes-Y. Lohrer (CC BY).

DOI: 10.13173/9783447114608.IX

Abb. 4.2   Vergleich der Architektur von Mediator-basierten Systemen mit Verwaltung durch einen zentralen Administrator (oben) und von ReMIS mit Verwaltung durch den jeweiligen Datenbesitzer (unten). Abbildung, Daniel Kaltenthaler und Johannes-Y. Lohrer (CC BY).

Abb. 4.3   Eine abstrakte Skizze der ReMIS-Cloud-Architektur. Abbildung, Daniel Kaltenthaler und Johannes-Y. Lohrer (CC BY).

Abb. 4.4   Screenshots von der Suchmaske (links) und dem gekürzten Anfrageergebnis (rechts) der Weboberfläche von ReMIS. Abbildung, Daniel Kaltenthaler und Johannes-Y. Lohrer (CC BY).

Abb. 4.5   Eine vereinfachte Skizze für den Anwendungsfall der ReMIS-Cloud-Architektur für archäologische und bioarchäologische Wissenschaften. Abbildung, Daniel Kalten- thaler und Johannes-Y. Lohrer (CC BY).

Abb. 5.1   Extraktion von Wolken, bearbeitete Abbildung; Kirill Bogomasov
Farbteil   (CC BY 4.0). Originaldatensatz, URL: https://cvg.ethz.ch/research/mountain-localization/ (CC BY).

Abb. 5.2   Originalaufnahme einer Berglanschaft, Abbildung aus Datensatz,
Farbteil   URL: https://cvg.ethz.ch/research/mountain-localization/ (CC BY).

Abb. 6.1   Technische Universität Darmstadt, FG Digitales Gestalten, Crystal-
Farbteil   palace (2010), Abbildung: Technische Universität Darmstadt (CC BY NC ND).

Abb. 6.2   Mieke Pfarr-Harfst, Prozess digitaler 2D- und 3D-Visualisierungen (2015). Abbildung, Mieke Pfarr-Harfst (CC BY NC ND).

Abb. 6.3   Technische Universität Darmstadt, FG Digitales Gestalten, Die Kai-
Farbteil   sergräber von Xi´an (2006), Abbildung, Technische Universität Darmstadt) (CC BY NC ND).

Abb. 6.4   Technische Universität Darmstadt, FG Digitales Gestalten, Die Bau-
Farbteil   geschichte des Florentiner Doms (2013), Abbildung, Technische Universität Darmstadt(CC BY NC ND).

Abb. 6.5   Technische Universität Darmstadt, FG Digitales Gestalten, Die Bau-
Farbteil   geschichte des Florentiner Doms (2013), Abbildung, Technische Universität Darmstadt(CC BY NC ND).

Abb. 7.1   August Macke: Leute am blauen See (1913), Öl auf Leinwand, 60 x
Farbteil   48,5 cm, Staat- liche Kunsthalle Karlsruhe. Links: Originale Abbildung (Quelle: Wikimedia Commons), URL: https://commons.wikimedia.org/wiki/File:August_Macke_-_Leute_am_blauen_ See_(1913).jpg), rechts: sortiert nach Farbtönen; Abbildung, Ruth Reiche (CC BY).

Abb. 7.2
Farbteil
Robert Delaunay: Drei Fenster, Turm und Rad (1912), Öl auf Leinwand, 130,2 x 195,6 cm, Museum of Modern Art New York. Links: Originale Abbildung (Quelle: prometheus Bildarchiv, Datenbank: DILPS, Universität Passau, Lehrstuhl für Kunstgeschichte und Bildwissenschaften, Universität Passau, gescannt aus: Robert Delaunay. 1906-1914. De l'impressionnisme a l'abstraction, Ausst. Kat. Centre Georges Pompidou, hg. von Pascal Rousseau und Jean-Paul Ameline, Paris 1999, S. 183), rechts: sortiert nach Farbtönen; Abbildung, Ruth Reiche (CC BY).

Abb. 7.3
Histogramme. Links: Macke, rechts: Delaunay. Abbildung, Ruth Reiche (CC BY).

Abb. 7.4
Farbteil
Robert Delaunay: Drei Fenster, Turm und Rad (1912), Öl auf Leinwand, 130,2 x 195,6 cm, Museum of Modern Art New York. Links: Originale Abbildung (Quelle: prometheus Bildarchiv, Datenbank: DILPS, Universität Passau, Lehrstuhl für Kunstgeschichte und Bildwissenschaften, Universität Passau, gescannt aus: Robert Delaunay. 1906–1914. De l'impressionnisme a l'abstraction, Ausst. Kat. Centre Georges Pompidou, hg. von Pascal Rousseau und Jean-Paul Ameline, Paris 1999, S. 183), rechts: sortiert nach Farbtönen; Abbildung, Ruth Reiche (CC BY).

Abb. 7.5
Farbteil
Chord Diagrams. Links: Macke, rechts: Delaunay; Abbildung, Ruth Reiche (CC BY).

Abb. 8.1
CHArt-Newsletter, 1/1985, Titelbild. Copyright: CHArt (Computers and the History of Art).

Abb. 8.2
Modell eines Ausschnitts aus dem ConedaKOR-Datengraph des Kunstgeschichtlichen Instituts Frankfurt. Darstellung, Thorsten Wübbena (CC BY).

Fig. 9.1
Farbteil
Arrangement of settees from the Neoclassica Open Corpus, displaying a variety of media, modalities, degrees of abstraction and artistic techniques.

Fig. 9.2
Farbteil
Parlor from the William C. Williams House, Richmond, a period room from the Metropolitan Museum of Art, NY. Figure, Metropolitan Museum of Art, NY (CC0).

Fig. 9.3
Farbteil
A lay artist's depiction of an interior in the Governor's residence in Herrmanstadt (rom. Sibiu) 1841. Signed: M Sekim/ [1]841. Brush and watercoulor, gouache with accents of gold paint on paper; Frame H x W x D: 44.8 x 60.3 x 2.5 cm (17 5/8 x 23 3/4 x 1 in.) Sheet: 33.4 x 50.2 cm (13 1/8 x 19 3/4 in.); Thaw Collection; 2007-27-32. Figure, Cooper Hewitt, Smithsonian Design Museum, NY. (CC0).

Fig. 9.4   Classification results (confidence rate) for illustrating the impact of
Farbteil   modality on the quality of a classification process, including a false
                positive. Left: Auguste Gaspard Louis Boucher Desnoyers: Engra-
                ving with etching, third state of three after the painting on the right.
                After 1808 (69.5 x 50.6 cm (sheet), 60.3 x 41 cm (plate)). Right: Portrait
                of Charles Maurice de Talleyrand-Perigord by by Fran<ois Gerard,
                1808. Oil on canvas (213 x 147 cm). Figures, Metropolitan Museum of
                Art, NY (CC0).

Fig. 9.5   Nominal misclassification with a classifier based on a flat labelling of
Farbteil   the corpus. An armchair by Seddon & Sons, ca. 1790, classified as a
                chair. A bergere by the Jacob-Desmalter workshop, ca. 1805, classi-
                fied as a fauteuil. Figure, © Victoria and Albert Museum, London.

Abb. 10.1   Detailaufnahme der Hieroglypheninschrift auf Stele 2 aus Dos Pilas,
                Guatemala. Foto: Karl Herbert Mayer, 1978 (CC BY 4.0). Originalda-
                tei: KHM_1978_F38_R06_30

Abb. 10.2   Iterativer Entwicklungs-Workflow: Anforderungen, Modellierung,
                Umsetzung und Nutzung einer domänenspezifischen Metadaten-
                beschreibung in einer Bilddatenbank. Abbildung: Erweitert nach
                Klinke, Entwurf: Katja Diederichs, 2018 (CC BY 4.0).

Abb. 10.3   Modellierung der Metadaten als Ontologie von Entitäten mit Eigen-
                schaften und Relationen. Entwurf: Katja Diederichs, 2017 (CC BY 4.0).

Abb. 10.4   Logisches Modell der Entitätstypen und Relationen des Metada-
                tenschemas für die gegebene Datenbankstruktur. Entwurf: Katja
                Diederichs, 2019 (CC BY 4.0).

Abb. 10.5   Datenblatt der Entität des Typs Artefact unbekannter Provenienz im
                Maya Image Ar-chive unter Nutzung der originalen ConedaKOR-
                Software-GUI (Screenshot). Quelle: Textdatenbank und Wörterbuch
                des Klassischen Maya, 2018, URL: https://classicmayan.kor.de.dariah.
                eu/blaze#/entities/206 (CC BY 4.0).

Abb. 11.1   Kreuzdiagramm aus Österreichische Nationalbibliothek Wien,
                Codex Wien Vindebonensis Suppl. Gr. 67, f. 117v. Abbildung: Michael
                Krewet und Philipp Hegel, 2020 (CC BY 4.0).

Abb. 12.1   Distribution des Davidschildes im Geobrowser. Bildschirmfoto:
Farbteil   Thomas Kollatz (CC BY).

Abb. 12.2   Hammer und Davidschild auf dem Grabmal des David Hammer-
                schlag epidat, hha-2338. Foto: Bert Sommer (CC BY 4.0), URL: http://
                www.steinheim-institut.de/cgi-bin/epidat?id=hha-2338#foto.

Abb. 12.3   Schuhe auf Grabmalen des alten jüdischen Friedhofs in Frankfurt
                (Battonstraße).

Einleitung

Canan Hastik und Philipp Hegel

Gedächtnisinstitutionen sind nun schon länger bestrebt, ihre Bildbestände zu digitalisieren und ihre digitalen Daten und Objekte in virtuellen Ausstellungen flächendeckend zugänglich zu machen. Digitale Bilder sind in Zeiten des Internets, der Mobiltelefonie und der sozialen Medien zudem fest in der Lebenswelt vieler Menschen verankert. Das zeigen nicht zuletzt die Diskussionen um ihr Potential, das Handeln und Empfinden von Menschen zu verändern oder sie auch in die Irre zu führen. Eine neue Buchreihe mit dem Titel *Digitale Bildkulturen* im Verlag von Klaus Wagenbach widmet sich beispielsweise Themen wie Selfies, Netzfeminismus oder Bildprotesten. Die Rolle von digitalen Bildern wird auch in einem aktuellen Schwerpunktprogramm der Deutschen Forschungsgemeinschaft, *Das digitale Bild*, und in Zeitschriften wie dem *International Journal of Digital Art History* aus verschiedenen Perspektiven thematisiert und kritisch reflektiert. Der in der gemeinsamen Reihe des *Arbeitskreises Digitale Kunstgeschichte* und der *Arbeitsgruppe Digitale Rekonstruktion* 2018 erschienene erste Band mit dem Titel *Computing Art Reader. Einführung in die digitale Kunstgeschichte* soll nicht nur Techniken und Methoden, sondern auch die Institutionalisierung eines neuen Forschungsfeldes kartieren. Der vorliegende Sammelband möchte diese und andere Bestrebungen ergänzen, indem er den Blick auf das Thema insbesondere aus geisteswissenschaftlicher Perspektive richtet und dabei auch einige Schnittstellen zwischen den unterschiedlichen Anwendungsbereichen verdeutlicht.

Die Nutzung von digitalen Bildern als Forschungsmaterial in den Digitalen Geisteswissenschaften ist mit einer Vielzahl verschiedener Erkenntnisinteressen verbunden, die je eigene technische und geisteswissenschaftliche Anforderungen bedingen. 2017 adressierte ein gemeinsamer Methoden- und Expertenworkshop von *DARIAH-DE* und dem *Sonderforschungsbereich 980: Episteme in Bewegung* Herausforderungen, die bei der Verarbeitung von bildbasiertem Forschungsmaterial in den Digitalen Geisteswissenschaften entstehen und diskutierte mit Vertreterinnen und Vertretern verschiedener Fächer ein Spektrum an Lösungsansätzen. Angestoßen durch diesen Workshop werden in diesem Band Anknüpfungspunkte zur aktuellen Praxis der digital arbeitenden Geisteswissenschaften ausgelotet. Mit der Vorstellung einer Auswahl von Anwendungsfällen und Lösungsansätzen aus Informatik und Informationswissenschaft, Architektur- und Kunstgeschichte, Philologie und Medienwissenschaft wird eine Bandbreite der je nach Disziplin und Gegenstand variierenden Anforderungen dargestellt und dabei auch zunächst ausschließlich technisch anmutenden Fragen nachgegan-

DOI: 10.13173/9783447114608.001

gen. Wie können unterschiedliche Bildrepositorien miteinander verbunden und
Forschungsgegenstände zusammengebracht werden, um einen Austausch über
Forschungsinfrastrukturen zu ermöglichen? Wie können technische Werkzeuge
für die heterogenen Objekte und Forschungsinteressen geisteswissenschaftlicher
Forschung entwickelt, angepasst und genutzt werden?

In drei Abschnitten werden digitale Verfahren und ihre Anwendungen in
einzelnen Teilgebieten der Geisteswissenschaften behandelt. Diese Abschnitte
beginnen jeweils mit einer Einleitung zum Thema, die das bisher Erreichte und
das bisher Unerreichte mit Blick auf die Beiträge des Abschnitts anspricht. Auch
wenn diese Aufteilung eine Trennung von informationstechnischen und geisteswissenschaftlichen Aspekten suggerieren mag, soll diese keinesfalls zementiert
werden. Interdisziplinäre Zusammenarbeit, wie sie in den Digitalen Geisteswissenschaften an der Tagesordnung ist, setzt verschiedene Expertisen voraus, die
in der Regel nicht von einem Forscher oder einer Forscherin allein eingebracht
werden können. Die Schwierigkeit für die Projekte wie für diesen Band besteht
entsprechend darin, einerseits Grenzen zwischen fachwissenschaftlichen Kennt-
nissen und Fähigkeiten anzuerkennen und andererseits zwischen diesen zu vermitteln. Die einzelnen Beiträge konzentrieren sich in unterschiedlichem Maße
auf informatische und geisteswissenschaftliche Details, verweisen aber auch auf
den jeweils anderen Aspekt, sodass sich die Fächer jeweils einander annähern.

Diese interdisziplinären Unternehmungen können für die Beteiligten verschiedenen Zielen dienen. Auf Seiten der Informatik kann ein Mehrwert in neu-
en Anwendungsgebieten mit ihren besonderen Voraussetzungen und den entsprechend angepassten und verbesserten Verfahren bestehen. Zum Beispiel sind
historische Bestände für ein definiertes Phänomen in ihrem Umfang nicht variabel und auch nicht selten zu klein für automatische Verfahren. Ferner sind Bestände und Metadaten oft lückenhaft oder mit Unsicherheiten behaftet. Auf Seiten der Geisteswissenschaften kann ein Mehrwert in der Anwendung digitaler
Verfahren bei der Erhebung, Verknüpfung und Auswertung ihrer Daten haben.
Dies betrifft unter anderem Fragen der Kollaboration, der Zugänglichkeit und
Zusammenführung von Material, der Rekonstruktion von Objekten, der komplexeren Suche in größeren Beständen und der wissenschaftlich zweckgerichteten
‚Manipulation' von Bildern.

Der Titel des Bandes hat Untiefen. Die Rede von den Digitalen Geisteswissenschaften oder den Digital Humanities wird als etablierter Terminus verwendet,
ohne genauer diskutiert zu werden. Die Veranstaltung, aus der der Band hervorgegangen ist, sprach von den „digitalen Geistes- und Kulturwissenschaften". Die
Änderung im Namen soll keine Einschränkung bedeuten. Nun liegt es jedoch
auf der Hand, dass ein breites Fächerspektrum, wie es die Geisteswissenschaften
oder Kulturwissenschaften darstellen, trotz aller Bemühungen kaum vollständig
in einem Band wie diesem abgebildet werden kann. Als Band der Reihe *Episteme
in Bewegung* wurde ein besonderes Augenmerk auf die Zeit vom Altertum bis
zur Frühen Neuzeit gelegt. Es wurden aber auch spätere Medien wie Videoauf-

nahmen berücksichtigt, um ein vollständigeres Bild der Forschungslandschaft zu gewinnen.

Auch die Rede von Bilddaten und ihrer digitalen Behandlung hat Untiefen. Solche Verfahren sind in den vergangenen Jahren in einer Reihe von Publikationen und Forschungsvorhaben erkundet und beschrieben worden, von denen dieser Band nur einige aufgreifen kann. Auffällig ist wahrscheinlich der weitgehende Verzicht auf jene Methoden, die zur Visualisierung von Daten entwickelt worden sind und hier nur am Rande Erwähnung finden. Der Schwerpunkt dieses Bandes liegt hingegen auf der Bedeutung von und den Umgang mit digitalen Bildern als Grundlage geisteswissenschaftlicher Arbeit in einer Verschränkung mit der Informatik und der Informationswissenschaft. Eine Ausnahme mögen hier virtuelle Rekonstruktionen von nicht mehr erhaltenen Objekten sein, auf die in einem Beitrag ausführlich eingegangen wird. Eine Besonderheit ist ferner, dass der Gebrauch von Bildern in der Philologie in diesem Band ausführlicher behandelt wird, als es vielleicht zu erwarten gewesen wäre. Auf diese Weise soll deutlich werden, dass Bilder tatsächlich in einer ganzen Reihe von geisteswissenschaftlichen Disziplinen auch jenseits der Kunstgeschichte von Interesse sind. In der Verschränkung von geisteswissenschaftlicher Arbeit und informatischen Mitteln stellt sich oft konkret die Frage nach den Möglichkeiten und Grenzen der einzelnen Schritte und Methoden. Insbesondere bei der aktuell, zumindest diskursiv allgegenwärtigen Künstlichen Intelligenz stellt sich beispielsweise die Frage nach dem jeweils notwendigen Kontextwissen zur Beurteilung der automatisch generierten Ergebnisse.

Die Rede von ‚Bilddaten' oder ‚digitalen Bilddaten' soll deutlich machen, dass ein Bildbegriff gemeint ist, der alle computergenerierten und digital darstellbaren Bilder umfasst. Wenn über Bilddaten in diesem Sinne und ihre Funktionen in den Geisteswissenschaften gesprochen werden soll, so hat dies unterschiedliche, nicht immer strikt voneinander zu trennende Aspekte:

Objekte des Wissens: Bilddaten können der Gegenstand geisteswissenschaftlicher Erkenntnisinteressen sein. Dies meint nicht nur medientheoretische Reflexionen zu den Besonderheiten digitaler Bilddaten und Bilder, die in diesem Band nicht anvisiert und eher beiläufig gestreift werden. Es meint auch nicht nur die Fachdisziplinen, die wie die Kunstgeschichte das Bild und auch das digitale Bild zu ihrem zentralen Gegenstand haben. Für sie stellt die digitale Kunst mit ihren dezidiert in von Soft- und Hardwareumgebungen abhängigen Bildern neue Fragen. Es meint auch jene anderen Disziplinen, die mit Objekten umgehen, die nun oft als Bilddaten vorliegen. Dies gilt ebenso für die Epigraphik wie für Zweige der Philologie, die mit unikalen Objekten wie Kodizes in Form digitaler Surrogate operieren.

Genese des Wissens: Bilddaten und ihre Verarbeitung können nicht nur Gegenstände geisteswissenschaftlicher Erkenntnis sein, sondern auch Mittel zur Beförderung dieser Erkenntnis. Das kann in vielfacher Weise geschehen, zum Beispiel durch Datensätze, die Objekte beschreiben, digitale Repräsentationen von Gemälden und Visualisierungen wie Histogramme. Auch verschiedene Aufnahmetechniken, wie sie auf dem Umschlag zu diesem Band zu sehen sind, sind hier zu nennen.

Repräsentation und Dissemination von Wissen: Schließlich können geisteswissenschaftliche Erkenntnisse auch in Form von Bilddaten dargestellt und verbreitet werden. Die kollaborative Annotation von einzelnen oder bewegten Bildern kann ebenso als Beispiel dienen wie die qualitative und quantitative Auswertung dieser Annotationen in bildlichen und bildbasierten Formen.

Schließlich kann auffallen, dass es keinen Abschnitt zu explizit konzeptuellen Fragen gibt. Diese Lücke geht einher mit dem Schwerpunkt des Bandes, der auf der Anwendung von Werkzeugen, Diensten und Infrastrukturen liegt. Dies schließt theoretische Reflexionen aber nicht aus, die sich in den einzelnen Beiträgen jeweils im Zusammenhang mit der jeweiligen Forschungsfrage finden. Ruth Reiches Beitrag zur digitalen Ikonik mag dabei insofern eine Ausnahme darstellen, als hier allgemeine Überlegungen zur digitalen Behandlung des Bildes im Zentrum stehen. Mehrere Beiträge nehmen sich dabei auch Fragen an, die für die Konzeption von Techniken und Infrastrukturen in diesem Bereich relevant sind und damit auch für andere, vergleichbare Vorhaben nützlich sein können.

Die Reihe *Episteme in Bewegung* fragt insbesondere nach der Genese und Dynamik von Wissensbeständen. Die hier versammelten Beiträge sollen zeigen, wie digitale Methoden in den Geisteswissenschaften eingesetzt werden oder werden können, um die Entstehung und Veränderung von Wissen sichtbar werden zu lassen. Es ist aber mittlerweile ein Gemeinplatz geworden, dass die Digitalisierung selbst auch eine Veränderung des Wissens, seiner Erzeugung und Modellierung darstellt. Auch dies dokumentiert sich in diesem Band. In einigen Beiträgen wird auf die Veränderungen ausführlich eingegangen, die mit der Wahl des Verfahrens einhergehen. Aber auch die anderen Beiträge können dabei helfen, einen Einblick in den aktuellen Stand der Forschung mit und zu Bilddaten in den Geisteswissenschaften zu gewinnen, die Möglichkeiten und Grenzen jener neueren Verfahren zu erfassen, mit denen Bilder als Gegenstand der Forschung bearbeitet werden, und ihre Position nicht nur in einzelnen Projekten, sondern in den Geisteswissenschaften im Allgemeinen nachzuvollziehen.

Informatische und
informationstechnische Verfahren

Informatische und informationstechnische Verfahren

Einleitung von Bernhard Thull

Die Informationswissenschaft wird maßgeblich durch die Entwicklung des World Wide Web angetrieben. Wesentliche aktuelle Forschungsfragen resultieren aus einer exponentiell wachsenden Fülle an verfügbaren, verteilten und zunehmend auch in multimedialen Formaten (Bilder, Videos, Audiodateien) vorgehaltenen Datenquellen und der Notwendigkeit, daraus relevante Informationen zu extrahieren, was angesichts der schieren Fülle inzwischen immer häufiger nur noch automatisiert erfolgen kann:

- Wie können Informationen aus vielen verteilten Datenquellen (information ecologies) zu einem kohärenten Bild zusammengesetzt werden?
- Wie erschließt man die in multimedialen Formaten enthaltenen Informationen?
- Wie bestimmt man die Relevanz von Daten bzw. Informationen in einem bestimmten Anwendungskontext?
- Wie wägt man die bisher gewohnte Qualität von Daten, die mit viel Aufwand manuell gepflegt werden, gegen die Qualität von zunehmend automatisch erschlossenen Daten ab?
- Wie müssen Werkzeuge und Prozesse aussehen, die die notwendige Qualität von Daten sicherstellen und Nutzern einen Zugang und eine Teilhabe an solchen verteilten Informationsräumen ermöglichen?

Daher stehen die Modellierung von Metadaten, Daten und ihr Kontext, Fragen der Usability von Informationsdiensten, die Architektur und Entwicklung verteilter und kohärenter Informationsumgebungen, aber auch die automatische, inhaltliche Erschließung von Texten, Bildern, Videos und Audiodateien im Fokus des Interesses. Im Zuge dieser Entwicklung ist ein allmählicher Übergang der Betrachtung von ‚Dokumenten' hin zu ‚Informationsobjekten' festzustellen, was sich vielleicht noch am besten im Übergang der Wahrnehmung und technischen Realisierung eines „Web of Documents" zu einem „Web of Data" manifestiert.

Diese Entwicklungen prägen sich zunehmend auch in die geistes- und kulturwissenschaftliche Forschung, ihre Methoden und Werkzeuge ein. Standen bisher traditionell Artefakte, die stark am Text orientiert sind, im Vordergrund, umfassen aktuelle Forschungsarbeiten zunehmend auch Bilder, Filme und andere Medien und Ausdrucksformen, aber auch z.B. Objekte, die detailreich modelliert und beschrieben werden müssen. Daher eröffnet insbesondere die inhaltliche Erschließung von Bildern im weitesten Sinne gerade im Bereich der digitalen Geistes- und Kulturwissenschaften neue Möglichkeiten.

DOI: 10.13173/9783447114608.007

Spezifische Anforderungen an Standards, Werkzeuge und Prozesse zur Erschließung und Beschreibung von Bildern und Objekten in Forschungsprojekten der Geistes- und Kulturwissenschaften lassen sich nur empirisch aus der Erprobung relevanter Anwendungen ableiten. Götzelmann und Tonne, Kaltenthaler und Lohrer sowie Fichtner u.a. befassen sich in ihren Beiträgen mit drei sehr unterschiedlichen derartigen Anwendungen und Infrastrukturen. In ihrem Beitrag *Aristoteles annotieren – Vom Handschriftendigitalisat zur qualitativ-quantitativen Annotation* beschreiben Götzelmann und Tonne am Beispiel der Prozesse der Traditionsbildung in der *de interpretatione*-Kommentierung der Spätantike einen prototypischen Anwendungsfall für die Arbeit mit einem Forschungsrepositorium. Der Fokus liegt dabei auf der Darstellung von Anforderungen und Lösungsansätzen für die Annotation von Bildmaterial (Faksimile), aber auch auf Aussagen zur Qualität (halb-) automatischer Analysen des Layouts von Manuskriptseiten. Kaltenthaler und Lohrer zeigen in ihrem Beitrag *Informationssysteme für (inter) disziplinäre Daten: Zusammenführung aus verteilten und heterogenen Datenquellen* am Beispiel archäologischer Forschung Informationssysteme, die Daten, die bei Ausgrabungen von verschiedenen Disziplinen fachspezifisch generiert und inhomogen auf unterschiedliche Datenbanken verteilt werden, wieder zu einem konsistenten, ganzheitlichen Datenbild einer Ausgrabung zusammenfügen können. In ihrem Beitrag *Tafelmalerei digital und FAIR* zeigen Fichtner u.a., wie im Rahmen der Kooperation der virtuellen Forschungsinfrastruktur *DARIAH-DE* und der virtuellen Forschungsumgebung WissKI die Integration verteilter, fachspezifischer und heterogener Datenrepositorien, und hier insbesondere Objektbeschreibungen auf der Basis einer CIDOC/CRM-Modellierung, gelingen kann. Dabei steht die Synthese der Dokumentensicht mit der Beschreibung von Objekten im Fokus der Betrachtung. In ihrem Beitrag stellen Fichtner u.a. am Beispiel der Tafelmalerei plastisch und eindrucksvoll die Größe und Komplexität der Aufgabe dar, eine nachhaltige Infrastruktur für Forschungsdaten im Bereich der Geistes- und Kulturwissenschaften zu entwickeln. Auf der Basis der *DARIAH-DE* Datenföderationsarchitektur (DFA) stellen die Autoren detailliert einen erprobten Lösungsansatz vor, der heterogene Quellen übergreifend nach den so genannten *FAIR*-Prinzipien integriert und homogenisiert.

Beeindruckende Ergebnisse aus der computerwissenschaftlichen Grundlagenforschung zum so genannten *Deep Learning* zeigen einen Weg auf, typischen Anforderungen rund um die Erschließung von Bildern zu begegnen, und laden dazu ein, insbesondere die dort entwickelten Verfahren in spezifischen Anwendungskontexten zu erproben. Derartige Verfahren haben Bullin und Henrich sowie Conrad u.a. in ihren Beiträgen untersucht. Bullin und Henrich behandeln in ihrem Beitrag *Die inhaltsbasierte Bildsuche und Bilderschließung: Ansätze und Problemfelder* die Frage, wie man digitale Bilder geeignet suchen und klassifizieren kann. Am Beispiel unterschiedlicher Anwendungsszenarien verdeutlichen die Autoren die Komplexität und Facetten der inhaltsbasierten Bildsuche, leiten daraus Anforderungen an die Bildsuche und -erschließung ab und beschreiben detailliert die zur Umsetzung der Anforderungen verfügbaren technischen Verfahren. Dazu gehören neben zahlreichen konventionellen Techniken auch Methoden aus dem Bereich des *Deep Learning*. Eindrucksvoll ist ihr Fazit aus bisherigen Anwendungen dieser Verfahren in geistes- und kulturwissenschaftlichen Kontexten. In ihrem Beitrag *Anwendungsgebiete für die automatisierte Informationsgewinnung aus Bildern* stellen Conrad u.a. exemplarisch einige aktuelle Anwendungen der automatisierten Klassifikation und Analyse von Bildern vor. Am Beispiel der unterschiedlichen Anwendungen der Erkennung von Bergen in Landschaftsbildern beschreiben die Autoren technisch detailliert die so auch in den Geistes- und Kulturwissenschaften einsetzbare Kombination klassischer Verfahren der Bildverarbeitung, wie z.B. Segmentierungsverfahren, mit neueren Ansätzen aus dem Bereich des *Deep Learning*. In ihrem Beitrag werden die Komplexität, Möglichkeiten und Grenzen der heute erreichbaren, automatisierten Bildverarbeitung deutlich.

Die inhaltsbasierte Bildsuche und Bilderschließung: Ansätze und Problemfelder

Martin Bullin und Andreas Henrich

Bilder zu suchen und zu analysieren erweist sich als deutlich komplexer als die – ohnehin schon schwierige – Suche und Analyse von und in Textdokumenten. Der vorliegende Beitrag gibt in diesem Kontext einen Überblick über Grundlagen und Konzepte der inhaltsbasierten Bildrecherche für Anwender aus den Geistes- und Kulturwissenschaften. Der erste Teil behandelt die Geschichte und Konzepte zum inhaltsbasierten Image Retrieval: typische Anwendungsfälle, Arten von Bildern, die Rolle der Semantik, die Auswirkungen einer Segmentierung, die sensorische bzw. semantische Lücke sowie Standards der Bildrecherche. Der zweite Teil des Beitrags erläutert verschiedene Herangehensweisen zur Bildsuche und Bildanalyse. Beginnend mit klassischen Bildeigenschaften (Farbe, Textur, Form) über Segmentierungsverfahren und lokale Bildeigenschaften bis hin zu Ansätzen des Deep Learning werden verschiedene Verfahren skizziert und in ihren Stärken und Schwächen charakterisiert. Ein Blick auf einige exemplarische Anwendungen rundet den Beitrag ab.

Einleitung und Motivation

Neben Texten stellen Bilder und Objekte wichtige Artefakte in den Geistes- und Kulturwissenschaften dar. Unter die Oberkategorie ,Bild' fallen dabei sehr verschiedene Objekttypen wie Fotografien, Druckgrafiken, Zeichnungen, Gemälde oder z.B. auch Karten.

Eine wichtige Frage ist, wie man Bilder in der digitalen Welt geeignet suchen, finden und klassifizieren kann. Hier ist zunächst zwischen einer Suche auf Basis manuell gepflegter oder automatisch erstellter Metadaten und einer Suche auf Basis des eigentlichen Bildinhalts zu unterscheiden. Bei den Metadaten wiederum sind Metadatenstandards wie DublinCore, LIDO, CIDOC CRM oder EDM, als Datenmodell der *Europeana* – um nur einige zu nennen – von eher technischen Standards wie EXIF oder NISO zu unterscheiden, die von der Kamera oder vom Scanner gelieferte technische Metadaten umfassen (wie Kameramodell, Verschlusszeit oder Aufnahmezeitpunkt).[1] Sind Metadaten in hoher Qualität vor-

---

1   Die Dublin Core Metadata Initiative betrachtet Fragen zu Design und Anwendung von Metadaten, URL: http://dublincore.org (05.06.2019); Das Datenformat „Lightweight Information Describing Objects" ist ein vorwiegend von Museen genutztes XML-Schema, URL: http://network.icom.museum/cidoc/working-groups/lido/what-is-lido (05.06.2019); Das CIDOC Conceptual Reference Model gibt Definitionen und eine formale Struktur zur Beschreibung

DOI: 10.13173/9783447114608.011

handen, kann eine Suche über diese Metadaten sehr effektiv sein. Man denke an eine gute inhaltliche Klassifikation mit Iconclass[2] oder an die Verfügbarkeit des per GPS erfassten Aufnahmeortes bei einer Fotografie.

Andererseits sind nicht immer hochwertige Metadaten vorhanden und oft repräsentieren die vorhandenen Metadaten auch eine bestimmte individuelle Interpretation bei ihrer Erfassung. Dies spricht dafür, neben einer auf Metadaten basierenden Suche auch eine inhaltsbasierte Suche zu unterstützen. Die Bezeichnung ‚inhaltsbasiert' ist dabei auf den ersten Blick mehrdeutig. Im Englischen spricht man von *Content Based Image Retrieval* (CBIR). Gemeint ist, dass der technische Bildinhalt und damit letztlich die Farb- oder Helligkeitswerte der einzelnen Bildpunkte Gegenstand der Betrachtung sind – und eben nicht die Metadaten.

Um die Möglichkeiten der inhaltsbasierten Bildsuche und -analyse sinnvoll einschätzen zu können, werden wir im Weiteren zunächst auf die Geschichte und Einordnung der inhaltsbasierten Bildsuche eingehen. Im dritten Abschnitt werden wir uns dann klassischen, bildglobalen Verfahren der Inhaltsbeschreibung zuwenden. Aspekte der Segmentierung von Bildern werden im vierten Abschnitt angesprochen. Im fünften Abschnitt werden Verfahren beschrieben, die lokale Bildeigenschaften adressieren, und im sechsten Abschnitt die damit verbundenen Ansätze zur Bestimmung der Bildähnlichkeit. Der siebte Abschnitt geht auf Verfahren des *Deep Learning* (DL) ein, bevor der achte Abschnitt Anwendungsbeispiele skizziert und der neunte Abschnitt die Arbeit zusammenfasst. Das Ziel ist dabei einen Überblick über Verfahren der Bildanalyse und Bildsuche sowie der Anwendungsmöglichkeiten im Bereich der Geisteswissenschaften zu geben.

Grundlagen zur Bildsuche

Die Bildsuche beziehungsweise das Themengebiet Image Retrieval vereint Elemente aus mehreren Forschungsdomänen: Hierbei wird zuerst die unterschiedliche Aussagekraft von Bildern für Mensch und Computer, für die die sensorische wie semantische Lücke eine wesentliche Rolle spielen, als Teilgebiet der *Computer Vision* betrachtet. Im Anschluss werden alle weiteren für die Bildsuche relevanten Aspekte der *Computer Vision* näher beleuchtet. Die Suchtypen, die nach Anfrageart oder Suchobjekt unterschieden werden, werden dann im Unterkapitel

---

von impliziten und expliziten Konzepten sowie Beziehungen, die in der Dokumentation von kulturellem Erbe genutzt werden, URL: http://www.cidoc-crm.org (05.06.2019); Das Europeana Data Model ist das von der *Europeana*-Kollektion genutzte Datenmodell, URL: https://pro.europeana.eu/resources/standardization-tools/edm-documentation (05.06.2019); Das Exchangable Image File Format bietet die Möglichkeit Metadaten in Bildern zu speichern, URL: http://exif.org (05.06.2019); Die National Information Standards Organization entwickelt und publiziert technische Standards, um digitale Informationen zu verwalten; relevant für Bilder ist insbesondere ANSI/NISO Z39.87-2006 (R2017) Data Dictionary – Technical Metadata for Digital Still Images, URL: https://www.niso.org/ (05.06.2019).

2   Iconclass ist ein Klassifizierungssystem, das für die Bereiche Kunst und Ikonographie entwickelt wurde, URL: http://www.iconclass.nl/home (31.12.2018).

Anfragearten und Anwendungen beschrieben. In den anschließenden Unterkapiteln wird darauf eingegangen, welche Informationen und Bildarten existieren und welchen Einfluss diese in verschiedenen Szenarien aufgrund von Bilddomänen sowie Domänenwissen haben.

Die sensorische und semantische Lücke

CBIR kann dem Themenfeld der *Computer Vision* zugeordnet werden, also dem Forschungsgebiet, das sich mit dem ‚Sehvermögen‘ von Computern beschäftigt. *Computer Vision* adressiert die Frage, wie aus den technischen Abbildern der Realität, aufgenommen über Sensoren, die zugrunde liegenden Informationen der Realität abgeleitet bzw. rekonstruiert werden können. Dabei besteht zwischen der technischen Darstellung aus Bildpunkten in einer gewissen räumlichen Auflösung und Farbtiefe und dem Abgebildeten eine zweifache Lücke.[3]

Die *sensorische Lücke* ist der Informationsverlust, der entsteht, wenn eine Realität abgebildet wird. Diese wird neben der technischen Auflösung bei der Digitalisierung auch durch Faktoren wie den Standpunkt der Kamera, Verdeckungen oder die Beleuchtung beeinflusst. Hier geht es also darum, dass die Realität im technischen Abbild nicht perfekt und nicht vollständig abgebildet ist.

Die *semantische Lücke* beschreibt den Unterschied zwischen den Informationen, die aus den technisch repräsentierten visuellen Daten extrahiert werden können, und der Interpretation, die dieselben Daten in einem gegebenen Kontext erhalten. Dies spiegelt den Unterschied zwischen den visuellen Eigenschaften eines Bildes und der Semantik (Objekte, Beziehungen, Bedeutungen) sowie dem abstrakten Verständnis dieses Bildes in der Wahrnehmung durch einen Menschen wider. Die Objekte in einem Foto mit zwei Menschen, die sich die Hände schütteln, wären hierbei die Personen. Eine Beziehung wäre der Akt des Händeschüttelns. Die Bedeutung des Händeschüttelns könnte eine Begrüßung sein. Ist bekannt, dass die Personen Politiker sind, könnte das Bild für einen Vertragsschluss stehen. Dabei wird weiter unterschieden in die Lücke zwischen den visuellen Eigenschaften und der Objektebene (untere semantische Lücke) und die Lücke zwischen den identifizierten Objekten und der vollständigen Semantik eines Bildes (obere semantische Lücke).[4]

Bildsuche und Computer Vision

Um die Hintergründe und Möglichkeiten der Bildanalyse besser einschätzen zu können, soll nun kurz die Geschichte der *Computer Vision* beleuchtet werden. In den frühen 1970er Jahren war Computer Vision nur eine Komponente zur visuellen Aufnahme von Informationen zur weiteren Nutzung in *Artificial Intelligence*

---

3 Michael Grubinger, *Analysis and evaluation of visual information systems performance*, PhD Thesis, Victoria University Melbourne 2007, URL: http://vuir.vu.edu.au/1435/ (04.02.19).

4 Jonathon S. Hare u. a., „Mind the Gap: Another Look at the Problem of the Semantic Gap in Image Retrieval", in: *Multimedia Content Analysis, Management and Retrieval 2006*, hg. von Alan Hanjalic u. a., Bellingham 2006 (SPIE Proceedings 6073), S. 75–86.

Systemen (AI).[5] Mitte der 1970er wurde die Entwicklung bzw. Ableitung von 3D-Strukturen zu einem Kernelement der *Computer Vision*, um so ein Verständnis der gesamten Szene zu schaffen. In diesem Kontext wurden Algorithmen zur Linien- und Kantenerkennung entwickelt.[6] Im Jahr 1973 führten Eschlager und Fischler sogenannte *Pictorial Structures* als Methodik ein, die Bilder in Einzelelemente und deren Verbindungen zerlegt.[7] Diese Arbeiten waren grundlegend für die Erkennung einzelner Objekte in Bildern (*Object Recognition*).[8]

In den 1980ern wurden in der *Computer Vision* viele weitere Forschungsstränge untersucht. Die für diesen Artikel wesentlichen beschäftigten sich mit der Verbesserung der Kanten- und Konturerkennung.[9] In der nächsten Dekade rückten unter anderem Ansätze zur Rekonstruktion von 3D-Modellen aus mehreren Bildern in den Vordergrund.[10] Neben den Trends in Richtung 3D wurde auch die *Bildsegmentierung* – eine Kernthematik seit den frühen Tagen der *Computer Vision* – weiter optimiert.[11]

Die Entwicklungen der *Computer Vision*, die die aktuelle Forschung im Bereich CBIR beeinflussen, fanden vor allem ab der Jahrtausendwende statt. Es kamen Feature-basierte Techniken auf, die unter anderem für DL zur Objekterkennung verwendet werden können.[12] In dieser Zeitspanne waren *Patch-based Features* zur Bilderkennung die vorwiegend erforschten Themen. Andere Forschungsstränge beschäftigten sich mit der Bilderkennung basierend auf Konturen sowie der Bildsegmentierung.[13] Ein weiterer Trend – begründet durch die Leistungssteigerung der Computer – war die zunehmende Nutzung von *Machine Learning* (ML) Verfahren für *Visual Recognition* Probleme. Das Vorliegen von vielen teilweise bereits

---

5 Richard Szeliski, *Computer Vision: Algorithms and Applications*, London 2010, S. 10.

6 Larry S. Davis, „A survey of edge detection techniques", in: *Computer Graphics and Image Processing* 4/3 (1975), S. 248–260.

7 Martin A. Fischler und Robert A. Elschlager, „The Representation and Matching of Pictorial Structures", in: *IEEE Transactions on Computers* 22/1 (1973), S. 67–92.

8 Pedro F. Felzenszwalb und Daniel P. Huttenlocher, „Pictorial Structures for Object Recognition", in: *International Journal of Computer Vision* 61/1 (2005), S. 55–79.

9 John Canny, „A Computational Approach to Edge Detection", in: *IEEE Transactions on Pattern Analysis and Machine Intelligence* 6 (1986), S. 679-698; Vishvjit S. Nalwa und Thomas O. Binford, „On Detecting Edges", in: *IEEE Transactions on Pattern Analysis and Machine Intelligence* 8/6 (1986), S. 699–714.

10 Richard Hartley u.a., „Stereo from uncalibrated cameras", in: *Proceedings of the IEEE Computer Society Conference on Computer Vision and Pattern Recognition* (1992), S. 761–764.

11 David Mumford und Jayant Shah, „Optimal Approximations by Piecewise Smooth Functions and Associated Variational Problems", in: *Communications on Pure and Applied Mathematics* 42/5 (1989), S. 577–685.

12 Jean Ponce u.a., *Toward Category-Level Object Recognition*, Berlin 2006.

13 Serge Belongie u.a., „Shape Matching and Object Recognition Using Shape Contexts", in: *IEEE Transactions on Pattern Analysis and Machine Intelligence*, 24/24 (2002), S. 509–522; Greg Mori u.a., „Recovering Human Body Configurations: Combining Segmentation and Recognition", in: Proceedings of the IEEE Computer Society Conference on Computer Vision and Pattern Recognition, Bd. 2 (2004), S. 326–333.

gelabelten – d.h. mit Annotationen versehenen – Daten vor allem im Internet unterstützt diesen Trend.[14]

Anfragearten und Anwendungen

Um effektive Suchsysteme entwickeln zu können, muss man die Suche als Prozess verstehen. Hierzu wurden in der Literatur zahlreiche Modelle vorgeschlagen, die allerdings fast ausschließlich die Suche nach Textdokumenten adressieren. Typische Modelle sehen den Ausgangspunkt der Suche in einer Aufgabe, bei deren Bearbeitung ein Informationsbedarf entsteht. Dieser Informationsbedarf muss dann zunächst verbalisiert und schließlich in die Anfrageschnittstelle der genutzten Suchlösung umgesetzt werden. Bei der Betrachtung der Ergebnisse – dem nächsten Schritt – können grob zwei Fälle unterschieden werden: Im ersten Fall sind die Ergebnisse passend und die Suchtreffer befriedigen den Informationsbedarf. Im zweiten Fall können die Ergebnisse den Informationsbedarf allenfalls teilweise erfüllen, sodass der Suchprozess iterativ fortgesetzt werden muss. Dabei können sich Änderungen im Informationsbedarf ergeben haben. Durch die Betrachtung einzelner Suchergebnisse versteht man die Aufgabe ggf. besser und setzt den iterativen Suchprozess mit einem modifizierten Informationsbedarf fort.[15]

Bedeutsam für das Verständnis dieses Prozesses ist der Charakter des Informationsbedarfs bzw. des Ziels der Suche. Jansen u.a. klassifizieren für die Suche im Web grundlegend drei Arten der Suche und ihrer Intention:[16] transaktionales, informatives und navigierendes Suchen. Eine transaktionale Suche hat nach dem Suchprozess eine Transaktion, beispielsweise einen Kauf, als Ziel. Im Hinblick auf die Bildsuche könnte man hier ggf. an Produktbilder oder Logos denken, diese Kategorie ist bei der Bildsuche aber sicher eher selten. Eine navigierende Suche hat das Finden der Website eines gewünschten Inhalts zum Ziel. Oft ist hier das gewünschte Ergebnis (eine Webseite oder ein Dokument) eigentlich schon bekannt. Man spricht dann von *Lookup* oder *Known-Item Search*. Dieser Anfragetyp ist auch im Bereich der Bildsuche oft anzutreffen. Kritisch ist hier die Frage, wie die Anfrage passend formuliert werden kann: Ob über Schlüsselworte, über ein Beispielbild oder etwa über eine Skizze. Der in geisteswissenschaftlichen Anwendungen sicher naheliegendste Typus einer Anfrage ist die informative Suche, bei der sich der Nutzer einen Überblick über ein bestimmtes Themenfeld verschaffen möchte. Marchionini bezeichnet solche Anfrageaktivitäten als *Exploratory Search*

---

14 Andras Ferencz u.a., „Learning to Locate Informative Features for Visual Identification", in: *International Journal of Computer Vision* 77/1-3 (2008), S. 3-24; Yann LeCun u.a., „Deep learning", in: *Nature* 521 (2015), S. 436–444.

15 Andrei Broder, „A taxonomy of web search", in: *ACM SIGIR forum* 36/2 (2002), S. 3–10.

16 Bernard J. Jansen u.a., „Determining the informational, navigational, and transactional intent of Web queries", in: Information Processing & Management 44/3 (2008), S. 1251–1266.

und unterscheidet dann weiter in die Unterbereiche *Learn* und *Investigate*.[17] Die Anfragetypen schließen sich keineswegs aus, sondern sie kommen in einem umfangreicheren Arbeitszusammenhang oft in Kombination vor.

Eine Besonderheit der Bildsuche ergibt sich dabei aus der Frage, wie eine Anfrage formuliert werden kann. Häufig wird die Suchanfrage in Form eines anderen Medientyps vorliegen als das erwartete Ergebnis: Nutzer suchen mit einem oder mehreren Schlüsselwörtern und wollen möglichst relevante Bilder erhalten. Auf der anderen Seite könnten Nutzer möglichst viele Informationen über den Inhalt eines ihnen bereits vorliegenden Bildes erhalten wollen. Beide Suchanfragen fallen in die informative Kategorie.

Allgemein gilt natürlich, dass das Suchsystem bestimmt, welche Arten der Anfrageformulierung möglich sind. Suchmaschinen wie Google erlauben bei der Bildsuche im Web die Formulierung der Anfrage mit Suchbegriffen. Die gelieferten Treffer sind zum Teil durchaus von guter Qualität, so dass der Eindruck entstehen könnte, dass die Problemstellung der Bildsuche mit Schlagworten weitestgehend gelöst ist. Die Ergebnisse werden jedoch nicht durch ein wirklich inhaltliches Verständnis der Bilder, sondern durch die Ausnutzung von Meta- bzw. Kontextinformationen erzielt. Eine Website zum Thema ‚Martin Luther' wird im Regelfall Bilder von Martin Luther bzw. kontextzugehörige Bilder beinhalten. Diese Inhalte kann sich Google zu Nutze machen und so für den Suchbegriff ‚Martin Luther' Bildergebnisse von eben solchen Webseiten anzeigen. Aufgrund der schieren Menge an Inhalten im Web, kann Google so für viele Anfragen passende Ergebnisse liefern. Um eine inhaltsbasierte Bildsuche im oben beschriebenen Sinn handelt es sich dabei aber nicht.

Um auch ohne Meta- oder Kontextinformationen eine Bildsuche durchführen zu können, wurde das Paradigma *Query-by-Example* (QbE) entwickelt.[18] Hier werden zu einem Bild ähnliche Bilder im Datenbestand gesucht. Die Ähnlichkeit wurde dabei in frühen Systemen als einfache Farbähnlichkeit oder Texturähnlichkeit (s. Abschnitt *Klassische Bildfeatures*) ermittelt.

Neben die Suche treten dabei andere Aufgabenstellungen wie die Objekterkennung in Bildern, die Klassifikation oder die automatische Annotation von Bildern. Oftmals sind hier themenbezogene Instanz- bzw. Ähnlichkeitsaspekte zentral.

Betrachtet man beispielsweise die Aufgabe ‚Embleme auf Basis der Icones (Picturae) zu suchen bzw. zu annotieren', so ergeben sich zahlreiche unterschiedliche Aspekte. Wir betrachten hier im Speziellen den *Emblematica Online*-Datensatz.[19]

---

17 Gary Marchionini, „Exploratory search: from finding to understanding", in: *Communications of the ACM* 49/4 (2006), S. 41–46.

18 Myron Flickner u.a., „Query by Image and Video Content: The QBIC System", in: *Computer* 28/9 (1995), S. 23–32.

19 Herzog August Bibliothek Wolfenbüttel, URL: http://www.hab.de/de/home/wissenschaft/forschungsprofil-und-projekte/emblematica-online.html (07.12.2018).

Hier sind Teile der Daten mit Iconclass-Klassen[20] zur Erfassung und inhaltlichen Erschließung der Bildinhalte versehen. *Iconclass* ist eine Ontologie für Kunst und Ikonographie. Im Datensatz der *Emblematica* sind nun verschiedene Sucharten vorstellbar.

Auf der einen Seite könnte man Kopien einer Pictura suchen wollen (s. Abb. 1.1a bis 1.1c, Farbteil), die mit dem gleichen Holzblock gedruckt wurden. Diese können farbliche Abweichungen aufgrund von Material, Zeit und weiteren Einflüssen aufweisen. Auch Erweiterungen oder Reduzierungen des Holzschnitts treten auf.

Auf der anderen Seite könnte man an Emblemen interessiert sein, deren Pictura ikonografisch ähnliche Motive zeigt, die aber in der bildlichen Darstellung durchaus deutlich differieren können (s. Abb. 1.1d bis 1.1e, Farbteil). Hier könnte eine Objekterkennung (Fuchs, Krähe, …) ebenso hilfreich sein wie eine Klassifikation auf Basis verschiedener Kriterien. Diese Beispiele verdeutlichen die Komplexität der Aufgabenstellung.

Bildarten und enthaltene Informationen

Ein wesentlicher Bereich im Themenfeld des *Image Retrieval* ist die zugrundeliegende Information, nämlich das Bild bzw. dessen Kontextinformationen. Diese bestimmen den Informationsgehalt sowie die Möglichkeiten, die zur weiteren Verarbeitung des Bildes zur Verfügung stehen. Bei den Bildarten können Bilder unterschieden werden, die am Computer erstellt, direkt fotografiert oder digitalisiert werden, beispielsweise durch einen Scanner. Die jeweiligen Geräte beeinflussen hierbei sowohl die inhaltsbezogenen Informationen wie die Metainformationen. Beispielsweise speichert eine aktuelle Digitalkamera im Regelfall ihren Typ, Fokuspunkt und weitere Werte in den Metainformationen der Bilder ab. Bei einem gescannten Bild liegen diese Informationen zum Teil nicht vor. Früher war Fotografie nur in Schwarz-Weiß möglich, heute werden Fotografien im Regelfall im RGB-Farbraum (Rot, Grün, Blau) gespeichert, was wiederum eine Steigerung der vorhandenen Informationen bedeutet. Der Informationsgehalt computererzeugter Bilder hängt wiederum von der verwendeten Software sowie dem Speicherformat ab. Hier ist jedoch keine ‚Verzerrung‘ durch die Retrodigitalisierung vorhanden. Die Informationen liegen also ‚klarer‘ vor.

Bilderdomänen und Domänenwissen

Eng verzahnt mit den Bildarten sind die Domänen. Hierbei ist die Breite der Domäne, die von einer Suchlösung abgedeckt werden muss, ein ausschlaggebendes Kriterium. Smeulders u.a. unterscheiden zwischen breiten und schmalen Domänen.[21] Eine schmale Domäne hat eine begrenzte und vorhersagbare Streuung in allen relevanten Aspekten ihrer Erscheinung. Eine breite Domäne dagegen hat

---

20 Vgl. Anm. 2.
21 Arnold W. M. Smeulders u.a., „Crossing the Divide between Computer Vision and Data Bases in Search of Image Databases", in: *Visual Database Systems 4*, hg. von Yannis E. Ioannidis und Wolfgang Klas, London 1998, S. 223–239.

eine sehr hohe und vor allem auch unvorhersagbare Abweichung im Erscheinungsbild – sogar für dieselbe semantische Bedeutung.

Aus der Art der Bilddomäne resultiert die Art des vorhandenen und nutzbaren Wissens. Je schmaler die Domäne, desto mehr spezifisches Wissen kann genutzt werden. Kann bei sehr breiten Domänen – wie den Bildern des Internets – kein Wissen vorausgesetzt werden, so können bei der Betrachtung von beispielsweise mittelalterlichen Emblemen Informationen wie der eingeschränkte Farbraum genutzt werden. Ein anderes Beispiel, in dem die enge Domäne gut zur Verbesserung der Sucheffektivität genutzt werden kann, ist die Suche in Briefmarkenbeständen.[22]

Klassische Bildfeatures

Als einfache – und auch recht einfach zu interpretierende – Eigenschaften von Bildern können Farb-, Textur- und Formeigenschaften in der Suche adressiert werden. Typisch ist dabei zunächst die Anwendung auf das gesamte Bild. So können Bilder z.B. aufgrund einer gut übereinstimmenden Verteilung der auftretenden Farben als ähnlich eingestuft werden.

Gerade bei der Betrachtung der Farbähnlichkeit werden aber auch Probleme dieses Ansatzes deutlich. Bilder werden in der Regel zunächst im RGB-Farbraum abgebildet, wobei zur Kodierung jedes Farbkanals zumindest ein Byte verwendet wird. Insgesamt sind damit $2^{24} = 16.777.216$ verschiedene Farben darstellbar. Für das Farbähnlichkeitsempfinden ist diese Auflösung eigentlich zu fein und auch der euklidische Abstand in diesem Farbraum ist wenig geeignet, die menschliche Farbwahrnehmung angemessen umzusetzen. Die Farbverteilung im RGB-Farbraum wird in Abbildung 1.2, Farbteil, für die fünf Beispielbilder in der Mitte verdeutlicht. Die Kurven zeigen jeweils an, wie viele Bildpunkte den jeweiligen Intensitätswert für die drei Grundfarben aufweisen. Im obersten Bild sind die Verläufe sehr ähnlich, was den Schwarz-Weiß-Charakter des Bildes andeutet. Die hohen Werte bei großen Intensitäten verdeutlichen, dass das Bild insgesamt sehr hell ist. Bei den beiden folgenden Bildern wird der Rotstich im Bild deutlich. Bei den beiden Fotos im unteren Bereich der Abbildung erkennt man beim Gebirgsbild, dass es relativ viele Pixel mit geringer Rot-Intensität gibt. Ferner fällt der unterschiedliche Verlauf der Kurven auf, ohne dass eine unmittelbare Interpretation naheliegend wäre.

Die Beispiele deuten bereits an, dass der RGB-Farbraum in vielen Fällen nicht optimal für eine Farbähnlichkeitssuche ist. Ein wichtiger Schritt zur Optimierung ist daher die Farbinformation zu den einzelnen Bildpunkten in einen geeigneten Farbraum zu übertragen. Hier greift man z.B. auf den HSV-Farbraum zurück, der den Farbwert (Hue) als Winkel auf dem Farbkreis (0° für Rot, 120° für Grün, 240° für Blau), die Farbsättigung (Saturation; 100% für eine gesättigte, reine

---

22 Sven Siggelkow, *Feature histograms for content-based image retrieval*, Dissertation, Albert-Ludwigs-Universität Freiburg 2002.

Farbe) sowie die Helligkeit (Value) unterscheidet. Wenn man in diesem dreidimensionalen Farbraum den Farbwert in 16 mögliche Klassen und die Sättigung sowie die Helligkeit in jeweils 4 mögliche Klassen aufteilt, dann entstehen 16·4·4 = 256 Farbklassen. Zählt man die Pixel eines Bildes, die in die jeweilige Farbklasse fallen, so kann man ein Histogramm bilden, dass die Farbverteilung eines Bildes interpretierbar macht. In Abbildung 1.2, Farbteil, findet sich ein solches Histogramm jeweils auf der linken Seite, wobei wir zur besseren Übersichtlichkeit eine 8:2:2-Aufteilung mit nur 32 Farbklassen statt der üblichen 16:4:4-Aufteilung gewählt haben. Hier wird die Unterscheidung der beiden unteren Bilder durch die dominanten Farbklassen sehr plausibel. Bei den leicht rotstichigen Bildern ergeben sich sehr ähnliche Histogramme. Lediglich beim ersten Bild versagt das Verfahren, weil sehr helle, vom Menschen als weiß empfundene Bildpunkte fast zufällig einer Farbe zugeteilt werden. Hierbei wird die Schwäche des HSV-Models offengelegt, dass der Farbwert bei weißen Bildpunkten keine Rolle spielt, da eine maximale Helligkeit vom Farbwert unabhängig immer Weiß ergibt. Damit zeigt sich klar, dass der Farbraum passend zur Bildkollektion gewählt werden muss.[23]

Neben den Farbeigenschaften eines Bildes spielt für die menschliche Wahrnehmung auch die Textur eine große Rolle. Unter der Textur versteht man eine kleinräumige Oberflächenstruktur, gleich ob natürlich oder künstlich, regelmäßig oder unregelmäßig. Beispiele für Texturen unterschiedlicher Charakteristik könnten eine Baumrinde, ein Strickmuster, eine Holzmaserung oder die Oberfläche eines Schwamms sein. Um die Textur eines Bildes zu erfassen wird im Kontext der Bildsuche in der Regel eine statistische Texturanalyse genutzt, die die Textur anhand bestimmter Attribute – wie z.B. der lokalen Grauwertvarianz, der Regelmäßigkeit, Grobkörnigkeit, Orientierung und des Kontrastes – beschreibt. Einige Maße dazu sind z.B. im MPEG-7 Standard definiert.[24]

Da die Textureigenschaften eines Bildes weitgehend unabhängig von den Farbeigenschaften sind, werden Farbbilder für die Texturanalyse üblicherweise zunächst in Graustufenbilder konvertiert. Bei der Betrachtung der Graustufenbilder stellen sich dann die Fragen: Welche Strukturen möchte man als Textur bezeichnen? Wo im Bild befinden sich diese Strukturen?

Wie Texturen in einem Bild vorkommen, hängt stark von der Skalierung ab. Stellt das Bild nur eine Aufnahme eines Teppichs dar, so wird man das Bild im Allgemeinen durch eine einzige Textur gut beschreiben können. Haben wir es aber mit einem Bild zu tun, das beispielsweise einen Raum mit Personen, Möbeln, einem Parkettboden, Gardinen, etc. zeigt, so treten in dem Bild zahlreiche unterschiedliche Texturen auf. In diesem Fall erscheint es sinnvoll, das Bild zunächst in Segmente einzuteilen und für diese einzeln die Textureigenschaften zu bestimmen. Wir werden uns im folgenden Abschnitt mit Fragen der Bildseg-

---

23 Horst Eidenberger, *Handbook of Multimedia Information Retrieval*, Wien 2012, Kapitel 5.2.
24 Bangalore S. Manjunath u.a., *Introduction to MPEG-7: multimedia content description interface*, Bd. 1, Chichester 2002.

mentierung beschäftigen. Das Kriterium für das Auftreten einer Textur in einer Bildregion ist dabei die signifikante, regelmäßige Variation der Grauwerte.

Eine dritte Art von Bildeigenschaften, die zur Suche verwendet werden, sind Formeigenschaften. Zur Ermittlung dieser Eigenschaften wird oft zunächst eine Kantenerkennung durchgeführt. Dazu können entsprechende Masken eingesetzt werden, die in Bildern solche Bildpunkte hervorheben, deren Umgebung größere Sprünge hinsichtlich der Farbe oder der Helligkeit aufweist. Ein wesentliches Verfahren in diesem Kontext ist der *Canny-Algorithmus* der sich in verschiedene Faltungsoperationen gliedert und ein Bild ableitet, das die Kanten des Ausgangsbildes darstellt.[25] Für die Kanten können nun Statistiken zur Ausrichtung und Länge abgeleitet werden, um die Formen in einem Bild zu charakterisieren. Auf diese Weise können z.B. Bilder aus Städten sehr gut von Naturbildern unterschieden werden.

Eine große Schwäche der bisher betrachteten Verfahren ist, dass sie globale Bildeigenschaften beschreiben. Ein Farbhistogramm sieht für ein Bild, in dem die Bildpunkte beliebig vertauscht werden, genauso aus, wie für das Ursprungsbild. Ob sich z.B. 10% rote Pixel durch einen roten Kreis oder wild über das Bild verstreute rote Punkte ergeben, ist dem Histogramm nicht zu entnehmen.

Trotz dieser Schwäche können Verfahren auf Basis der Farb-, Form- oder Texturähnlichkeit in speziellen Fällen durchaus zielführend sein. Man denke z.B. an eine Ähnlichkeitssuche in einem großen Bestand von Markenzeichen und Firmenlogos.

Segmentierung

Ein Weg, den fehlenden Ortsbezug der im Abschnitt *Klassische Bildfeatures* beschriebenen Verfahren zu überwinden, ist die Segmentierung von Bildern. Soll z.B. mit dem Bild eines Markenzeichens über QbE nach Bildern gesucht werden, die dieses Markenzeichen enthalten, so versagen Farb- oder Textureigenschaften, die sich auf ein gesamtes Bild beziehen, zwangsweise. Der Grund ist wie oben beschrieben, dass das Anfragebild – also das Markenzeichen – auch im Falle eines Treffers nur mit einem kleinen Teil des Zielbildes übereinstimmt, was in einem Farbhistogramm kaum zum Ausdruck kommt. Ein Lösungsansatz ist, das Bild in Teile zu segmentieren, die möglichst gut mit signifikanten Bildregionen bzw. Objekten korrespondieren.

Der Begriff der Segmentierung ist verwandt mit dem Begriff der Objekterkennung. Dabei wird im Wesentlichen nach dem Ziel der Segmentierung unterschieden. Die Suche nach genau einer Objektklasse wird als *Object Detection* bezeichnet. Es wird nach einem bestimmten Objekt gesucht und nur geprüft, ob dieses dargestellt wird oder nicht. Die *Object Recognition* dagegen beschäftigt sich damit, überhaupt Objekte zu finden und sucht meist nach mehr als einer Klas-

---

25 John Canny, „A Computational Approach to Edge Detection", in: *IEEE Transactions on Pattern Analysis and Machine Intelligence* 6 (1986), S. 679–698.

se. Ein Beispiel hierzu findet sich in Abbildung 1.3, Farbteil, in der Mitte und rechts, wobei z.B. die Klassen ,Pferd', ,Person' und ,Hund' mit einer bestimmten Wahrscheinlichkeit erkannt werden. Dabei sind die Segmentierung und die Objekterkennung allerdings oft weder vollständig noch korrekt. So werden bei einem niedrigen Schwellenwert (*Threshold*) (mittlere Spalte) beispielsweise eine nicht vorhandene Handtasche, ein Rucksack sowie ein Frisbee, jedoch weiterhin nicht der Stein im Hintergrund als Objekte erkannt.

Abbildung 1.3, Farbteil, zeigt dabei auf der rechten Seite ein recht weit entwickeltes Verfahren auf Basis von umfangreichen Trainingsdaten, in denen Bildbereiche ausdrücklich mit Kategorien wie ,Person', ,Pferd' oder ,Hund' annotiert sind. Es sind auch wesentlich einfachere Verfahren denkbar, die ohne Trainingsdaten auskommen. Ein sehr einfaches Verfahren wäre das Unterteilen eines Bildes in fünf gleich große, überlappende Bereiche wie in der linken Spalte von Abbildung 1.3, Farbteil, dargestellt. In Spezialfällen wie beispielsweise dem Scan einer Dokumentensammlung, bei dem immer vier gleich große Bilder gemeinsam gescannt wurden, könnte diese Segmentierung sinnvoll sein. Geht man jedoch weiter und betrachtet den Fall der *Emblematica*, reicht das Verfahren nicht aus. Hier zeigt sich auch die Mehrstufigkeit einer Segmentierung. Zunächst geht es um die Erkennung und Segmentierung der Pictura im Emblem und anschließend um die Erkennung von Objekten innerhalb der Pictura.

Allgemein kann man im Bereich der Segmentierung bei den einfachen Verfahren zwischen Ansätzen, die auf einer Kantenerkennung basieren, und sogenannten Wachstumsverfahren unterscheiden.[26] Bei der Kantenerkennung ist das Problem, dass die erkannten Kanten in der Regel zunächst keine geschlossenen Formen bilden. Hier müssen also kleinere Lücken in einem nachgelagerten Schritt über entsprechende Heuristiken geschlossen werden, um Segmente zu bilden. Die Wachstumsverfahren starten mit Saatpixeln, z.B. sehr hellen oder sehr dunklen Stellen im Bild. Von dort wird das Segment erweitert, bis eine bestimmte Größe erreicht ist oder die Helligkeit einen bestimmten Schwellenwert über- bzw. unterschreitet. Interpretiert man die Helligkeit im Bild als Höhe, so wird deutlich, warum diese Verfahren auch als *Water Flow Algorithm* charakterisiert werden.

Von solchen allgemeinen Verfahren sind spezielle Verfahren zu unterscheiden, die hinsichtlich einer Kollektion und eines darin auftretenden Problems optimiert sind. Im Fall der *Emblematica* können zur Entwicklung eines Verfahrens Informationen genutzt werden, wie beispielsweise, dass die Pictura von vielen weißen Bereichen umgeben ist, dass sie unregelmäßiger ist als die umgebenden Elemente oder auch dass sie immer eine ähnliche Größe aufweist.

Andere Verfahren kombinieren die Segmentierung direkt mit der Objekterkennung. Einige Erkennungssysteme verwenden dazu Klassifizierer und Lokali-

---

26 Walter Pätzold, „Digitale Bildbearbeitung", in: *Taschenbuch der Medieninformatik* hg. von Kai Bruns und Klaus Meyer-Wegener, Leipzig 2005, S. 164–165.

sierer, um die Erkennung durchzuführen. Sie wenden das Modell für eine Klasse (z.B. Pferd oder Person) auf ein Bild an mehreren Stellen und in unterschiedlichen Maßstäben an. Bereiche mit hoher Übereinstimmung werden dann als Segmente identifiziert und mit der Klasse annotiert. Andere aktuelle Verfahren wie YOLO wenden ein einzelnes neuronales Netzwerk auf das gesamte Bild an.[27] Dieses Netz teilt das Bild in Regionen auf und prognostiziert Begrenzungsrahmen und Wahrscheinlichkeiten für jede Region. Diese Begrenzungsrahmen (Segmente) werden mit den vorhergesagten Wahrscheinlichkeiten gewichtet. Die Segmente der zwei rechten Spalten in Abbildung 1.3, Farbteil, wurden mit diesem Verfahren bestimmt.

Bei diesen Verfahren verschmelzen somit Segmentierung und Ähnlichkeitsbetrachtung. Sie greifen dabei auf die in den folgenden Abschnitten beschriebenen Techniken zurück.

Lokale Features (Detektoren und Deskriptoren)

Den lokalen Features liegt die Idee zugrunde, dass Objekte eher an markanten Details als an globalen Bildeigenschaften erkannt werden können. Verfahren, die lokale Features nutzen, arbeiten in der Regel mehrstufig. In der ersten Stufe wird für ein Bild eine Menge solcher markanter Details in Form sogenannter *Merkmalspunkte* (Keypoints) identifiziert. Das können für ein Bild Hunderte bis zu einigen Tausend Keypoints sein. In der zweiten Phase werden Beschreibungen (in der Regel Beschreibungsvektoren) für die lokalen Bildcharakteristika in der engeren Umgebung für jeden Keypoint berechnet. Ein Bild wird nun also durch sehr viele Vektoren beschrieben, die jeweils charakteristische lokale Bildeigenschaften darstellen. Schließlich müssen Ähnlichkeitswerte zwischen den Beschreibungsvektoren berechnet werden, um festzustellen, ob zwei Bilder ähnliche markante Details enthalten.

Ein großer Vorteil dieser Verfahren ist, dass sie praktisch keine Trainingsdaten benötigen. Die Verfahren sind besonders erfolgreich in der Objekterkennung. Wenn das Bild eines Objektes gegeben ist, dann können recht effektiv Bilder ermittelt werden, die dieses Objekt enthalten. Dabei nutzt das Verfahren aus, dass es asymmetrisch arbeiten kann. Es werden Bilder gesucht, die eine signifikante Anzahl von Beschreibungsvektoren enthalten, die sehr ähnlich zu den Beschreibungsvektoren aus dem Anfragebild sind. Dass im Bild noch zahlreiche weitere Keypoints vorkommen, zu denen es im Objektbild keine Entsprechung gibt, spielt hier keine Rolle. Es werden ja nicht ähnliche Bilder gesucht, sondern Bilder, die das gesuchte Objekt enthalten. Um die Genauigkeit des Verfahrens weiter zu erhöhen, können dabei noch Verfahren nachgelagert werden, die prüfen, ob die

---

27 Joseph Redmon und Ali Farhadi, *YOLOv3: An Incremental Improvement*, Ithaca 2018, URL: http://arxiv.org/abs/1804.02767 (04.01.19).

jeweils zueinander passenden Keypoints auch in einer ähnlichen geometrischen Anordnung in beiden Bildern vorkommen.[28]

Einen Meilenstein in der Entwicklung der lokalen Features bilden die durch die *Scale-Invariant Feature Transform* (SIFT)-Methodik gewonnen Features. Diese bereits 1999 eingeführten Features werden noch heute in ihrer ursprünglichen Methodik aber auch in angepasster Form in der *Computer Vision* eingesetzt.[29] Wie der Name bereits vermuten lässt, sind diese Features robust gegen Skalierung, d.h. die Größe, in der ein Objekt in einem Bild vorkommt, sollte die Erkennung kaum beeinträchtigen. Ebenso sind sie rotationsinvariant und robust gegen die Positionierung im Bild.[30] Wie diese Invarianz erzeugt wird, wird im Folgenden kurz erläutert.

Im ersten Schritt werden auf das Bild unterschiedlich starke *Gaußfilter* (Weichzeichner) angewendet. Die dadurch entstehende Abfolge, bestehend aus dem ursprünglichen Bild und immer stärker weichgezeichneten Versionen davon, wird als Oktave bezeichnet. In einem zweiten Schritt wird das Bild auf 1/4 der Pixel reduziert (in Höhe und Breite halbiert) und wieder durch *Gaußfilter* weichgezeichnet, um so eine neue Oktave zu generieren. Diese Operationen werden mehrmals wiederholt. Die Kombination der Oktaven wird als *Scale Space* bezeichnet. Im Anschluss wird zwischen jedem nebeneinanderliegenden *Gaußfilter*-Paar in den Oktaven die *Difference of Gaussians* (DoG) berechnet; die Bilder werden voneinander subtrahiert, um nur noch die Feinheiten zu erhalten, die durch das Weichzeichnen verloren gegangen sind. Im nächsten Schritt werden Maxima beziehungsweise Minima gesucht. Hierbei werden die direkt umliegenden Nachbarpixel eines Pixels (8 Pixel) sowie die Nachbarpixel auf der Achse der Ergebnisbilder der DoG betrachtet (also im vorherigen und nachfolgenden DoG-Bild). Da so jeweils 9 Pixel von diesen Bildern mitbetrachtet werden, hat man insgesamt 26 Nachbarpixel für jedes betrachtete Pixel. Wenn der Wert für ein Pixel immer kleiner beziehungsweise größer ist als der aller Nachbarpixel, ist dieses ein Kandidat für einen Keypoint.

Nach einer weiteren Nachbearbeitung dieser Punkte wird jedem gefundenem Keypoint eine Referenzorientierung zugewiesen. Diese Orientierung basiert auf der maximalen Veränderung zu den umliegenden Pixeln (Stärke des Grauwertabfalls bzw. -anstiegs in der Richtung). Dazu wird der Umkreis in 36 Sektoren von je 10° eingeteilt und die Orientierung so rotiert, dass die maximale Steigung nach oben zeigt. Auf diese Weise wird die *Rotationsinvarianz* sichergestellt. Nun werden zu dem direkten Umfeld des Keypoints (typischerweise 16x16 Pixel) für

---

28 Mahmoud Hassaballah u.a., „Image Features Detection, Description and Matching", in: *Image Feature Detectors and Descriptors. Foundations and Applications*, hg. von Ali Ismail Awad und Mahmoud Hassaballah, Cham 2016 (Computational Intelligence 630), S. 11–45.

29 Arnold W. M. Smeulders u.a., „Content-Based Image Retrieval at the End of the Early Years", in: *IEEE Transactions on Pattern Analysis and Machine Intelligence* 12 (2010), S. 1349–1380.

30 David G. Lowe, „Object Recognition from Local Scale-Invariant Features", in: *Proceedings of the International Conference on Computer Vision* (1999), S. 1150–1157.

16 (je 4x4) Pixel große Teilbereiche die Steigungen für 8 Sektoren von je 45° berechnet. Daraus ergibt sich ein Beschreibungsvektor mit 16 · 8 = 128 Komponenten.[31] (Vgl. Abb. 1.4, Farbteil.)

Neben der *Positionsinvarianz*, die sich aus der Betrachtung der Keypoints unabhängig von ihrer Lage ergibt, und der *Rotationsinvarianz*, die sich durch die Referenzorientierung ergibt, stellt das Verfahren die *Skalierungsinvarianz* durch die Betrachtung verschiedener Skalierungs- sowie Unschärfeebenen sicher. Das Verwerfen von „schwachen" Keypoints sowie das Normalisieren der Beschreibungsvektoren (Histogramme) führen zu Keypoints, die weitestgehend unabhängig von ‚Rauschen' im Bild sowie globalen Beleuchtungseinflüssen sind und sich damit sehr gut für die Objekterkennung eignen.

Ausgehend von SIFT wurden zahlreiche Varianten und Optimierungen entwickelt. Bei den *Speeded Up Robust Features* (SURF) handelt es sich um eine verbesserte und insbesondere beschleunigte Variante. Dabei werden die wesentlichen mathematischen Verfahren durch Näherungen ersetzt, die sich schneller berechnen lassen ohne das Ergebnis nennenswert zu verschlechtern.[32]

Binary Robust Independent Elementary Features (BRIEF) wurden für Echtzeitszenarien konzipiert. Weitere Einsatzgebiete sind die Nutzung auf mobilen Endgeräten oder bei sehr großen Datensätzen.[33] Aufwendige Vergleiche werden durch eine Binärisierung der Feature-Vektoren performanter gestaltet.

Features from Accelerated Segment Test (FAST) ist ein Feature- bzw. Keypoint-Detektor, der Ecken um ein Pixel sucht. Dazu werden die Pixel auf einem Kreis mit Radius 3 um das Pixel herum geprüft. Liegen von diesen 16 Pixeln 12 entweder über oder unter einem Schwellenwert, wird eine Ecke unterstellt. Durch weitere Optimierungen können die Beschreibungen in Echtzeit ermittelt werden.[34] Als Weiterentwicklung von FAST, das keine Information bezüglich der Orientierung enthält und damit nicht rotationsinvariant ist, wurde *Oriented FAST* als Teil von *Oriented FAST and Rotated BRIEF* (ORB) eingeführt. Hierbei wird der FAST Detektor um Informationen zur Orientierung erweitert.[35]

31 David G. Lowe, *Method and Apparatus for Identifying Scale Invariant Features in an Image and Use of Same for Locating an Object in an Image*, U.S. Patent US6711293B1, application granted 2004.

32 Herbert Bay u.a., „Speeded-Up Robust Features (SURF)", in: *Computer Vision and Image Understanding* 110/3 (2008), S. 346–359.

33 Michael Calonder u.a., „BRIEF: Binary Robust Independent Elementary Features", in: *Computer Vision – ECCV 2010*, hg. von Kostas Daniilidis u.a., Berlin 2010 (Lecture Notes in Computer Science 6314), S. 778–792.

34 Edward Rosten und Tom Drummond, „Fusing Points and Lines for High Performance Tracking", in: *Proceedings of the 10th IEEE International Conference on Computer Vision* (2005), Bd. 2, S. 1508–1515; Edward Rosten u.a., „Faster and better: A Machine Learning Approach to Corner Detection", in: *IEEE Transactions on Pattern Analysis and Machine Intelligence* 32/1 (2010), S. 105–119.

35 Ethan Rublee u.a., „ORB: An Efficient Alternative to SIFT or SURF", in: *Proceedings of the 2011 IEEE International Conference on Computer Vision*, S. 2564–2571.

Ähnlichkeit und Matching

Im Abschnitt *Anfragearten und Anwendungen* haben wir bereits dargelegt, dass sehr unterschiedliche Anfragen bzw. Informationsbedürfnisse in der Bildanalyse und Bildsuche adressiert werden können. Eine wichtige Grundoperation ist dabei immer ein Anfragebild und ein Bild aus einem Datenbestand im Hinblick auf ihre Ähnlichkeit oder Passung für die aktuelle Fragestellung zu vergleichen. Im Fall der Farbhistogramme aus dem Abschnitt *Klassische Bildfeatures* wird z.B. gerne der sogenannte Histogramm-Schnitt gewählt, um die Ähnlichkeit von zwei Bildern zu messen. Dazu wird zu jeder Farbklasse der minimale Histogrammwert der beiden zu vergleichenden Bilder gewählt und über diese Minima die Summe über alle Farbklassen gebildet. Ist diese Summe hoch, so finden sich offensichtlich viele Pixel in gleichen Farbklassen, was einer hohen Ähnlichkeit entspricht.

Bereits für globale Farbeigenschaften lassen sich auch deutlich leistungsfähigere Ähnlichkeitsmaße anwenden, wie z.B. die *Earth Mover's Distance* (EMD), bei der berücksichtigt wird, dass der Unterschied zwischen einem hellen und einem dunklen Rot kleiner ist, als zwischen Rot und Blau.[36] Für die im vorhergenden Abschnitt vorgestellten lokalen Features stellt sich das Problem aber nochmals anders dar, weil hier die beiden zu vergleichenden Bilder nicht durch jeweils einen Beschreibungsvektor, sondern durch eine Menge von Beschreibungsvektoren für die Keypoints repräsentiert werden. Daher soll im Folgenden auf Ansätze zum Matching in diesem Kontext eingegangen werden.

Der naheliegende erste Ansatz zum Vergleich von Bildern auf Basis von SIFT- oder BRIEF-Features beziehungsweise Keypoints wird auch *Brute-Force Matcher* genannt. Dieses Verfahren vergleicht jeden Beschreibungsvektor des einen Bildes mit jedem Beschreibungsvektor des anderen Bildes. Der hieraus resultierende Rechenaufwand ist allerdings sehr hoch.

In Abbildung 1.4, Farbteil, unten werden zur Veranschaulichung ein Emblem sowie die Seite, die dieses Emblem enthält, dargestellt. Jedes Feature der einen Quelle (Suchbild, hier das linke Bild) wird mit jedem Feature der anderen Quelle (Referenzbild, hier das rechte Bild) verglichen. Unterhalb der Bilder in Abbildung 1.4 ist dieser Vorgang exemplarisch für ein Feature des Referenzbildes dargestellt. Dieser Vergleich wird in der Regel mit Hilfe eines Ähnlichkeitsmaßes wie dem oben skizzierten Histogramm-Schnitt durchgeführt. Nachdem die Ähnlichkeiten von dem Feature des Suchbildes zu den Features des Referenzbildes berechnet wurden, wird das Feature im Referenzbild als Treffer betrachtet, das die geringste Distanz aufweist, sofern diese einen vorgegebenen Schwellenwert nicht unterschreitet. Anschließend wird für jedes weitere Feature des Suchbildes analog verfahren. Die Passung des Referenzbildes zum Suchbild kann dann durch die Anzahl der Features gemessen werden, zu denen ein passendes Gegenstück gefunden wurde.

---

36 Christian Beecks, Distance-based Similarity Models for Content-based Multimedia Retrieval, PhD Thesis, RWTH Aachen University 2013.

In den Beispielen in Abbildung 1.4, Farbteil, wurden jeweils die 20 besten Feature-Matches durch Linien verbunden. Dies verdeutlicht, dass das Verfahren in einem klassischen Anwendungsfall (oben) recht gut funktioniert. Hier werden 18 der 20 Features korrekt angezeichnet. Bei dem unteren Beispiel aus dem *Emblematica*-Datensatz werden dagegen nur vier Features korrekt zugeordnet. Die Übertragung eines im klassischen Bereich der Objekterkennung recht gut funktionierenden Ansatzes auf geisteswissenschaftliche Bildsammlungen ist damit nicht ohne Weiteres möglich.

Wie bereits angedeutet, sind für größere Datenbestände andere Verfahren als *Brute-Force-Matching* notwendig. Eine Herangehensweise ist der *Bag of Visual Words* (BoVW). ‚Wörter' bezeichnen hier nicht Wörter im eigentlichen Sinn, sondern einzelne charakteristische Keypoints, die durch SIFT, SURF oder andere lokale Algorithmen zur Feature-Generierung gefunden werden. Die Bezeichnung greift die Analogie zum Text-Retrieval auf, in dem ein Dokument oft durch einen Bag of Words repräsentiert wird – d.h. nur durch seine Wörter, unabhängig von Grammatik, Position etc. Dabei kann man sich in der Regel auf eine kleine Zahl von für das Dokument charakteristischen Wörtern beschränken, deren Häufigkeiten in einem dünn besetzten Vektor repräsentiert werden. Für derartige Vektoren existieren zudem im Text Retrieval mit invertierten Listen effiziente Indexstrukturen, die eine schnelle Suche ermöglichen. Analog dazu wird nun für den *Bag of Visual Words* die Vorkommenshäufigkeit von Visual Words in einem Vektor dargestellt.[37]

Der erste Schritt ist hier die *Merkmalsextraktion* (Feature Extraction). Dabei werden vorhandene Verfahren wie die Generierung von SIFT-Features eingesetzt. Zur Erzeugung eines Vokabulars von visuellen Wörtern werden für einen gesamten Datenbestand von Bildern die Features extrahiert. Die einzelnen Features werden dann geclustert. Dies wird durch Verfahren wie das *k-Means-Clustering* umgesetzt. Eine Herausforderung hierbei ist die Festlegung des Parameters k – der Anzahl der Cluster und damit der Größe des visuellen Vokabulars. Sind passende Cluster-Center bestimmt, kann ein Bild über einen Vektor der Dimension k beschrieben werden, der angibt, wie viele Keypoints des Bildes zu welchem Cluster gehören. Neben der Verbesserung der Performance wird mit diesem Verfahren auch eine durchaus gewünschte Abstraktion von zu feinen visuellen Details hin zu visuellen Konzepten – eben den visuellen Wörtern – erreicht.

(Deep) Learning – Convolutional Neural Networks

Seit einigen Jahren finden *Deep Learning-Verfahren* bzw. *neuronale Netze* in zahlreichen Szenarien und auch in der Bildanalyse mehr und mehr Anwendung. Ein Neuron wird dabei durch eine mathematische Funktion repräsentiert, die

---

37 Jun Yang u.a., „Evaluating Bag-of-Visual-Words Representations in Scene Classification", in: *Proceedings of the International Workshop on Multimedia Information Retrieval (MIR '07)*, New York 2007, S. 197–206.

Eingangssignale bewertet und ein entsprechendes Ausgangssignal erzeugt. Eine wesentliche Voraussetzung für die Anwendung ist dabei die Verfügbarkeit umfangreicher Trainingsdaten, um die Funktionen bzw. deren Parameter lernen zu können. Im Fall der Bildanalyse bedeutet dies die Verfügbarkeit eines großen Datenbestands mit annotierten Trainingsdaten. Eine weitere Aufgabe besteht darin, die Architektur des Netzes zu optimieren. Dabei werden aktuell recht tiefe Architekturen mit vielen Ebenen von Neuronen eingesetzt. [38]

Deep Learning ist aber kein neues Konzept, sondern schon Jahrzehnte bekannt, es gewann jedoch in den letzten Jahren durch das Thema *Big Data* und die Berechnung auf speziellen Clustern (auf Basis von High-End-Grafikkarten) neue Bedeutung in der praktischen Umsetzbarkeit. Hinzu kam die Verfügbarkeit entsprechender Software (z.B. Google's Tensorflow).

Deep Learning generell versucht mit Hilfe eines Netzes von künstlichen Neuronen und deren Verbindungen einen Datenoutput für einen bestimmten Dateninput zu generieren. In unserem Szenario könnten beispielsweise extrahierte Features eines Bildes oder auch die Bildinformationen selbst als Input des neuronalen Netzes dienen. Der Output könnte eine bestimmte Klassifikation sein, die ggf. eine Segmentierung einschließen kann.

Alle Inputwerte (Zahlen) eines Neurons werden mit Gewichten multipliziert und aggregiert und berechnen so den Wert eines Neurons des ersten sogenannten *Hidden Layers*. Dies wird für alle Neuronen dieser Ebene mit unterschiedlichen Gewichten durchgeführt. Anschließend wird der Ausgabewert des Neurons durch eine Aktivierungsfunktion, beispielsweise *Rectified Linear Units* (ReLU) berechnet. Diese ist unter anderem für die Nicht-Linearität des Modells verantwortlich. Für alle weiteren *Hidden Layers* ist es dasselbe Vorgehen. Zum Schluss wird aus den Werten des letzten *Hidden Layers* das Ergebnis, der Output, wie zum Beispiel die Wahrscheinlichkeit für mehrere Klassen wie ,Fuchs', ,Engel', ,Himmel' oder ,Kopf' berechnet. An dieser Stelle setzt das *Lernen* (Learning) des *Deep-Learning* an, indem mit einer Verlustfunktion für einen Trainingsdatenbestand die Abweichung von den korrekten Klassen (bei Abb. 1.5: Fuchs 1, Engel 0, Himmel 0, Kopf 0) und den ausgegeben Klassen des Algorithmus (beispielsweise Fuchs 0,3, Engel 0,3, Himmel 0,3, Kopf 0,1) berechnet wird. Es wird in mehreren Iterationen (Epochen) versucht, diesen Verlust zu minimieren. Dazu werden die Gewichte im Netz rekursiv aktualisiert, wobei die Aktualisierung jeweils so vorgenommen wird, dass der Fehler im nächsten Durchlauf reduziert wird (Gradient Descent). Wichtig ist hier, dass zu viel Training auch zu schlechteren Ergebnissen führen kann, da dann ein Overfitting auftritt: Das Netz lernt die Testbilder ,auswendig', kann aber neue Bilder nicht mehr erkennen.

---

38 Alex Krizhevsky u.a., „ImageNet Classification with Deep Convolutional Neural Networks", in: *Proceedings of the 25th International Conference on Neural Information Processing Systems*, Bd. 1, hg. von Fernando Pereira u.a., Red Hook 2012, S. 1097–1105; Ian Goodfellow u.a., *Deep Learning*, Cambridge 2016.

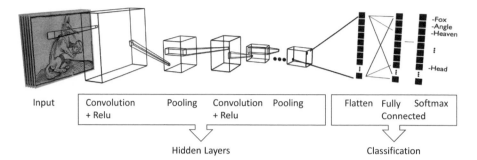

Abb. 1.5: Beispiel für eine Architektur eines *Deep Learning*-Netzwerks;
Abbildung, Martin Bullin (CC BY-NC-ND), Pictura by permission of University of Glasgow
Library, Archives & Special Collections.

Ein weiterer Punkt speziell für die Bildanalyse ist, dass die Bilder für die neuronalen Netze aufbereitet werden müssen. Hierbei ist es nicht sinnvoll, die Bilder pixelweise mit ihren RGB-Werten als Input für die sogenannten *Fully-Connected-Layers* zu nutzen. Daher werden dem eigentlichen neuronalen Netz weitere Ebenen zur Extraktion und zum Lernen von relevanten Features vorgelagert. Dieser Vorgang wird in der Regel durch Convolution-Layers umgesetzt. Hierbei werden die Pixelwerte des Bildes mit einer Faltungsmatrix multipliziert. Dies erinnert an den *Gaußfilter*, der bei SIFT angewendet wird, und in der Tat unterscheidet sich der *Deep Learning*-Ansatz bei der Merkmalsextraktion nicht wesentlich von dem der klassischen Features. Im Gegensatz zu den klassischen Features werden die Filter aber bei DL durch das Netz selbst trainiert, gelernt und verbessert.

Als Input werden die pixelweisen Graustufen oder auch RGB-Werte genutzt (vgl. Abb. 1.5, Input). Diese werden mit einem Filter multipliziert und ergeben so das erste Zwischenergebnis. Anschließend wird die ReLU-Funktion angewendet und alle negativen Werte auf null gesetzt. Hierdurch wird die Nichtlinearität des Netzes geschaffen. Anschließend wird durch *Pooling* (auch *Subsampling*) die Datenmenge reduziert. Hierbei können einfache Funktionen genutzt werden wie beispielsweise die Max-Funktion: Für einen Pixelblock von 2 x 2 Pixeln wird der höchste Wert ausgewählt und dies für alle Pixelblöcke wiederholt. Mit iterativer Ausführung der Schritte kann die Genauigkeit des Ergebnisses verbessert werden. In Abbildung 1.5 wurden zwei Iterationen genutzt. Anschließend wird das Ergebnis eindimensional weiterverarbeitet. Hier setzt dann ein neuronales Netz ein, wie es bereits zuvor beschrieben wurde.

Für die Nutzung von Verfahren des *Deep Learning* ist neben einem entsprechenden umfangreichen Satz an Trainingsdaten auch eine angemessene Hardware vonnöten, da die Verfahren sehr rechenintensiv sind. Auch die Verwendung eines passenden Netzes ist wichtig. Dieses kann man selbst konzipieren, oft werden aber bewährte Architekturen genutzt oder angepasst. Ein Beispiel ist das bereits im Abschnitt *Segmentierung* erwähnte YOLO (s. auch Abb. 1.3, Farbteil, rechts).[39] Dabei verfügen diese Netze über sehr viele Ebenen. Ein Vorteil der Ebenen ist, dass dazwischen neue Informationen, sogenannte Repräsentationen, gebildet werden, die eine Abstraktion der eigentlichen Eingangssignale sind. Diese Repräsentationen kann man grob mit den visuellen Wörtern beim BoVW vergleichen. Man bezeichnet dies auch als *Representation Learning*. So können DL-Modelle zum Teil recht gut vom ursprünglichen Trainingsdatenbestand abstrahieren. Die Ebenen ermöglichen auch, den Aufwand und den Bedarf an Trainingsdaten zu reduzieren, da für einen neuen Datenbestand nicht unbedingt das ganze Netz sondern nur einzelne Ebenen neu trainiert werden müssen.

Anwendungsbeispiele

In den vorangegangenen Abschnitten wurden bereits verschiedene Anwendungsbeispiele erwähnt. Im Folgenden werden wir dies noch ausbauen, um die Möglichkeiten und Anwendungsbereiche der Methoden exemplarisch aufzuzeigen.

Chanjong Im u.a. haben mit Hilfe von *Deep Learning Verfahren* untersucht, inwieweit es möglich ist, die Produktionsart der Bilder in Büchern des 19. Jahrhunderts festzustellen.[40] Hier wurde zwischen den Klassen ‚Holzstich' und ‚Lithographie' unterschieden. Gelernt wurde mit einem vergleichsweise kleinen Datensatz von jeweils 2.235 Bildausschnitten pro Klasse. Die relativ niedrige Accuracy von 63% wird dabei auf eben diese geringe Anzahl an Trainingsbildern sowie den Ansatz, Bildausschnitte anstelle von ganzen Bildern zu nutzen, zurückgeführt.

Die *Bayerische Staatsbibliothek* (BSB) hatte bereits 2017 1,2 von 11 Mio. Bänden digitalisiert. Die inhaltliche Erschließung hinkt aufgrund des Umfangs allerdings hinterher. Um die Bilder aus den Werken zugänglich zu machen, wurde daher auf Methoden des *Image Retrieval* zurückgegriffen. Es wurden ML-Methoden genutzt, um aussagekräftige Bilder zu selektieren. Hierdurch konnten 43 Mio. Bilder identifiziert werden. Ebenfalls wurde eine QbE-Funktionalität umgesetzt, die es zulässt, ähnliche Bilder zu einem selbst gewählten bzw. hochgeladenen Bild zu suchen. Diese visuelle Suche basiert auf Deskriptoren, die Farb-, Kanten- und Texturmerkmale zusammenfassen, wobei die Gewichtung der Kriterien vom Nutzer angepasst werden kann.[41]

Ein anderes Beispiel hatte die Suche nach bestimmten ikonographischen Elementen im bereits erwähnten *Emblematica Online*-Bestand zum Ziel. Dabei handelt es sich um eine weltweite Sammlung von Emblemen, die durch die Universität von Illinois bereitgestellt werden. Hier liegen 33.268 Embleme vor, die teilweise bereits durch Kategorien nach Iconclass ausgezeichnet sind. Im Ideal-

---

39 Redmon und Farhadi, *YOLOv3*.

40 Chanjong Im u.a., „Deep Learning Approaches to Classification of Production Technology for 19th Century Books", in: *Proceedings of the Conference "Lernen, Wissen, Daten, Analysen"*, hg. von Rainer Gemulla u.a., Aachen 2018 (*CEUR Workshop Proceedings* 2191), S. 150–158.

41 Markus Brantl u.a., „Visuelle Suche in historischen Werken", in: *Datenbank Spektrum* 17 (2017), S. 53–60.

fall sind diese Auszeichnungen auch einem Bildsegment zugeordnet, was jedoch nicht immer der Fall ist. Hollender u.a. haben ein Werkzeug vorgestellt, das es Forschern ermöglichen soll, Ähnlichkeit, Identitäten und weitere Beziehungen von Emblemen zu teilen und zu nutzen. Hierbei ist es oft von Relevanz, ob die Abbildungen von demselben Holzschnitt stammen, der sich aber über die Zeit verändert haben kann.[42] Die große Datenmenge sowie die bereits ausgezeichneten Daten legen hier nahe, DL-Verfahren einzusetzen. Erste Ansätze in einer Masterarbeit sowie einem Projekt an der Universität Bamberg haben bisher aber auf Grund der starken Abweichung der Picturae von normalen Bilddatensätzen keine zufriedenstellenden Klassifikationsergebnisse liefern können. Vielmehr zeigten sich hier lokale Merkmale gegenüber den mit DL-Verfahren erzielten Ergebnissen sogar leicht überlegen. Dies deutet an, dass DL-Verfahren nicht in allen Szenarien das Mittel der Wahl sind und auch einer fundierten Anpassung und Adaption bedürfen. Die Arbeiten von Bermeitinger u.a. zur Objektklassifizierung in Bildern neoklassischer Kunstgegenstände mittels DL zeigen zwar bessere Ergebnisse, auch hier liegen die Erkennungsraten aber in einem Bereich, der für eine praktische Anwendung noch zu niedrig liegt.[43]

Zusammenfassung und Ausblick

Bereits aus den Überlegungen zur sensorischen und semantischen Lücke lassen sich für die inhaltsbasierte Bildsuche und Bilderschließung verschiedene Konsequenzen ableiten: Sofern die (Retro-)Digitalisierung selbst beeinflusst werden kann, sollte darauf geachtet werden, die sensorische Lücke durch eine professionelle und zielgerichtete Digitalisierung so gering wie möglich zu halten. Bei der Analyse der Bilder kann dann mit gewissen Erfolgen gerechnet werden, sofern man die untere semantische Lücke adressiert. Objekterkennung und inhaltsbasierte Bildsegmentierung können heute zum Teil beachtliche Erfolge vorweisen. Um die obere semantische Lücke zu adressieren ist zumindest eine umfangreiche Modellierung des Domänenwissens und des Bildkontextes erforderlich. Letztlich sind aber auch dann nur begrenzte Erfolge zu erwarten, da die Interpretation eines Bildes häufig großen Spielraum lässt. Wichtig ist in jedem Fall die zielgerichtete Auswahl der eingesetzten Technologien für den konkreten Anwendungszweck. Dabei sollten die Anforderungen im Anwendungskontext ebenso berücksichtigt werden wie die Verfügbarkeit von Trainingsdaten.

---

42 Kurt Hollender u.a., *Annotation of Digitized Emblematica (Illinois Annotation Experiment Final Report)*, URL: http://www.openannotation.org/Partners.html (05.06.2019).

43 Bernhard Bermeitinger u.a., „Object Classification in Images of Neoclassical Artifacts Using Deep Learning", in: *Digital Humanities 2017: Conference Abstracts*, hg. von Rhian Lewis u.a., Montréal 2017, S. 395–397.

Literaturverzeichnis

Bay, Herbert, Tinne Tuytelaars und Luc Van Gool, „Speeded-Up Robust Features (SURF)", in: *Computer Vision and Image Understanding* 110/3 (2008), S. 346–359.

Beecks, Christian, Distance-based Similarity Models for Content-based Multimedia Retrieval, PhD Thesis, RWTH Aachen University 2013.

Belongie, Serge, Jitendra Malik und Jan Puzicha, „Shape Matching and Object Recognition Using Shape Contexts", in: *IEEE Transactions on Pattern Analysis and Machine Intelligence*, 24/24 (2002), S. 509–522.

Bermeitinger, Bernhard, Simon Doing, Maria Christoforaki, André Freitas und Siegfried Handschuh, „Object Classification in Images of Neoclassical Artifacts Using Deep Learning", in: *Digital Humanities 2017: Conference Abstracts*, hg. von Rhian Lewis, Cecily Raynor, Dominic Forest, Michael Sinatra und Stéfan Sinclair, Montréal 2017, S. 395–397.

Brantl, Markus, Klaus Ceynowa, Thomas Meiers und Thomas Wolf, „Visuelle Suche in historischen Werken", in: *Datenbank Spektrum* 17 (2017), S. 53–60.

Broder, Andrei, „A taxonomy of web search", in: *ACM SIGIR forum* 36/2 (2002), S. 3–10.

Calonder, Michael, Vincent Lepetit, Christoph Strecha und Pascal Fua, „BRIEF: Binary Robust Independent Elementary Features", in: *Computer Vision – ECCV 2010*, hg. von Kostas Daniilidis, Petros Maragos und Nikos Paragios, Berlin 2010 (Lecture Notes in Computer Science 6314), S. 778–792.

Canny, John, „A Computational Approach to Edge Detection", in: *IEEE Transactions on Pattern Analysis and Machine Intelligence* 6 (1986), S. 679–698.

CIDOC Conceptual Reference Model, URL: http://www.cidoc-crm.org, (05.06.2019).

Davis, Larry S., „A survey of edge detection techniques", in: *Computer Graphics and Image Processing* 4/3 (1975), S. 248–260.

Dublin Core Metadata Initiative, URL: http://dublincore.org (05.06.2019)

Eidenberger, Horst: *Handbook of Multimedia Information Retrieval*, Wien 2012.

Europeana Data Model, URL: https://pro.europeana.eu/resources/standardization-tools/edm-documentation, (05.06.2019).

Exchangable Image File Format, URL: http://exif.org (05.06.2019).

Felzenszwalb, Pedro F. und Daniel P. Huttenlocher, „Pictorial Structures for Object Recognition", in: *International Journal of Computer Vision* 61/1 (2005), S. 55–79.

Ferencz, Andras, Erik G. Learned-Miller und Jitendra Malik, „Learning to Locate Informative Features for Visual Identification", in: *International Journal of Computer Vision* 77/1–3 (2008), S. 3–24.

Fischler, Martin A. und Robert A. Elschlager, „The Representation and Matching of Pictorial Structures", in: *IEEE Transactions on Computers* 22/1 (1973), S. 67–92.

Flickner, Myron, Harpreet Sawhney, Wayne Nibleck, Jonathan Ashley, Qian Huang, Byron Dom, Monika Gorkani, Jim Hafner, Denis Lee, Dragutin Petkovic, David Steele und Peter Yanker, „Query by Image and Video Content: The QBIC System", in: *Computer* 28/9 (1995), S. 23–32.

Goodfellow, Ian, Yoshua Bengio und Aaron Courville, *Deep Learning*, Cambridge 2016.

Grubinger, Michael, *Analysis and evaluation of visual information systems performance*, PhD Thesis, Victoria University Melbourne 2007, URL: http://vuir.vu.edu.au/1435/ (04.02.19).

Hare, Jonathon S., Paul H. Lewis, Peter G. B. Enser und Christine J. Sandom, „Mind the Gap: Another Look at the Problem of the Semantic Gap in Image Retrieval", in: *Multimedia Content Analysis, Management and Retrieval 2006*, hg. von Alan Han-jalic, Nicu Sebe und Edward Y. Chang, Bellingham 2006 (SPIE Proceedings 6073), S. 75–86.

Hartley, Richard, Rajiv Gupta und Tom Chang, „Stereo from uncalibrated cameras", in: *Proceedings of the IEEE Computer Society Conference on Computer Vision and Pattern Recognition* (1992), S. 761–764.

Hassaballah, Mahmoud, Aly Amin Abdelmgeid und Hammam A. Alshazly, „Image Features Detection, Description and Matching", in: *Image Feature Detectors and Descriptors. Foundations and Applications*, hg. von Ali Ismail Awad und Mahmoud Hassaballah, Cham 2016 (Computational Intelligence 630), S. 11–45.

Herzog August Bibliothek Wolfenbüttel, URL: http://www.hab.de/de/home/wissen-schaft/ forschungsprofil-und-projekte/emblematica-online.html, (07.12.2018).

Hollender, Kurt, Jacob Jett, Jessica Nicholas, Jordan Vannoy, Timothy Cole, Myung-Ja Han, Thomas Kilton und Mara Wade, *Annotation of Digitized Emblematica (Illinois Annotation Experiment Final Report)*, URL: http://www.openannotation.org/Part-ners.html (05.06.2019).

Iconclass, URL: http://www.iconclass.nl/home, (31.12.2018).

Im, Chanjong, Junaid Ghauri, John Rothman und Thomas Mandl, „Deep Learning Approaches to Classification of Production Technology for 19th Century Books", in: *Proceedings of the Conference "Lernen, Wissen, Daten, Analysen"*, hg. von Rainer Gemulla, Simone Paolo Ponzetto, Christian Bizer, Margret Keuper und Heiner Stuckenschmidt, Aachen 2018 (*CEUR Workshop Proceedings* 2191), S. 150–158.

Jansen, Bernard J., Danielle L. Booth und Amanda Spink, „Determining the infor-mational, navigational, and transactional intent of Web queries", in: Information Processing & Management 44/3 (2008), S. 1251–1266.

Krizhevsky, Alex, Ilya Sutskever und Geoffrey E. Hinton, „ImageNet Classification with Deep Convolutional Neural Networks", in: *Proceedings of the 25th International Conference on Neural Information Processing Systems*, Bd. 1, hg. von Fernando Pereira, Christopher J. C. Burges, Léon Bottou und Kilian Q. Weinberger, Red Hook 2012, S. 1097–1105.

LeCun, Yann, Yoshua Bengio und Geoffrey Hinton., „Deep learning", in: *Nature* 521 (2015), S. 436–444.

Lightweight Information Describing Objects, URL: http://network.icom.museum/ cidoc/ working-groups/lido/what-is-lido (05.06.2019).

Lowe, David G., *Method and apparatus for identifying scale invariant features in an image and use of same for locating an object in an image*, U.S. Patent US6711293B1, application granted 2004.

—, „Object Recognition from Local Scale-Invariant Features", in: *Proceedings of the In-ternational Conference on Computer Vision* (1999), S. 1150-1157.

Manjunath, Bangalore S., Philippe Salembier und Thomas Sikora, *Introduction to MPEG-7: multimedia content description interface*, Bd. 1, Chichester 2002.

Marchionini, Gary, „Exploratory search: from finding to understanding", in: *Commu-nications of the ACM* 49/4 (2006), S. 41–46.

Mori, Greg, Xiaofeng Ren, Alexei A. Efros und Jitendra Malik, „Recovering Human Body Configurations: Combining Segmentation and Recognition", in: *Proceedings of the 2004 IEEE Computer Society Conference on Computer Vision and Pattern Recog-nition*, Bd. 2, S. 326–333.

Mumford, David und Jayant Shah, „Optimal Approximations by Piecewise Smooth Functions and Associated Variational Problems", in: *Communications on Pure and Applied Mathematics* 42/5 (1989), S. 577–685.

Nalwa, Vishvjit S. und Thomas O. Binford, „On Detecting Edges", in: *IEEE Transactions on Pattern Analysis and Machine Intelligence* 8/6 (1986), S. 699–714.

National Information Standards Organization, URL: http://dublincore.org, (05.06.2019).

Pätzold, Walter, „Digitale Bildbearbeitung", in: *Taschenbuch der Medieninformatik* hg. von Kai Bruns und Klaus Meyer-Wegener, Leipzig 2005, S. 164–165.

Ponce, Jean, Martial Hebert, Cordelia Schmid und Andrew Zisserman, *Toward Category-Level Object Recognition*, Berlin 2006.

Redmon, Joseph und Ali Farhadi, *YOLOv3: An Incremental Improvement*, Ithaca 2018, URL: http://arxiv.org/abs/1804.02767 (04.01.19).

Rosten, Edward, Reid Porter und Tom Drummond, „Faster and better: A Machine Learning Approach to Corner Detection", in: *IEEE Transactions on Pattern Analysis and Machine Intelligence* 32/1 (2010), S. 105–119.

— und Tom Drummond, „Fusing Points and Lines for High Performance Tracking", in: *Proceeding of the 10th IEEE International Conference on Computer Vision* (2005), Bd. 2, S. 1508–1515.

Rublee, Ethan, Vincent Rabaud, Kurt Konolige und Gary Bradski, „ORB: An Efficient Alternative to SIFT or SURF", in: *Proceedings of the 2011 IEEE International Conference on Computer Vision*, S. 2564–2571.

Siggelkow, Sven, *Feature histograms for content-based image retrieval*, Dissertation, Albert-Ludwigs-Universität Freiburg 2002.

Smeulders, Arnold W. M., Marcel Worring, Simone Santini, Amarnath Gupta und Ramesh Jain, „Content-Based Image Retrieval at the End of the Early Years", in: *IEEE Transactions on Pattern Analysis and Machine Intelligence* 12 (2010), S. 1349–1380.

—, Martin L. Kersten und Theo Gevers, „Crossing the Divide between Computer Vision and Data Bases in Search of Image Databases", in: *Visual Database Systems 4*, hg. von Yannis E. Ioannidis und Wolfgang Klas, London 1998, S. 223–239.

Szeliski, Richard, *Computer Vision: Algorithms and Applications*, London 2010

Yang, Jun., Yu-Gang Jiang, Alexander G. Hauptmann und Chong-Wah Ngo, „Evaluating Bag-of-Visual-Words Representations in Scene Classification", in: *Proceedings of the International Workshop on Multimedia Information Retrieval (MIR '07)*, New York 2007, S. 197–206.

Tafelmalerei Digital und FAIR

Mark Fichtner, Tobias Gradl und Canan Hastik

Das Germanische Nationalmuseum (GNM) vereint als größtes kulturgeschichtliches Museum des deutschen Sprachraums vielfältige Sammlungen und Archive, das Institut für Kunsttechnologie und Konservierung sowie die größte öffentlich zugängliche Spezialbibliothek für die deutsche Kulturgeschichte. Neben der Grundlagenforschung am Objektbestand widmet sich das Museum innovativer Tiefenforschung zusammen mit universitären und außeruniversitären Partnern im Rahmen von Drittmittelprojekten. Bei Projektbeginn wird auf dem bereits erfassten Datenbestand aufgebaut und dieser im anschließenden Forschungsprozess verfeinert. Am Ende eines Forschungsprojektes fließen die Ergebnisse zurück in den Objektkatalog und aktualisieren die Erkenntnisse aus der Grundlagenforschung oder reichern sie an. Doch nicht alle Ergebnisse aus den Forschungsprojekten können in dem Objektkatalog verzeichnet werden. Gleichzeitig fordern Drittmittelgeber eine Bereitstellung der Forschungsprimärdaten, so dass diese in einem dezidierten Forschungsdatenkorpus gesammelt und zugänglich gemacht werden. Ein dezentraler und verteilter Zugang auf den Museumsgesamtbestand entspricht jedoch nicht den Anforderungen eines zeitgemäßen Forschungsdatenmanagements. Mit dem Ziel, die kooperative digitale Forschung in den Geistes- und Kulturwissenschaften voranzubringen, wurde mit der DARIAH-DE Datenföderationsarchitektur (DFA)[1] eine Infrastruktur für heterogene Forschungsdatensammlungen geschaffen, die mit Hilfe der Data Modelling Environment (DME)[2] und der Collection Registry (CR)[3] die Zentralisierung verteilter Forschungsdatenkorpora unterstützt. Dieser Beitrag eruiert und validiert, ob mit der DFA unterschiedliche Forschungsdatensammlungen am Beispiel der Tafelmalerei gezielt zusammengeführt und somit die Anforderungen an ein zeitgemäßes, an den FAIR-Prinzipien orientiertes Forschungsdatenmanagement erfüllt werden können.

Forschungsdatenzyklus in *DARIAH-DE*

Eine Aufgabe von Gedächtnisinstitutionen ist es, Materialien und Objekte unserer kulturellen Aufzeichnung zu sammeln, zu sortieren und zu speichern. Es ist allerdings enorm aufwendig, diese Materialien für die Forschungsgemeinschaft und die breite Öffentlichkeit zugänglich zu machen. Der größte Anteil aller Kultursammlungen wird in Depots verwahrt und nur ein Bruchteil ist bisher digital zugänglich.[4] Dies ist in erheblichem Maße auf eine extreme Selektivität

---

1 https://de.dariah.eu/data-federation-architecture (08.10.2019).
2 http://genericsearch.gnm.de/dme/ (08.10.2019).
3 http://genericsearch.gnm.de/colreg/ (08.10.2019).
4 https://www.nytimes.com/2009/03/19/arts/artsspecial/19TROVE.html (08.10.2019).

DOI: 10.13173/9783447114608.035

zurückzuführen und wird verstärkt von der Perspektive, dass Sammlungsvolumen und -vielfalt weiter zunehmen werden. Es ist ungewiss, ob diese Gesamtheit irgendwann online zugänglich gemacht werden kann.[5] Umso wichtiger ist es, die bestehenden Repositorien offen und vernetzt dauerhaft zugänglich zu machen, um nicht nur die Nachnutzung für Kulturförderung und -entwicklung zu gewährleisten, sondern auch den wissenschaftlichen Diskurs zu sichern und zu befördern.

In den letzten Jahren sind hierfür bereits diverse technische Ansätze und Lösungen entwickelt worden, die museumsübergreifend[6] oder fach- und institutionsübergreifend[7] vernetzte generische Suchmöglichkeiten zur Verfügung stellen. Das Problem der sich jeweils stark in Breite und Granularität unterscheidenden Metadatenformate bleibt jedoch inhärent bestehen, skaliert sich bei zunehmender Vielfalt digitaler und digitalisierter Forschungsgegenstände und ist zudem technisch noch nicht vollständig gelöst. Mit *DARIAH-DE*[8] wurden nicht nur disziplinübergreifende geistes- und kulturwissenschaftliche Infrastrukturlösungen entwickelt, sondern auch fachspezifische Bedarfe zur Entwicklung einer nationalen Forschungsdateninfrastruktur[9] formuliert und somit sowohl technische als auch methodische Anforderungen für künftige Lösungsansätze umrissen. Dabei ist mit Blick auf das breite Feld der Geistes- und Kulturwissenschaften der Anspruch, neben sprach- und textbasierten Sammlungen auch nicht-textuelles, immaterielles, bildbasiertes Kulturmaterial und archäologische Artefakte nach den *FAIR*[10]-Prinzipien interoperabel, auffindbar, zugänglich und nachnutzbar zu machen.

Digitales Forschungsdatenmanagement am Germanischen Nationalmuseum

Das GNM präsentiert seine Objektbestände in seinem digitalen Objektkatalog,[11] der sich aus dem hauseigenen Inventarisierungssystem *Document Management System* (DMS) speist. Die selektive Tiefenforschung im Rahmen von Forschungsprojekten stellt sehr spezifische Anforderungen an die Objekterschließung und -verwaltung, die in dem engen Korsett des Inventarisierungssystems nur rudimentär erfüllt werden können. Aus diesem Grund kommt seit 2012 flächendeckend und konsequent die *Wissenschaftliche KommunikationsInfrastruktur* (WissKI)[12] für diesen Bereich zum Einsatz.

---

5 https://blog.staedelmuseum.de/digitale-projekte-sind-nie-abgeschlossen-die-neue-digitale-sammlung/ (08.10.2019).

6 https://blog.staedelmuseum.de/schlendern-suchen-teilen-die-staedel-digitale-sammlung/, (08.10.2019).

7 https://www.deutsche-digitale-bibliothek.de/ (08.10.2019).

8 https://de.dariah.eu/ (08.10.2019).

9 https://www.dfg.de/foerderung/programme/nfdi/absichtserklaerungen/index.html (08.10.2019).

10 https://www.force11.org/group/fairgroup/fairprinciples (08.10.2019).

11 http://objektkatalog.gnm.de (08.10.2019).

12 http://risources.dfg.de/detail/RI_00397_de_druck.pdf (08.10.2019)

Zu Projektbeginn werden typischerweise die bestehenden Inventardaten zu den ausgewählten Objekten des Forschungsprojektes aus dem DMS exportiert und in das WissKI-basierte Projektsystem importiert. In der zumeist dreijährigen Projektlaufzeit werden diese Daten nun durch innovative Forschungsmethoden korrigiert, angereichert, erweitert und ergänzt. Die im Rahmen des Forschungsprozesses gewonnenen neuen Erkenntnisse zum ausgewählten Objektbestand werden in einer auf dem Projektsystem basierenden eigenen Forschungsplattform verzeichnet und für die Öffentlichkeit aufbereitet präsentiert. Das zentrale, langfristig gepflegte und von der Sammlungsleitung kuratierte System zur Datenhaltung bleibt jedoch nach wie vor das DMS. Entsprechend werden Erkenntnisse, für die es im digitalen Objektkatalog geeignete Beschreibungsmöglichkeiten gibt, manuell übernommen. Die WissKI-basierte Forschungsplattform hingegen repräsentiert zum Ende des Forschungsprojektes einen solitären, komplexen und detaillierten Informationsstand, der in der Regel nicht mehr verändert wird. Konsequenterweise stellt die Forschungsplattform somit weiterführende, neue und innovative Informationen zur Verfügung, die in Granularität und Breite über jene im Objektkatalog hinausgehen.

Für Nutzende, ob mit wissenschaftlichem, fachlichem oder öffentlichem Interesse, ist der divergierende Informationsstand nur bedingt sichtbar und nachvollziehbar. Einerseits fehlt es an Verweisen aus dem digitalen Objektkatalog auf die in den Forschungsprojekten generierte Kontextinformation, andererseits sind die entstandenen Forschungsplattformen nur zeitlich begrenzt im Rampenlicht und werden von aktuelleren Projektergebnissen fortlaufend überlagert.

Eine angebots- und systemübergreifende Such- und Recherchemöglichkeit gibt es nicht, mit dem Resultat, dass es für Nutzende sehr schwierig ist, den gesamten Forschungsstand eines Museumsobjektes samt Forschungsprimärdaten und -sekundärdaten zu überblicken und zu erschließen. Insbesondere ältere Projektergebnisse sind daher bedeutend schwerer auffindbar, obwohl sie oft nicht weniger relevant sind.

Während heutzutage kunsttechnologische Untersuchungen des Materials und der Bilddetails im Vordergrund der Forschung stehen, lag der Forschungsschwerpunkt früher auf kunsthistorischen Analysen von Motiven, Mustern, Hintergründen, Text usw. Dabei baut jedes Folgeprojekt auf dem Vorgängerprojekt auf, überprüft aber nur bedingt die bereits erhobene Datenlage und korrigiert und ergänzt somit nur partiell ältere Forschungsergebnisse. Zusätzlich zu der geschilderten heterogenen Datenhaltung in den digitalen Beständen stellt jedes System eine jeweils eigene Such- und Recherchemöglichkeit zur Verfügung. Allenfalls die Sammlungsleitung hat eine vollständige Kenntnis aller Forschungsprojekte und Kenntnis über die Historie der Forschungsobjekte und übernimmt an dieser Stelle eine zentrale Rolle im Sammlungs- und Forschungsdatenmanagement.

Forschung zum Bildträger Tafelmalerei

Im Rahmen des Leibniz-Forschungsprojektes *Deutsche Tafelmalerei des Spätmittel-alters. Kunsthistorische und kunsttechnologische Erforschung der Gemälde im GNM* und anschließend im DFG-geförderten Projekt *Spätmittelalterliche Tafelmalerei im Spiegel von Geschichte, Material und Technik. Interdisziplinäre Objektforschung am GNM* entstand ein innovatives Forschungsportal *Deutsche Tafelmalerei des Spätmittelalters.*[13] Dort finden sich aktuellste kunsttechnologische und objektspezifische Untersuchungen, beispielsweise zu dem Tafelgemälde *Gm1025 von Meister L.Cz.*,[14] der *Kreuzaufladung*[15]. Diese Forschungsprojekte waren jedoch nicht die ersten, die dieses Gemälde im Fokus hatten. Bereits 1995 erforschte das DFG-geförderte, interdisziplinäre Forschungsprojekt *Fränkische Tafelmalerei vor Dürer* dieses Gemälde und machte hierfür zahlreiche Detailaufnahmen, die heutzutage im Nachlass des Projektleiters am GNM zu finden sind. Das Museum digitalisierte die Materialien dieses Forschungsprojektes als Vorarbeit für das anstehende Folgeprojekt und stellte diese Materialien in einem weiteren *Medienarchiv zur fränkischen Tafelmalerei vor Dürer*[16] zur freien Verfügung. Im digitalen *Objektkatalog* des Museums finden sich zu diesem Tafelgemälde *Gm1025 Kreuzaufladung* jedoch nur die Verwaltungsdaten wie Inventarnummer, Titel, Künstler und Herstellungsort sowie Material und Maße. Von den genannten drei Angeboten des Museums verweisen nur zwei gegenseitig aufeinander, nämlich der digitale *Objektkatalog* auf das Forschungsportal *Deutsche Tafelmalerei des Spätmittelalters* und vice versa.

Die folgende Abbildung 2.1 zeigt die gegenseitige Verknüpfung der drei Forschungsdatenportale zur Tafelmalerei am GNM, dabei handelt es sich für um inhaltlich verständliche, aber technisch nicht umsetzbare Verknüpfungen. Das *Medienarchiv zur fränkischen Tafelmalerei vor Dürer* steht solitär, obwohl es auf dieselbe technologische Basis aufbaut und das initiale Medienportal zur Tafelmalerei darstellt. Es enthält jedoch neben den am GNM beherbergten Objekten zum Großteil auch weitere Objekte aus Kirchen und Museen aus dem fränkischen Raum, weswegen eine strukturierte Anreicherung der Informationen zum Teilbestand des GNM bisher nicht erfolgte und die Forschungserkenntnisse lediglich als Forschungsprimärdaten zur Verfügung gestellt werden. Eine gezielte Aufarbeitung des gesamten Forschungsstandes zur Tafelmalerei müsste heute im Nachgang der bereits abgeschlossenen Projekte schließlich durch Hausmittel weitgehend manuell erfolgen. Eine Aufgabe, die in den gängigen Fördermodellen aus innovativer Projektarbeit und Grundlagenforschung bislang nicht erforschter Materialien so nicht vorgesehen ist.

Daher gibt es im GNM neben den miteinander rudimentär und uneinheitlich verknüpften Datenbeständen auch solitär stehende digitale Bestände, die unverknüpft sind. Eine nachträgliche Verknüpfung dieser Einzelbestände zur Gene-

---

13 http://tafelmalerei.gnm.de (08.10.2019).
14 http://d-nb.info/gnd/138378967 (08.10.2019).
15 http://objektkatalog.gnm.de/objekt/Gm1025 (08.10.2019).
16 http://projektdb.gnm.de/medienarchiv-tafelmalerei (08.10.2019).

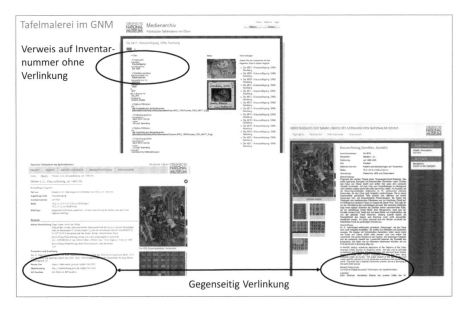

Abb. 2.1: Deutsche Tafelmalerei des Spätmittelalters (links), Medienarchiv Tafelmalerei (Mitte oben), Objektkatalog des GNM (rechts) mit gegenseitiger Verlinkung zwischen den Datenbeständen; Abbildung, Mark Fichtner (CC BY).

rierung eines Überblicks über den Gesamtbestand zur Tafelmalerei im GNM ist ohne umfangreiche händische Nacharbeit nur bedingt umsetzbar. Weiter erschwert wird die Nachnutzbarkeit der Forschungsergebnisse und -materialien dadurch, dass das GNM auch über keine zentrale Such- und Recherchemöglichkeit über die verteilten Forschungsportale hinweg verfügt. Die gesamte Informationslage am Museum ist daher weder angemessen recherchierbar, noch ist eine Qualitäts- und Aktualitätsbeurteilung zu den einzelnen Objekten selbst möglich. Eine Kontaktaufnahme zur Sammlungsleitung bleibt schließlich der einzige Weg, um einen Gesamtüberblick zum Forschungsstand zu erhalten.

Mit Blick auf die Notwendigkeit und Gewährleistung der Nachnutzung von Sammlungs- und Forschungsdaten im Sinne der *FAIR*-Prinzipien lässt sich für das digitale Datenmanagement am GNM zusammenfassen, dass insbesondere die Forschungsrepositorien auf Basis von WissKI technisch für sich die Prinzipien erfüllen und auch die Schnittstellen für eine disziplinübergreifende Vernetzung und Nachnutzung zur Verfügung stellen. Museumsübergreifend hingegen sind die *FAIR*-Prinzipien jedoch nicht vollständig auf allen Ebenen abbildbar, da die gesamte Breite und Tiefe an Daten aus rechtlich-politischen, aber auch kuratorischen Gründen nicht uneingeschränkt in andere Kontexte übertragbar ist. So können beispielsweise Provenienzdaten wie Kaufpreis, Käufer und Versicherungswert aus datenschutzrechtlichen Gründen oft nicht vollständig öffentlich gemacht werden. Zudem muss die Sammlungsleitung für jedes einzelne dargestellte Objekt in der Lage sein, aufgrund mehrerer sich überschneidender Quellsysteme bzw. für einzelne Teilsammlungen spezifischer Objektaspekte oder feingranular auf Ebene der Bildmetadaten eine andere Quelle als den Objektkatalog als normgebend zu bestimmen.

Technische Hintergrundinformation

Das für das GNM entwickelte *Document Management System* (DMS) verwaltet die Inventardaten des Hauses auf Basis gängiger Metadatenstandards wie *LIDO*[17] *und SPECTRUM*.[18] Derzeit umfasst dieses System ca. 80.000 Objekte aus den verschiedenen Sammlungsbereichen. Sie sind formal und inhaltlich mit deskriptiven Metadaten wie Inventarnummer, Material/Technik, Sammlungszugehörigkeit, Beschreibung, Bild/Abbildung, Datierung, Orts- und Künstlerreferenz digital erschlossen und über einen angebundenen digitalen Objektkatalog[19] recherchierbar. Zusätzlich erfolgt ein Literaturnachweis, der die wesentlichen Publikationen zum jeweiligen Objekt auflistet.

Mit dem DFG-finanzierten Projekt *Wissenschaftliche KommunikationsInfrastruktur* (WissKI) ist von 2009 bis 2011 eine virtuelle Forschungsumgebung für die Anwendung im Bereich der digitalen Geisteswissenschaften entwickelt worden. In einer zweiten Förderphase wurde die Forschungsumgebung in den Jahren 2014 bis 2016 von den Projektpartnern, der Friedrich-Alexander-Universität Erlangen-Nürnberg, dem GNM sowie dem Zoologischen Forschungsmuseum Alexander Koenig, konsequent erweitert. Hauptaspekt der Datenerfassung und -haltung in WissKI sind die Erzeugung und Darstellung semantischer Zusammenhänge durch umfassende Unterstützung aktueller Semantic Web Technologien unter Berücksichtigung der Standards zur Veröffentlichung und Nutzung maschinenlesbarer Daten.[20] Die Klassifizierung und Speicherung der erhobenen Daten erfolgt auf Grundlage des *ISO-Standards 21127* (CIDOC CRM).[21] Somit ist das System ideal für nachhaltige Datenverwaltung ausgelegt und kommt seither aus diesem Grund im GNM in nahezu allen Forschungs- und Ausstellungsprojekten zum Einsatz.

Fast zeitgleich wurde in insgesamt drei Förderphasen in *DARIAH-DE* die DFA entwickelt und aufgebaut. Als eine modulare Infrastruktur unterstützt die DFA die Publikation von Forschungsdaten im *DARIAH-DE Repository*, die Beschreibung wissenschaftlicher Sammlungen durch die *Collection Registry* und die Modellierung von Forschungsdaten mit Unterstützung der *Data Modelling Environment* (DME). Zudem bietet die DFA umfassende Suchfunktionalitäten über

17 http://www.lido-schema.org/ (08.10.2019).
18 http://collectionstrust.org.uk/spectrum/ (08.10.2019).
19 http://objektkatalog.gnm.de/ (08.10.2019).
20 https://www.w3.org/standards/semanticweb/ (08.10.2019).
21 http://cidoc-crm.org/ (08.10.2019).

die *Generic Search* (GS).[22] Mit der DFA ist es also möglich, Forschungsdaten und Sammlungsbeschreibungen aus verteilten Quellen mit unterschiedlicher Provenienz, inhaltlicher Ausrichtung und Beschreibungstiefe zu aggregieren und auf Basis gemeinsamer Referenzen für Orte, Namen, Daten oder anderer logischer Einheiten, ebenfalls standardisiert auf mittels *Dublin Core* (DC),[23] zu korrelieren und für weiterführende Analysen zugänglich zu machen.

Anforderungen an eine Integration von Bilddatenrepositorien

Unumstritten stellen Forschungsdaten ein wertvolles Gut dar, das nachhaltig gesichert, aufbereitet, zugänglich und nutzbar verwaltet werden muss.[24] Insbesondere wissenschaftliche Daten sollten leicht auffindbar, langzeitverfügbar und -zugänglich, mit anderen Datenbeständen interoperabel und für künftige Forschung ordnungsgemäß wiederverwendbar sein. Mit den Prinzipien *Findable, Accessible, Interoperable und Reusable* (FAIR)[25] werden die Basisstrategien für eine datengetriebene Forschung und Lehre sowie eine optimale Aufbereitung von Forschungsdaten definiert. Diese Prinzipien werden auf das hier geschilderte Beispielszenario übertragen und daraus die Anforderungen an eine zu etablierende, technische Infrastruktur zur Integration von Bilddatenrepositorien abgeleitet. Die Beschreibung zur technischen Ausgangssituation zeigt, dass die Prinzipien umsetzbar sind, wenn sie nicht bereits in Teilen umgesetzt wurden. Als Grundvoraussetzung für eine Anbindung externer Ressourcen an die DFA gilt, dass die in den Repositorien verzeichneten Daten wenigstens über standardisierte webbasierte Protokolle zugänglich sein müssen.

Anforderung: Übergreifende Suche

Alle Informationsquellen des Museums müssen für die interessierten Nutzer leicht auffindbar und recherchierbar sein, daher ist jedem Datensatz ein global eindeutiger und persistenter Identifier zuzuweisen. Die Informationen sind mit standardisierten maschinenlesbaren Metadaten erschlossen, die den notwendigen Kontext für die Interpretation des Forschungsstandes liefern. Da unterschiedliche Informationsquellen zu einem Objekt einen variierenden Forschungsstand repräsentieren können und der Objektkatalog in der Regel die normgebende Informationsinstanz darstellt, ist es eine zentrale Herausforderung beim Zusammenführen der verteilten Repositorien, die Herkunft der Information nachvollziehbar und transparent zu dokumentieren.

---

22 http://genericsearch.gnm.de/colreg/ (08.10.2019).
23 https://www.dublincore.org/specifications/dublin-core/dces/ (08.10.2019).
24 https://www.forschung-und-lehre.de/datengetriebene-forschung-1005/ (08.10.2019).
25 https://www.go-fair.org/fair-principles/ (08.10.2019).

Anforderung: Digitale Qualitätssicherung

Die verschiedenen Informationsquellen des Museums enthalten teilweise redundante, sich überlagernde, aber auch sich ergänzende Daten. Sie müssen im Rahmen einer digitalen Qualitätssicherung gewichtet und/oder bereinigt werden. Das hier beschriebene Problem manifestiert sich anschaulich an den Bilddaten. So sind einerseits digitale Bilddaten aus einem Forschungsprojekt von 1990 nicht so hochauflösend wie Bilddaten aus einem heutigen Forschungsprojekt, gleichzeitig können sie jedoch damalige Zustände dokumentieren, die heute nicht mehr nachvollziehbar sind. Aus diesem Grund kann nicht davon ausgegangen werden, dass der aktuelle Stand auch der inhaltlich validere ist und nicht notwendigerweise sind alte Bilddaten durch moderne Bilddaten zu ersetzen. Die nachhaltige Verfügbarkeit der Daten muss in jedem Fall langfristig gewährleistet sein.

Anforderung: Maschinell unterstützter Abgleich mit Rückführung

Die Forschungsdaten sollen austauschbar, interpretierbar und (semi-) automatisch mit anderen Datensätzen kombinierbar sein. Da der erste Schritt in der Projektarbeit die Zurverfügungstellung aller bisher erfassten Informationen umfasst, müsste zum Projektende diese Information idealerweise automatisiert zurückgeführt werden. Die Forschungsdatenrepositorien nutzen in der Regel auf CIDOC CRM-basierte Domänen-Vokabulare. Eine weitere Herausforderung besteht darin, dass am selben Objektbestand gleichzeitig mehrere Forschungsprojekte mit unterschiedlichen Forschungsschwerpunkten und unterschiedlicher semantischer Tiefe und Breite arbeiten, was die Bearbeitungsstände nur schwer vergleichbar und derzeit gar nicht automatisch interoperabel mit dem Objektkatalog oder gar mit diesem referenzierbar macht.

Anforderung: Informationsfusion

Forschungsdaten sollen nachnutzbar und mit anderen kompatiblen Datenquellen vergleichbar sein. Ideal wäre eine (semi-) automatische Zusammenführung und Homogenisierung[26] der Forschungsdaten anstelle einer Bereitstellung der sortierbaren Aggregation der Suchtreffer aus den verteilten Repositorien. Zum einen hat das Museum den Anspruch, eine autorative aufgearbeitete Darstellung des jeweiligen Objektes zu präsentieren und nicht mehrere, ungewichtete und verteilte Darstellungen desselben Objektes, die zueinander nicht oder in einer unklaren Relation stehen. Zum anderen wäre es so möglich, den aktuellen Stand eines spezifischen Forschungsschwerpunkts als aggregierte Information zum jeweiligen Objekt zum aktuellen Zeitpunkt ohne zusätzliche Recherchearbeit zur Verfügung zu stellen und zu präsentieren. Eine Fusion der bestehenden Bilddatenrepositorien sollte zu einem integrierten Gesamtsystem dann unter Vermeidung von Duplikationen der Meta- und Bilddaten umgesetzt werden.

---

26 http://www.dcc.ac.uk/resources/curation-lifecycle-model und https://univerlag.uni-goettingen.de/handle/3/isbn-978-3-86488-032-2/ (08.10.2019).

Das Integrationskonzept von *DARIAH-DE*

Gemeinsam von dem GNM und *DARIAH-DE* werden seit 2017 Machbarkeits-studien zur Anbindung von WissKI-basierten Forschungsdatensammlungen an *DARIAH-DE* am Beispiel der Tafelmalerei[27] durchgeführt. Primäres Ziel dieser Evaluierung ist es, zu ermitteln, ob und in welchem Umfang die Konzepte und Werkzeuge der *DARIAH-DE* DFA die oben definierten, an die *FAIR*-Prinzipien angelehnten Anforderungen unterstützen können. Im Rahmen der Machbar-keitsstudie wurde eine prototypische Instanz der DFA installiert. Sie besteht aus den für die Umsetzung einer übergreifenden Suchmöglichkeit erforderlichen *Collection Registry*, DME und *Generic Search* (GS). Zudem wurden die drei oben beschriebenen Forschungsdatensammlungen des GNM verzeichnet, modelliert, verknüpft und somit durchsuchbar gemacht.

Registrierung von Forschungsdatenrepositorien

Das Konzept der DFA definiert einen mehrstufigen Prozess für die Anbindung von Forschungsprimärdaten, der im Ergebnis zu einem verbesserten Zugang zu verteilt gelagerten Datenrepositorien führt und sie so im Rahmen übergreifen-der Anwendungsfälle zugänglich und nutzbar macht. Hierfür werden in einem ersten Schritt relevante Sammlungen in der *Collection Registry* verzeichnet und auf diese Weise für weitere *DARIAH-DE*-Dienste sichtbar gemacht. Enthält die Sammlungsbeschreibung Informationen über unterstützte technische Schnitt-stellen, wie *Open Archives Initiative Protocol for Metadata Harvesting* (OAI-PMH)[28] oder *Search/Retrieve via URL* (SRU),[29] sind die von der Sammlungen angebotenen Forschungsdaten unmittelbar für die Dienste der DFA zugänglich. Wenngleich die Heterogenität der Daten durch diesen Schritt noch nicht adressiert wird, sind die Inhalte der angebundenen Sammlungen im Rahmen der einfachen Volltext-suche der *Generic Search* bereits auffindbar. Eine Dokumentation und Einführung in die Nutzung der *Collection Registry* mit anwendungsorientierten Empfehlun-gen ist auf der *DARIAH-DE* Portalseite zu finden.[30]

Zusammenführung und Anreicherung der Daten

Die Herstellung integrativer Sichten über heterogene Bestände von Forschungs-daten erfolgt mit Hilfe der DME und umfasst eine Anreicherung der Daten, um deren Interpretierbarkeit außerhalb ihres Erstellungskontextes zu erreichen. Die

---

27 Mark Fichtner u.a., „Vom Wandel hin zur objektbasierten Forschung im Kontext von DA-RIAH-DE", in: *Forschungsinfrastrukturen in den digitalen Geisteswissenschaften : wie verändern digitale Infrastrukturen die Praxis der Geisteswissenschaften?*, hg. von Martin Huber u.a., Frank-furt a.M. 2019, URL: http://nbn-resolving.de/urn/resolver.pl? urn:nbn:de:hebis:30:3-519453 (18.12.2019).

28 https://www.openarchives.org/pmh// (08.10.2019).

29 http://www.loc.gov/standards/sru/ (08.10.2019).

30 https://dfa.de.dariah.eu/doc/colreg/#wie-benutze-ich-die-collection-registry/ (08.10.2019).

Interpretierbarkeit der Forschungsdaten ist eine Datenqualität und abhängig von formalen, semantischen und standardisierten Metadaten-Beschreibungen.

Abbildung 2.2 zeigt eine erste Anreicherung von Quelldaten am Beispiel von Bildmaterial. Hierfür wird zunächst die in den originären Daten vorhandene Bildadresse in ihre Bestandteile zerlegt (*BildUrlsParsen*), um Dateinamen zu ermitteln und Bilder zu beziehen, und um diese entsprechend weiterer Regeln in *BilderLadenMetadatenLesen* zu verarbeiten.[31] Darüber hinaus werden die ermittelten *Exchangeable Image File Format* (Exif)-Metadaten dem Datensatz zugeführt und erweitern ihn. Die hier stark verkürzte Darstellung der Anreicherung dient der Überprüfung und Konvertierung von Datentypen, der Erkennung von zeitlichen Abfolgen, der Erkennung und Löschung von Dubletten oder der Vervollständigung von Datenlücken. Reichhaltigere Forschungsdaten bieten einen enormen Mehrwert für die Verarbeitung und Nachnutzung. Die Darstellung der auf Beispieldatensätzen ausgeführten Transformationsregel (s. Abb. 2.2, Ergebnisdarstellung links) deutet beispielsweise die unterschiedlichen Datumsansetzungen als eine unmittelbar anschließende Modellierungsaufgabe an. Die Erfahrung mit bereits durchgeführten Integrationsvorhaben zeigt, dass eine Zusammenführung und Anreicherung der Daten durch ihre Modellierung mit dem Ziel einer Explizierung des Erstellungskontextes und Vorbereitung einer Überführbarkeit in unterschiedliche Verwendungskontexte typischerweise iterativ erfolgt. Dies kann zudem die Extraktion weiterer Exif-Metadaten oder auch die Anwendung bildverarbeitender Verfahren für die Verbesserung der Auffindbarkeit bzw. des Vergleichs von Bildern sein.

Die anhand des erarbeiteten Datenmodells verfeinerten und angereicherten Daten können mit Hilfe von Mappings in beliebige Zielmodelle überführt werden. Auswahl und konkrete Gestaltung solcher Zielmodelle sind dabei stark von den betrachteten Verwendungskontexten abhängig und können von einfachen Standards, wie DC über komplexere Metadatenmodelle hin zu spezifischen, tief erschlossenen Modellen von Forschungsdaten reichen. Ein Beispiel für letzteres wäre ein Mapping in unterschiedliche Profile nach den *Text Encoding Initiative (TEI): P5 Guidelines*[32]. Einfache Metadatenschemata hingegen haben häufig einen sehr breit und heterogen zusammengesetzten Anwendungskontext.

Für die Verarbeitung und Transformation von Daten steht im Rahmen von Mappings derselbe Funktionsumfang zur Verfügung, wie sie auch für die Modellierung des Datenmodells (vgl. Abb. 2.2 oben) eingesetzt werden können. Abhängig vom Verwendungskontext kann beispielsweise die Homogenisierung von Zeitangaben global am Datenmodell oder jeweils für einzelne Zielformate modelliert werden. Beispiele für Mappings finden sich unter anderem in der DME-Instanz des GNM.[33]

---

31 Auf eine Detaillierung der Verarbeitung wird an dieser Stelle verzichtet. Diese kann in der DME-Instanz des GNM im Modell ProvenienzObjekte eingesehen und nachvollzogen werden.
32 https://tei-c.org/guidelines/p5/ (08.10.2019).
33 https://dme.mww-forschung.de/ (08.10.2019).

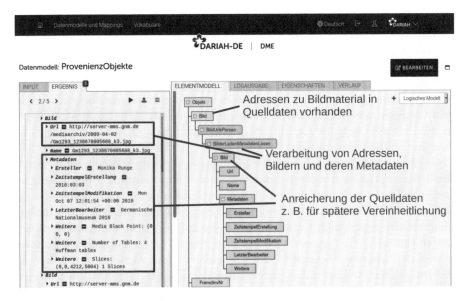

Abb. 2.2: Modellierung von Struktur und Logik zur Extraktion, Verarbeitung und Anrei-cherung deskriptiver Metadaten; Abbildung, Tobias Gradl (CC BY).

Integrierte Suche der Datenförderationsarchitektur

Ein zur Sammlungslandschaft des GNM ähnliches Anwendungsbeispiel für die DFA findet sich in der gemeinsamen Suche des *Forschungsverbunds Marbach Weimar Wolfenbüttel* (MWW).[34] Der seit 2013 durch das BMBF geförderte Verbund umfasst das *Deutsche Literaturarchiv Marbach*, die *Klassik Stiftung Weimar* und die *Herzog August Bibliothek Wolfenbüttel*. Die drei Einrichtungen widmen sich im Rahmen von MWW gemeinsamen der Sammlung, Erschließung, Bewahrung und dem Erhalt deutschsprachiger Ideengeschichte, Literatur und Kultur. Die im Rahmen einer übergreifenden Suche miteinander verbundenen Sammlungen zeichnen sich durch die Anwendung unterschiedlicher Beschreibungsstandards aus. Der Schwerpunkt der Metadatenbeschreibungsformate liegt auf bibliogra-phischen Daten, wie dem *Metadata Object Description Schema* (MODS).[35] Für Edi-tionen ist vorwiegend TEI in Verwendung. Insbesondere in Fällen bereits abge-schlossener Sammlungen werden verwendete Standards um eine Vielzahl eigens entwickelter, ergänzender Datenstrukturen angepasst und erweitert.

---

34 https://www.mww-forschung.de/ (08.10.2019).
35 http://www.loc.gov/standards/mods/ (08.10.2019).

Die als *MWW Verbundsuche* eingerichtete Instanz der GS[36] bietet eine integrative Sicht auf die unterschiedlichen Sammlungen des Verbunds.[37] Die vorwiegend bibliothekarischen Quellen und Editionen, beispielsweise die in TEI vorliegende *Zeitschrift für digitale Geisteswissenschaften,*[38] ist in tief integrierter Form im Rahmen der MWW Verbundsuche zugänglich. Viele Sammlungen der Verbundpartner verzeichnen zudem digitalisierte mittelalterliche Handschriften,[39] Gemälde und Portraits, vorwiegend aus Nachlässen. Einen Überblick über die derzeit 26 in der *Collection Registry* zugänglich gemachten Sammlungen des Verbunds ist jederzeit online frei abrufbar.[40]

Die drei aufeinander aufbauenden Module der DFA ermöglichen somit grundsätzlich die Föderation verteilter und heterogener Forschungsdatensammlungen. Insbesondere der hier eingeführte Anwendungsfall der *MWW-Verbundsuche* ähnelt dem GNM-Szenario insofern, als die Sammlungslandschaft einen hohen Grad an Heterogenität aufweist, deren Überwindung durch die Autonomie der Organisationen und Sammlungen erschwert wird. Ein grundsätzlicher Unterschied der Szenarien besteht in den unterschiedlichen Herangehensweisen an die Integration der Sammlungen. Während im *MWW-Verbund* zunächst eine möglichst große Zahl relevanter Sammlungen in eher geringer semantischer Tiefe verbunden und in einer gemeinsamen Suche angeboten wird, besteht das wesentliche Ziel des hier skizzierten Szenarios zur Tafelmalerei in einer weitreichenden Fusion der relevanten Bestände. Diese Fusion muss nicht nur Informationsverluste ausschließen, sondern möglichst eine Optimierung der Datenqualität, Informationsqualität und einen Mehrwert gegenüber den heterogenen, verteilten Repositorien erzielen. Der Integrationsprozess des *MWW-Verbunds* ist ein fortlaufender, iterativer Prozess und profitiert gleichzeitig von den Entwicklungen und dem Erkenntnisgewinn aus dem hier beschriebenen Anwendungsbeispiel zur Tafelmalerei.

Zusammenfassend ermöglicht die GS als Suchmaschine die Suche in digital verfügbaren und in der *Collection Registry* registrierten Forschungsdatensammlungen. Die einfache Volltextsuche kann hierbei sämtliche Sammlungen durchsuchen, für eine Facettierung im Rahmen der erweiterten Suche oder die Anwendung von Suchfiltern wird auf relevante Datenmodelle in der DME zurückgegriffen. Für übergreifende Suchen sind zudem Mappings zwischen den Modellen erforderlich, da mit deren Hilfe erst eine Transformation von Suchanfragen möglich wird.

---

36 https://search.mww-forschung.de (08.10.2019).
37 Timo Steyer und Tobias Gradl. *A Research-oriented and Case-based Data Federation for the Humanities,* 2019, URL: https://hcommons.org/deposits/item/hc:23443 (08.10.2019).
38 http://www.zfdg.de (08.10.2019).
39 Torsten Schaßan und Timo Steyer, „Vom lokalen Bestand zur weltweiten Vernetzung. Mittelalterliche Handschriften im Netz", in: *Das Mittelalter* 24/1 (2019), S. 188–204: https://doi.org/10.1515/mial-2019-0013 (21.10.2019).
40 https://colreg.mww-forschung.de/colreg/collections/ (08.10.2019)

Die bisherige Schwerpunktsetzung von *DARIAH-DE*, auch im Rahmen der Kollaboration mit MWW, liegt primär auf textuellen Ressourcen. Die digitale Erschließung von Objekten in der DME erfolgt häufig in einer für Bibliotheken typischen Fokussierung auf Dokumente und Textformen. Metadaten werden dabei ebenso erschlossen wie freie textuelle Beschreibungen und Inhalte zum und über das Forschungsobjekt selbst. Das Modellierungskonzept der DME sieht daher die Möglichkeit vor, neben Forschungs- und Metadaten insbesondere auch Hintergründe des Erstellungskontexts der Daten in den Datenmodellen zu explizieren, um hierdurch die spätere Nachnutzung dieser Daten in unterschiedlichen Verwendungskontexten zu erleichtern. Kontextinformationen wie Bezüge zwischen Objekten, Orten oder Personen und Zeiten werden in der DME als deskriptive Metadaten des betrachteten Forschungsobjektes verwaltet. Dieses Vorgehen bindet somit sämtliche verfügbare Kontextinformationen an das Dokument und ermöglicht die Anwendung textanalytischer Verfahren, die insbesondere auf großen Datenmengen effizient eingesetzt werden können. Die *Generic Search* nutzt dies zur Transformation, Anreicherung und Bereinigung von Daten bei deren Verarbeitung und Indexierung. Mit Hilfe von klassischen Werkzeugen des Text-Retrievals kann die *Generic Search* eine einfache Volltextsuche über die heterogenen und verteilten Sammlungen bereitstellen.

Anwendungsbeispiel Tafelmalerei

Auf Basis des *DARIAH-DE* Integrationskonzeptes können die verschiedenen Forschungsrepositorien des GNM, hier mit dem Fokus auf der Tafelmalerei, übergreifend durchsuchbar gemacht werden.

Abbildung 2.3 zeigt Ergebnisse zu einer Suchanfrage in der für das GNM implementierten Instanz der GS. Die Anfrage wurde hierbei als einfache Volltextsuche ausgeführt und führt zu Resultaten in drei aus derzeit vier prototypisch registrierten und modellierten Sammlungen. Ergebnisse aus den WissKI-Systemen *Medienarchiv – Fränkische Tafelmalerei vor Dürer* und *Die deutsche Tafelmalerei des Spätmittelalters* werden ergänzt durch Treffer aus dem übergreifenden digitalen Objektkatalog des GNM. Die Suchanfrage *gm1025 OR "gm 1025"* adressiert die verteilten Datensätze des Beispiel-Tafelgemäldes *Gm1025*. Der Suchausdruck entspricht der Notation der *Generic Search* und der Identifizierung unterschiedlicher Schreibweisen von Inventarnummern, wobei die zweite Variante als sogenannte Suchphrase aus zwei Termen zusammengesetzt wird. Werden auf diese Weise unterschiedliche Ansetzungen für Inventarnummern ermittelt, können mit dieser Erkenntnis iterativ die Modellierung weiter optimiert und die Informations- und Datenqualität weiter verbessert werden. Diese Suchanfrage liefert sowohl für homogenisierte Daten als auch bei noch bestehender Heterogenität, beispielsweise Dopplung, jeweils sämtliche Datensätze.

Dieses einfache Szenario einer übergreifenden Suche verdeutlicht bereits die Synergiepotenziale der *DARIAH-DE* Föderationsarchitektur. Die Verschränkung von dem inhaltlichen Fokus textbasierter Dokumente in *DARIAH-DE* und der

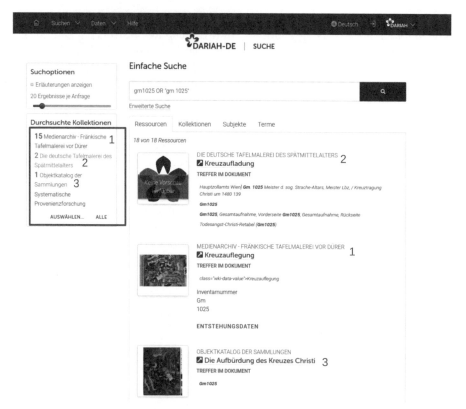

Abb. 2.3: Suche anhand einer bekannten Inventarnummer mit Ergebnissen aus verschiedenen Datenquellen; Abbildung, Tobias Gradl (CC BY).

objektzentrierten Information in WissKI wird anhand folgender drei Anwendungsszenarien erörtert.

Im Rahmen des ersten Szenarios wurde eine übergreifende Suche ermöglicht. Die Forschungsrepositorien des GNM können bislang nicht übergreifend durchsucht werden. Zwar sind die Datenbestände der jeweiligen Repositorien miteinander vergleichbar und basieren auch auf einem gemeinsamen Schema, so dass prinzipiell Heterogenität zwischen WissKI-basierten Repositorien überwunden werden kann. Der *Objektkatalog* und weitere, nicht-semantische Datenquellen bleiben jedoch von dieser Art der Integration zunächst ausgeschlossen. An dieser Stelle bietet die DFA ein einfaches Lösungsmodell, das exemplarisch für die Tafelmalerei bereits umgesetzt ist.

Für das zweite Szenario soll neben den jeweiligen Forschungsportalen ein weiterer Sammlungszugang geschaffen werden. Eine, wenngleich deutlich flachere, übergreifende Suche, bietet neben der Traversierung einen zusätzlichen Einstieg in die integrierten Sammlungen. Beide Varianten ergänzen sich, indem von

Suchtreffern auf Detailansichten weiternavigiert werden kann. Ebenso könnte aus einer solchen Ansicht direkt eine Suche, beispielsweise nach Objekten mit ähnlichen Titeln oder der gleichen Klassifikation, angeboten werden.

Abschließend geht es im dritten Szenario um die weitere Anreicherung der Ergebnisse auf semantischer Ebene. Die Formulierung der Suchanfrage lässt erkennen, dass Daten zum derzeitigen Entwicklungsstand der DFA nicht als semantische Konzepte aufbereitet werden. Durch eine entsprechende Anpassung von Datenmodellen in der DME könnte das Format der Inventarnummern zwar problemlos homogenisiert werden, sie stünden aber auch dann weiterhin nur in Form deskriptiver Metadaten zur Verfügung. Durch die Integration semantischer Konzepte, beispielsweise CIDOC CRM, könnte der Bezug zwischen Datensätzen mit gleicher Inventarnummer auch explizit gemacht werden.

Grenzen bisheriger Anwendungsszenarien

Bis zu der in diesem Beitrag beschriebenen und diskutierten Machbarkeitsstudie wurden in den bisherigen von *DARIAH-DE* umgesetzten Anwendungsszenarien alle Forschungsobjekte, Annotationen und assoziierten Daten ausschließlich in disjunkten Repositorien vorgehalten. Es ist üblich, im Sinne der Abbildung der Realität, äquivalente Objekte und Datensätze in mehreren Repositorien und Sammlungen gleichzeitig zu dokumentieren und zu erschließen. Duplikate entstehen aber erst dann, wenn mehrere Repräsentationsformen desselben Objektes (z.B. in TEI, MODS und DC) zur Verfügung stehen und unabhängig voneinander indexiert werden.

Eine für *DARIAH-DE* neue Interpretation von Datensätzen als verteilte Teilbeschreibungen eines Gesamtobjektes eröffnet neue Anforderungen an die DFA, die zunächst konzeptuell auf der Ebene von Datenmodellen durch die Berücksichtigung semantischer Bezüge unterstützt wird. In einem ersten Schritt werden Orte, Personen und Zeitangaben als eigenständige Objekte gehandhabt, was eine Darstellung von möglichen Bezügen oder auch die Suche nach diesen ermöglicht. In der GS selbst wird diese Ergänzung auf technischer Ebene dadurch unterstützt, dass die existierende und bewährte Dokumentindex-Struktur durch eine graphorienterte Speicherstruktur flankiert wird. Technisch bleibt für die Suche die Auffindbarkeit anhand deskriptiver Metadaten bestehen, wodurch mit den Dokumenten auch die Eigenschaften verknüpfter Objekte redundant zu indexieren sind. Würden im Sinne normalisierter Daten lediglich Identifikatoren zu verknüpften Objekten an den Dokumenten indexiert, so stünden auch nur diese in den Volltextindizes zur Verfügung.

Durch die Verfügbarkeit von Text- und Bildmaterial entsteht durch das Sammeln und Indexieren der verfügbaren Daten nach und nach ein umfassender Datenpool. Für die Anwendung bildverarbeitender Verfahren, beispielsweise zur Erkennung unterschiedlicher Varianten desselben Bildes (Fotografie, Graustufen, Röntgenaufnahme, Ausschnitte etc.), liegen zudem die Aufnahmen bereits an einer zentralen Stelle, wodurch die Erprobung und Evaluation entsprechender Verfahren erheblich erleichtert wird.

Konstruktive Kritik und offene Aufgaben

Die DFA erfüllt teilweise per se die definierten Anforderungen zur Integration von Bilddatenrepositorien. Die DFA ermöglicht nicht nur eine zentrale Durchsuchbarkeit und Nachnutzbarkeit des Datenbestandes von verteilten Repositorien, sondern macht auch die Herkunft und Aktualität der Daten nachvollziehbar. Die Aktualität der Daten könnte durch eine Zeit- oder Epochenangabe, die Projektlaufzeit oder ein konkretes Erstellungsdatum explizit gemacht werden. Dies wäre einfach umsetzbar und Letzteres wird von den WissKI-basierten Repositorien bereits unterstützt.

Durch die vielen Darstellungen desselben Objektes in den unterschiedlichen Forschungssystemen ergibt sich dabei das zentrale Problem, dass nicht jedes System auf die anderen verweist. So wird oft von den Forschungsprojektsystemen die Verlinkung hin zum Objektkatalog gewährleistet, weil dieser die Bezugsquelle und die nachhaltige Infrastruktur im Museum ist. Die verschiedenen Forschungssysteme hingegen besitzen untereinander nur Verweise, wenn die Forschungsinhalte den gleichen Kontext repräsentieren. Eine leistbare Erweiterung wäre es, den Gesamtforschungsstand in Form aller Suchtreffer basierend auf der DFA zu aggregieren und zusätzlich weiterführende Information anzubieten, um so ein vollständiges Bild zur Datenlage am Museum zu erhalten. Darüber hinaus ist der Anspruch des Museums, die autoritative Norm für die Bereitstellung von Informationen zu den hauseigenen Objekten zu sein. Daher stellt sich die Frage, wie der Kurationsbedarf zur Bereitstellung der Forschungsdaten in der DFA abgebildet werden kann. Jedem Datensatz ist ein global eindeutiger und persistenter Identifier zuzuweisen und die Sammlungsleitung muss in der Lage sein, bei mehreren, sich überschneidenden Quellsystemen, Teilsammlungen, Objektinformation oder sogar einzelnen Teildaten eine andere Quelle als den Objektkatalog als normgebend zu bestimmen. Sämtliche Informationen zum Objekt, zu dem aktuellen Zustand der Informationslage sowie frühere Zustände und Erkenntnisse werden somit recherchierbar. Die Pluralität von Treffern eines konkreten Objektes in einem museumsübergreifenden Portal erfüllt diese Anforderung nicht.

Eine automatisierte Zusammenführung der Informationen zu einem Objekt bleibt derzeit noch ungelöst. Zwar ist durch die Inventarnummer eine eindeutige Identifikation des Objektes oft gewährleistet. Dadurch kann im Prinzip für jedes Objekt auch eine jeweils eigene Website angeboten werden, auf der sämtliche Informationen zu diesem Objekt gebündelt veröffentlicht werden. Schwieriger automatisiert nachvollziehbar bleibt jedoch, welche Quelle den aktuellsten Informationsstand für das Objekt als Ganzes oder in Ausschnitten bereitstellt und ihn über mehrere Forschungssysteme hinweg zu einem homogenen, widerspruchsfreien Gesamtdatensatz zu vereinen. Ohne menschliche Unterstützung ist beides derzeit nicht zu leisten.

An diesem Punkt sind innovative Ansätze gefragt, die idealerweise eine dynamische Berechnung des Informationsstandes auf Grundlage der Aktualität der Information in Verbindung mit dem Fokus der diversen Forschungsprojekte ermöglichen. So ist ein Forschungssystem für kunsttechnologische Untersuchungen in aller Regel eine bessere Quelle für Informationen über kunsttechnische Daten, als der *Objektkatalog* – allerdings nur bis die Information aus dem Forschungssystem durch ein neueres abgelöst wird. Jedoch ist auch dann die ‚alte‘ Information als Vergleichsmaterial noch wertvoll und sollte transparent, sichtbar und unter Kennzeichnung einer Art Versionierung zugänglich bleiben.

Die Ergebnisse im globalen Kontext

Eingangs wurden bereits die *FAIR*-Prinzipien eingeführt. Bislang unbetrachtet blieb jedoch, ob die resultierende Infrastruktur diesen Prinzipien genügt und inwiefern die in diesem Beitrag erörterten Anforderungen diesen Prinzipien unterliegen. Die DFA ist als gemeinsame Infrastruktur dabei von den einzelnen, angebundenen Repositorien abhängig. Nur wenn diese die *FAIR*-Prinzipien erfüllen, kann auch die DFA diese Eigenschaft ‚erben‘. Liegen Forschungsdaten in einem nach den *FAIR*-Prinzipien angelegten Repositorium vor, bleiben die Eigenschaften auch im Kontext der DFA erhalten. Die einzelnen Forschungsdaten werden jedoch aus dem Kontext des Forschungssystems somit in einen globaleren und generalisierten Kontext mit anderen Forschungsdaten übernommen. Entsprechend sind manche der *FAIR*-Prinzipien nicht mehr so einfach zu erfüllen, z.B. können sich die gemeinsam anerkannten Metadatenstandards in einem einzelnen Fachsystem von denen einer übergeordneten Infrastruktur unterscheiden. Hierfür stellt die DFA teilweise bereits notwendige Werkzeuge zur Verfügung, andere, wie z.B. die Nutzung von global eindeutigen Identifikatoren für Suchtreffer, gilt es hingegen noch zu optimieren und zu erweitern.

Die Beurteilung, ob die *FAIR*-Prinzipien von Forschungsdaten erfüllt werden oder nicht, hängt dabei aber immer von dem Kontext ab, in den die Forschungsdaten eingebunden sind. Während sie im Forschungssystem vollständig erfüllt sein können, können sie im Zusammenspiel mit anderen Forschungsdaten schon nicht mehr hinreichend beschrieben sein, um den gemeinsamen Kontext verständlich zu machen. Insbesondere im Kontext des World Wide Web braucht es weitaus mehr Zusatzinformationen.

Als Fazit zeigt sich also, dass je größer der Kontext der jeweiligen Forschungsinformation, desto schwieriger ist es, die *FAIR*-Prinzipien vollständig zu erfüllen. Die Lösung des hier beschriebenen Problems ist aktuell eine große Herausforderung für existierende Initiativen auf europäischer, nationaler und regionaler Ebene. Aus unserer Perspektive kann dieses Problem jedoch nur schrittweise pro Ebene und aus dem Kontext der jeweiligen Sammlung heraus gelöst werden, denn nur dort existiert die Kenntnis darüber, wie die Forschungsdaten zu verorten sind. Das Problem muss also zuerst in den jeweiligen ‚Häusern' gelöst sein, um übergeordnet, z.B. auf Ebene der *Nationalen Forschungsdateninfrastruktur* (NFDI), der *Deutschen Digitalen Bibliothek* oder *Europeana* gelöst werden zu können.

In diesem Beitrag wurden am Beispiel der Tafelmalerei aktuelle Bedarfe des Forschungsdatenmanagements formuliert und ein Ansatz zur Informationsfusion mittels *DARIAH-DE* DFA erörtert und diskutiert. Während des Lösungsprozesses wurden jedoch zusätzliche Fragen aufgeworfen, die im Hinblick auf die künftige Forschung in den digitalen Geistes- und Kulturwissenschaften von besonderem Interesse sind. Das in diesem Beitrag vorgestellte Anwendungsbeispiel zur Integration von Bilddatenrepositorien des Germanischen Nationalmuseums liefert nur eine partielle Lösung. Das langfristige Ziel, heterogene Quellen übergreifend und vollständig nach den *FAIR*-Prinzipien zu integrieren und zu homogenisieren, bleibt erhalten.

Literaturverzeichnis

Fichtner, Mark, Tobias Gradl und Canan Hastik, „Vom Wandel hin zur objektbasierten Forschung im Kontext von DARIAH-DE", in: *Forschungsinfrastrukturen in den digitalen Geisteswissenschaften: wie verändern digitale Infrastrukturen die Praxis der Geisteswissenschaften?*, hg. von Martin Huber, Sybille Krämer und Claus Pias, Frankfurt a.M. 2019, S. 99–110, URL: urn:nbn:de:hebis:30:3-519453 (18.12.2019).

Gradl, Tobias und Timo Steyer, *A Research-oriented and Case-based Data Federation for the Humanities*, 2019, URL: http://dx.doi.org/10.17613/d9j7-9q83 (08.10.2019).

Schaßan, Torsten und Timo Steyer, „Vom lokalen Bestand zur weltweiten Vernetzung. Mittelalterliche Handschriften im Netz", in: *Das Mittelalter* 24/1 (2019), S. 188–204, URL: https://doi.org/10.1515/mial-2019-0013 (08.10.2019).

Aristoteles annotieren – Vom Handschriftendigitalisat zur qualitativ-quantitativen Annotation

Germaine Götzelmann und Danah Tonne

Ausgehend von 2406 Handschriftenseiten aus dem Aristoteles-Archiv der Freien Univer-sität Berlin soll dieser Beitrag den Weg der Digitalisate durch die technische Infrastruktur des Sonderforschungsbereiches 980 „Episteme in Bewegung" verfolgen und Möglich-keiten der Verschränkung von qualitativen und quantitativen Annotationen aufzeigen. Betrachtet werden die Speicherung der Digitalisate mitsamt ihrer Metadaten im Epis-teme-Forschungsdatenrepositorium, die Herausforderungen einer (semi-) automatischen Layoutanalyse und die Modellierung der extrahierten Informationen und Merkmale. Be-sonderer Fokus liegt in diesem Kontext auf der Nutzung von standardisierten Metadaten-modellen wie Page und dem Web Annotation Data Model (WADM), um eine quantitative Auswertung sowie die Interoperabilität zu existierenden Werkzeugen und Ergebnissen gewährleisten zu können. Ebenso werden die Funktionalitäten der Infrastruktur zur ma-nuellen Ergänzung von Annotationen und semantischen Tags beleuchtet, die zusätzliche qualitative Informationen zu den Digitalisaten ablegen. Eine auf diese Weise mögliche gemeinsame Auswertung sowohl quantitativer als auch qualitativer Annotationen unter-stützt anschließend die Beantwortung komplexer geisteswissenschaftlicher Fragestellun-gen an einen umfangreichen Handschriftenbestand.

Das Episteme-Repositorium

Im Rahmen des Sonderforschungsbereichs 980 *Episteme in Bewegung* konzipiert und implementiert das Informationsinfrastrukturprojekt *Bücher auf Reisen*[1] ein *Forschungsdatenrepositorium für alle Teilprojekte des Sonderforschungsbereichs. In die-sem Repositorium, dem Episteme-Repositorium*, werden Daten inklusive administra-tiver und inhaltlicher Metadaten strukturiert verwaltet, nachhaltig gesichert und können mithilfe angeschlossener Werkzeuge visualisiert und analysiert werden. Aufgrund der Heterogenität der Teilprojekte des Sonderforschungsbereichs, und damit auch ihrer Forschungsfragen und ihrer Daten, liegt ein besonderer Fokus bei der Implementierung darauf, verschiedene standardisierte Modelle und For-mate unterstützen zu können und kein speziell angepasstes Repositorium für lediglich einen Anwendungsfall bereitzustellen. Auf Werkzeugebene ist eine solche Anpassung realisiert, jedoch wird auch hier darauf geachtet, dass ange-

---

1 http://www.sfb-episteme.de/teilprojekte/informationsinfrastruktur/index.html (14.12.2018).

DOI: 10.13173/9783447114608.053

Abb. 3.1: Beispiele verschiedener Seitenlayouts in *de interpretatione*-Kommentaren.
Codex Phil. Gr. 300, f. 137v. (links), Digitalisat, Österreichische Nationalbibliothek,
URL: http://data.onb.ac.at/rep/1002E2A7;
Codex Paris Grec 1974, f. 107v. (rechts), Digitalisat, Bibliothèque nationale de France,
URL: https://gallica.bnf.fr/ark:/12148/btv1b10721606h/f226.item.

bundene Werkzeuge und Dienste stets mit wenig bis gar keinem Aufwand auf andere Teilprojekte übertragbar bleiben.

In diesem Beitrag steht mit dem Teilprojekt *Prozesse der Traditionsbildung in der de interpretatione-Kommentierung der Spätantike*[2] ein prototypischer Anwendungsfall für die Arbeit mit dem Repositorium im Fokus. Zurzeit werden 46 Aristotelesmanuskripte mit 2406 Einzelseiten betrachtet, in naher Zukunft ist die Ausweitung auf mindestens 120 der noch ca. 150 überlieferten Manuskripte geplant. Die fachwissenschaftlich Forschenden ergänzen die Digitalisate in einem schematisierten Prozess durch Metadaten, die der Beschreibung und inhaltlichen Erschließung der Handschriften dienen.

Kodikologische Gegebenheiten dieser Handschriften können Aufschluss über ihre Produktions- und Verwendungszusammenhänge geben. Bei den Handschriften der spätantiken und mittelalterlichen *de interpretatione*-Kommentare ist dabei auch das Layout von zentraler Bedeutung. In vielen Abschriften wurde der

---

2 http://www.sfb-episteme.de/teilprojekte/sagen/A04/index.html (14.12.2018).

Aristotelestext selbst auf einem verhältnismäßig kleinen Bereich niedergeschrieben, sodass um den Text herum sowie zwischen den Zeilen dediziert Raum für Kommentare, Erklärungen und Diagramme blieb. Je nach Codex wurde dieser Raum anschließend mehr oder weniger gefüllt. In manchen Fällen entstanden so hochkomplexe, vollständig von verschiedenen Schreiberhänden und in verschiedenen Orientierungen dicht beschriebene Buchseiten, in manchen Fällen blieb es bei dem dafür angelegten Haupttext (vgl. Abb. 3.1). In beiden Fällen ist in Layouteigenschaften, beispielsweise dem Größenverhältnis von Haupttext zur Seite und in Zeilenabständen die Absicht zur Kommentierung und Ergänzung bereits angelegt und mittels einer Layoutanalyse auch objektiv messbar. Durch Ablage im *Episteme-Repositorium* werden die digitalisierten Manuskripte sowohl für eine algorithmische Verarbeitung als auch zur weiteren digitalen Forschungsarbeit zugänglich gemacht. Damit erhält das Projekt einen neuartigen Blick auf überlieferungsgeschichtliche Zusammenhänge der aristotelischen Lehrtradition, der insbesondere die den Haupttext kommentierenden und ergänzenden Elemente der Handschriftenseiten (Glossen, Scholien, Diagramme etc.) fokussiert. Damit werden Schlüsse auf komplexe Verwandtschaftsverhältnisse zwischen den erhaltenen Manuskripten möglich.[3]

Aus technischer Sicht besteht ein Aristotelesmanuskript aus einer Bilddatei im JPEG- oder TIF-Format für jede Seite und einer Metadatendatei im XML-Format, die im Standard TEI[4] modelliert ist. In diesen beschreibenden Metadaten sind bibliografische Informationen zum digitalisierten Handschriftenexemplar abgelegt wie beispielsweise Material, Abmessungen und historische Provenienz. Beim Ingest in das Repositorium wird jede Bilddatei zusammen mit einer Kopie der Metadatendatei gespeichert, so dass die Seiten auch unabhängig vom Manuskript verarbeitbar und interpretierbar bleiben. Zusätzlich werden die Bilddateien in zwei zusätzlichen Skalierungen abgelegt, eine JPEG-Datei mit gleicher Auflösung und eine verkleinerte Vorschauversion, um die Anzeige in Webbrowsers sowie innerhalb von an das Repositorium angeschlossener Werkzeuge zu ermöglichen.

Automatische Layoutanalyse und der PAGE-Standard

Ein solches Werkzeug bietet beispielsweise die Möglichkeit einer automatischen Layoutanalyse der Manuskriptseiten. Verfahren der Layoutanalyse unterteilen sich in zwei Bereiche. Zum einen leistet die strukturelle Layoutanalyse die Erkennung der Buchseite selbst sowie die Klassifikation unterschiedlicher Seiteninhalte (Text, Illustration, Musiknoten etc.). Zum anderen werden diesen klassi-

---

3 Vgl. Michael Krewet und Philipp Hegel, *Diagramme in Bewegung: Scholien und Glossen zu de interpretatione*, in diesem Band.
4 TEI Consortium, *Guidelines for Electronic Text Encoding and Interchange*, URL: http://www.tei-c. org/P5/ (14.12.2018).

fizierten Elementen im Rahmen einer funktionalen Layoutanalyse[5] ihre Rollen im Dokumentzusammenhang (z.B. Überschrift, Seitenzahl, Werbeillustration) zugeordnet. Insbesondere im Bereich von Druckwerken ist eine solche semantische Analyse teilweise durch A-priori-Annahmen typischer Layoutmerkmale und -positionen automatisch oder semi-automatisch leistbar.[6] Die *de interpretatione*-Handschriften stellen jedoch aufgrund ihrer äußert ungeregelten Seitenbefüllung und des Charakters der Kommentierungen als Ausprägung einer spezifischen Lehr- und Kommentierungspraxis einen besonders schwierigen Fall dar. Somit ist es naheliegend, die strukturelle Layoutanalyse mittels automatischer Werkzeuge zu unterstützen und die semantische Layoutanalyse weitgehend durch wissenschaftliche Annotation zu leisten. Dies erlaubt es auch, derartige fachwissenschaftliche Annotationen nicht nur auf Layoutanalyse zu beschränken, sondern darüber hinaus weitere Informationsanreicherung zu ermöglichen, die im vorliegenden Anwendungsfall nur durch altphilologische Expertise und in diesem Bereich durch Spezialwissen in der Quellenforschung leistbar ist.

Zur Klassifizierung und Segmentierung von Layoutregionen auf Seiten der Buchdigitalisate kommt eine vollautomatische Layoutanalyse, basierend auf *Machine Learning-Algorithmen* (WEKA)[7] zum Einsatz. Entwickelt wurde diese im Rahmen des Projekts *eCodicology*[8] *für den Software Workflow for the Automatic Tagging of medieval manuscript Images* (SWATI)[9] zur Layoutanalyse des mittelalterlichen Bibliotheksbestands der Abtei St. Matthias in Trier.[10] Als Input benötigt diese Layoutanalyse die digitalisierten Seiten als hochauflösende Bilddateien sowie einen oder mehrere auf Einzelseiten trainierte(n) *Klassifizierer* (Classifier). Für die *de interpretatione*-Handschriften kommt ein Classifier zur Unterscheidung von Textbereich und Hintergrund zum Einsatz. Darüber hinaus erlaubt der Input eines Seitenmodells in XML, die physische Größe der Handschriftenseiten anzugeben. Dies ermöglicht der Layoutanalyse Berechnungen physischer Größen der segmentierten Textbereiche, sodass auch Vergleiche zwischen Codices möglich sind. Die Informationen dieses Seitenmodells speisen sich aus bibliografischen Beschreibungen der Codices, wie sie üblicherweise in Handschriftenkatalogen

---

5 Zur Differenz von strukturellem und funktionalem Layout vgl. grundlegend Rangachar Kasturi u.a., „Document Image Analysis: A Primer", in *Sadhana* 27/1 (2002), S. 3–22.

6 Vgl. z.B. Christian Reul u.a., „LAREX – A Semi-automatic open-source Tool for Layout Analysis and Region Extraction on Early Printed Books", in: *Proceedings of the 2nd International Conference on Digital Access to Textual Cultural Heritage*, hg. von Apostolos Antonacopoulos und Marco Büchler, New York 2017, S. 137–142.

7 Eibe Frank u.a., „The WEKA Workbench", in: *Online Appendix for Data Mining: Practical Machine Learning Tools and Techniques*, San Francisco ⁴2016, URL: https://www.cs.waikato.ac.nz/ml/weka/Witten_et_al_2016_appendix.pdf (08.11.2018).

8 http://www.ecodicology.org (14.12.2018).

9 Swati Chandna u.a., „Software Workflow for the Automatic Tagging of Medieval Manuscript Images (SWATI)", in: *Proceedings of SPIE 9402: Document Recognition and Retrieval XXII*, hg. von Eric K. Ringger und Bart Lamiroy, Red Hook 2015, S. 940206-1–940206-11.

10 Korpus siehe das Virtuelle Skriptorium St. Matthias, URL: http://stmatthias.uni-trier.de/ (08.11.2018).

verzeichnet sind oder projektspezifisch vermessen wurden. Zu finden sind sie in den TEI-Daten der Digitalisate im Repositorium.

Die automatische Layoutanalyse liefert als Ergebnis eine Segmentierung der Seitenregionen innerhalb des digitalisierten Bildes. Weiterhin werden darauf befindliche Textregionen segmentiert. Für alle erkannten Regionen werden zusätzlich quantitative Eigenschaften berechnet, beispielsweise Zeilenzahl und mittlere Zeilenabstände von Textregionen, Farbeigenschaften (mittlere Sättigungs- und Helligkeitswerte, Standardabweichung etc.) sowie Größenverhältnisse zwischen Regionen (z.B. Text-Seiten-Verhältnis). Die Regionen werden in Form ihrer *Bounding Boxes* als Rechtecke ausgegeben. Die Ergebnisse der automatischen Layoutanalyse werden in XML-Dateien gemäß des Standardformats PAGE (Page Analysis and Ground-Truth Elements)[11] gespeichert. PAGE kommt insbesondere für *Goldstandard-* und *Benchmark-Daten* im Bereich von *Optical Character Recognition* und *Handwritten Text Recognition* zum Einsatz.[12]

Eine PAGE-Datei beschreibt dabei die Layoutelemente einer Seite. Die Koordinaten der Seitensegmentierung werden im Element Border abgelegt, die berechneten *Merkmale* (Features) der Regionen werden als *UserAttributes* angegeben, da für diese Inhalte im Standard PAGE kein Äquivalent vorhanden ist. Somit sind die Ergebnisse der Layoutanalyse mit dem XSD-Schema der Version 2017-07-15 von PAGE kompatibel, ohne dass dieses erweitert werden muss, was eine hohe Interoperabilität der Ergebnisse gewährleistet und gleichzeitig die feingranularen Berechnungsergebnisse bewahrt.

Von PAGE zum Web Annotation Data Model

Für die hier dargestellten weiteren Verwendungszwecke der Ergebnisse automatischer Layoutanalyse weist das PAGE-Format einige Nachteile auf. Die Speicherung aller Annotationen einer Seite in einer Datei macht einen beispielsweise typspezifischen Zugriff innerhalb eines Korpus vergleichsweise impraktikabel. PAGE-XML zeichnet die Annotationen nur strukturell aus, nicht aber nach funktionalen Gesichtspunkten. Überdies ist PAGE-XML in seiner spezifischen Ausrichtung auf Layoutanalyse nicht darauf ausgelegt, anderweitige inhaltliche Informationen zu erkannten Layoutregionen zu erfassen. Das Format bietet eine spezifische thematische Sicht auf die Buchseiten an, im Projekt werden jedoch

11 Stefan Pletschacher und Apostolos Antonacopoulos, „The PAGE (Page Analysis and Ground-Truth Elements) Format Framework", in: Proceedings of the 20th International Conference on Pattern Recognition (2010), S. 257–260.
12 Als Dateiformat in Werkzeugen und Workflows kommt es beispielsweise zum Einsatz im Projekt *Transkribus* (Philip Kahle u.a., „Transkribus – A Service Platform for Transcription, Recognition and Retrieval of Historical Documents", in: *2017 14th IAPR International Conference on Document Analysis and Recognition* (2017), S. 19–24) und in LAREX (Christian Reul u.a.: LAREX). Zur Speicherung von Ground Truth-Daten ist es im Einsatz in den Projekten trans-Skriptorum (http://transcriptorium.eu, siehe Basilis Gatos u.a., „Ground-Truth Production in the Transcriptorium Project", in: *11th IAPR International Workshop on Document Analysis Systems* (2014), S. 237–241) und OCR-D (http://www.ocr-d.de/).

mehrere solche Sichten auf den Gegenstand miteinander verbunden und zu einer gemeinsamen Auswertung zusammengeführt. Um die diversen Forschungsinteressen zu unterstützen und die in der Layoutanalyse gewonnen Ergebnisse damit anreicherbar zu machen, ist es deshalb sinnvoll, die in PAGE-XML nach Handschriftenseiten zusammengefassten Regionen in einzelne Datensätze aufzutrennen, ohne die durch PAGE gesicherte Interoperabilität zu verlieren. Zu diesem Zweck kommt im vorliegenden Projekt das so genannte *Web Annotation Data Model* (WADM) zum Einsatz.[13] Diese W3C-Empfehlung von Februar 2017 gilt als Nachfolger des gerade auch in den digitalen Geisteswissenschaften verbreiteten *Open Annotation Modells* (OAM). Das WADM stellt dabei ein allgemeines Modell von Annotationen als Anreicherungen von Webressourcen durch andere Webressourcen oder durch textuelle Inhalte zur Verfügung, das weitgehend unabhängig von Annotationsinhalt und Annotationszweck spezifiziert ist.

> The Web Annotation Data Model specification describes a structured model and format to enable annotations to be shared and reused across different hardware and software platforms. Common use cases can be modeled in a manner that is simple and convenient, while at the same time enabling more complex requirements [...].[14]

Das WADM basiert auf maschinenlesbaren *Semantic Web*-Standards, wobei der Fokus auf dem gleichzeitig auch menschenlesbaren Austauschformat JSON-LD liegt. Die Annotationen sind dabei von vornherein multimedial angelegt, sodass sowohl auf Seiten des zu annotierenden Gegenstands (das sog. *Target*) als auch auf Seite des Annotationsinhalts (der *Body*) verschiedenste Medienformate (Bild, Text, Video, Audio, ...) zum Einsatz kommen können. Um die entsprechenden Datenobjekte zu annotieren, bietet das Modell eine ganze Reihe verschiedener Selektoren, die das Target auf ein Fragment bzw. einen Ausschnitt des Objektes eingrenzen.[15] Sowohl Target als auch Body können in verschiedenen Kardinalitäten vorkommen, wobei eine Annotation ein bis beliebig viele Targets beinhaltet sowie keinen bis beliebig viele Bodies. Verschiedene Kombinationsmöglichkeiten mehrerer Bodies und Targets ermöglichen die feingranulare Modellierung von Layoutanalyse-Features ebenso wie die fachwissenschaftliche Anreicherung.[16]

---

13 Benjamin Young u.a., *Web Annotation Data Model. W3C Recommendation*, 23. Februar 2017, URL: https://www.w3.org/TR/2017/REC-annotation-model-20170223/ (08.11.2018).

14 Ebd.

15 Ebd., https://www.w3.org/TR/2017/REC-annotation-model-20170223/#selectors.

16 Der Standardfall mehrerer Bodies oder Targets ist die Realisierung als Array, wobei aus der Kombination von Target-Array und Body-Array eine nxn-Beziehung resultiert: Jeder Body annotiert jedes Target, jede Kombination von einem Body und einem Target kann als gültige Interpretation der Annotation angesehen werden. Eine Alternative sind priorisierte Listen (Choice) sowie geordnete oder ungeordnete Listen, bei denen alle Elemente der Liste zur korrekten Interpretation der Annotation nötig sind (List und Composite). Auf diese Weise soll das Datenmodell die korrekte Anzeige von Annotationen durch den Client und Verständlichkeit der Annotationsinhalte in verschiedensten Anwendungsszenarien sicherstellen.

Weitere Vorteile des WADM liegen im hohen Grad der strukturellen Standardisierung, die insbesondere für den Austausch und geregelte Client-Server-Kommunikation notwendig ist. Letztere wird zusätzlich zum Modell geregelt über das *Web Annotation Protocol*.[17] Gleichzeitig gewährt das Modell inhaltliche Freiheit innerhalb der *Bodies*, bietet somit aber auch kein Standardisierungspotential in diesem Bereich. Spezifikation und Schematisierung müssen hier an anderer Stelle (ggf. projektspezifisch) geleistet werden.

Aktuell bestehen im Rahmen der *Research Data Alliance* (RDA) Bemühungen, veraltete und aufgegebene Formate wissenschaftlicher Annotationen in das *Web Annotation Data Model* zu überführen und damit langfristig zu bewahren und nutzbar zu halten. Eines der erklärten Ziele ist „provision of guidelines and tools for effective adoption of WADM to insure long-term accessibility".[18] Dies verdeutlicht das Potential des Modells, für Forschungsdaten langfristig einen disziplinübergreifend genutzten, ausgereiften und feingranularen Standard zu bieten, bei dem Konzepte für Erzeugung, Nutzung und Austausch von Annotationen gewährleistet sind.

Modellierung quantitativer Annotationen im Web Annotation Data Model

Die Ergebnisse der automatischen Layoutanalyse können im WADM als Bildannotationen modelliert werden. Diese verweisen auf genau ein Target, eine stabil referenzierbare URL der Buchseite, beispielsweise durch Ablage der Bilddatei im Repositorium. Die konkrete Region kann mithilfe eines SVG-Selektors abgebildet werden, der die Koordinaten darstellt. Mittels eines Parsers werden die in PAGE exportierten Ergebnisse der Layoutanalyse in Annotationen in JSON-LD übertragen. Ziel war es dabei, ein allgemeines Mapping von PAGE zu WADM zu gewährleisten. Mithilfe der Java-Bibliothek Anno4j[19] wird das Modell vom PAGE-Dateiformat in ein RDF-Modell gemäß WADM umgewandelt. Im Rahmen der Layoutanalyse berechnete Features werden als einzelne Bodies modelliert, die jeweils genau ein Merkmal der Layoutregion beschreiben. Das WADM unterscheidet hinsichtlich der Erzeugung von Annotationen zwischen *Generator* und *Creator*. Der *Generator* ist dabei gemeint als ‚mechanischer' Ursprung von Annotationen, der *Creator* als inhaltlicher Urheber. Auch bei dem *Creator* kann es sich um einen Algorithmus oder eine Software wie beispielsweise die Layoutanalyse handeln, da diese nicht strukturell die Annotation generiert (wofür der Parser zuständig ist), sondern für die Berechnung der Features inhaltlicher Urheber ist.

---

17 Robert Sanderson, *Web Annotation Protocol. W3C Recommendation*, 23. Februar 2017, URL: https://www.w3.org/TR/2017/REC-annotation-protocol-20170223/ (08.11.2018).

18 Siehe Meeting im Rahmen des 12. RDA Plenary Meeting 2017: „Preserving Scientific Annotations", URL: https://www.rd-alliance.org/preserving-scientific-annotations-rda-12th-plenary- meeting (13.12.2018).

19 Emanuel Berndl u.a., „Idiomatic Persistence and Querying for the W3C Web Annotation Data Model", in: *LIME-SemDev 2016. ESWC 2016 Workshops: LIME and ESWC Developers Hackshop*, hg. von Raphaël Troncy u.a., Aachen 2016 (CEUR Workshop Proceedings 1615), o. S.

Somit gibt der *Creator* der Annotationen die Softwareversion der Layoutanalyse an. Informationen zum *Generator* werden aus dem Hashwert der zugrundeliegenden PAGE-Dateien gewonnen, sodass dessen Identifikator (in Form eines Universally Unique Identifiers) eindeutig einer Ursprungsdatei zuordenbar ist. Dies hat den Zweck, dass die im Laufe der Übertragung von PAGE zu WADM-Annotationen in einzelne Datensätze aufgespaltenen Informationen später wieder hinsichtlich ihres gemeinsamen Ursprungs aggregiert werden können. So können beispielsweise mehrere Layoutanalysedurchläufe auf der gleichen Seite mit gleicher Softwareversion der Layoutanalyse, aber mit unterschiedlichen Classifiern anhand des *Generators* unterschieden werden. Somit ist die Umwandlung von PAGE zu WADM grundlegend reversibel. Dies ist natürlich nur solange gewährleistet, wie nicht in weiteren Schritten Änderungen oder Ergänzungen vorgenommen werden, da dann die Rückkehr zu PAGE nicht ohne Verlust von Inhalten oder Inkonsistenzen (z.B. über das Border-Element hinausreichende Regionen) garantiert werden kann. In diesem Falle ist überdies ein Konzept nötig, um neu hinzukommende Annotationen dem Export einer PAGE-Datei zuzuweisen und diese dahingehend zu validieren.

Aufgrund des komplexen, unregelmäßigen Layouts der *de interpretatione*-Kommentare ist die strukturelle Layoutanalyse vor einige Herausforderungen gestellt. Textteile können gebogen, rotiert und auf dem Kopf stehend sein. Interlinearglossen sind teilweise nur schwer vom Fließtext zu unterscheiden, den sie kommentieren. Darüber hinaus sind auch die im Projekt vorhandenen Bilddaten sehr heterogen. Dies liegt darin begründet, dass sie aus verschiedenen Bibliotheken stammen und in sehr unterschiedlichen Digitalisierungsprozessen entstanden sind. Bei einigen Digitalisaten handelt es sich um Farbaufnahmen, bei anderen um die Reproduktion von Mikrofilmen. Viele Manuskripte sind auf einem dunklen Hintergrund aufgenommen, manche auf einem hellen, gelegentlich ist allen Seiten ein Farbkeil beigefügt, manchmal ist dieser bei den vorliegenden Seiten gar nicht vorhanden. Insbesondere bei Mikrofilmreproduktionen kommen Qualitätsprobleme bei den Digitalisaten hinzu. Bildrauschen, durchgehende Quer- oder Längslinien, Schäden im Film etc. führen zu vermehrten Segmentierungsfehlern. Zusätzlich stellen Diagramme ein systematisches Problem dar, das mit binären Classifiern nicht trainierbar ist. Da sie eine nicht trennbare Einheit grafischer und textueller Elemente darstellen, sind sie nicht grundsätzlich von anderen Textregionen unterscheidbar.

Aus diesen Herausforderungen ergibt sich in der Folge, dass eine vollautomatische Layoutanalyse nicht hinreichend ist, um komplexe Forschungsfragen am vorliegenden Gegenstand vollständig zu beantworten. Für das Projekt ergeben sich daraus drei Anforderungen: Erstens die Möglichkeit der Korrektur vorhandener Ergebnisse der Layoutanalyse, zweitens die zusätzliche manuelle Annotation durch Fachwissenschaftler, beispielsweise für nicht durch die Layoutanalyse klassifizierte Regionen – aufgrund von sog. false negatives oder weil generell nicht leistbar. Drittens außerdem die Anreicherung bestehender Annotationen

mit zusätzlichen qualitativen Informationen wie solche der semantischen Layoutanalyse oder Transkriptionen und Übersetzungen.

Grafische Annotationsoberfläche für fachwissenschaftliche Ergänzungen

In enger Kooperation mit *DARIAH-DE*[20] *wurde im Sonderforschungsbereich eine
allgemeine Annotationsoberfläche entwickelt, die es den Forschenden ermöglicht Annotationen im Web Annotation Data Model* anzuzeigen, zu erzeugen und zu modifi-
zieren. Auf diese Weise können standardisierte Annotationen sehr komfortabel
in die alltägliche Arbeit mit dem Forschungsgegenstand eingebunden werden.
Die Annotationsoberfläche (vgl. Abb. 3.2) ist eine JavaScript-Anwendung und
baut auf der *SemToNotes-Bibliothek*[21] *auf. Auf ihr wird das gewünschte Bild samt bereits
vorhandenen Annotationen angezeigt sowie verschiedene Funktionalitäten bereitgestellt.
Sämtliche Modifikationen wie mit der Oberfläche neu erstellte, veränderte oder gelöschte
Annotationen werden erst bei Auswahl der Save-Funktion persistent abgelegt. Auf*
diese Weise wird den Forschenden die Möglichkeit gegeben, Flüchtigkeitsfehler
unmittelbar zu korrigieren.

Mittels *View*-Funktion lässt sich das zu untersuchende Bild verschieben und
stufenlos hinein- und herauszoomen. Die *Select*-Funktion wählt eine einzelne
Annotation aus und zeigt bereits vorhandene Informationen strukturiert an. Im
Falle sehr vieler oder unübersichtlich angeordneter Annotationen erlaubt die
Hide-Funktion es, einzelne Annotationen auszublenden. Alternativ kann mit der
Prev/Next-Funktion die vorherige bzw. nächste Annotation ohne direkte manuel-
le Auswahl angewählt werden.

Die *Draw*-Funktion gibt den Forschenden die Möglichkeit, eine Bildregion
mithilfe eines Rechtecks oder Polygons zu markieren. Die Größe einer bereits
annotierten Fläche, unabhängig davon ob sie manuell oder automatisch erstellt
wurde, lässt sich mittels *Modify*-Funktion anpassen. Ein Wechsel zwischen verschiedenen Formen (Rechteck und Polygon) ist allerdings nicht möglich. *Remove*
erlaubt es, vorhandene Annotationen zu entfernen.

Neben der reinen Markierung der Bildregion ist die Anreicherung mit zusätzlichen fachwissenschaftlichen Informationen von zentraler Bedeutung. Um die
Nachnutzung und automatische Auswertung zu ermöglichen, werden soweit
möglich standardisierte Vokabulare zur Strukturierung der Information eingesetzt. Im Rahmen des Projekts *eCodicology*[22] *wurde ein kodikologisches SKOS*[23]*-Voka-
bular namens CodiKOS entwickelt, dessen Begriffe sich in der Annotationsoberfläche mit der Schaltfläche CodiKOS hinzufügen lassen. Wiederkehrende Begriffe,*
die nicht in standardisierten, öffentlichen Vokabularen zu finden sind, wurden
projektspezifisch definiert und können mit Hilfe von *A04Terms* ausgewählt werden. Da sich einige Sachverhalte wie Transkriptionen oder Übersetzungen nicht

20 https://de.dariah.eu/ (14.12.2018).
21 https://hkikoeln.github.io/SemToNotes/ (14.12.2018).
22 Vgl. Anm. 8.
23 https://www.w3.org/2004/02/skos/ (01.07.2019).

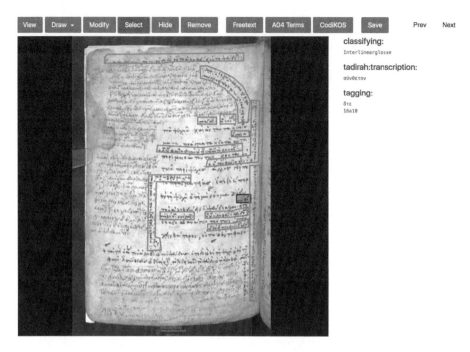

Abb. 3.2: Screenshot Annotationsoberfläche mit Codex Vind. Phil. Gr. 300, f. 137v,
vgl. Abbildung 3.1. Digitalisat, Österreichische Nationalbibliothek,
URL: http://data.onb.ac.at/rep/1002E2A7.

durch Vokabulare ausdrücken lassen, können mit *Freetext* weitere Informationen
in Form von Freitext hinzugefügt werden. Zur Klassifizierung wird der Freitext
mit einer Kategorie aus dem *Web Annotation Data Model* (z.B. describing, tagging)
oder der *TaDiRAH*[24] Taxonomie (z.B. transcription, translation, georeferencing)
ausgezeichnet.

Nach Abschluss der Layoutanalyse wurden gemeinsam mit den Forschenden
sechs Aufgaben identifiziert, die eine Auswertung und damit weitere Erkenntnisse ermöglichen sollen. Für jede der Aufgaben wurde die allgemeine Annotationsoberfläche angepasst, damit nur die jeweils notwendigen Funktionen zur Verfügung stehen. Die ersten vier Aufgaben adressieren die Anforderung, vorhandene
Ergebnisse der Layoutanalyse zu korrigieren bzw. nachzunutzen. Aufgabe 5
und 6 erlauben zusätzliche qualitative Auszeichnungen von nicht automatisch
erkennbaren Regionen, um sie auf diese Weise einer quantitativen Auswertung
zugänglich zu machen.

---

24 TaDiRAH – Taxonomy of Digital Research Activities in the Humanities, URL: http://tadirah.
dariah.eu/vocab/ (13.12.2018); Luise Borek u.a., „TaDiRAH: A case study in pragmatic classification", in: *Digital Humanities Quarterly* 10/1 (2016), o. S.

Aufgabe 1: Markierung des Haupttextes basierend auf erkannten Textregionen
Die Ergebnisse der Layoutanalyse werden angezeigt. Die Forschenden können entweder eine oder mehrere erkannte Regionen als Haupttext markieren oder angeben, dass die erkannten Textregionen nicht zufriedenstellend sind. In einigen Ausnahmefällen ist kein Haupttext auf dem Digitalisat vorhanden, so dass auch diese Option wählbar ist. Als Ergebnis wird entweder der Annotation der markierten Regionen ein Body mit dem Begriff *Text Block* (entnommen dem im Rahmen von eCodicology entwickelten Vokabular CodiKOS) oder alternativ ein Body mit fachwissenschaftlichen Erläuterungen in Form von Freitext zur Annotation der Seitenregion hinzugefügt.

Aufgabe 2: Neueinzeichnung des Haupttextes
Im Fall von nicht zufriedenstellenden Textregionen wird den Forschenden die Möglichkeit geboten, einen oder mehrere Haupttexte neu einzuzeichnen. Als Vereinfachung wird davon ausgegangen, dass der Haupttext stets durch ein Rechteck adäquat zu beschreiben ist. Um eine unbeeinflusste Einzeichnung zu erhalten und eine Qualitätsabschätzung der erkannten Regionen zu ermöglichen, werden die Ergebnisse der Layoutanalyse nicht angezeigt. Analog zu Aufgabe 1 erhalten alle neuen Annotationen einen zusätzlichen Body mit dem Begriff *Text Block.*

Aufgabe 3: Bewertung der erkannten Seitenregion
Die Ergebnisse der Layoutanalyse werden angezeigt. Die Forschenden bewerten, ob die erkannte Seitenregion zufriedenstellend ist. Ist dies nicht der Fall, wird die zugehörige Annotation als gelöscht markiert. Ist dies der Fall, wird die zugehörige Annotation dupliziert und in einem zusätzlichen Annotationscontainer abgelegt, der nur zufriedenstellende bzw. valide Annotationen enthält. Auf diese Weise kann zwischen validen und noch nicht bewerteten Annotationen unterschieden werden. Die korrekten automatischen Annotationen bleiben auf diese Weise zugleich in ihrer ursprünglichen Form erhalten.

Aufgabe 4: Neueinzeichnung der Seitenregion
Ist die Seitenregion als nicht zufriedenstellend bewertet, wird den Forschenden die Möglichkeit geboten, die Seitenregion neu einzuzeichnen. Auch in diesem Fall werden die Ergebnisse der Layoutanalyse nicht angezeigt, um die Forschenden nicht zu beeinflussen und eine Qualitätsabschätzung zu ermöglichen. Erneut wird vereinfacht davon ausgegangen, dass die Seitenregion durch ein Rechteck beschrieben werden kann. Analog zu Aufgabe 3 wird die erstellte Annotation als valide Annotation zweifach in verschiedenen Containern abgelegt.

Aufgabe 5: Erstellung und Klassifikation von Diagrammregionen

Sichtbar sind nur manuell erstellte Annotationen. Den Forschenden wird die Möglichkeit geboten, mithilfe von Rechtecken und Polygonen Diagrammregionen auszuzeichnen. Zur Klassifikation der Diagramme wurde eine Termliste vordefiniert und steht zur Auswahl zur Verfügung: Syllogismusschema (1. Figur), Syllogismusschema (2. Figur), Syllogismusschema (3. Figur), Dihairese, Kreuzdiagramm, sonstiges erklärendes Diagramm/Schema. Zusätzlich können die Diagramme durch Transkriptionen, Übersetzungen, semantische Tags sowie Beschreibungen ergänzt werden. Auf Annotationsebene werden alle Informationen als separate Bodies hinzugefügt. Im Rückgriff auf den PAGE-Standard werden diese Annotationen als *GraphicRegion* ausgezeichnet.

Aufgabe 6: Erstellung und Klassifikation von Glossen und Scholien

Sichtbar sind auch in dieser Aufgabe nur die manuell erstellten Annotationen. Rechtecke und Polygone können dazu genutzt werden, zusätzliche Textbereiche zu markieren und als Interlinearglosse, Marginalglosse, Scholie oder Kommentar zu klassifizieren. Ebenso können Transkriptionen, Übersetzungen, semantische Tags und Beschreibungen ergänzt werden. Alle Informationen sind wie in der vorherigen Aufgabe innerhalb von separaten Bodies modelliert.

Digitale Annotationen in der Praxis

Eine Analyse der überaus komplexen Texttradition gilt in Fachkreisen bis jetzt als nicht in einem Forscherleben bewältigbar.[25] In dem betrachteten Projekt wird daher ein Ansatz verfolgt, der zahlreiche Vorteile mit sich bringt.

Erstellte Annotationen werden persistent gespeichert. Auf diese Weise sind Erkenntnisse auch für nachfolgende Generationen auffindbar und wiederverwendbar, die Forschenden müssen ihre Untersuchungen nicht wieder bei Null beginnen. Durch die Speicherung des *Creators* der Annotation bleibt die Forschungsleistung personalisiert und zuordenbar.

Die durchgeführte automatische Layoutanalyse bietet einen zusätzlichen Blick auf den Forschungsgegenstand, indem sie zur Erschließung nützliche Metadaten erzeugt. Die verwendeten Algorithmen erlauben dabei die Prozessierung von umfangreichen Manuskriptbeständen, die manuell nur mit sehr großem Zeitaufwand bewältigbar sind. Essentiell ist die Reproduzierbarkeit der erzeugten Ergebnisse, die im Kontext einer transparenten Forschung gefordert wird. Die Ergebnisse der Layoutanalyse werden durch die Forschenden bewertet, was für die informatische Forschung höchst spannende Auswertungen erlaubt. Für einen großen, sehr heterogenen Bestand liegen Informationen vor, ob die Erkennung von Seiten- und Textregionen aus fachwissenschaftlicher Sicht zufriedenstellend erfolgt ist und, falls nicht, welche Regionen idealerweise hätten erkannt werden sollen (vgl. Aufgabe 1–4). Auf diese Weise lassen sich aktuelle und auch zukünf-

---

25 Krewet und Hegel, *Diagramme in Bewegung.*

tig verwendete Algorithmen auf einer komplexen Datengrundlage erproben und evaluieren.

Die Forschenden haben bereits über 700 manuelle Annotationen mit Transkriptionen, Übersetzungen und semantischen Tags angelegt (vgl. Aufgabe 5 und 6) und das Annotationswerkzeug in ihren Alltag integriert. Aufgrund der Modellierung von sowohl manuellen als auch automatischen Annotationen im WADM sind nun alle Informationen einer gemeinsamen Auswertung zugänglich. Zu diesem Zweck wurde auf infrastruktureller Seite ein Server gemäß *Web Annotation Protocol*[26] eingerichtet, *der eine Suche nach beispielsweise Target, Creator* oder *Erstellungszeitpunkt* ermöglicht. Für eine detailliertere und vor allem inhaltliche Suche und Auswertung wurde zusätzlich eine *SPARQL*-Schnittstelle bereitgestellt. Durch diesen Standard sind projektspezifische, nahezu beliebig komplexe Anfragen möglich, die die Grundlage für weitere Auswertung und Visualisierung bilden. Hier entsteht die informatisch äußerst spannende Fragestellung, wie sich manuelle und automatische Annotationen mit den vorhandenen bibliografischen Metadaten verschränken, aussagekräftig visualisieren und semantisch analysieren lassen. Mithilfe dieses multidimensionalen Datenschatzes können die Forschenden gänzlich neue Erkenntnisse zur Beantwortung ihrer fachwissenschaftlichen Forschungsfragen gewinnen.

Literaturverzeichnis

Berndl, Emanuel, Kai Schlegel, Andreas Eisenkolb und Harald Kosch, „Idiomatic Persistence and Querying for the W3C Web Annotation Data Model", in: *LIME-SemDev 2016. ESWC 2016 Workshops: LIME and ESWC Developers Hackshop*, hg. von Raphaël Troncy, Ruben Verborgh, Lyndon Nixon, Thomas Kurz, Kai Schlegel und Miel Vander Sande, Aachen 2016 (CEUR Workshop Proceedings 1615), o. S.

Borek, Luise, Quinn Dombrowski, Jody Perkins und Christof Schöch, „TaDiRAH: A case study in pragmatic classification", in: *Digital Humanities Quarterly* 10/1 (2016), o.S.

Chandna, Swati, Danah Tonne, Thomas Jejkal, Rainer Strotzka, Celia Krause, Philipp Vanscheidt, Hannah Busch und Ajinkya Prabhune, „Software Workflow for the Automatic Tagging of Medieval Manuscript Images (SWATI)", in: *Proceedings of SPIE 9402: Document Recognition and Retrieval XXII*, hg. von Eric K. Ringger und Bart Lamiroy, Red Hook 2015, S. 940206-1–940206-11.

Frank, Eibe, Mark A. Hall und Ian H. Witten, „The WEKA Workbench", in: *Online Appendix for Data Mining: Practical Machine Learning Tools and Techniques*, San Francisco [4]2016, URL: https://www.cs.waikato.ac.nz/ml/weka/Witten_et_al_2016_appendix.pdf (08.11.2018).

Gatos, Basilis, Georgios Louloudis, Tim Causer, Kris Grint, Verónica Romero, Joan Andreu Sánchez, Alejandro H. Toselli und Enrique Vidal, „Ground-Truth Production in the Transcriptorium Project", in: *11th IAPR International Workshop on Document Analysis Systems* (2014), S. 237–241.

---

26 Sanderson, *Web Annotation Protocol*.

Kahle, Philip, Sebastian Colutto, Günter Hackl und Günter Mühlberger, „Transkribus – A Service Platform for Transcription, Recognition and Retrieval of Historical Documents", in: *2017 14th IAPR International Conference on Document Analysis and Recognition* (2017), S. 19–24.

Kasturi, Rangachar, Lawrence O'Gorman und Venu Govindaraju, „Document Image Analysis: A Primer", in *Sadhana* 27/1 (2002), S. 3–22.

Pletschacher, Stefan und Apostolos Antonacopoulos, „The PAGE (Page Analysis and Ground-Truth Elements) Format Framework", in: Proceedings of the 20th International Conference on Pattern Recognition (2010), S. 257–260.

Reul, Christian, Uwe Springmann und Frank Puppe, „LAREX – A Semi-automatic Open-source Tool for Layout Analysis and Region Extraction on Early Printed Books", in: *Proceedings of the 2nd International Conference on Digital Access to Textual Cultural Heritage*, hg. von Apostolos Antonacopoulos und Marco Büchler, New York 2017, S. 137–142.

Sanderson, Robert, *Web Annotation Protocol. W3C Recommendation*, 23. Februar 2017, URL: https://www.w3.org/TR/2017/REC-annotation-protocol-20170223/ (08.11.2018).

Young, Benjamin, Paolo Ciccarese und Robert Sanderson, *Web Annotation Data Model. W3C Recommendation*, 23. Februar 2017, URL: https://www.w3.org/TR/2017/REC-annotation-model-20170223/ (08.11.2018).

Informationssysteme für (inter)disziplinäre Daten: Zusammenführung aus verteilten und heterogenen Datenquellen

Daniel Kaltenthaler und Johannes-Y. Lohrer

Die Zusammenführung von Daten aus unterschiedlichen Quellen stellt bereits bei Informationen aus denselben Fachbereichen ein Problem dar, wenn diese Daten in Datenbanken liegen, die von unterschiedlichen Institutionen verwaltet werden. Sollen nun aber zusätzlich noch Daten aus anderen Wissensbereichen zusammengeführt werden, ist dies oft nur unter großem manuellem Aufwand möglich. In diesem Artikel stellen wir unsere zwei Methoden vor, die sich mit diesem Problem auseinandersetzen. Zunächst beschreiben wir ReMIS, ein System zum Abrufen heterogener Daten aus verteilten Datenquellen, das es den Datenbesitzern erlaubt selbst über ihre Daten zu bestimmen. Das System basiert auf dem bekannten Konzept von Mediator-basierenden Systemen, verwendet jedoch einen dezentralen Ansatz, um die Datenquellen zu verwalten. Danach erläutern wir ReMIS Cloud als zweite Methode, die auf das zuerst vorgestellte Informationssystem aufbaut und einzelne Systeme kombiniert, die jeweils für einen speziellen thematischen Bereich fungieren. Dadurch wird eine Kombination von unterschiedlichen Fachbereichen ermöglicht. Die beiden Systeme sind ursprünglich aus den Anforderungen im archäologischen Bereich entstanden, aus welchem wir die Zusammenführung von verteilten Ausgrabungsdaten als Anwendungsfall ausführlich vorstellen. Zudem zeigen wir Beispiele für mögliche Anwendungsgebiete aus weiteren Bereichen.

Ausgangslage

Das Abrufen und Zusammenführen von Informationen ist ein wesentlicher Teil, um Wissen anzureichern. Insbesondere die Abfrage von Daten zum gleichen Themenbereich aus verteilten Quellen ist essentiell, um die Datengrundlage für weiterführende Auswertungen bereitzustellen. Wissenschaftliche Auswertungen profitieren jedoch besonders davon, wenn nicht nur Informationen aus dem eigenen Fachbereich, sondern auch verteilte Informationen aus verschiedenen Fachbereichen berücksichtigt werden. Dies ermöglicht die Gesamtbetrachtung des Sachverhaltes aus zusätzlichen Gesichtspunkten. Die tatsächliche Zusammenführung von disziplinären und interdisziplinären Daten ist jedoch häufig technisch eingeschränkt und muss manuell von Wissenschaftlern ausgeführt werden.

Diese Einschränkungen sind auch im Bereich der archäologischen, bioarchäologischen und geoarchäologischen Wissenschaften präsent, in denen die konventionelle wissenschaftliche Forschung des menschlichen Erbes im Kontext von

DOI: 10.13173/9783447114608.067

archäologischen Grabungen geschieht. Einerseits werden die Ausgrabungen von
Archäologen im Detail in der Grabungsdokumentation festgehalten, während
Spezialisten aus verschiedenen Fachgebieten, wie Archäologen, Archäozoologen,
Anthropologen, Archäobotaniker, Geographen etc. die Funde beschreiben, kate-
gorisieren und analysieren und dadurch eine enorme Menge an Daten mit räum-
lichen und zeitlichen Informationen erzeugen. Mithilfe der Auswertung dieser
Daten soll das kulturelle Erbe rekonstruiert werden, z.B. das archäologische Um-
feld, aber auch die menschliche Lebensweise aus vergangener Zeit.

In unserer dichtbevölkerten Welt sind archäologische Ausgabungen meistens
sogenannte Rettungsgrabungen, die durch Bauaktivitäten ausgelöst werden.
Typischerweise werden diese Aktivitäten durch Ämter, die verantwortlich für
Denkmalpflege sind, kontrolliert. Sind Anzeichen von menschlichen Veränderungen an der Oberfläche von abgerissenen Flächen erkannt worden, werden
von ihnen archäologische Ausgrabungen als Maßnahmen zur Er- und Unterhal-
tung von Kulturdenkmalen eingeleitet. Diese Ämter sind in Deutschland in der
Regel Institutionen des Bundeslandes oder der Stadt. Weitere Möglichkeiten, die
zu einer archäologischen Ausgrabung führen können, sind die Fortsetzung einer
früheren Ausgrabung oder die Kenntnis eines (prä)historischen Wahrzeichens,
die auf diese Art untersucht werden soll sollen.

Abhängig von Personal, finanziellen Mitteln und dem Fortschritt der digitalen Entwicklung werden von den Institutionen Daten aus diesen Ausgrabungen
in Datendanken eingeben und gespeichert. Die eingegebenen Daten bestehen
üblicherweise aus allen Arten von archäologischen Informationen, wie grundsätzliche Geoinformationsdaten, meistens zeitliche Datierungen basierend auf
den spezifischen Funden und grobe Beschreibungen der gefundenen Objekte (in
Form von Text und Fotos, aber auch Videos und 3D-Scans).

Während die ausführliche Grabungsdokumentation in den Datenbanken der
Ämter für die Langzeitarchivierung gespeichert bleibt, werden die beweglichen
Funde geborgen und an spezialisierte Sammlungen oder Fachexperten weiter-
geben, z.B. Anthropologen für menschliche Reste, Archäozoologen für Tierkno-
chen, Archäobotaniker für Pflanzenreste und Archäologen für Artefakte wie z.B.
Münzen, Scherben und Werkzeuge. Die Funde werden separat in bestimmte Einheiten gepackt, die sich aus dem archäologischen Kontext ableiten. Diese bestehen aus einzelnen Teilen der Ausgrabungen.

Die Spezialisten führen in ihrem Fachbereich entsprechende Untersuchungen
aus, um daraus weitere Informationen zu gewinnen. Die Funde werden erfasst,
detailliert bestimmt, ausgewertet und die Ergebnisse in individuellen, fachbe-
reichsspezifischen Datenbanken gespeichert. Da diese Daten jedoch nicht in eine
zentrale Datenbank zurückgeführt werden, sondern in den entsprechenden Da-
tenbanklösungen der Fachbereiche verbleiben, entstehen so zahlreiche verteilte
Datenquellen mit unterschiedlichen Informationen zu den gleichen Grabungen.
Dieser Datenfluss von archäologischen Daten ist in Abbildung 4.1 skizziert.

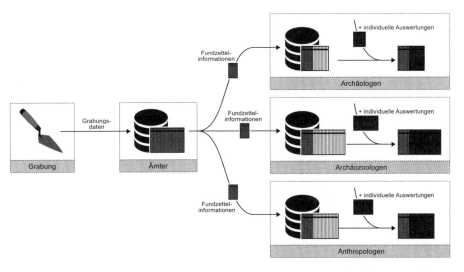

Abb. 4.1: Der grundlegende Lauf von archäologischen Daten von den Ämtern zu den spezialisierten Sammlungen und Spezialisten. Abbildung, Daniel Kaltenthaler und Johannes-Y. Lohrer (CC BY).

In der Archäologie, aber auch innerhalb der Bioarchäologie und Geoarchäologie, gibt es keinen allgemein gültigen Standard für die Erfassung der Daten, wodurch eine Zusammenführung dieser Informationen auf Hindernisse stößt. Da die einzelnen Fachbereiche für die von ihnen ausgewerteten Objekte unterschiedliche Informationen erfassen müssen, ist ein einheitlicher, fachbereichsübergreifender Standard grundsätzlich nicht realisierbar. Auch innerhalb eines Fachbereiches ist die Einführung eines Standards nicht möglich, da je nach Anwendungsfall verschiedene Daten unterschiedlich detailliert erfasst werden. Beispielsweise ist die Vorstellung eines Datenbankschemas eines Grabungstechnikers, der Informationen möglichst genau, ausführlich, individuell und bestenfalls in Freitextfeldern erfassen möchte, grundsätzlich anders als die von Nutzern von wissenschaftlichen und Inventarisierungsdatenbanken, die Daten möglichst einheitlich und mit Unterstützung von Thesauri erfassen möchten, da sie als Grundlage für spätere Auswertungen und Abfragen dienen. Dadurch existieren in den verteilten Datenquellen auch keine vereinheitlichten Datenbankschemen.

Archäologische Daten sind divers und komplex. Häufig werden räumliche Informationen mit zeitlichen Informationen und weiteren Daten über die Funde, wie beispielsweise isotope Fingerabdrücke, morphologische Messungen etc. ergänzt. Die Auswertung solcher Daten führt zu Herausforderungen und interessanten Fragestellungen an Datenwissenschaftler aus unterschiedlichen Bereichen. Archäologen, Bioarchäologen und Geoarchäologen würden großen Nutzen aus einer Schnittstelle zur Anfragebearbeitung und Auswertungsmethoden für solch komplexe Daten ziehen. Wahrscheinlich ist die größte Hürde dieser digitalen Entwicklung von archäologischen Wissenschaften lediglich die oben beschriebene technische Limitierung.

In diesem Artikel schließen wir diese Lücke, indem wir zwei verschiedene Informationssysteme vorstellen, die die Zusammenführung und das Abrufen von verteilten, heterogenen Datenquellen ermöglichen. Ziel ist es, Archäologen, Bioarchäologen und Geoarchäologen bei der Auswertung von archäologischen Daten zu unterstützen.

Bestehende Ansätze zum Zusammentragen von verteilten Daten

Allgemein ist die Idee, Daten aus verschiedenen physischen und virtuellen Datenbanken zusammenzufassen, nicht neu.[1] Um verschiedene Datenquellen zusammenzuführen und an einer Stelle abrufbar zu machen, werden schon seit vielen Jahren verschiedene Methoden entwickelt. Einige Beispiele aus diesen Lösungen sollen im Folgenden kurz vorgestellt werden.

Data Warehouses werden verwendet, um verteilte Daten in einem zentralen Repositorium zusammenzuführen. Hierfür werden die integrierten Daten von den Originalquellen abgerufen und aktuell gehalten. Sie bieten eine globale Sicht auf heterogene und verteilte Datenbestände, indem die für die globale Sicht relevanten Daten aus den Datenquellen zu einem gemeinsamen konsistenten Datenbestand zusammengeführt werden. Der Datenzugriff erfolgt somit über einen zentralen Zugang. Data Warehouses benötigen keine Anpassungen in den ursprünglichen Datenquellen, erzeugen jedoch einen großen Datenfluss, um Daten initial abzurufen und dann aktuell zu halten, wenn die Daten in einer der heterogenen Datenquellen häufig bearbeitet werden.[2]

Föderierte Informationssysteme (FIS), oder auch *Federated Database Management Systems* (FDBMS), sind dagegen ein Zusammenschluss von einzelnen Systemen, die ihre jeweilige Selbstständigkeit bewahren. Sie ermöglichen den Zugriff auf mehrere autonome Informationsquellen, ohne dass deren Daten kopiert werden, wie es in einem Data Warehouse der Fall ist. Dies ermöglicht die Interoperabilität und den Informationsaustausch zwischen dezentral organisierten Systemen. Die Daten bleiben dabei bei den einzelnen Informationsquellen vor Ort, während Anfragen deklarativ an ein globales Schema gestellt werden.[3]

Mediator-basierende Systeme sind eine Erweiterung der Föderierten Informationssysteme und bestehen aus Softwaremodulen, die heterogene Datenquellen aus verschiedenen Datenformaten abrufbar machen und sie als zusammengeführte Daten für weiterführende Analysen bereitstellen. Ein durch einen zen-

---

1   M. Tamer Özsu und Patrick Valduriez, *Principles of Distributed Database Systems*, New York 2011.

2   William H. Immon, *Building the Data Warehouses*, New York 2005.

3   Amit P. Sheth und James A. Larson, „Federated Database Systems for Managing Distributed, Heterogeneous, and Autonomous Databases", in: *ACM Computing Surveys* 22/3 (1990), S. 183–236; Dennis Heimbigner und Dennis McLeod, „A Federated Architecture for Information Management", in: *ACM Transactions on Information Systems* 3/3 (1985), S.253–278.

tralen Administrator verwalteter Mediator ermöglicht die Integration von Datenquellen, der auch für die Übersetzung der Suchanfragen in das Schema der Datenquelle verantwortlich ist. Der Benutzer benötigt hierbei keine Informationen über die angeschlossenen Datenquellen. Allerdings müssen dem Mediator, und somit auch seinem Administrator, diese Quellen zum Anschließen und Verwalten bekannt sein.[4]

Es gibt zudem einige Entwicklungen, die auf dem Mediatoren-Konzept basieren oder es adaptieren. Das *TSIMMIS*[5]*-Projekt verwendet Übersetzer, die die darunterliegenden Daten in ein einheitliches Informationsmodell und eingehende Anfragen und Objektanfragen wandelt.*[6] Das *Distributed Information Search Component* (DISCO) definiert ein Schema für sowohl jeden Mediator als auch für die Sammlung an allen teilnehmenden Datenquellen und deren Exportschemen.[7] Die agentenbasierende *Distributed Analytical Search Anwendung* (DAS) beschäftigt sich mit natürlicher, menschlicher Sprache als Benutzereingabe, die in eine SQL-Anfrage übersetzt wird.[8]

Auch in der Archäologie gibt es Bestreben, um unterschiedliche, verteilte Datenbanken zusammenzuführen. Die Kommission *Archäologie und Informationssysteme* des Verbandes der Landesarchäologen[9] definiert den *Archäologischen Daten-Export Standard* (ADeX). Ziel des Projektes ist „die Entwicklung eines bundesweiten Standards für den Datenaustausch zwischen den archäologischen Landesämtern und mit anderen Fachinstitutionen",[10] um eine einheitliche Sicht auf archäologische Daten in Deutschland zu ermöglichen. Allerdings erfordert ADeX, dass der Standard auf die entsprechenden Datenquellen angewandt werden muss – der Datenaustausch ist nur möglich, wenn so viele archäologische Institutionen wie möglich den ADeX-Standard unterstützen. Dadurch können Daten aus den angeschlossenen Datenbanken über die standardisierten Werte abgerufen werden. Somit entfällt die Heterogenität der verteilten Datenquellen.

---

4 Gio Wiederhold, „Mediators in the Architecture of Future Information Systems", in: *Computer* 25/3 (1992), S. 38–49; ders., „Interoperation, Mediation, and Ontologies", in: *Proceedings of the International Symposium on Fifth Generation Computer Systems*, hg. vom Institute for New Generation Computer Technology, Tokio 1995, S. 33–48; ders., „Mediators, Concepts and Practice", in: *Information Reuse and Integration in Academia and Industry*, hg. von Tansel Özyer u.a., Wien 2013, S. 1–27.

5 Akronym für „The Stanford-IBM Manager of Multiple Information Sources".

6 Sudarshan Chawathe u.a., „The TSIMMIS Project: Integration of Heterogeneous Information Sources", in: *Proceedings of 10th Anniversary Meeting of the Information Processing Society of Japan*, Tokio 1994, S. 7–18.

7 Anthony Tomasic u.a., „Scaling Access to Heterogeneous Data Sources with DISCO", in: *IEEE Transactions on Knowledge and Data Engineering* 10/5 (1998), S. 808–823.

8 Subrata Das u.a., „Distributed Big Data Search for Analyst Queries and Data Fusion", in: *18th International Conference on Information Fusion*, , Piscataway 2015, S. 666–673.

9 www.landesarchaeologen.de (15.11.2018).

10 Reiner Göldner u.a., *ADeX – Standard für den Austausch archäologischer Fachdaten*, Verband der Landesarchäologen Deutschlands, Münster 2017, URL: www.landesarchaeologen.de/verband/kommissionen/archaeologie-und-informationssysteme/projektarbeitsgruppen/adex/ (15.11.2018).

Anforderungen

Die im vorherigen Kapitel beschrieben Systeme haben gemein, dass die verschiedenen Datenquellen von einer zentralen Einheit verwaltet werden müssen, die sowohl Kenntnis über die einzelnen Datenquellen als auch Zugangsrechte darauf haben muss. Dies ist in der Archäologie, Bioarchäologie und Geoarchäologie allerdings nur für Datenquellen, die innerhalb einer Organisation oder Institution liegen, möglich. Der Großteil der Daten stammt jedoch von unterschiedlichen Institutionen, teilweise aber auch von freiberuflichen Archäologen, Bioarchäologen und Geoarchäologen. Um auch Daten aus externen Quellen anschließen zu können, müsste für die notwendige Verwaltung einem Administrator Zugriff auf die Datenquellen eines anderen Unternehmens oder einer anderen Institution gewährt werden. Dies ist allerdings häufig nicht möglich, z.B. aus rechtlichen Gründen oder aus Gründen des Datenschutzes, oftmals ist aber auch der externe Einblick in Daten vor Abschluss der Auswertungen oder deren Publikation nicht gewünscht. Dementsprechend ist als Anforderung festzuhalten, dass das Informationssystem selbstverwaltend ohne den aktiven Eingriff eines Administrators auskommen muss.

Ein zentraler Administrator setzt jedoch voraus, dass ihm alle verfügbaren Datenquellen bekannt sind, was insbesondere bei unbekannteren Datenbanken von freiberuflichen Archäologen, Bioarchäologen und Geoarchäologen häufig nicht der Fall sein kann.

Zudem existieren weitere Anforderungen, die von den bestehenden Systemen zwar teilweise, aber nicht vollständig ermöglicht werden. Hierzu zählt die Unterstützung von verschiedenen heterogenen Datenquellen, um Datenabfragen aus unterschiedlichen Systemformaten zu ermöglichen. Auch müssen nichtstandardisierte Daten, die in unterschiedlichen Datenschemen gespeichert sind, abrufbar sein. Außerdem muss eine Rechteverwaltung ermöglicht werden, mit welcher der Datenzugriff auf bestimmte Teile der Daten unterbunden werden kann, z.B. für vertrauliche oder noch nicht publizierte Informationen. Um diese Probleme für den archäologischen, bioarchäologischen und geoarchäologischen Bereich zu lösen, haben wir mit *ReMIS* und *ReMIS-Cloud* zwei Informationssysteme entwickelt, die die hier definierten Anforderungen berücksichtigen.

Reverse-Mediated Information System (*ReMIS*)

Das *Reverse-Mediated Information System* wurde entwickelt, um archäologische Daten, die in verteilten und heterogenen Datenquellen gespeichert sind, zu durchsuchen. In diesem Kapitel beschreiben wir die Architektur und den Prozess des Datenabrufs von *ReMIS*.

Architektur

Das grundlegende Konzept von *ReMIS* basiert auf den bekannten Mediator-basierenden Systemen.[11] Im Gegensatz zu den bestehenden Systemen wird die Konfiguration der verbundenen Datenquellen jedoch nicht von einer zentralen Instanz verwaltet. Stattdessen liegt es an den Administratoren der individuellen Datenquellen, ihre Daten selbstständig mit dem Netzwerk zu verbinden. Dadurch behalten sie die volle Kontrolle über ihre Daten. Somit gibt es keinen zentralen Administrator, der Einblick in die Datenstruktur oder in die tatsächlichen Daten erhält.

Datenbesitzer müssen die Connector-Anwendung auf ihrem Server ausführen, um eine Datenquelle mit dem Netzwerk zu verbinden. Dort sind die spezifischen Informationen für das Netzwerk definiert, die *Minimalen Suchparameter* (MSP). Diese Parameter müssen in sämtlichen Datenquellen enthalten sein, die verbunden werden sollen. Die Informationen aus dem MSP werden dann auf die entsprechenden Spalten in der Datenquelle gemappt. Die Minimalen Suchparameter sind für die Datenabfrage notwendig, um die verschiedenen Datensätze zu identifizieren und um zu garantieren, dass die verbundene Datenquelle die durchsuchbaren Parameter enthält. Beispielsweise besteht der MSP im archäologischen Bereich in Bayern aus der Grabungsnummer und der Fundzettelnummer (eine eindeutige Nummer für alle Objekte, die an der gleichen Stelle der Ausgrabung gefunden wurden). Diese Parameter sind verfügbar in allen archäologischen, bioarchäologischen und geoarchäologischen Datenbanken, unabhängig vom zugrundeliegenden Fachbereich.

Zusätzlich ermöglicht die Connector-Anwendung das Setzen von Privatsphäreeinstellungen, sodass die Datenbesitzer selbst dafür verantwortlich sind, welche Teilmenge der Daten durchsuchbar sind und welche privat verbleiben. Hierfür gibt es zwei Möglichkeiten: Es kann definiert werden, welche Spalten grundsätzlich bei einer Anfrage zurückgegeben werden sollen und welche nicht. So können bestimmte Informationen von der Durchsuchung und dem Datenaustausch ausgeschlossen werden. Außerdem ist es möglich, eine Bedingung anzugeben, welche auf einen Datensatz zutreffen müssen, um im Ergebnis einer Anfrage berücksichtigt zu werden. Dadurch können vertrauliche Informationen und Datensätze, die grundsätzlich nicht geteilt werden sollen, von der Datenabfrage ausgeschlossen werden.

Sobald alle Parameter den Minimalen Suchparametern zugeordnet sind, kann die Datenquelle auf der Server-Anwendung, die auf einer zentralen Instanz im Netzwerk ausgeführt wird, registriert werden. Auf der Server-Anwendung sind alle Verbindungen zu den angeschlossenen Datenquellen hinterlegt, ohne die tatsächlichen Daten zu halten. Anschließend ist die Datenquelle komplett konfiguriert und ans System angeschlossen.

---

11 Wiederhold. „Mediators in the Architecture of Future Information Systems"; ders.. „Interoperation, Mediation, and Ontologies"; ders., „Mediators, Concepts and Practice".

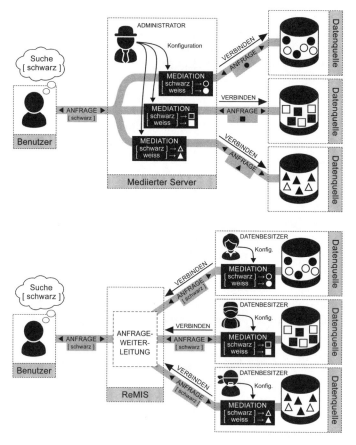

Abb. 4.2: Vergleich der Architektur von Mediator-basierten Systemen mit Verwaltung durch einen zentralen Administrator (oben) und von ReMIS mit Verwaltung durch den jeweiligen Datenbesitzer (unten). Abbildung, Daniel Kaltenthaler und Johannes-Y. Lohrer (CC BY).

    Zusammenfassend besteht der hauptsächliche Unterschied zwischen Mediator-basierten Systemen und *ReMIS* darin, dass Mediator-basierte Systeme einen zentralen Administrator benötigen, um Datenquellen zu verwalten, sie mit dem Netzwerk zu verbinden und um die Benutzeranfragen zu mediieren, d.h. die Anfragen in das entsprechende Schema der Datenquelle zu übersetzen. Der Administrator muss stets jede Datenquelle und deren Inhalte kennen, um sie zu verbinden. Im Gegensatz dazu wurde *ReMIS* entworfen, um es den Datenbesitzern selbst zu ermöglichen, ihre Daten zu verwalten und zum Netzwerk hinzuzufügen. Die notwendigen Einstellungen zur Meditation werden in einem Assistenzdialogfenster ausgeführt. Die Architektur leitet die Benutzeranfragen direkt an die Datenquellen weiter, wo die Anfrageparameter erst mediiert werden. Dieser Unterschied ist in Abbildung 4.2 verdeutlicht.

Datenabruf

Für den Datenabruf wird dem Benutzer über ein Formular – entweder auf einer Webseite oder einer in einer Anwendung eingebetteten Lösung – ermöglicht, fachspezifische Informationen von allen Datenquellen, die mit *ReMIS* verbunden sind, abzurufen. Die fachspezifischen Minimalen Suchparameter werden von der Server-Anwendung abgerufen, sodass im Formular Eingabefelder für jeden einzelnen definierten Parameter der Minimalen Suchparameter angezeigt werden können. Der Benutzer gibt dann die Suchbegriffe für jeden Parameter ein.

Die Suchanfrage des Benutzers wird zunächst an die Server-Anwendung geschickt, die die Anfrage direkt an alle verbundenen Datenquellen weiterleitet. Die Connector-Anwendung mediiert alle Parameter der Minimalen Suchparameter in ihr lokales Datenschema. Dann werden aus der Datenquelle alle Datensätze abgefragt, die mit den Suchparametern des Benutzers übereinstimmen. Die dort definierten Privatsphäreeinstellungen werden in dieser Anfrage ebenfalls berücksichtigt. Im Anschluss wird das Ergebnis zurück an die Server-Anwendung und dann an den Benutzer geschickt. Die abgerufenen Daten werden nun dem Benutzer in Tabellenform angezeigt, die auch als CSV- oder Tabellenkalkulationsdatei exportiert werden können.

ReMIS-Cloud

Die dezentrale Architektur von *ReMIS* ist bereits ein überzeugender Ansatz für verteilte, aber ähnlich strukturierte Daten innerhalb einer Disziplin. Jedoch ist im wissenschaftlichen Bereich, wie auch z.B. der Archäologie, Bioarchäologie und Geoarchäologie, die Berücksichtigung von fachfremden Informationen essentiell. Interdisziplinäre Daten existieren für verschiedene Forschungsgebiete, allerdings ist es umständlich und zeitaufwändig die zusammenhängenden Datensätze abzurufen. Hierfür haben wir *ReMIS-Cloud* entwickelt, eine Architektur, um Datenquellen aus verschiedenen Disziplinen zu registrieren und zu verbinden. Diese ermöglicht den Benutzern die Suche nach interdisziplinären, aber zusammenhängenden Datensätzen.

Architektur

Die Architektur von *ReMIS-Cloud* basiert auf den Konzepten von *ReMIS*, wurde jedoch um zahlreiche Elemente erweitert.

Der zentrale Aspekt der Architektur ist die Verwaltung von Kategorien, welche Inhalte oder Teile einer Datenquelle beschreiben. Jede Kategorie definiert einen minimalen Satz an Parametern, die *Kategorie-Information-Definition* (KID, vergleichbar zu den Minimalen Suchparametern aus *ReMIS*). Um zu gewährleisten, dass alle Parameter verfügbar sind, muss jede Datenquelle, die einer Kategorie zugeordnet wurde, alle Parameter der *Kategorie-Information-Definition* auf die entsprechenden Spalten des eigenen Datenschemas mappen. Zusätzlich können jeder Kategorie verschiedene Schlagworte zugeordnet werden. Grundsätzlich entspricht jede Kategorie aus *ReMIS-Cloud* der Struktur der Server-Anwendung

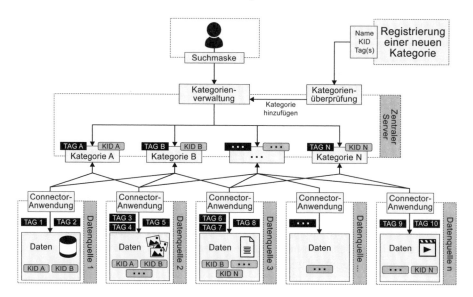

Abb. 4.3: Eine abstrakte Skizze der ReMIS-Cloud-Architektur. Abbildung, Daniel Kaltenthaler und Johannes-Y. Lohrer (CC BY).

aus *ReMIS*, d.h. sie enthalten die Definition, Verwaltung und Behandlung der Minimalen Suchparameter. Alle verfügbaren Kategorien werden auf einer Plattform auf einem zentralen Server verwaltet. Prinzipiell kann dort eine beliebige Anzahl an Kategorien definiert werden. Eine Validierung der Kategorien ist jedoch sinnvoll, um doppelte oder inhaltlich sinnlose Kategorien zu unterbinden.

Die Initialisierung der Verbindungen zwischen den Datenquellen und der Kategorie ist größtenteils identisch mit der Initialisierung aus *ReMIS* zwischen der Connector-Anwendung und der Server-Anwendung. Jedoch gibt es zwei wesentliche Unterschiede. Erstens ist eine Datenquelle nicht auf eine einzige Kategorie begrenzt. Die Verbindung mit einer beliebigen Anzahl an Kategorien ist möglich, vorausgesetzt dass die Zuordnung der Parameter aus der Kategorie-Information-Definition inhaltlich Sinn ergibt. Zweitens ist es auch möglich, jeder Datenquelle in der Connector-Anwendung spezifische Schlagworte zuzuteilen. Zusätzlich erbt jede Datenquelle auch die Schlagworte aus den verbundenen Kategorien. Die Gesamtarchitektur kann aus Abbildung 4.3 entnommen werden.

Datenabruf

Die *ReMIS-Cloud* stellt eine zentrale Webseite bereit, in der von beliebigen Benutzern Suchanfragen gestellt werden können. Der Prozess des Datenabrufs ist in drei Teile aufgeteilt, die im Folgenden beschrieben werden.

Im ersten Schritt kann der Benutzer aus allen verfügbaren Kategorien auswählen, die in der *ReMIS-Cloud* registriert wurden. Sobald eine davon selektiert wurde, werden alle Parameter der *Kategorie-Information-Definition* der Kategorie geladen und in einer Eingabemaske angezeigt. Dort können die Benutzer ihre Suchparameter eingeben. Dies ist bereits ausreichend, um die Datenabfrage zu starten. Alle Datenbanken, die mit der entsprechenden Kategorie verbunden sind, werden daraufhin abhängig von der Benutzereingabe abgefragt.

Soweit ist der Ablauf vergleichbar mit dem ursprünglichen *ReMIS*, jedoch ist nun auch die Berücksichtigung mehrerer Kategorien ermöglicht. Hierfür muss zwischen einer ODER-Suche und einer UND-Suche unterschieden werden, was vom Benutzer ausgewählt werden muss. Wenn eine ODER-Suche verwendet wird, werden Daten aus den Datenquellen nur dann zurückgegeben, wenn mindestens einer der Werte mit der Suchanfrage übereinstimmt, unabhängig von der durchsuchten Kategorie. Bei einer UND-Suche stellt das System sicher, dass alle Suchparameter des Benutzers übereinstimmen, unabhängig von der Anzahl der Kategorien. Alle Werte aus der ausgefüllten Suchanfrage werden nun in einer Liste zusammengeführt. Die Kategorien werden von der Kategorienverwaltung auf dem zentralen Server in der Reihenfolge der selektierten Kategorien in der Suchanfrage abgefragt. Da alle Datenquellen, die mit einer spezifischen Kategorie verbunden sind, alle Parameter der dazugehörigen *Kategorie-Information-Definition* zugeordnet haben, wird überprüft, ob die Datenquelle bereits zuvor von der Suchanfrage durchsucht wurde. Ist dies nicht der Fall, wird die Liste an die Connector-Anwendung der Datenquelle weitergeleitet. Dort werden alle Suchparameter, die vom Benutzer ausgewählt wurden (auch diejenigen der anderen ausgewählten Kategorien), auf das lokale Schema der Datenquelle gemappt. Die Datenquelle wird dann abgefragt und gibt eine Liste an Ergebnissen zurück.

Der zweite Schritt ist grundsätzlich optional, bietet jedoch die Möglichkeit der Suche nach weiteren Informationen über abgerufene Datensätze, auch wenn die Informationen über verschiedene Datenquellen verteilt sind. Hierfür verfügt die Suchmaske über eine Auswahl von Kategorien – jedoch ohne die Definition von suchspezifischen Parametern. Diese Auswahl zeigt alle verfügbaren Kategorien aus dem *ReMIS-Cloud*-System an. Eine Vorauswahl von verfügbaren Kategorien der Datenquellen ist hier nicht ohne eine zusätzliche Abfrage, um sie zu ermitteln, möglich. Aufgrund der zugänglichen Daten können sich Datenquellen bei jeder neuen Suchanfrage unterscheiden – es ist nicht beabsichtigt, dass mehrfache Durchläufe für jede Suchanfrage ausgeführt werden. Falls der Benutzer eine beliebige Anzahl an Kategorien aussucht, werden diese berücksichtigt, um nach weiteren Informationen zu suchen, abhängig von den Werten aus der Kategorie-Information-Definition. Die Ergebnisliste, die von jeder Datenquelle im ersten Schritt zurückgegeben wurde, wird nun nach Werten der Kategorien, die vom Benutzer für weitere Informationen ausgewählt wurden, überprüft. Diese Werte werden nun benutzt, um mit ihnen als Parameter nach weiteren Informationen zu suchen. Dadurch wird eine Suchanfrage an die entsprechende Kategorie gestellt. Die Werte der Parameter der Kategorie-Information-Definition werden in diesem Fall nicht manuell vom Benutzer bestimmt, sondern aus den Datenquellen ausgelesen. Die Ergebnisse werden dann zurück an den Benutzer geschickt und ihm schließlich gemeinsam mit den Ergebnissen aus dem ersten Schritt angezeigt.

Im dritten Schritt ist es dem Benutzer möglich die Ergebnisse nach spezifischen Schlagworten oder Datenquellennamen zu filtern. Nach dem Abruf der Daten werden die zurückgegebenen Ergebnisse mit den Schlagwort-Informationen und dem Namen der Datenquelle ergänzt. Dadurch erhält der Benutzer eine Auswahl von allen verfügbaren Schlagworten aus den Suchergebnissen und die Namen aller Datenquellen. Eine Auswahl eines Schlagwortes oder eines Datenquellennamens filtert die Ergebnisse.

Anwendungsbeispiele in der Archäologie und Bioarchäologie

Im Folgenden werden wir jeweils ein Anwendungsbeispiel für die beschriebenen Informationssysteme *ReMIS* und *ReMIS-Cloud* aus dem archäologischen Bereich beschreiben.

Abfrage von verteilten Informationen einer Ausgrabung mit ReMIS

Nach der archäologischen Ausgrabung werden die ausgegrabenen Funde (Reste von Gebäuden, Artefakte, menschliche oder tierische Reste) den spezialisierten (z.B. archäozoologischen, anthropologischen, archäologischen, archäobotanischen) Institutionen überlassen. Dort werden sie weiter ausgewertet, bestimmt und dann archiviert oder ausgestellt.

Um die Fundumstände auszuwerten, kann es wichtig sein, nicht nur die Funde aus einem Fachbereich, sondern auch Artefakte oder Reste aus anderen Fachbereichen zu berücksichtigen, die an der gleichen Stelle der Ausgrabung gefunden wurden. Beispielsweise sind in einem Grab nicht nur die menschlichen Reste interessant, sondern auch die Grabbeigaben, die zusammen mit dem menschlichen Körper gefunden wurden. Diese sind wichtig, um den historischen Gesamtkontext des Grabes nachvollziehen zu können. Da die gefundenen Objekte jedoch von unterschiedlichen Fachbereichen aufgearbeitet werden, sind die dazugehörigen Informationen in den Datenbanken unterschiedlicher Sammlungen gespeichert. Somit müsste der Anthropologe andere Wissenschaftler, die Zugang zu den unterschiedlichen Datenbanken haben, kontaktieren, um die Informationen von diesen zu beziehen.

Mit *ReMIS* können diese verschiedenen archäologischen und bioarchäologischen Datenbanken verbunden werden, indem sie die Informationen aus dem Minimalen Fundzettel als MSP definieren, d.h. die Grabungsnummer und der Fundzettelnummer. In Bayern werden diese Informationen vom *Bayerischen Landesamt für Denkmalpflege*[12] den Funden zugeordnet. Bei der Übergabe der Funde an die entsprechenden spezialisierten Sammlungen werden diese Informationen zusammen mit den restlichen Daten übermittelt. Dadurch wird gewährleistet, dass die Informationen aus dem Minimalen Fundzettel in allen verbundenen

---

12 www.blfd.bayern.de (15.11.2018).

Datenbanken der Sammlungen, wie z.B. der *Bayerischen Staatssammlung für Anthropologie und Paläoanatomie München*[13] oder der *Archäologischen Staatssammlung München*[14], enthalten sind.

Für unser Beispiel verwenden wir reale Daten aus drei Datenbanken aus dem archäologischen und bioarchäologischen Bereich, die alle auf dem Datenbank-Framework *xBook*[15] *basieren: OssoBook* (eine wissenschaftliche Datenbank zur standardisierten Erfassung archäozoologischer Funde sowie zur Langzeitarchivierung), *ExcaBook* (eine Datenbank zur homogenen Erfassung und Verwaltung von Ausgrabungen durch archäologische Fachfirmen, verwendet vom Bayerischen Landesamt für Denkmalpflege) und *ArchaeoBook* (eine Inventarisierungsdatenbank für archäologische Funde für die Archäologische Staatssammlung München).

Für jede dieser Datenbankanwendungen wurde eine Connector-Anwendung konfiguriert, um die Daten mit der *ReMIS*-Architektur zu verbinden, wofür die Informationen des Minimalen Fundzettels als Werte der Minimalen Suchparameter verwendet werden.

Der Benutzer, der an der Abfrage von Informationen interessiert ist, kann nun die *ReMIS*-Webschnittstelle verwenden, um eine Datenanfrage an die verbundenen Datenquellen zu stellen. Die tatsächlich vorhandenen Datenquellen müssen dem Benutzer nicht bekannt sein. Die Suchmaske, wie in Abbildung 4.4 (links) gezeigt, bietet die Möglichkeit, das Forschungsgebiet ‚Archäologie' auszuwählen. Dann werden die entsprechenden Minimalen Suchparameter geladen, für welche die Benutzer Suchbegriffe eingeben können.

Für unseren Anwendungsfall möchten wir Informationen über die Ausgrabung ‚Marienplatz-Haltepunkt' in München abrufen. Von dieser ist uns die Grabungsnummer ‚M-2011-13-1' bekannt. Wir geben diese Nummer in das entsprechende Eingabefeld der Webschnittstelle ein und starten die Datenabfrage. Im Hintergrund wird die *ReMIS*-Architektur nun alle verbundenen Datenquellen nach Datensätzen mit dieser Information abfragen – d.h. die Server-Anwendung wird die Nutzeranfrage an alle verbundenen Connector-Anwendungen weiterleiten. In unserem Fall sind dies die Connector-Anwendungen der Datenbanken *OssoBook*, *ExcaBook* und *ArchaeoBook*, die die Benutzeranfrage erhalten und diese jeweils in das lokale Datenbankschema übersetzen. Anschließend wird die übersetzte Anfrage ausgeführt. Die abgerufenen Informationen werden zurück an die Server-Anwendung gesendet. Das Ergebnis wird dann an die Webschnittstelle gesendet, wo dem Benutzer die Informationen in Tabellenform angezeigt werden. Dies wird in Abbildung 4.4 (rechts) gezeigt. Da die Datenquellen Informationen mit unterschiedlichen Datenschemen beinhalten, werden die Informationen ei-

---

13 www.sapm.mwn.de (15.11.2018).
14 www.archaeologie-bayern.de (15.11.2018).
15 Daniel Kaltenthaler u.a., „xBook, a Framework for Common Scientific Databases", in: *HCI International 2018 – Posters' Extended Abstracts. 20th International Conference, HCI International 2018, Las Vegas, NV, USA, July 15-20, 2018, Proceedings, Part I*, hg. von Constantine Stephanidis, Cham 2018, S. 54–61.

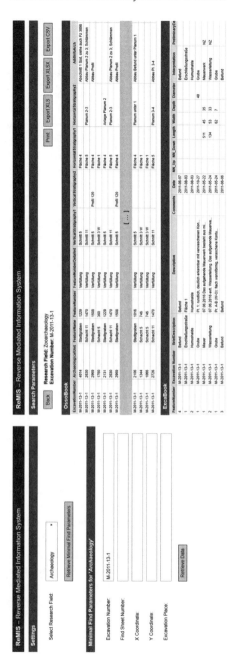

Abb. 4.4: Screenshots von der Suchmaske (links) und dem gekürzten Anfrageergebnis (rechts) der Weboberfläche von *ReMIS*.
Abbildung, Daniel Kaltenthaler und Johannes-Y. Lohrer (CC BY).

ner jeden Datenquelle in einem eigenen, einklappbaren Block angezeigt. In unserer Suche haben wir Informationen aus den Datenbanken *OssoBook* und *ExcaBook* erhalten, die dem Benutzer im Browser angezeigt werden. Da in der Datenbank *ArchaeoBook* jedoch keine Informationen zur ausgewählten Grabungsnummer gespeichert sind, wurden auch keine Daten von seiner Connector-Anwendung zurückgesendet. Dadurch erscheint sie auch nicht im Ergebnis.

Abfrage von (inter)disziplinären Daten einer Grabung über ReMIS-Cloud
Im Folgenden betrachten wir, wie in Abbildung 4.5 verdeutlicht, drei verschiedene Datenbanken mit archäologischen und bioarchäologischen Daten. In Bayern folgen die Datenbanken *OssoBook* (für archäozoologische Funde) und *ExcaBook* (zur Grabungsdokumentation) den Richtlinien des Bayerischen Landesamtes für Denkmalpflege. Daher sind beide Datenbanken mit der Kategorie ‚Archäologie BY' (mit dem Schlagwort ‚Archäo') verbunden, was voraussetzt, dass die Parameter ihrer *Kategorie-Information-Definition* mit dem Schema ihrer Datenbank gemappt wurden, also mit der Grabungsnummer und der Fundzettelnummer. Die Datenbank *ADABweb*[16] *wird in Baden-Württemberg und Niedersachsen verwendet und wird mit der Kategorie ‚Archäologie BW/NI' (ebenfalls mit dem Schlagwort ‚Archäo') verbunden, dessen Kategorie-Information-Definition* andere Parameter für die Verbindung erfordert. Da alle drei Datenbanken zusätzlich auch x- und y-Koordinaten des Ausgrabungsortes in ihren Datensätzen gespeichert haben, können diese auch mit der Kategorie ‚Geografische Koordinaten' verbunden werden.

Grundsätzlich haben archäologische Wissenschaftler Interesse daran, alle verfügbaren Informationen über Funde einer Grabung aus allen Datenbanken für ihre Auswertungen zu berücksichtigen. Mit der ursprünglichen *ReMIS*-Architektur war es bereits möglich, alle zutreffenden Informationen einer spezifischen Grabungsnummer aus den Datenbanken *OssoBook* und *ExcaBook* abzurufen – die Informationen aus *ADABweb* können aufgrund der unterschiedlichen Kategorien und dadurch auch unterschiedlichen Parameter jedoch nicht über *ReMIS* abrufen werden. Über *ReMIS-Cloud* können die Benutzer nun nach einer spezifischen Grabungsnummer in der Suchmaske suchen und eine Kategorie definieren, über die weitere Informationen über die Suchergebnisse abgefragt werden sollen. Bei der Auswahl der Kategorie ‚Geografische Koordinaten' kann das System die Informationen aus allen verbundenen Datenquellen mit den gleichen Koordinaten abrufen, die ebenfalls mit dieser Kategorie verbunden sind. In unserem Beispiel würden wir auch passende Informationen aus der Datenbank *ADABweb* erhalten, da sie auch an die Kategorie ‚Geografische Koordinaten' angebunden wurde. Zudem finden wir auch weitere, interdisziplinäre Daten aus Datenquellen, die an diese Kategorie angeschlossen sind, z.B. Klimadaten und Zeitinformationen aus einer angebundenen Wetterdatenbank. Die Wissenschaftler können die abgerufenen Informationen nach dem Schlagwort ‚Archäo' filtern und würden somit

---

16 www.adabweb.info (15.11.2018).

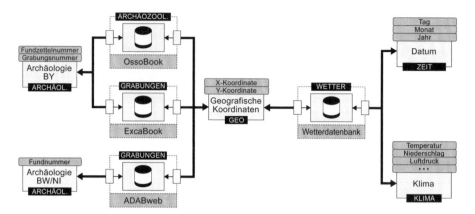

Abb. 4.5: Eine vereinfachte Skizze für den Anwendungsfall der ReMIS-Cloud-
Architektur für archäologische und bioarchäologische Wissenschaften.
Abbildung, Daniel Kaltenthaler und Johannes-Y. Lohrer (CC BY).

nur die Datensätze aus archäologischen und bioarchäologischen Datenquellen
mit diesem Schlagwort angezeigt bekommen. Nochmal zur Erinnerung: Die Datenquellen erben die Schlagworte der zugewiesenen Kategorien.

Die Wissenschaftler können auch die interdisziplinären Daten aus der Suchanfrage verwenden. Falls man in unserem Beispiel die Suchergebnisse nach dem
Schlagwort ‚Klima' filtert, werden alle verfügbaren Klimadaten mit den übereinstimmenden geografischen Informationen für die gesuchte Grabungsnummer zurückgegeben. Dies kann besonders für großflächige Auswertungen von Funden
hilfreich sein, bei denen klimatische Daten berücksichtigt werden sollen. Dies ist
natürlich nicht nur auf Klimadaten beschränkt. Die Möglichkeiten hängen von
den angeschlossenen Datenquellen ab, die mit *ReMIS-Cloud* verbunden wurden.

Vergleich von *ReMIS* und *ReMIS-Cloud*

Auch wenn die beiden vorgestellten Informationssysteme, *ReMIS* und *ReMIS-
Cloud*, viele Gemeinsamkeiten haben, unterscheiden sie sich dennoch in einigen
zentralen Aspekten. Grundsätzlich ermöglichen beide Systeme den Abruf von heterogenen Daten aus verteilten Datenquellen. Jedoch ist der Anwendungsbereich
der Systeme der wichtigste Unterschied. Während *ReMIS* nur für die Abfrage
von Informationen aus einer wohldefinierten Disziplin ausgelegt ist, ermöglicht
ReMIS-Cloud das interdisziplinäre Zusammentragen von Daten, was auch Daten
aus unterschiedlichen wissenschaftlichen Disziplinen, Wissensinformationen,
Inventarinformationen etc. beinhaltet.

Dies setzt eine unterschiedliche Infrastruktur, die für die verschiedenen Systeme notwendig ist, voraus. *ReMIS* ist darauf ausgelegt, dass für jede Disziplin nur
eine einzige, disziplinspezifische Instanz ausgeführt wird. Im Gegensatz dazu
wurde *ReMIS-Cloud* als zentrale Plattform entworfen, auf der alle Kategorien für

die verschiedenen Disziplinen hinzugefügt werden können, um interdisziplinäre Datenabfragen zu ermöglichen. Jedoch ist es auch denkbar, *ReMIS-Cloud* für einen Anwendungsbereich einzusetzen, in dem es zahlreiche Unterdisziplinen gibt.

In beiden Systemen wird kein zentraler Administrator benötigt, der die Datenquellen verwaltet. Jedoch ist für die Verwaltung der Kategorien in *ReMIS-Cloud* ein Administrator empfehlenswert, um die Qualität der verfügbaren Kategorien zu erhöhen. Die Datenbesitzer behalten stets die volle Kontrolle über ihre Daten, da die Rechteverwaltung in den Connector-Anwendungen verwaltet wird, d.h. direkt an der Stelle, wo auch die Datenquellen gespeichert sind. Nur autorisierte Daten werden zum Informationssystem übertragen. Somit ist es die alleinige Aufgabe des Datenbesitzers über die Privatsphäreeinstellungen zu entscheiden und zu bestimmen, welche Daten gesucht und abgerufen werden dürfen.

Kurz zusammengefasst wurden beide Informationssysteme, *ReMIS* und *ReMIS-Cloud*, für verschiedene Anwendungsbereiche entworfen. Trotzdem ist nicht ausgeschlossen, dass die Datenquellen an beide Systeme angeschlossen werden. Beide Informationssysteme können parallel auf die gleiche Datenquelle ausgeführt werden.

Existenz heterogener und verteilter Datenquellen auch in Zukunft

Unabhängig von der Art der Daten werden archäologische, bioarchäologische und geoarchäologische Daten in der Regel in heterogenen, individuellen Softwarelösungen gespeichert. Diese sind entweder komplette Eigenentwicklungen, die von oder im Auftrag von den entsprechenden Institutionen und Organisationen entwickelt werden, oder basieren auf kommerziellen oder Open-Source-Lösungen, die mit notwendigen Modulen und Erweiterungen ergänzt werden. Diese verteilten Datenlösungen verursachen zahlreiche, individuelle Lösungen für unterschiedliche, aber auch gleiche Datentypen. Gründe dafür sind verschiedene Fachbereiche, keine einheitlichen Standards und diverse wissenschaftliche oder anwendungsbezogene Fragestellungen.

Eine standardisierte Erfassung der Daten wird in der Archäologie von verschiedenen Seiten zwar prinzipiell angestrebt, allerdings ist die Definition eines allgemein gültigen Standards generell weder möglich noch anwendbar. Die Unterschiede sind so gravierend, abhängig davon, ob die Datenerfassung für den Anwendungsfall für Inventarisierung, Sammlung, Forschung oder andere Zwecke ausgelegt ist. Daher ist auch in Zukunft die Datenerfassung in einer bundesland- oder sogar länderübergreifend gemeinsam genutzten Plattform äußerst unwahrscheinlich. Selbst wenn ein gemeinsamer Standard entwickelt und angewandt werden sollte, wird es auch weiterhin heterogene und verteilte Datensysteme geben, bedingt durch regionale Anforderungen durch Staaten, Länder und Städte oder technische Gründe.

Somit spielt die Entwicklung von Lösungen zum Zusammenführen von verteilten Informationen eine große Rolle in den archäologischen, bioarchäologischen und geoarchäologischen Wissenschaften. Informationssysteme wie die vorgestellten *ReMIS* und *ReMIS-Cloud* zeigen, dass zusammengehörige, aber getrennte Datensätze wieder zusammengeführt und genutzt werden können, unabhängig von Datenformaten oder dem Speicherort der Informationen.

Literaturverzeichnis

Chawathe, Sudarshan, Héctor Garcia-Molina, Joachim Hammer, Kelly Ireland, Yannis Papakonstantinou, Jeffrey Ullman und Jennifer Widom, „The TSIMMIS Project: Integration of Heterogeneous Information Sources", in: *Proceedings of 10th Anniversary Meeting of the Information Processing Society of Japan*, Tokio 1994, S. 7–18.

Das, Subrata, Ria Ascano und Matthew Macarty, „Distributed Big Data Search for Analyst Queries and Data Fusion", in: *18th International Conference on Information Fusion*, Piscataway 2015, S. 666–673.

Göldner, Reiner, Irmela Herzog, Ulrich Himmelmann, Axel G. Posluschny, Thomas Richter und Mathias Wilbertz, *ADeX – Standard für den Austausch archäologischer Fachdaten, Verband der Landesarchäologen Deutschlands*, Münster 2017, URL: www.landesarchaeologen.de/verband/kommissionen/archaeologie-und-informationssysteme/projektearbeitsgruppen/adex/ (15.11.2018).

Heimbigner, Dennis und Dennis McLeod, „A Federated Architecture for Information Management", in: *ACM Transactions on Information Systems* 3/3 (1985), S.253–278.

Immon, William H., *Building the Data Warehouses*, New York 2005.

Kaltenthaler, Daniel, Johannes-Y. Lohrer, Peer Kröger und Henriette Obermaier, „xBook, a Framework for Common Scientific Databases", in: *HCI International 2018 – Posters' Extended Abstracts. 20th International Conference, HCI International 2018, Las Vegas, NV, USA, July 15–20, 2018, Proceedings, Part I*, hg. von Constantine Stephanidis, Cham 2018, S. 54–61.

Özsu, M. Tamer und Patrick Valduriez, *Principles of Distributed Database Systems*, New York 2011.

Sheth, Amit P. und James A. Larson, „Federated Database Systems for Managing Distributed, Heterogeneous, and Autonomous Databases", in: *ACM Computing Surverys* 22/3 (1990), S. 183–236.

Tomasic, Anthony, Louiqa Raschid und Patrick Valduriez, „Scaling Access to Heterogeneous Data Sources with DISCO", in: *IEEE Transactions on Knowledge and Data Engineering* 10/5 (1998), S. 808–823.

Wiederhold, Gio, „Mediators in the Architecture of Future Information Systems", in: *Computer* 25/3 (1992), S. 38–49.

—, „Interoperation, Mediation, and Ontologies", in: *Proceedings of the International Symposium on Fifth Generation Computer Systems*, hg. vom Institute for New Generation Computer Technology, Tokio 1995, S. 33–48.

—, „Mediators, Concepts and Practice", in *Information Reuse and Integration in Academia and Industry*, hg. von Tansel Özyer, Keivan Kianmehr, Mehmet Tan und Jia Zeng, Wien 2013, S. 1–27.

Anwendungsgebiete für die automatisierte Informationsgewinnung aus Bildern

Stefan Conrad, Martha Tatusch, Kirill Bogomasov und Gerhard Klassen

Das Erkennen von Objekten in Bildern wird in vielen Anwendungsgebieten benötigt. Am Beispiel der Erkennung von Bergen – anhand ihrer Silhouette – und von Sehenswürdigkeiten demonstrieren wir verschiedene Techniken der Objekterkennung in Bildern. Hierbei geht es nicht um die vollständige Behandlung der Techniken, sondern darum, anhand dieser Beispiele zu zeigen, welche Arten von Problemen mit diesen oder ähnlichen Techniken auch in anderen Anwendungsgebieten, zum Beispiel in den Geistes- und Kulturwissenschaften, bearbeitet werden können.

Einleitung

Automatisierte Klassifikation und Analyse von Bildern wird in immer mehr Anwendungsbereichen benötigt. Wir stellen in diesem Beitrag exemplarisch einige aktuelle Anwendungen vor, mit denen wir uns beschäftigen. Auch wenn diese nicht aus dem Bereich der Geistes- oder Kulturwissenschaften stammen, können sie als Anregung dienen, ähnliche Fragestellungen in diesen Fächern zu finden.

Die Erkennung von (visuellen) Strukturen in Bildern tritt in vielfältigen Facetten auf. Grundlegende Fragestellungen, die Bereiche eines Bildes einem Objekt, oder noch allgemeiner dem Vorder- und Hintergrund, zuordnen, werden in der Regel durch Segmentierungsverfahren behandelt. Segmentierungsverfahren teilen dabei das Bild in zusammenhängende Regionen auf, die alleine oder mit benachbarten Regionen ein Objekt der realen Welt darstellen können. Andere Verfahren versuchen bestimmte Formen als mögliche Begrenzung von Objekten in Bildern wiederzufinden. Auch die Erkennung von Texturen kann hier behilflich sein.

Die zuvor erwähnten Verfahren werden typischerweise der klassischen Bildverarbeitung zugeordnet. Aktuell werden diese sehr gerne durch *Deep Learning* (DL), in der Regel mit *Convolutional Neural Networks* (CNN) ersetzt oder ergänzt. Hierbei lernt ein künstliches neuronales Netz aus den Bildern, die als Rasterbilder, d. h. als Punktmatrix mit Grauwert oder Farbwerten je Bildpunkt, vorliegen, die relevanten Bildeigenschaften z.B. zur Erkennung bestimmter Objekte. Voraussetzung hierfür ist, dass eine hinreichend große Anzahl an Trainingsbildern vorliegt, zu denen die Information gegeben ist, ob sich ein gesuchtes Objekt darauf befindet oder welche Arten von Objekten auf dem Bild zu finden sind. Anhand einer solchen Trainingsmenge kann das neuronale Netz trainiert werden,

DOI: 10.13173/9783447114608.085

um zukünftig auch auf anderen Bildern entsprechende Objekte zu erkennen. Abhängig von der Qualität der Trainingsbilder, der Größe der Trainingsmenge, der Güte der inhaltlichen Auszeichnung sowie der Ähnlichkeit der neu zu bewertenden Bildern zu den Trainingsbildern kann ein neuronales Netz eine entsprechende Erkennungsgüte erreichen, die in Prozent als *Genauigkeit* (engl. Accuracy), als *Precision* und *Recall* je zu erkennender Klasse oder gemittelt über alle Klassen oder als *F1-Score*, der das harmonische Mittel aus *Precision* und *Recall* darstellt, angegeben wird.

In den folgenden Abschnitten betrachten wir einige der Anwendungsgebiete, mit denen wir uns zuletzt auseinandergesetzt haben. Im ersten Teil geht es um die Erkennung von Bergen in Landschaftsbildern. Konkret ist es hier das Ziel, die Silhouette des Berges in dem Bild möglichst genau zu bestimmen, d.h., es muss eine möglichst exakte Trennung zwischen Vordergrund (Berg) und Hintergrund (Himmel) gefunden werden. In diesem Zusammenhang ist auch die Suche nach Wolken und/oder der Sonne auf solchen Landschaftsaufnahmen von Interesse. Im zweiten Teil gehen wir kurz auf die Erkennung von falschen Bildern in der Berichterstattung ein. Es werden immer wieder falsche Bilder, oft von anderen, ähnlichen Ereignissen verwendet. Neben irrtümlicher Verwendung falscher Bilder kommt dies aber oft auch absichtlich vor, um eine bestimmte Stimmung zu schüren. Alle Anwendungen zeigen, wie Methoden des maschinellen Lernens eingesetzt werden können, um für den Menschen aufwändige Aufgaben zu automatisieren. Die Methoden sind selbst nicht anwendungsspezifisch, müssen aber für jede neue Fragestellung geeignet ausgewählt und angepasst werden, um die bestmögliche Ergebnisgüte zu erreichen.

Extraktion und Klassifikation des Himmels in digitalen Bildern von Bergen

In den letzten Jahrzehnten gewann der digitale Datenaustausch immer weiter an Bedeutung. Ein großer Teil dieser Daten sind Bilddaten. Durch den kontinuierlichen Anstieg der im Internet kursierenden Bilder, insbesondere in sozialen Netzwerken, ergibt sich die Notwendigkeit der Bildklassifizierung. Eine mögliche Anwendung stellt die Bergerkennung dar, welche die Segmentierung der Bergsilhouette voraussetzt. Dieser Forschungsschwerpunkt soll im Rahmen dieser Arbeit aufgegriffen werden. Im Hinblick auf das Ziel, zu jeder Himmelsklasse ein passendes Segmentierungsverfahren zu finden, muss der Himmel zuerst nach den verschiedenen Himmelstypen klassifiziert werden. Diese Fragestellung ist darauf zurückzuführen, dass der Himmel sehr vielfältig ist und seine Eigenschaften sehr variationsreich sein können. Verschiedene Himmelsarten können verschiedene Artefakte bergen. Diese verursachen maßgebliche Schwierigkeiten in der Verarbeitung. Infolgedessen entstehen unterschiedliche Anforderungsprofile an einen Segmentierungsalgorithmus. Es ist plausibel, dass ein einzelnes Segmentierungsverfahren den Anforderungen kaum gerecht werden kann. Folglich entsteht die Frage, ob sich ein Verfahren finden lässt, welches für eine oder mehrere Himmelskategorien besonders gute Ergebnisse erzielt. Für die Wahl eines optimalen Segmentierungsverfahrens soll untersucht werden, ob eine Klassifizierung des Himmels möglich ist. Zu diesem Zweck wird ein eigenes Verfahren vorgestellt.

Bildersammlung und Datengrundlage

Die hier genutzten Bilder sind Grundlage des von Georges Baatz, Olivier Saurer, Kevin Köser und Marc Pollefeys veröffentlichten Beitrags.[1] Zu Beginn werden die unsortierten Bilder in Kategorien eingeteilt. Dazu wurden vier Kategorien gewählt. Diese sind ‚klarer Himmel‘, ‚sonnig‘, ‚bewölkt‘, ‚bewölkt und sonnig‘. Aufgrund der geringen Zahlvon Bildern wurden zusätzliche Bilder in derselben Auflösung von Flickr[2] heruntergeladen. Insgesamt umfasst die Datenbank 43 Bilder der Klasse ‚bewölkt‘, 45 Bilder in der Klasse ‚bewölkt und sonnig‘, 40 Bilder in der Klasse ‚sonnig‘ und 124 Bilder in der Klasse ‚klarer Himmel‘.

Abschätzung des Himmels

Eine Klassifizierung des Wetters erfordert eine möglichst treffende Abschätzung des Himmels. Dabei ist es wichtig mit der Abschätzung möglichst nah an die Grenze zwischen Berg und Himmel zu gelangen. Es ist nicht ungewöhnlich, dass sich Wolken in einer geringen Höhe oberhalb der Berge befinden. Auch Sonnenauf- und Sonnenuntergänge sind ein häufiges Bildmotiv. Es gibt unterschiedliche Möglichkeiten, eine Abschätzung vorzunehmen. Eine naive Abschätzung stellt zum Beispiel den intuitivsten Weg dar. Hierbei wird eine sogenannte *Boundary Box* in Abhängigkeit von der Bildgröße aufgestellt. Die Problematik, die dadurch entsteht, liegt darin, dass die Höhe des Horizonts sehr stark variieren kann und deshalb eine Abschätzung mittels eines festen Wertes sehr schwierig ist. Für eine solche Abschätzung kommt nur ein Segmentierungsverfahren in Frage. Am besten eignen sich hier Methoden, die iterativ das Bild ‚fluten‘. Aus diesem Grund fällt die Entscheidung auf *FloodFill*.[3] Der Algorithmus findet Flächen, die dieselbe Farbe besitzen, und ersetzt diese durch eine andere Farbe. Zu Beginn des Programmablaufs muss ein Pixel als Startpunkt definiert werden. Ein weiterer Pflichtparameter ist die Zielfarbe. Ist die Farbe ersetzt worden, wird die Nachbarschaft des jeweiligen Pixels betrachtet. Der Aufruf erfolgt rekursiv. Für die Laufzeitoptimierung des Algorithmus sowie zum Zwecke der Minimierung von Ausreißern werden nur Vierer-Nachbarschaften betrachtet. Um den Algorithmus effektiver zu gestalten, kann die akzeptierte Farbe mit Hilfe einer tolerierten Mindest- beziehungsweise Höchstabweichung präzisiert werden. In Bergbildern hat sich eine Abweichung von fünf Helligkeitsstufen als sinnvoll erwiesen. Bei der

---

1   Georges Baatz u.a., „Large scale visual geo-localization of images in mountainous terrain", in: *Computer Vision – ECCV 2012. 12th European Conference on Computer Vision, Florence, Italy, October 7–13, 2012, Proceedings, Part II* , hg. v. Andrew W. Fitzgibbon u.a., Heidelberg 2012 (Lecture Notes in Computer Science 7573), S. 517–530.
2   www.flickr.com (13.03.2019).
3   Wilhelm Burger und Mark James Burge, *Digitale Bildverarbeitung*, Berlin ²2005, S. 196–198.

betrachteten Problemstellung besteht die Hoffnung, dass mit *FloodFill* homogene Bildelemente im Bereich des Himmels zu Regionen verschmolzen werden. Als Ausgangspunkt dient der Punkt mit der höchsten Wahrscheinlichkeit, ein Himmelspunkt zu sein. Die gesamte oberste Pixelreihe des Bildes besitzt die höchste Wahrscheinlichkeit dem Himmel anzugehören. Es ist anzunehmen, dass auf keinem Bild in der obersten Reihe Pixel vorzufinden sind, die zu einem Berg gehören. Insbesondere eignet sich *FloodFill*, um umrandete oder angrenzende Flächen auszufüllen. Im Idealfall stellt die Grenze zwischen dem Berg und dem Himmel den Rand dar. Als Resultat entsteht eine Segmentierungsmaske.[4] Das Resultat einer Abschätzung ist ein Polygon, welches im Idealfall die Silhouette des Berges beschreibt. Zu diesem Zweck wurde ein eigenes Verfahren zur Himmelsabschätzung (*FloodFill Sky Estimation FSE*) entwickelt.

FSE – FloodFill Sky Estimation

Zu Beginn des Algorithmus wird *FloodFill* ausgeführt. Dabei wird das Verfahren sowohl in der *Color-* als auch in der *Grey-Mask*-Variante aufgerufen. Der Grund für einen mehrfachen Aufruf ist, dass jede Methode bei verschiedenen Helligkeitsverhältnissen ihre Stärken aufweist. So hat das Konzept, welches Farbkanäle vorsieht, seine Vorzüge bei klarem blauem Himmel, sowie bei so gut wie allen Wolkentypen. Einzig bei tiefen und konturlosen Wolken schneidet es schlecht ab. Mit der *Grey-Mask*-Variante hingegen funktioniert das Verfahren recht gut bei nebeligen Bildern. Auch bei sonnigen Bildern schneidet es deutlich besser ab. Somit scheint es sinnvoll zu sein, beide Verfahren zu kombinieren. Nachdem als Resultat zwei verschiedene Bilder erzeugt wurden, müssen die Ergebnisse analysiert werden. Zu Beginn wird das Resultat des Farbbildes analysiert. Der Analyse liegen drei Aspekte zugrunde. Es wird untersucht, ob die entstandene Fläche zusammenhängend ist. Außerdem wird geprüft, ob Bildpunkte im Bereich des Bodens überschrieben wurden. Wenn dies der Fall ist, so ist *FloodFill* bis zum Boden durchgelaufen. In der Regel sind auf den Bildern jedoch Berge zu sehen, die die gesamte Breite des Bildes einnehmen. Läuft *FloodFill* von oben, wo der Startpunkt liegt, bis unten durch, so handelt es sich höchstwahrscheinlich um einen Fehler. Des Weiteren wird der Anteil der gefundenen Himmelsfläche am Gesamtbild geprüft. Ist dieser zu groß, kann das Resultat verworfen werden. Als Grenze dient ein Schwellenwert von 80%, welcher im Rahmen der Untersuchung entstand. Dieser Schwellenwert ist darauf zurückzuführen, dass eine Abbildung von weniger als 20% des Berges auf der Bildfläche unüblich ist. Werden die drei Bedingungen erfüllt, kann mit dem Bild weitergearbeitet werden. Andernfalls muss es verworfen und mit der nächsten *FloodFill*-Variante, der *Graumaske* (*Grey-Mask*), gearbeitet werden. In beiden Fällen wird im nächsten Schritt *FloodFill* von unten nach oben durchlaufen. Anschließend wird das Resultat aufgearbeitet. Die leeren inneren Flächen, die vom Berg umschlossen sind, werden aufgefüllt. Ge-

---

4   Georges Baatz u.a., „Large Scale Visual Geo-Localization of Images in Mountainous Terrain".

häuft treten Fehler im Bereich der Ränder auf. Um das Problem zu beseitigen, werden vor der Polygon-Extraktion aus dem Resultat die Ränder bereinigt. An den seitlichen Rändern werden jeweils die äußersten Spalten überschrieben. Im Laufe der Bereinigung werden alle Randpixel, die nach der Segmentierung zum Berg gehören, dem Himmel zugeordnet. Die Höhe der neuen seitlichen Rand-spalten des Berges richtet sich nach der Höhe der zweiten, beziehungsweise der vorletzten Spalte des Bildrasters. Anschließend findet ein erneuter *FloodFill*-Aufruf statt. Bei diesem werden die fehlerhaften Flächen innerhalb des Himmels nicht mehr mitberücksichtigt. Diese Abschätzung wird im folgenden Klassifizie-rungsverfahren genutzt.

FSC – FloodFill Sky Classification

Bei der FSC-Klassifizierung handelt es sich um einen Klassifikator, welcher nicht erlernt werden muss und sofort mit der Klassifikation beginnen kann. Zu Be-ginn erfolgt für jedes Bild der Testmenge eine Abschätzung des Himmels. Sobald der Bereich des Himmels mit dem Silhouette-Polygon definiert ist, kann mit der Analyse des Himmels begonnen werden. Dem Algorithmus liegt die *FloodFill*-Technik zugrunde. Es wird mit der *Graumaske* gearbeitet. Zu Beginn des Ablaufs erfolgt eine statistische Analyse der Grauwerte. An dieser Stelle muss geprüft werden, wie hoch der Anteil der neu eingefärbten Pixel am gesamten Bild ist. Liegt ihr Anteil bei über 95 %, so ist davon auszugehen, dass das resultierende Bild sehr verrauscht ist. Meistens liegt die Ursache in einer Unschärfe, die durch Nebel oder Sonne erzeugt wird. Wird das Bild als verrauscht erkannt, muss eine Sonderbehandlung erfolgen. Es folgt eine Optimierung der *FloodFill*-Parameter, ähnlich wie bereits während der Abschätzung. Im Anschluss findet eine erneute Überprüfung der Pixelhelligkeit statt. Ist das Bild noch immer sehr verrauscht und überschreitet den festgelegten Grenzwert, wird es in der künstlichen Klas-se ‚bright/low contrast' abgelegt. Erfüllt das Bild alle Kriterien, so beginnt die Klassifizierung. Das Verfahren lässt sich in zwei Schritte untergliedern. Im ersten findet eine Wolkensuche statt. Im zweiten wird nach der Sonne gesucht.

Suche von Wolken

Das Verfahren trifft für jeden Pixel die Entscheidung, ob dieser Bestandteil einer Wolke ist oder nicht. Ein Pixel wird nur dann betrachtet, wenn dieser oberhalb der Silhouette des Berges liegt. Die Bestimmung, ob ein Pixel als Wolke klassifi-ziert werden kann oder nicht, beruht auf dem Vergleich der Intensitäten α von Farbkanälen wie im Beitrag von Anna Heinle u.a. dargestellt.[5] Liegt der Wert α bei 0.9 oder höher, ist der Pixel als Wolke zu klassifizieren. Dieser Wert wurde in einer empirischen Untersuchung bestätigt. Dabei wurden α-Werte im Intervall [0, 1] betrachtet.

---

5   Anna Heinle u.a., „Automatic cloud classification of whole sky images", in: *Atmospheric Mea-surement Techniques* 3 (2010), S. 557–567.

Die Abbildung 5.1, Farbteil, zeigt das Endergebnis nach Verarbeitung des Originalbildes (Abb. 5.2, Farbteil). Die grüne Fläche ersetzt dabei den Berg nach Anwendung der Segmentierungsmaske. Die schwarze Fläche im Bereich des Himmels beschreibt die Pixel, die als nicht bewölkt eingestuft wurden. Im nächsten Schritt kann die Suche der Sonne erfolgen.

Suche der Sonne

Zu Beginn wird die größte zusammenhängende Fläche der hellen Pixel in einem Bild gesucht. Um die Helligkeit einzustufen, wird die folgende Formel verwendet:

$$\text{luminance} = r * 0.2126 + g * 0.7152 + b * 0.0722 \ 255$$

wobei r, g, b Farbkanäle des RGB-Modells sind. Der Grenzwert von $\delta = 0.99$ für die Lichtintensität ist das Resultat der Auswertung der Ergebnisse der Sonnensuche in allen vorliegenden Bildern. Untersucht wurde ein δ aus dem Intervall $[0,1]$. Erfüllt ein Pixel diese Bedingung, so wird er zu einer oder zwei Listen mit sonnigen Pixeln hinzugefügt. Jede Liste enthält dabei nur benachbarte Pixel. Werden zwei Nachbarn in verschiedenen Listen gefunden, müssen diese zu einer neuen Liste verschmolzen werden, bevor der neue Knoten hinzugefügt werden kann. Betrachtet wird die Vierer-Pixel-Nachbarschaft. Dabei werden horizontal und vertikal angrenzende Pixel erfasst. Wie sich in den ersten experimentellen Versuchen gezeigt hat, stellt die Grenze von 30 Pixeln eine gute Schranke dar, um das Rauschen zu minimieren. Enthält die größte Liste weniger als 30 Elemente, kann davon ausgegangen werden, dass es sich bei den hellen Pixeln um Rauschen handelt. Dieses Rauschen kann viele Ursachen haben. Einige davon sind: eine Reflexion des Kcamerablitzes, eine Stromleitung oder helle Bergpixel, die aufgrund einer Fehleinschätzung dem Himmel zugeordnet werden.

Sind mehr als 30 Pixel gefunden worden, so muss die Menge eine der folgenden drei Eigenschaften erfüllen: runde Form, Position an der Grenze des Bildes oder vom Berg teilweise verdeckt. Die Form einer unter idealen Wetterverhältnissen aufgenommenen Sonne ist rund. Leider entspricht diese im überwiegenden Teil der Aufnahmen keiner Kreisform. Auch abgesehen von den in der Datenbank vorliegenden Bildern, stellt die Aufnahme der Sonne eine schwierige Angelegenheit dar. Diese setzt eine besondere Ausstattung voraus. In den meisten Fällen werden Bilder jedoch mit einfachen Mitteln erzeugt, so dass die Qualität häufig nicht optimal ist. Selbst bei Bildern, in denen eine vollständige kreisrunde Sonne abgebildet ist, ist die Helligkeit der Pixel in der Mitte stets höher als am Rand. Es kann also nicht davon ausgegangen werden, dass alle Randpixel gleichermaßen in die Menge der hellen Pixel aufgenommen werden. Da die Form trotzdem analysiert werden soll, empfiehlt es sich, eine gewisse Varianz einzuführen. So kann beispielsweise eine ovale Sonne als rund akzeptiert werden. Der Untersuchungsansatz basiert auf der Annahme, dass der Abstand der äußersten Punkte der Sonne zum Mittelpunkt in etwa gleich groß sein muss.

Um dies zu prüfen, muss zu Beginn der Mittelpunkt der größten zusammenhängenden Fläche der hellen Pixel berechnet werden. Der Berechnung des Mittelpunktes liegt die Durchschnittsberechnung zugrunde. Hierbei werden die Koordinaten aller Punkte je Dimension aufsummiert und durch die Anzahl der betrachteten Punkte dividiert. Um die erste Distanz zu berechnen, muss zuerst die Entscheidung getroffen werden, welche Punkte verglichen werden sollen. Theoretisch ist es möglich, jeden einzelnen Randpunkt der potenziellen Sonne zu betrachten. Dieser Ansatz ist zwar genau, jedoch sehr zeitintensiv. Eine Verbesserung der Idee liegt darin, Repräsentanten der Randpunkte zu bestimmen. Diese müssen alle im gleichen Abstand gewählt werden. Anschließend wird der Abstand zwischen dem Mittelpunkt und einem Repräsentanten berechnet. Hierfür dient das Ziffernblatt einer Uhr als anschauliches Beispiel. Ähnlich wie bei einer Uhr werden zwölf Punkte mit der gleichen Winkelweite ausgewählt. Zu diesem Zweck wird die Menge aller hellen Pixelpunkte an ihrem Mittelpunkt gedreht. Der Rotationswinkel liegt stets bei 30°, so dass nach 12 Drehungen wieder die Ausgangsmenge erreicht wird. Auf diese Weise entstehen die Sonnenprofile. Von jedem einzelnen Sonnenprofil kann nun der Abstand zwischen dem Mittelpunkt und dem äußersten Punkt orthogonal zur x-Achse mit Hilfe einer Rotationsmatrix berechnet werden.

Anschließend werden alle Distanzen mit einander verglichen. Dabei darf die kleinste Distanz nicht mehr als um 20% von der größten abweichen. Wird die zusammenhängende Fläche als rund erkannt, ist davon auszugehen, dass es sich bei der Fläche um die Sonne handelt. Ist die Fläche jedoch nicht rund, so kann dies daran liegen, dass die Sonne am Bildrand liegt und stellenweise nicht komplett ins Bild mit aufgenommen wurde. Um dies zu prüfen, müssen die Koordinaten der äußersten Punkte der analysierten Fläche betrachtet werden. Es ist ein bekanntes Problem der Fotografie, dass sich die Schärfe in den Bildern zum Rand hin etwas abschwächen kann. Aus diesem Grund wird auch ein Abschwächen der Helligkeit akzeptiert. Bei der Untersuchung der Randpixel werden bis zu vier Pixel Abstand vom Rand toleriert.

Liegt die Sonne nicht am Bildrand, so kann sich ihre Position am Bergrand befinden. In diesem Fall lässt sich die Form der Sonne nicht berechnen. Einerseits kann es sich um beliebig großes Kreisteil, andererseits auch um eine untergehende oder aufgehende Sonne handeln, die aufgrund der Sonnenstrahlen beliebige Formen annehmen kann. Da bereits davon auszugehen ist, dass die Fläche groß genug ist, reicht es auch hier, den Abstand zum Berg zu untersuchen. Diese Stelle ist besonders fehleranfällig. Sobald die Abschätzung des Berges von der tatsächlichen Bergsilhouette abweicht, liegt die Sonne entweder zu weit oder aber gar nicht im Bereich des Himmels. Um diese möglichen Abweichungen in die Berechnung mit einzubeziehen, wurde eine höhere Distanztoleranz angenommen. Um jedoch eine mögliche *Falsch-positiv-Rate* (false-positives), die aufgrund der höheren Datentoleranz entsteht abzuschwächen, sucht der Algorithmus nach größeren Pixelflächen. Entgegen der Untersuchung der Randposition ist es hier also nicht ausreichend, einen einzelnen Pixel zu finden, der nah genug ist.

Zum Schluss müssen die Ergebnisse ausgewertet werden. Sind sowohl Wolken als auch Sonne gefunden worden, ist das Bild als ‚sonnig und bewölkt' zu klassifizieren. Sind nur Wolken und keine Sonne gefunden worden, so kann auf die Klasse ‚bewölkt' geschlossen werden. Wurde ausschließlich der Sonne gefunden, ist von der Klasse ‚sonnig' auszugehen. Wurden im Himmel keine relevanten Objekte gefunden, so handelt es sich um ‚klaren Himmel'.

Auswertung

Nachfolgend werden in einer abschließenden Betrachtung die wichtigsten Erkenntnisse zusammengefasst. Im Laufe der Arbeit wurden verschiedene Optionen der Klassifizierung des Himmels erforscht. Dabei wurde eine Methode zur effektiven Abschätzung der Himmelsfläche entwickelt. Es wurden verschiedene Klassifikatoren implementiert und an unterschiedlichen Bildmerkmalen getestet. Eine Klassifizierung des Himmels mittels *kNN*[6] *(k-Nearest-Neighbours) (F1 = 0.28) und SVM[7]-Klassifikatoren (F1 = 0.35), anhand von CSIFT[8] Deskriptoren, hat moderate Ergebnisse gezeigt. Dabei wurde die Nachbarschaft im Bereich von k = [1-10] im Falle von kNN betrachtet. Bei SVM wurde mit dem Radial Basis Function Kernel gearbeitet* und den empfohlenen Standardparametern. Zwar wurden alle Deskriptoren mit *CSIFT* berechnet, jedoch sind nicht alle darunter invariant bezüglich Translation, Rotation und Skalierung, weil alle Merkmale im Bereich des Himmels nach einem Gitter-Prinzip extrahiert wurden. Eine Keypoint-Suche mittels des *CSIFT* bliebe für den Himmel beinahe erfolglos. Deutlich bessere Ergebnisse zeigten sich während der Klassifizierung an Spektral-Merkmalen, insbesondere unter Einbeziehung von Sonnen- und Wolken-Features (F1 = 0.51). Die Ergänzung der Features durch Textur-Merkmale hat keine Verbesserung der Evaluationsergebnisse erzeugt (F1 = 0.27). Unter den Klassifikatoren hat der in dieser Arbeit zum ersten Mal vorgestellte *FSC*-Algorithmus die höchste Genauigkeit mit einem durchschnittlichen F1-Wert von 0.752 demonstriert. Insgesamt liefert das Verfahren eine Möglichkeit, den in Fotoaufnahmen enthaltenen Himmel zu finden und zu klassifizieren und somit einen Bildausschnitt zu analysieren. Bereits analysierte Bilder oder Bildausschnitte können mit Hilfe einer Rückwärtssuche wiedererkannt werden. In einem entsprechenden Fall ist eine erneute Verarbeitung somit nicht vonnöten. Im nächsten Abschnitt wird ein System zur Wiedererkennung von bereits verwendeten Bildern am Beispiel von Medienbeiträgen vorgestellt.

---

6 N. S. Altman, „An Introduction to Kernel and Nearest-Neighbor Nonparametric Regression", in: *The American Statistician*, 46/3 (1992), S. 175–185.
7 Corinna Cortes und Vladimir Vapnik, „Support-Vector Networks", in: *Machine Learning* 20/3 (1995), S. 273–297.
8 Alaa E. Abdel-Hakim und Aly A. Farag, „CSIFT: A SIFT Descriptor with Color Invariant Characteristics", in: *Proceedings of the IEEE Conference on Computer Vision and Pattern Recognition (2006)*, S. 1978–1983.

Rückwärtssuche von Bildern zur Identifikation von wiederverwendeten Bildern in Medien

Desinformation durch Falschmeldungen ist in den letzten Jahren immer weiter in den Fokus der Öffentlichkeit gerückt. Besonders kritisch ist eine solche Desinformation, wenn sie unter ihren Hörern eine polarisierende Wirkung zu sensiblen Themen hervorruft. Wie Vorfälle in der Vergangenheit[9] zeigen, verwenden selbst etablierte Medien (z.B. BBC) Bilder ohne ihren tatsächlichen Ursprung zu recherchieren. So belegt der Artikel von Hannah Furness, dass Bilder aus dem dritten Golfkrieg zur Darstellung der Situation im Syrienkonflikt verwendet wurden.[10] Leser entsprechender Artikel haben meist keine Möglichkeit eigene Recherchen zu den gelieferten Bildern anzustellen, sodass sie sich auf die gegebenen Informationen verlassen müssen. Wir haben ein System entwickelt,[11] das Nutzern entsprechender Medien hilft wiederverwendete Bilder zu identifizieren. Das System enthält zwei Verarbeitungsschritte: Die Trainingsphase und die Vergleichsphase.

Die Trainingsphase

Ein Bild wird in der Regel als eine Matrix mit n x m Bildpunkten (Pixeln) dargestellt. Dabei repräsentiert n die Anzahl der Zeilen, während m die Anzahl der Spalten darstellt. Dasselbe Bild kann in verschiedenen Größen und Auflösungen vorliegen, dies macht einen pixelweisen Vergleich unmöglich. Deshalb ist eine einheitliche Repräsentierung der Bilder notwendig. Wir verwenden hierzu das aus der Textverarbeitung bekannte *Bag of Words-Modell* (BoW). In unserer Anwendung werden die Wörter aus einer Menge von Bildeigenschaften errechnet. Wir bezeichnen diese visuellen Wörter als Codebuch. Das Codebuch wird wie folgt in drei Schritten über eine Trainingsmenge von Bildern berechnet:

1. Auswahl von bestimmten Bildpunkten. Dies kann mit einer der folgenden drei Methoden realisiert werden: (i) Auswahl gleichverteilter Bildpunkte, (ii) Auswahl von Bildpunkten, die von Bildpunktdetektoren gefunden werden (bspw. durch einen Kantendetektor), (iii) eine randomisierte Auswahl von Bildpunkten.
2. Berechnung des SURF -Deskriptors[12] für die ausgewählten Bildpunkte.

---

9 Hannah Furness, „BBC News uses 'Iraq photo to illustrate Syrian massacre'", in: *The Telegraph*, 27. Mai 2012, URL: http://www.telegraph.co.uk/culture/tvandradio/bbc/9293620/BBC-News-uses-Iraqphoto-to-illustrate-Syrian-massacre.html (5.11.2016); BBC Trending, „#BBCtrending: Are #GazaUnderAttack images accurate?", URL: http://www.bbc.com/news/blogs-trending-28198622, 8. Juli 2014 (5.11.2016).

10 Vgl. Furness, „Iraq photo to illustrate Syrian ma BBC News uses 'Iraq photo to illustrate Syrian massacre'".

11 Alexander Askinadze, „Fake war crime image detection by reverse image search", in: *Datenbanksysteme für Business, Technologie und Web*, hg. v. Bernhard Mitschang u.a., Bonn 2017, S. 345–354.

12 Herbert Bay u.a., „Speeded-Up Robust Features (SURF)" in: *Computer Vision and Image Understanding* 110/3 (2008), S. 346–359.

3. Berechnung des Codebuchs mit Hilfe des k-means-Algorithmus.[13]
   Hierbei bilden die Zentroiden des Algorithmus die Wörter des Code-
   buchs. Folglich legt die Wahl des k die Größe des Codebuchs und die
   Anzahl der Bildklassen fest.

Nachdem das Codebuch berechnet wurde, wird jedem Deskriptor eines jeden
Trainingsbildes eine dieser Klassen zugeordnet. Aus der Häufigkeit der Zuord-
nungen wird das sogenannte *Bag of Visual Words* (BoVW) Histogramm erstellt[14].
Dieses stellt die anfänglich gesuchte einheitliche Repräsentierung für ein Bild dar.

Die Vergleichsphase

Für die Klassifizierung von neuen Bildern können unterschiedliche Klassifika-
tionsverfahren eingesetzt werden. Aufgrund der einheitlichen Repräsentierung
durch das *BovW*-Histogramm kann man den Vorteil einer einfachen Ähnlichkeitssuche nutzen. Hierzu verwenden wir den kNN-Algorithmus.

Wenn ein vorhandenes Bild in der durch die Trainingsphase erstellten Datenbank gesucht wird, sollte die Distanz 0 betragen. Der 1-nn-Klassifikator würde
das Bild also als korrekt und in der Datenbank vorhanden klassifizieren. Sollte
die Distanz größer als 0 sein, so sollten dem Nutzer die nächsten Nachbarn angezeigt werden. Eine Anpassung des Systems durch eine entsprechende Korrektur
des Nutzers wäre an dieser Stelle denkbar.

Fazit

Das System ist in der Lage wiederverwendete Bilder, gleich aus welchem Kontext,
zu erkennen. Dabei ist das System robust gegen Skalierung und Rotation der Bilder. Das vorgestellte Verfahren ist zudem deutlich effizienter als Methoden, die
auf robusten Hashverfahren basieren. Die Anwendungsszenarien sind vielfältig.
Denkbar ist die Erkennung von Duplikaten oder das Auffinden von wiederverwendeten Bildausschnitten in Bildarchiven. Dies ermöglicht nicht nur eine effi-
zientere Speicherausnutzung, sondern kann auch Aufschlüsse über historische
Hintergründe geben.

Zusammenfassung

Die vorgestellten Arbeiten geben einen Einblick in aktuelle Forschungsthemen
des *Lehrstuhls für Datenbanken und Informationssysteme der Universität Düsseldorf*.[15]
Die Extraktion und Klassifikation des Himmels in digitalen Bildern von Bergen
behandelt thematisch die Segmentierung eines Bildes beispielsweise in Vorder-
und Hintergrund, sowie die Einordnung der bestimmten Segmente in die vor-

---

13 Stuart Lloyd, „Least squares quantization in PCM", in: *IEEE Transactions on Information Theory* 28/2 (1982), S. 129–137.
14 Gabriella Csurka u.a., „Visual Categorization with Bags of Keypoints", in: *Workshop on Statistical Learning in Computer Vision, ECCV* (2004), S. 1–2.
15 https://dbs.cs.uni-duesseldorf.de/publikationen.php (17.02.2019)

definierten Klassen anhand der berechneten Merkmale. Mit Hilfe des *FSC*-Klassifikators lässt sich der Himmel in Bildern kategorisieren. Im nächsten Schritt kann die Suche nach dem leistungsstärksten Segmentierungsalgorithmus für jede Himmelsklasse in Abhängigkeit von den Bildeigenschaften erfolgen. Außerdem besteht die Überlegung eine Vorverarbeitung mittels Kantenschärfung vorzunehmen und auf diesem Wege den Übergang zwischen der Bergebene und dem Himmel deutlicher hervorzuheben.

Diese Herangehensweise lässt sich thematisch auch jenseits von Bergen anwenden, da sie kontextunabhängig ist, solange sich klassenabhängige Merkmale definieren lassen, die Objekte in Bildern beschreiben. Weiterhin zeigt der Beitrag des Lehrstuhls *Feature-Based Approach for Severity Scoring of Lung Tuberculosis from CT Images*,[16] dass sich die vorgestellten Konzepte ohne Einschränkung im dreidimensionalen Raum anwenden lassen.

Das Verfahren zur Rückwärtssuche von Bildern ermöglicht vielzählige Anwendungsmöglichkeiten in den Kulturwissenschaften. So können beispielsweise Bilder identifiziert werden, die bei Berichterstattungen unter falschem Kontext wiederverwendet wurden.

Weitere Beiträge unseres Lehrstuhls beschäftigen sich beispielsweise mit der Verwendung von Neuronalen Netzen zur Klassifikation von Lungen-CT-Scans[17], der Erkennung von Sehenswürdigkeiten[18] und der Erkennung von Bergsilhouetten[19] in digitalen Bildern. Obwohl diese zu den Bereichen der Geographie, Medienwissenschaften und Medizin gehören, stammen die Grundkonzepte aus der klassischen Informatik und insbesondere der Bildverarbeitung. Aufgrund der Übertragbarkeit können die verwendeten Methoden ebenfalls Anwendung auf Fragestellungen der Geistes- oder Kulturwissenschaften finden.

Literaturverzeichnis

Abdel-Hakim, Alaa E. und Aly A. Farag, „CSIFT: A SIFT Descriptor with Color Invariant Characteristics", in: *Proceedings of the IEEE Conference on Computer Vision and Pattern Recognition (2006)*, S. 1978–1983.

Altman, N. S., „An Introduction to Kernel and Nearest-Neighbor Nonparametric Regression", in: *The American Statistician*, 46/3 (1992), S. 175–185.

---

16 Kirill Bogomasov u.a., „Feature-Based Approach for Severity Scoring of Lung Tuberculosis from CT Images", in: *CLEF 2018 Working Notes*, hg. v. Linda Cappellato u.a., Aachen 2018 (CEUR Working Proceedings 2125), o.S.

17 Martha Tatusch und Stefan Conrad, „Detection of Multidrug-Resistant Tuberculosis Using Convolutional Neural Networks and Decision Trees", in: *CLEF 2018 Working Notes*, hg. v. Linda Cappellato u.a., Aachen 2018 (CEUR Working Proceedings 2125), o.S.

18 Magdalena Rischka und Stefan Conrad, „Image Landmark Recognition with Hierarchical K-Means Tree", in: *Datenbanksysteme für Business, Technologie und Web 2015*, hg. v. Norbert Ritter u.a., Bonn 2015, S. 455–464.

19 Michael Singhof u.a., „Finding Trees in Mountains – Outlier Detection on Polygonal Chains" in: *Lernen, Wissen, Daten, Analysen 2016*, hg. v. Ralf Krestel u.a., Aarchen 2016 (CEUR Workshop Proceedings 1670), S. 235–246.

Askinadze, Alexander, „Fake war crime image detection by reverse image search", in: *Datenbanksysteme für Business, Technologie und Web*, hg. v. Bernhard Mitschang, Norbert Ritter, Holger Schwarz, Meike Klettke, Andreas Thor, Oliver Kopp und Matthias Wieland, Bonn 2017, S. 345–354.

Baatz, Georges, Saurer, Olivier, Köser, Kevin, und Pollefeys, Marc, „Large scale visual geo-localization of images in mountainous terrain", in: *Computer Vision – ECCV 2012. 12th European Conference on Computer Vision, Florence, Italy, October 7–13, 2012, Proceedings, Part II* , hg. v. Andrew W. Fitzgibbon, Svetlana Lazebnik, Pietro Perona, Yoichi Sato und Cordelia Schmid, Heidelberg 2012 (Lecture Notes in Computer Science 7573), S. 517–530.

Bay, Herbert, Andreas Ess, Tinne Tuytelaars und Luc Van Gool, „Speeded-Up Robust Features (SURF)" in: *Computer Vision and Image Understanding* 110/3 (2008), S. 346–359.

BBC Trending, „#BBCtrending: Are #GazaUnderAttack images accurate?", URL: http://www.bbc.com/news/blogs-trending-28198622, 8. Juli 2014 (5.11.2016).

Bogomasov, Kirill, Ludmilla Himmelspach, Gerhard Klassen, Martha Tatusch und Stefan Conrad, „Feature-Based Approach for Severity Scoring of Lung Tuberculosis from CT Images", in: *CLEF 2018 Working Notes*, hg. v. Linda Cappellato, Nicola Ferro, Jian-Yun Nie und Laure Soulier, Aachen 2018 (CEUR Working Proceedings 2125), o.S.

Burger, Wilhelm und Mark James Burge, *Digitale Bildverarbeitung*, Berlin ²2005:

Csurka, Gabriella, Christopher Dancer, Lixin Fan, Jutta Willamowski, und Cedric Bray, „Visual Categorization with Bags of Keypoints" (2004), in: *Workshop on Statistical Learning in Computer Vision, ECCV*. S. 1–2.

Cortes, Corinna und Vladimir Vapnik, „Support-Vector Networks", in: *Machine Learning* 20/3 (1995), S. 273–297.

Furness, Hannah, „BBC News uses 'Iraq photo to illustrate Syrian massacre'", in: *The Telegraph*, 27. Mai 2012, URL: http://www.telegraph.co.uk/culture/tvandradio/bbc/9293620/BBC-News-uses-Iraqphoto-to-illustrate-Syrian-massacre.html (5.11.2016):

Heinle, Anna, Macke, Andreas und Srivastav, Anand, „Automatic cloud classification of whole sky images", in: *Atmospheric Measurement Techniques* 3 (2010), S. 557–567.

Lloyd, Stuart, „Least squares quantization in PCM." In: *IEEE Transactions on Information Theory* 28/2 (1982), S. 129–137:

Rischka, Magdalena und Stefan Conrad, „Image Landmark Recognition with Hierarchical K-Means Tree", in: *Datenbanksysteme für Business, Technologie und Web 2015*, hg. v. Norbert Ritter, Andreas Henrich, Wolfgang Lehner, Andreas Thor, Steffen Friedrich und Wolfram Wingerath, Bonn 2015, S. 455–464.

Singhof, Michael, Daniel Braun und Stefan Conrad, „Finding Trees in Mountains – Outlier Detection on Polygonal Chains" in: *Lernen, Wissen, Daten, Analysen 2016*, hg. v. Ralf Krestel, Davide Mottin und Emmanuel Müller, Aarchen 2016 (CEUR Workshop Proceedings 1670), S. 235–246.

Tatusch, Martha und Stefan Conrad, „Detection of Multidrug-Resistant Tuberculosis Using Convolutional Neural Networks and Decision Trees", in: *CLEF 2018 Working Notes*, hg. v. Linda Cappellato, Nicola Ferro, Jian-Yun Nie und Laure Soulier, Aachen 2018 (CEUR Working Proceedings 2125), o.S.

Kunst- und objektbasierte Anwendungen

Kunst- und objektbasierte Anwendungen

Einleitung von Hubertus Kohle

Digitale Bilddaten begannen in der Kunstgeschichte nach der Jahrhundertwende eine größere Rolle zu spielen. Zu diesem Zeitpunkt trat *prometheus* auf den Plan und trug dazu bei, dass etwa das universitäre Dia-Projektionswesen – ein wichtiger Pfeiler der Lehre – relativ schnell auf digital umgestellt wurde.[1] Das amerikanische *artstor* zog bald nach und setzte dem redaktionell wenig geprüften, dafür aber sehr schnell wachsenden *prometheus* eine eher klassisch kuratierte, kompromisslos qualitätsorientierte, dafür aber langsamere und bis heute nur eingeschränkt universell nutzbare Struktur entgegen.[2] Inzwischen haben viele Kulturinstitutionen ihre Bestände in Teilen oder sogar vollständig online verfügbar, wobei die Museen im angloamerikanischen Raum und in den Niederlanden dominieren. Wie das bei neuen Medien immer so ist: Im Wesentlichen simulieren diese digitalen Reproduktionen die davor gängigen analogen, der allerdings nicht zu unterschätzende Mehrwert beschränkte sich auf Teilbarkeit, Farbstabilität und höhere Flexibilität.

Zur Zeit befinden wir uns in einer historischen Phase, in der mehr und mehr die Eigensinnigkeit des digitalen Bildmediums entdeckt und ermessen wird, das eben nicht nur die alten Diapositive und Papierabzüge substituiert, sondern mit einer ganz neuen Logik und Bearbeitbarkeit daherkommt. Solche Perspektiven werden auch im vorliegenden Band angesprochen. Wo das analoge Bild in seiner Binnenorganisation nur beschreibend zu adressieren war und in Datenbanken wie den genannten als ein Anhängsel am erschließenden Datensatz daherkam, wird es im Digitalen je nach Auflösung des Scanners bis in die feinsten Einzelheiten hinein ansprechbar. Denn hier erscheint es als Pixelstruktur und kann aus mehreren Millionen, wenn nicht Milliarden „Picture Elements" aufgebaut sein. Das führt dazu, dass solche Bilder einer äußerst differenzierten Analytik zu unterwerfen sind. In Verbindung mit machine learning und künstlicher Intelligenz lassen sich nunmehr zum Beispiel Stilidentifikationen von Kunstwerken realisieren und ästhetische Strukturen rechnerisch bestimmen, Echtheitsbestimmungen werden möglich, oder auch Autorzuschreibungen. Die Beiträge von Ruth Reiche und Simon Donig hier sind in diesem Spektrum angesiedelt. Das für diesen Bereich zuständige „visual computing" wird weltweit mit hoher Intensität betrieben, da es auch industriell, militärisch und sicherheitspolitisch von hoher Bedeu-

---

1 https://www.prometheus-bildarchiv.de (04.11.2019).
2 https://www.artstor.org (04.11.2019).

DOI: 10.13173/9783447114608.099

tung ist. Letztlich laufen diese Untersuchungen immer auf die Identifikation von Ähnlichkeiten hinaus.

Auch für Visualisierungen, Rekonstruktionen und Simulationen lässt sich das digitale Bild gut verwenden (Beitrag Pfarr-Harfst), was bei komplexen bildlichen Strukturen erstens eine wertvolle Ergänzung der diskursiven Erschließung bietet, aber auch neue kunsthistorische Fragestellungen erlaubt. Wissenschaftlich gesehen gereicht hier eine Eigenheit des digitalen Bildes zum Vorteil, die lebensweltlich gesehen zu einer der größten Bedrohungen des gesellschaftlichen Lebens werden könnte: Die Manipulierbarkeit des Bildes hat etwa in den social media ein Irreführungspotential, das viele Kritiker zu apokalyptischen Befürchtungen verführt, in der Wissenschaft erlaubt es experimentelle Thesenbildungen, die letztlich der Wahrheitsfindung dienen.

Will man die hier nur telegrammstilartig angesprochene Veränderung auf den Punkt bringen, so könnte man sagen, dass unter digitalen Bedingungen das Bild vom Objekt zum Subjekt wird. Bei Lev Manovich, der mit seinen cultural analytics eine viel diskutierte und umstrittene Methodik installiert hat, mit der Millionen von Bildern konstelliert werden, führt das zu einem Appell, der auch als Provokation für die klassische Geisteswissenschaft zu begreifen ist: Man möge doch bei der Bildanalyse nicht zu viele Einordnungsvorschläge im Vorfeld machen, sondern einfach die Daten sprechen lassen. Das erinnert an Chris Andersons „End of Theory", in der das interpretierende Subjekt gegenüber dem selber agierenden Objekt gleichsam stillgestellt wird. Entgegenzuhalten ist dieser radikalen These allerdings mindestens, dass das interpretierende, historisch einordnende Subjekt damit keineswegs überflüssig wird, zumal für vergangene Zustände nur in begrenztem Maße Daten zur Verfügung stehen. Aber auch unabhängig davon wäre zu überlegen, ob eine selbstbewusst hermeneutisch agierende Geisteswissenschaft die Auflösung von Verständnis in Daten akzeptieren will. Ob –um es mit den Worten Luciano Floridis zu sagen – der gap zwischen der syntaktischen Maschine Computer und der semantischen Maschine Mensch jemals zu schließen ist.

Ebenso bedeutend wie diese neuartigen Analytiken, die darauf beruhen, dass das Bild in seiner Binnenstruktur zu erschließen ist, scheint mir aber die nunmehr mögliche stringente Organisation von großen Bildmengen. Bildete die bis heute im kunsthistorischen Bereich immer noch dominierende SQL-Datenbankstruktur im oben angedeuteten Sinne eigentlich immer noch das alte analoge Karteikartensystem ab, so geht die Graphdatenbank (hier bei Wübbena) darüber hinaus und verbindet Millionen von Bildern zu einem in sich vernetzten System. Für die kommenden Jahre ist zu hoffen, aber auch durchaus zu erwarten, dass sich solche Datenbanktypen, die der viel beschworenen linked open data cloud entsprechen, mehr und mehr durchsetzen werden, weil sie eine entschieden verbesserte Funktionalität erwarten lassen.

Digitale 2D- und 3D-Visualisierungen als ikonische Erkenntnismodelle? Eine kritische Betrachtung ihrer Entstehungsprozesse, Potenziale und Herausforderungen im Kontext objekt- und raumbezogener Fragestellungen

Mieke Pfarr-Harfst

Digitale 3D-Rekonstruktionen nehmen heute in der Erforschung und Vermittlung des materiellen und immateriellen Kulturerbes eine operative sowie repräsentative Rolle ein. War ihre Verwendung anfangs auf den Vermittlungskontext und die dortige Wissensrepräsentation fokussiert; stehen in der letzten Dekade ihre Potenziale für Erkenntnisvorgänge im Vordergrund der Diskussion. Sie haben das Potenzial, die traditionellen Methoden der Geistes- und Kulturwissenschaften bei objekt- und raumbezogenen Fragestellungen zu erweitern und tragen zu einer stärkeren interdisziplinären Vernetzung im Erkenntnisprozess bei. Das Wissen um ein Kulturerbeobjekt oder eine bauliche Struktur wird in digitalen 2D- und 3D-Visualisierungen gesammelt, fusioniert und macht so nicht erkennbare komplexe räumliche, inhaltliche und zeitliche Zusammenhänge sichtbar. Der Beitrag beleuchtet die operative Rolle digitaler 2D- und 3D-Visualisierungen in Erkenntnisvorgängen der digitalen Geistes- und Kulturwissenschaften. Die Entstehungsprozesse, Potenziale und Herausforderungen digitaler 2D- und 3D-Visualisierungen werden dargestellt, kritisch gewürdigt und mit konkreten Anwendungsfällen in Beziehung gesetzt. Nicht die technischen Aspekte stehen im Fokus, sondern vielmehr die Frage nach einer theoretischen Basis und praktikablen Methodologie bezogen auf deren Verwendung als ikonische Erkenntnismodelle. Daneben werden ihre unterschiedlichen Repräsentationsformen, die sich in Darstellungsarten, Ausgabeformaten und Präsentationsformen manifestieren, und deren Rolle in den Erkenntnisprozessen betrachtet. Abschließend werden Erkenntnis- und Kommunikationsstrategien skizziert, die eine zukünftige Etablierung digitaler 3D-Rekonstruktionen als anschlussfähige ikonische Erkenntnismodelle unterstützen können.

Einführung

„The power of imagery in conveying information is undeniable, and the digital era has equipped us with new, more powerful tools for visualization."[1] Visualisieren heißt Sichtbarmachen. Visualisierungen setzen „graphisch-bildnerische Mittel im Unterschied zu numerischen, verbalen und symbolischen Darstellungsformen"[2]

---

1 Isaac Knapp, *Visual Humanities*, URL: https://inspire-lab.net/2016/01/16/visual-humanities (14.01.2019).
2 Bettina Heintz und Jörg Huber, „Der verführerische Blick", in: *Mit dem Auge denken: Strate-*

DOI: 10.13173/9783447114608.101

ein, um komplexe und sprachlich nur schwer formulierbare Inhalte und Sachverhalte sichtbar und verständlich zu machen. Visualisierungen bedienen sich demnach nicht der Sprache und Schrift, sondern der Bildsprache als Medium, die tief in der zwischenmenschlichen Kommunikation verankert ist. Sowohl in den Naturwissenschaften als auch in den Geisteswissenschaften werden Visualisierungen seit jeher als Begleiter im Erkenntnisprozess eingesetzt, um zu präsentieren, zu vermitteln und zu bewerten.[3] Der Begriff des Visualisierens schließt sowohl analoge, also tradierte, als auch digitale Typologien des Visualisierens ein.

Der vorliegende Beitrag fokussiert sich auf *digitale 2D- und 3D-Visualisierungen* mit Raum- und Objektbezug, die im Schnittpunkt der Disziplinen Kunstgeschichte, Klassische Archäologie, Bauforschung und Architektur zur Erforschung und Vermittlung des materiellen und immateriellen Kulturerbes angewendet und, im Zuge der Digital Humanities, auch in der theoretischen Diskussion immer präsenter werden.

Zu Anfang ihrer Verwendung war die Generierung von neuen Erkenntnissen mittels digitaler Visualisierungen lediglich eine Art Abfallprodukt des eigentlichen Modellierungsprozesses.[4] Mittlerweile haben die an den Fragestellungen um das raum- und objektbezogene Kulturerbe beteiligten Disziplinen die Potenziale dieser digitalen 2D- und 3D-Visualisierungen für ihre Forschungszwecke erkannt und setzen sie bewusst als Instrument im wissenschaftlichen Geneseprozess ein.[5] Dabei nehmen diese Visualisierungen *als Erkenntnismodell* eine *operative* sowie *als Kommunikationsmedium* eine *repräsentative* Rolle ein (s. Abb. 6.1, Farbteil).

Typologien, Darstellung und Präsentation

Mit der Einführung der Neuen Medien fand ein Paradigmenwechsel statt, der das Visualisieren um zahlreiche digitale Werkzeuge, Verfahren, Methoden, Visualisierungstypologien und Dimensionen der Darstellung sowie virtuelle Bildräume erweitert hat. Digitale Visualisierungen reichen heute von einfachen 2D-Darstellungen (z.B. computergenerierten 2D-Bilder, digitale 2D-Karten) bis hin zu komplexen, kombinierten 6D-Anwendungen, die 3D-Visualisierungen (z.B. digitale 3D-Computermodelle) mit den Aspekten Raum, Zeit, Information und Interaktion anreichern.[6]

---

gien der Sichtbarmachung in wissenschaftlichen und virtuellen Welten, hg. von Bettina Heintz und Jörg Huber, Wien 2001, S. 9–40, hier S. 13.

3   Nicola Mößner, „Zur Einführung: Visualisierung und Erkenntnis", in: *Visualisierung und Erkenntnis. Bildverstehen und Bildverwenden in Natur- und Geisteswissenschaften*, hg. von Dimitri Liebsch und Nicola Mößner, Köln 2012, S. 9–198, hier S. 10.

4   Sander Münster, „Entstehungs- und Verwendungskontexte von 3D-CAD-Modellen in den Geschichtswissenschaften", in: *Virtual Enterprises, Communities & Social Networks*, hg. von Klaus Meissner und Martin Engelien, Dresden 2011, S. 99–108.

5   Sorin Hermon, „Scientific Method, Chaîne Opératoire and Visualization – 3D Modelling as a Research Tool in Archaeology", in: *Paradata and Transparency in Virtual Heritage*, hg. von Anna Bentkowska-Kafel u.a., London 2012, S. 13–22.

6   Mieke Pfarr-Harfst, *Investigation of 3D modelling workflows in CH with the object of development*

Bei all diesen Visualisierungstypologien ist zwischen Digitalisaten vorhandener Bilder, Bildwerken, Objekten oder baulicher Strukturen, und *Born Digital Objects*,[7] die direkt im Computer generiert werden, zu unterscheiden. Die Grenzen zwischen den einzelnen Visualisierungstypologien sind fließend und je nach Forschungsfrage und Projektziel können diese miteinander kombiniert werden. Für alle 2D- und 3D-Visualisierungstypologien kann die in ihnen gespeicherten Information auf unterschiedlichste Art und Weise ausgegeben und das darin enthaltene Wissen repräsentiert werden.[8] Hier gilt es zwischen den einzelnen Repräsentationsformen wie Darstellungsarten, Ausgabeformaten und Präsentationsformen zu unterscheiden.

Die Darstellungsarten reichen von einer schematischen bis zur realistischen Darstellung, die Ausgabeformate und Präsentationsformen manifestieren sich z.B. in einfachen computergenerierten 2D-Bildern, 2D-Filmen, 3D-Stereo-Anwendungen, hybriden Formaten als Kombination unterschiedlicher Formate oder AR- und VR-Technologien.

Das Spannungsfeld bei der Wahl der jeweiligen Repräsentationsform liegt auf der inhaltlichen Ebene zwischen Hypothese und gesicherter Erkenntnis, auf der Ebene des Sehens zwischen den Sehgewohnheiten der Zielgruppe und der Wissenschaftlichkeit und auf der administrativen Ebene zwischen den Wünschen der Auftraggeber und den technischen Möglichkeiten.

Digitale raumbezogene ikonische Erkenntnismodelle

Gerade in Bezug auf raum- und objektbezogene Fragestellungen erweitern digitale 2D- und 3D-Visualisierungen das Visualisieren nicht nur um die Komponente des virtuellen Raums, sondern speziell um die der virtuellen Realität. Durch ihre Eigenschaften und vielfältigen Potenziale machen sie u.a. nicht erkennbare komplexe räumliche, inhaltliche und zeitliche Zusammenhänge sichtbar,[9] erweitern die traditionellen Methoden der genannten Disziplinen und tragen zu einer stärkeren interdisziplinären Vernetzung im Erkenntnisprozess bei. Sie haben das Potenzial zu einem *digitalen raumbezogenen ikonischen Erkenntnismodell* zu werden. Nicht nur als Medium der Vermittlung, sondern auch als Instrumentarium der Wissensgenerierung und Kommunikation können sie

---

of key concepts and definitions, URL: cosch.info/documents/10179/153857/ STSM+report+ Kuroc zynski+Action+TD1201+abstract.pdf/0f506071-54e7-45c6-9646-66a98ccd9152 (15.01.2019), S. 2.

7   Ricky Erway, *Defining Born Digital*, URL: https://www.oclc.org/content/dam/research/ activities/hiddencollections/borndigital.pdf (10.01.2019), S.1.

8   Vgl. hierzu: Bernd Mahr, *Das Wissen im Modell*, URL: http://www.tu-berlin.de/fileadmin/ fg53/KIT-Reports/r150.pdf (10.01.2018), S. 6.

9   Mieke Pfarr-Harfst, „25 Years of Experience in Virtual Reconstructions – Research Projects, Status Quo of Current Research and Visions for the Future", in: *CAA2014 – 21st Century Archaeology. Concepts, Methods and Tools. Proceedings of the 42nd Annual Conference on Computer Applications and Quantitative Methods in Archaeology*, hg. von François Giligny u.a., Oxford 2014, S. 585-592.

„zur Aufdeckung und Auswertung bislang unerkannter Muster, Trends und Beziehungen"[10] beitragen.

In digitalen 2D- und 3D-Visualisierungen wird das raum- und objektbezogene Wissen gesammelt, fusioniert und sichtbar gemacht. Diese Visualisierungen werden so zu einem Ort der Interdisziplinarität, zum digitalen Wissensträger und übernehmen eine operative Funktion in der Erkenntnisgenese. Dabei entstehen neue *digitale Wissensräume*, die zum Spiegel der bisherigen und Gegenstand zukünftiger Forschung werden. Im erweiterten Sinne sind diese Visualisierungen nicht als reine Abbilder, sondern visuell realisierte theoretische Modelle bzw. Datenverdichtungen[11] zu verstehen. Hierbei kann keine klare Trennlinie zwischen den unterschiedlichen digitalen *2D- und 3D-Visualisierungstypologien* gezogen werden.

Im Erkenntnisprozess fließen die unterschiedlichen Repräsentationsformen dieser Visualisierungen ineinander und reagieren so, scheinbar, auf die Ziele des jeweiligen Forschungsprojektes. „Darstellungen [Repräsentationsformen] sind also eingebettet in eine Kette von anderen Darstellungen [Repräsentationsformen], die im Prinzip niemals zu einem ,natürlichen' Ende gelangen, sondern immer auf andere Darstellungen [Repräsentationsformen] verweisen."[12] Die digitalen 2D- und 3D-Visualisierungen werden so im Geneseprozess zum Wissensrepräsentant und Kommunikationsmedium, zu einer Weiterentwicklung ihrer repräsentativen Rolle als Medium der Vermittlung.

All dies erweitert auch den Bildbegriff und die Bildräume; zum klassischen Bild kommen nun 2D-Abbilder eines digitalen 3D-Computermodells sowie digitale 3D-Bildwelten und wiederum deren Erweiterung um die immersive virtuelle Umgebung hinzu. Das Bild in seinem erweiterten Sinn und den vielfältigen digitalen Erscheinungsformen wird durch die Etablierung der digitalen 2D- und 3D-Visualisierungen als ikonisches Erkenntnismodell zum Ursprung, Begleiter und Repräsentant des Wissens im Geneseprozess. Das künstlerisch-ästhetische Moment der unterschiedlichen Repräsentationsformen digitaler 2D- und 3D-Visualisierungen im Kontext der Wissensvermittlung wird nun noch um die epistemische Ebene, die der Erkenntnis, erweitert.

Als Diskurs soll an dieser Stelle auf den Modellbegriff von Mahr,[13] der zwischen einem *Model von etwas* und einem *Model für etwas* unterscheidet, eingegangen und auf die operative sowie repräsentative Rolle digitaler 2D- und 3D-Visualisierungen transferiert werden. So können die Ausgangsdaten, z.B. in Form von 3D-Digitalisaten, als Modell oder Abbild von etwas bezeichnet werden, im Geneseprozess werden sie aber zum Modell für etwas. Das 3D-Computermodell selbst ist Modell von etwas, nämlich von den heterogenen Ausgangsdaten und

---

10 Celia Krause und Ruth Reiche, *Ein Bild sagt mehr als tausend Pixel? Digitale Forschungsansätze in den Bild- und Objektwissenschaften*, Glückstadt 2015, S. 35.
11 Heintz und Huber, „Der verführerische Blick", S. 9.
12 Ebd., S. 12.
13 Mahr, *Das Wissen im Modell*, S. 12.

integrierten Informationen. Dies wird in seiner Gesamtheit anschließend wieder zum Modell für etwas, z.B. für die Forschung oder Vermittlung. Ein Rendering eines digitalen 3D-Computermodells ist dann z.B. Abbild von etwas und gleichzeitig Bild für etwas.

In digitalen raumbezogenen ikonischen Erkenntnismodellen werden Daten und Informationen nicht nur fusioniert, sondern auch interpretiert und somit werden sie zu Wissensträgern, für die drei Arten von Wissen[14] definiert werden können: Wissen in den Modellen; Wissen um die Modelle; Wissen aus den Modellen.

Das *Wissen in den Modellen* ist die in den digitalen 2D- und 3D- Visualisierungen gespeicherte und generierte Information als Ergebnis eines Erkenntnisprozesses aus heterogenen Quellen und dem spezifischen Geneseprozess. Das *Wissen um die Modelle* stellt den Kontext des jeweiligen Projektes und seinen Hintergrund dar. Aus der Fusionierung des Wissens um und in den Modellen kann wiederum das *Wissen aus den Modellen* gewonnen werden.[15] Die digitalen raumbezogenen ikonischen Erkenntnismodelle gehen somit weit über reine Informationsmodelle hinaus.

Aktuelle Anwendungsfelder

Digitale 2D- und 3D-Visualisierungen werden am bereits definierten disziplinären Schnittpunkt in den Anwendungsfeldern Forschen, Vermitteln und Bewahren eingesetzt. Erste Anwendung fanden digitale 2D- und 3D-Visualisierungen auf der repräsentativen Ebene als Medium der Wissensvermittlung im musealen Kontext. Demnach fokussierte sich auch die anfängliche theoretische Diskussion vor allem auf die Wissensvermittlung und -präsentation. Erst in der letzten Dekade werden die Potenziale der digitalen Visualisierungen für die Erforschung des Kulturerbes und somit als Erweiterung der traditionellen Methoden verstärkt diskutiert. Sie etablieren sich zunehmend in allen drei definierten Anwendungsfeldern als Instrumentarium im Geneseprozess.

Im *Anwendungsfeld Forschen* werden digitale 2D- und 3D-Visualisierungen im Rahmen ihrer operativen Rolle als Erkenntnismodell für die Beantwortung unterschiedlicher Forschungsfragen eingesetzt. Solche Forschungsfragen können unter anderem die Erfassung und Untersuchung nicht mehr sichtbarer baulicher oder stadträumlicher Strukturen, die Verortung von Funden, die Kontextualisierung von Kulturerbeobjekten, die Überprüfung von Fügungsprinzipien und Konstruktionen sowie die Analyse von Bauphasen oder Zeitschichten sein. Weiterhin können digitale 2D-und 3D-Visualisierungen im Anwendungsfeld Forschung auch als Kommunikationsmedium eingesetzt werden und so eine repräsentative Rolle übernehmen. Welche Repräsentationsform, zu welchem Zweck

---

14 Diese Definition hat die Autorin bereits in vorangegangenen Publikationen vorgenommen und sie basiert auf der Transferierung des Wissensbegriffs von Mahr auf die digitalen Visualisierungen.

15 Mieke Pfarr-Harfst, „Digital 3D Reconstructed Models in Museum Context – Is There Any Authenticity?", in: *Museen – Orte des Authentischen*, Tagungsband, Mainz (i.E.).

und zu welchem Zeitpunkt im Erkenntnisprozess zum Tragen kommt – also die Frage nach den ikonischen Erkenntnisvorgängen – muss immer in Abhängigkeit zu Projektziel, Forschungsfrage und der disziplinären Partizipation beantwortet werden.

Im *Anwendungsfeld Wissensvermittlung* sind sowohl 2D-Visualisierungen, wie z.B. animierte Karten für die Darstellung und Vermittlung komplexer räumlicher und zeitlicher Zusammenhänge, als auch digitale 3D-Computermodelle sowie AR- und VR-Anwendungen mittlerweile etabliert. Hier steht vor allem ihre repräsentative Rolle als Medium der Wissensvermittlung im Vordergrund. Die zur Verfügung stehenden Repräsentationsformen sind dabei immer in Abhängigkeit von Intention, Inhalt und Vermittlungskontext zu betrachten.

Das Dokumentieren des materiellen und immateriellen Kulturerbes steht im *Anwendungsfeld Bewahren* im Fokus. Die Anwendungsformen bewegen sich hier im Spannungsfeld zwischen 2D- oder 3D-Digitalisaten und 2D-Bild- und Filmformaten und schließen beide Rollen – repräsentativ und operativ – ein.

Erkenntnisprozess und Methodik

„[…] Sehen und Interpretieren, Beobachten und Wissen [sind] nicht zu separieren […]".[16] Der Erkenntnisprozess in digitalen raumbezogenen ikonischen Erkenntnismodellen ist, wie bereits beschrieben, eng mit dem Erstellungs- und Geneseprozess der digitalen 2D- und 3D-Visualisierungen verknüpft. Die Heterogenität in Bezug auf die Visualisierungstypologien, ihre Anwendung und Rolle (operativ und/oder repräsentativ) bedingt die Heterogenität hinsichtlich des Arbeitsprozesses und der Methodik.

Diesen Erkenntnisprozess kennzeichnet ein alternierender Prozess zwischen Phasen, in denen die Einzeldisziplinen getrennt voneinander neue Erkenntnisse generieren und Phasen, die durch den interdisziplinären Austausch und Diskurs geprägt sind. Die Genese beruht hier auf hochkomplexen Methoden, technischen Verfahren sowie in der Kombination unterschiedlicher Visualisierungstypologien und Repräsentationsformen, von denen die *ikonischen Erkenntnisvorgänge* geleitet werden. Eine zur Entschlüsselung dieser Geneseprozesse durchgeführte Studie an mehreren Forschungsprojekte, in denen digitale Visualisierungen zur Beantwortung raum- und objektbezogener Fragestellungen eingesetzt wurden, identifiziert vier grundlegende Projektphasen: Vorbereitungsphase, Datensammlung, Datenverarbeitung und Fertigstellung.[17] Die Vorbereitungsphase beinhaltet inhaltliche, administrative und technische Vorarbeiten und bildet die Basis für ein erfolgreiches Forschungsprojekt. Die Phase der Datensammlung ist geprägt

---

16 Heintz und Huber, „Der verführerische Blick", S. 22.
17 Mieke Pfarr-Harfst und Stefanie Wefers, „Digital 3D Reconstructed Models – Structuring Visualisation Project Workflows", in: *Digital Heritage. Progress in Cultural Heritage: Documentation, Preservation, and Protection. 6th International Conference, EuroMed 2016, Nicosia, Cyprus, October 31 – November 5, 2016, Proceedings, Part I*, hg. von Marinos Ioannides u.a., Cham 2016, S. 544–556.

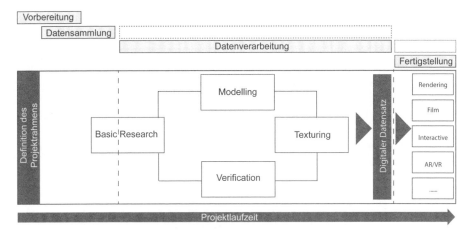

Abb. 6.2: Mieke Pfarr-Harfst, Prozess digitaler 2D- und 3D-Visualisierungen (2015).
Abbildung, Mieke Pfarr-Harfst (CC BY NC ND).

von einer intensiven Recherche, Sammlung und Auswertung der heterogenen Quellen. Die höchste Komplexität erreicht der Prozess in der Phase der Datenverarbeitung, die dem Input-Output-Prinzip zwischen den einzelnen Schritten unterliegt. Die Schritte sind ihrerseits meist in einem zirkulierenden Verfahren verbunden, eine rein lineare Projektstruktur ist nicht zu finden. Am Ende dieses hochkomplexen Geneseprozesses entsteht ein digitaler Datensatz, der in der Fertigstellungsphase die Basis für die Aufbereitung des Wissens aus dem *ikonischen Erkenntnismodell* liefert. Ein Projektrahmen aus den heterogenen projektspezifischen Randbedingungen fasst die genannten Phasen zusammen (Abb. 6.2).

Versteht man nun die digitalen 2D- und 3D-Visualisierungen als ikonische Erkenntnismodelle, kommt ihnen in der Phase der Datenverarbeitung sowohl eine operative als auch repräsentative Rolle, in der Phase der Fertigstellung vor allem eine repräsentative Rolle zu. Dies soll im Folgenden am Beispiel des interdisziplinären Verbundprojektes *Wesersandstein als globales Kulturgut – Innovation in der Bauwirtschaft und deren weltweite Verbreitung in vorindustrieller Zeit (WeSa)* detaillierter beleuchtet werden.[18] Im Rahmen dieses Projektes wurden unterschiedliche Visualisierungstypologien und ihre Repräsentationsformen kombiniert und operativ als Arbeitswerkzeug sowie repräsentativ als Kommunikationsmedium eingesetzt, um der Forschungsfrage nach vorindustrieller Präfabrikation und Optimierung von Bauabläufen am Beispiel des Wesersandsteins nachzugehen.

---

18 Jochen Backes u.a., „Digitale Modelle als Werkzeuge des Erkenntnisgewinns und der Vermittlung von Forschungsergebnissen – Inhalte, Verfahren und Ergebnisse im Projekt WESA", in: *Objekt – Dokument – Genese, Abschlusstagung des Projekts WESA*, hg. von Eva-Maria Seng und Frank Göttmann, Berlin (i.E.).

Das interdisziplinäre Team bestand aus Kunst- und Wirtschaftshistorikern, Architekten und Informatikern. Durch die Kombination unterschiedlicher digitaler 2D- und 3D-Visualisierungstypologien sowie der heterogenen Wissensquellen und Ausgangsdaten und unter Beteiligung der verschiedenen Disziplinen entstand ein hochkomplexer Geneseprozess. Die digitalen 2D- und 3D-Visualisierungen wurden zu einem Ort des Fusionierens von Wissen, Daten und Informationen und einem zentralen Punkt im Erkenntnisprozess. Darüber hinaus unterstützten die digitalen Visualisierungen die ikonischen Erkenntnisvorgänge als Kommunikationstool, um disziplinäre Sprachbarrieren durch die Bildsprache zu überwinden.

Potenziale ihrer operativen und repräsentativen Rolle

Wie bereits angedeutet, verfügen digitale 2D-und 3D-Visualisierungen als ikonische Erkenntnismodelle über zahlreiche Potenziale, die Erkenntnisprozesse in den zu Anfang definierten Anwendungsfeldern und an der Schnittstelle unterschiedlicher Disziplinen methodologisch zu erweitern. Diese Potenziale und daraus wiederum zahlreiche Anwendungsmöglichkeiten generieren sich aus den Eigenschaften Digitalität, Dreidimensionalität und Bildsprache und sind im Einzelnen[19]: Vielfalt der Ausgabeformen; Verdeutlichen komplexer inhaltlicher und räumlicher Zusammenhänge; Darstellung von Varianten; Wissensverdichtung, -generierung, -verifizierung und -vermittlung; Medium der Kommunikation.

Das Potenzial *Vielfalt der Ausgabeformen* erlaubt es, wie bereits ausgeführt, den digitalen Datensatz in unterschiedlichen Repräsentationsformen auszugeben. Für die operative Rolle dieser ikonischen Erkenntnismodelle bedeutet dieses Potenzial, gezielt auf die Anforderungen der verschiedenen wissenschaftlichen Fragestellungen reagieren zu können. Durch die vielfältigen Kombinationsmöglichkeiten der unterschiedlichen Repräsentationsformen ergeben sich unzählige Anwendungsmöglichkeiten, Erkenntnisvorgänge der Forschung zu unterstützen. So können z.B. Simulationen Ereignisse mit der gebauten Umgebung in Kontext setzen, Überblendungen mit Realbildern können räumliche Zusammenhänge klären oder mittels begehbarer Echtzeitmodelle können Fragen hinsichtlich Architektur und Raum, Ritus, Licht und Wirkung erforscht werden (s. Abb. 6.3, Farbteil).

Durch das Potential *Verdeutlichen komplexer räumlicher und/oder zeitlicher Zusammenhänge* können während eines Geneseprozesses bisher nicht sichtbare Strukturen erfasst, sichtbar und verständlich gemacht werden und zur großräumlichen Kontextfindung beitragen. So können z.B. Funde im virtuellen Raum verortet und das 3D-Computermodell mit weiteren Daten angereichert werden, um Rückschlüsse auf die Position der Fundstücke zu ziehen. Ebenso ist es möglich, Fügungsprinzipien und konstruktive Details direkt im Raum zu überprüfen. „Das

---

19 Mieke Pfarr-Harfst, „Research of Cultural Heritage – Virtual Scientific Models", in: *Proceedings of the 17th International Conference on Cultural Heritage and New Technologies*, hg. von Stadtarchäologie Wien, Wien 2013, URL: http://www.chnt.at/wp-content/uploads/ eBook_CHNT17_PfarrHarfst.pdf (10.01.2019).

3D-Modell zwingt zur geometrischen und architektonischen Durchdringung. Bereiche, die in 2D vermeintlich noch funktionieren könnten oder nicht geklärt werden müssen, springen im 3D-Modell unmittelbar ins Auge."[20] Zu diesem Potenzial zählt auch die Kontextuierung räumlicher und zeitlicher Komponenten, wie z.B. die Darstellung verschiedener Bauphasen oder Überbauungszustände. All die innerhalb dieses Potenzials genannten Anwendungsmöglichkeiten können auch auf das Anwendungsfeld *Vermittlung* übertragen und zur Wissensrepräsentation verwendet werden (s. Abb. 6.4, Farbteil).

Ein weiteres Potenzial digitaler 2D- und 3D-Visualiserung stellt die *Darstellung von Varianten* im räumlichen Kontext dar. Dies bedeutet, bezogen auf die operative Rolle digitaler Visualisierungstypologien, ein Verifizieren und Falsifizieren wissenschaftlicher Thesen, die Gegenüberstellung verschiedener Lösungsansätze als dreidimensionale Thesen oder Skizzen sowie das Aufdecken von Widersprüchen. Dies geschieht nicht nur direkt im digitalen 2D- oder 3D-Datensatz, sondern vornehmlich durch die Erzeugung von Abbildern dieser Datensätze und schließt somit auch die repräsentative Rolle der Visualisierungstypologien als Kommunikationsmedium in ikonischen Erkenntnisvorgängen mit ein (s. Abb. 6.5, Farbteil).

Digitale 2D- und 3D-Visualisierungen beruhen auf einer heterogenen Wissensbasis, woraus sich das nächste Potenzial, das *Verdichten, Fusionieren, Verifizieren, Generieren und Vermitteln von Wissen*, generiert. Dies bedeutet für den Forschungsprozess, dass durch das Zusammenführen bisheriger wissenschaftlicher Ergebnisse eine Basis für weitere Forschung geschaffen wird und hier das epistemische Moment, die Generierung neuer Erkenntnisse, im Vordergrund steht. Die Verwendung digitaler 2D- und 3D-Visualisierungen als Kommunikationsmedium und ihre damit verbundene repräsentative Rolle in Forschung und Vermittlung sind bereits mehrfach angeklungen, sollen aber an dieser Stelle noch einmal explizit als weiteres Potenzial benannt werden.

Problemstellung und Herausforderungen

„In bunten Bildern wenig Klarheit, viel Irrtum und ein Fünkchen Wahrheit."[21] Diesen Potenzialen und Anwendungsmöglichkeiten als Instrumentarium des Erkenntnisgewinns sowie Repräsentant des Wissens stehen zahlreiche Herausforderungen und Problemfelder gegenüber.

Trotz der immer weiter steigenden Präsenz digitaler 2D- und 3D-Visualisierungen in der Forschungslandschaft fehlt das reflexive Moment bezogen auf

---

20 Marc Grellert und Mieke Pfarr-Harfst, „Die Rekonstruktion – Argument – Methode. Minimaler Dokumentationsstandard im Kontext digitaler Rekonstruktionen", in: *Der Modelle Tugend 2.0 – Vom digitalen 3D-Datensatz zum wissenschaftlichen Informationsmodell*, hg. von Piotr Kuroczyński u.a., Heidelberg 2019, S. 305–322, hier S. 307.

21 Hans-Jürgen Hermann, „Matrix Retina. Wie Bilder im Gehirn verarbeitet und gespeichert werden" in: *Iconic Worlds. Neue Bilderwelten und Wissensräume*, hg. von Christa Maar und Hubert Burda, Köln 2006, S. 60-67, hier S. 60.

deren operative und repräsentative Rolle. „Die digitale Forschung an 2D- und 3D-Daten, die auf der Weiterverarbeitung von 3D-Punktwolken, 3D-Modellen oder Daten aus Geoinformationssystemen beruht, steckt in vielen Fällen noch in den Kinderschuhen.“[22] Bezieht sich diese Aussage zwar vor allem auf die technische Weiterentwicklung, so ist dies aber durchaus auch auf die theoretische Ebene übertragbar. Eine systematisch-strukturierte Untersuchung und Analyse der Erkenntnis- und Kommunikationsvorgänge, also der Rolle als Werkzeug der Erkenntnis und Medium der Vermittlung, hat ebenso wenig umfassend stattgefunden, wie die Etablierung eines theoretisch-methodologischen Rahmens. Hier kann also durchaus von „weiße(n) Flecken auf der Forschungslandkarte“[23] gesprochen werden. Es dominiert die projekt- und technikbezogene Herangehensweise, die sich auf Teilthemen oder die Anwendung bzw. Entwicklung technischer Applikationen beschränkt. Es gilt festzuhalten, „dass neue Technologien und Trends in prototypischen Anwendungen schnell aufgegriffen werden, während die in den Publikationen ebenfalls häufig thematisierte Überführung von 3D-Technologien ins Alltagsrepertoire historischer Disziplinen noch aussteht“.[24]

Dies manifestiert sich im Fehlen von einheitlichen Begriffsdefinitionen und Typologienbildung, aber auch in komplexen Fragestellungen, z.B. nach der Authentizität, dem Wissens- und Modellbegriff. Weiterhin sind Themenfelder wie Methodologie, Geneseprozesse, wissenschaftliche Qualitätssicherung, Nachhaltigkeit sowie der Bereich der Repräsentationsformen für digitale 2D- und 3D-Visualisierungen bisher nicht abschließend bearbeitet.[25]

Ein Grund hierfür liegt sicherlich in der Inhomogenität des gesamten Forschungsfeldes aufgrund der Vielfalt der unter den Digital Humanities zusammengefassten Disziplinen und der damit verbundenen ebenso zahlreichen Herausforderungen.[26] Die digitalen 2D- und 3D-Visualisierungen, eingesetzt in der Erforschung und Vermittlung des Kulturerbes, im Sinne einer Grundlagenforschung als eigenständige Typologie zu verstehen, sie als Untersuchungsobjekt selbst in den Fokus zu stellen, sie systematisch zu analysieren, ihre Anwendung kritisch zu reflektieren und einen theoretischen Rahmen zu generieren, fehlt in der aktuellen Forschungslandschaft.[27]

Sowohl der Arbeitskreis *Digitale Kunstgeschichte* als auch die Arbeitsgruppe *Digitale Rekonstruktionen*, die sich beide unter dem Dach des Verbandes *DHd –*

---

22 Krause und Reiche, *Ein Bild sagt mehr als tausend Pixel?*, S. 40.

23 Münster, „Entstehungs- und Verwendungskontexte von 3D-CAD-Modellen in den Geschichtswissenschaften", S. 106.

24 Sander Münster, *Interdisziplinäre Kooperation bei der Erstellung virtueller geschichtswissenschaftlicher 3D-Rekonstruktionen*, Wiesbaden 2016, S. 350.

25 Dies wurde von der AG Digitale Rekonstruktionen erstmals definiert, URL: http://www.digitale-rekonstruktion.info/ (12.01.2019).

26 Vgl. hierzu: Fotis Jannidis u.a. (Hg.), Digital Humanities: Eine Einführung, Stuttgart 2017.

27 Sander Münster u.a., „Future Research Challenges for a Computer-Based Interpretative 3D Reconstruction of Cultural Heritage – A German Community's View", in: *ISPRS Annals of Photogrammetry, Remote Sensing and Spatial Information Sciences* II-5/W3 (2015), S. 207-213.

Digital Humanities im deutschsprachigen Raum angesiedelt haben, unterstreichen die Notwendigkeit einer reflexiven Umgangsweise und Grundlagenforschung zu digitalen 2D- und 3D-Visualisierungen.[28] Der Arbeitskreis *Digitale Kunstgeschichte* formuliert dies wie folgt: „[...] die Erarbeitung einer Genealogie, Typologie, Theorie und Kritik solcher virtuellen Modelle [digitaler 2D- und 3D-Visualisierungen] stellt jeweils ein wichtiges Desiderat dar."[29]

Die Überführung in geeignete Standards sowie normative Leit- und Richtlinien zum Umgang mit digitalen 2D- und 3D-Visualisierungen als Methode des Erkenntnisgewinns ist ebenfalls nur rudimentär vorhanden. Die *London*[30] und *Sevilla Charter*[31] bieten hier erste Handlungsempfehlungen, die jedoch nur eingeschränkte Praxisrelevanz besitzen und daher immer noch nicht flächendeckend eingesetzt werden.

Eine weitere Herausforderung liegt in der Erweiterung des Bildbegriffes sowie der Bildräume über das reine 2D-Abbild. Im Kontext der wissenschaftlichen Visualisierung werden aktuell Themen wie eine erweiterte Bildtheorie, die spezifische Bildqualität und Bildhaftigkeit eines wissenschaftlichen Bildes, das epistemische, aber auch ästhetische Moment, das Aneignen von Bildkompetenzen sowie eine adäquate Bildkritik diskutiert.[32] Eine Einordnung digitaler 2D- und 3D-Visualisierungen in die aktuellen (digitalen) Bildwissenschaften hat aber bisher noch nicht abschließend stattgefunden. Dies alles ist aber die Basis, um digitale 2D- und 3D-Visualisierungen als zukunftsfähige ikonische Erkenntnismodelle in ihrer operativen und repräsentativen Rolle in der Forschungslandschaft zu etablieren und sie in die Bildwissenschaften im Sinne der Erweiterung des Bildbegriffes einordnen zu können.

Zusammenfassend ist festzustellen, dass die Grundproblematik im Fehlen eines ganzheitlichen Forschungsansatzes, der den Status Quo systematisiert, auswertet und in einen allgemeingültigen theoretisch-methodologischen Rahmen überführt, besteht. Die Beschränkung auf Teilaspekte ohne den übergeordneten Kontext zu betrachten, oder die Projekt- und Technikbezogenheit ist prägend. Bisher formulierte Erkenntnis- oder Kommunikationsstrategien in Form von Leitlinien oder Standards sind wenig praxisrelevant. Auch auf dem Gebiet der (digitalen) Bildwissenschaften wurden die digitale 2D- und 3D-Visualisierungen und deren Repräsentationsformen bisher nur rudimentär untersucht.

---

28 Stefan Hoppe und Georg Schelbert, „Für ein verstärktes Engagement in den Digital Humanities. Der Arbeitskreis Digitale Kunstgeschichte", in: *AKMB-news* 19/2 (2013), S. 40–42 und Arbeitsgruppe Digitale Rekonstruktionen.

29 Arbeitskreis Digitale Kunstgeschichte, URL: http://www.digitale-kunstgeschichte.de /wiki/ Themenfelder#Visualisierung_und_wissenschaftliche_Rekonstruktion (23.05.2019).

30 Hugh Denard, *The London Charter for the Computer-Based Visualisation of Cultural Heritage. Draft 2.1, 7 February 2009*, URL: http://www.londoncharter.org/ (14.01.2019).

31 International Forum of Virtual Archaeology (Hg.): *Principles of Seville. International Principles of Virtual Archaeology, Sevilla, 2014*, URL: http://sevilleprinciples.com (07.01.2020).

32 Vgl. hierzu: Bettina Heintz und Jörg Huber (Hg.), *Mit dem Auge denken: Strategien der Sichtbarmachung in wissenschaftlichen und virtuellen Welten.*

Diskussion

Die Darstellung der Problemstellung und Herausforderungen hat deutlich gezeigt, dass für die Etablierung und Anerkennung digitaler 2D- und 3D-Visuali-
sierungen im Bereich des materiellen und kulturellen Erbes als digitale raumbezogenen Erkenntnismodelle noch viel an Grundlagenforschung zu leisten ist. Es
gilt ein methodologisches Angebot und einen begrifflich-theoretischen Rahmen
zu entwickeln, der sowohl die operative als auch repräsentative Rolle in Erkenntnisvorgängen und im Vermittlungskontext einschließt. Bisher sind weder eindeutige Grundlagen, Regeln, Standards oder Best Practice Beispiele vorhanden.
Potenziale und Herausforderung aller drei Anwendungsfelder sind unmittelbar
und eng miteinander und mit anderen Themenfeldern in den Digital Humanities
verknüpft, sie können und dürfen nicht getrennt voneinander betrachtet werden.

Es muss mittels einer reflexiven, übergeordneten, über Instituts- und Länder-
grenzen hinausgehenden, also nicht projektbezogenen Sichtweise und offenen
Herangehensweise geklärt werden, inwieweit digitale 2D- und 3D-Visualisierun-
gen den Erkenntnisprozess bei raum- und objektbezogenen Fragestellungen im
definierten Anwendungsfeld unterstützen können, und zu welchem Zweck und
in welcher Form sie in Abhängigkeit zu Projektziel und Forschungsfrage eingesetzt werden. Erst auf Grundlage einer solchen Vorarbeit können *Erkenntnisstra-
tegien* für eine zielgerichtete Verwendung digitaler 2D- und 3D-Visualisierung in
Erkenntnisprozessen sowie *Kommunikationsstrategien* im Bereich der Wissensrepräsentation entwickelt und etabliert werden.

Ausgehend von bereits vorhandenen Untersuchungen und Projekterfahrun-
gen ist es aber durchaus möglich, erste niedrigschwellige Leitlinien für den hochkomplexen Weg des Erkenntnisgewinns, in dem unterschiedliche digitale Visualisierungen miteinander kombiniert und in ihrer Summe zu einem ikonischen
Erkenntnismodell werden, zu formulieren:[33]

Festlegung des Projektrahmens

Zu Beginn eines jeden Projektes muss der administrative, technische und strukturelle Projektrahmen in Abhängigkeit von Projektziel, -inhalt, -kontext und der
Zusammensetzung des interdisziplinären Teams verbindlich für alle Beteiligten
definiert werden.

Definition von Projektphasen und Meilensteinen

Für das gesamte Projekt muss ein verbindlicher zeitlicher Ablaufplan mit der Definition der einzelnen Projektphasen, ihrer inhaltlichen Schwerpunkte und Mei-
lensteine festgelegt werden.

---

33 Mieke Pfarr-Harfst, „Typical Workflows, Documentation Approaches and Principles of 3D
   Reconstruction of Cultural Heritage", in: *3D Research Challenges in Cultural Heritage II. How
   to Manage Data and Knowledge Related to Interpretative Digital 3D Reconstructions of Cultural
   Heritage?*, hg. von Sander Münster u.a., Cham 2016, S. 32–47.

Festlegen der technischen Voraussetzungen

Der zeitliche und inhaltliche Projektrahmen bildet seinerseits wiederum die Basis für die Entscheidung über die technischen Projektdetails. In diesem Zusammenhang muss entschieden werden, welche Visualisierungstypologien zu welchem Zeitpunkt und zu welchem Zweck in Abhängigkeit zur Forschungsfrage im Projekt eingesetzt werden. Die Vor- und Nachteile der jeweiligen Visualisierungstypologien müssen eingehend betrachtet und gegenübergestellt werden.

Definition verbindlicher Strukturen und Nomenklaturen

Die Festlegung einheitlicher Strukturen hinsichtlich der Informationsdichte und des Detaillierungsgrades der Visualisierungen sowie Nomenklaturen für die verwendeten Quellen als auch die daraus entstehenden Datensätze müssen festgelegt werden. Dies sollte immer in Abhängigkeit der zu untersuchenden raum- und objektbezogenen Fragestellungen geschehen.

Klassifikation von Quellen

Neben der Strukturierung der Visualisierungen ist die Klassifizierung und sinnvollen Archivierung der meist heterogenen Quellen unabdingbar, um eine eindeutige Projektstruktur als Basis guter Zusammenarbeit zu erhalten.

Archivierung und Dokumentation

Wichtige Visualisierungsstände müssen archiviert werden, um eine flexible Editierbarkeit zu jeder Zeit des Projekts und bei Projektabschluss die Nachvollziehbarkeit einzelner Projektschritte zu gewährleisten.[34] Im Sinne guter wissenschaftlicher Praxis muss darüber hinaus eine Dokumentation der Quellen, des Arbeitsprozesses und der Ergebnisse selbstverständlich werden.

Fazit und Ausblick

Diese niedrigschwelligen Leitlinien schließen derzeit nicht das methodische Vorgehen, z.B. in der Phase der Datenverarbeitung, mit ein. Dies liegt in der Heterogenität der unterschiedlichen Visualisierungstypologien und ihrer jeweiligen methodischen Vorgehensweise und den technischen Voraussetzungen begründet. So werden bei der parametrischen Modellierung andere Verfahren und Vorgehensweisen angewendet als bei der reinen 3D-Modellierung. Gerade dieses gilt es in Zukunft noch näher zu beleuchten und in ebenso Leitlinien zu transferieren.

Die Formulierung von *Kommunikationsstrategien* als erste niedrigschwellige Leitlinien für den *Erkenntnisprozess*, aber auch für die *Wissensrepräsentation* im Vermittlungskontext gestaltet sich ebenfalls äußerst schwierig. Zu unterschiedlich sind derzeit die Auffassungen hinsichtlich der Darstellungsarten, Ausgabe-

---

34 Jonas Bruschke und Markus Wacker, „Neuartige Werkzeuge für die Entwicklung und Dokumentation digitaler Rekonstruktionen", in: *Dresdner Transferbrief,* hg. von TU Dresden Forschungsförderung und Transfer u.a., Dresden 2015, S. 9.

formaten und Präsentationsformen und ihrer Verwendung auf operativer und repräsentativer Ebene. Es ist lediglich zu betonen, dass sich die Repräsentation digitaler 2D- und 3D-Visualisierungen an der Fragestellung nach Zweck, Adressat und Projektphase orientieren und die kritische Prüfung aller zur Verfügung stehenden Repräsentationsformen Basis für eine Entscheidung sein sollte. Aus Sicht der Wissenschaftlichkeit ist es unabdingbar, dass hierbei nicht das Streben nach bildlicher Perfektion und Illusion, sondern Projektziel und -intention, vorherrschen sollte. Gerade im Rahmen *der ikonischen Erkenntnisvorgängen* ist sicherlich eine vereinfachte, sich auf das Wesentliche beschränkende Darstellung und Präsentation zu wählen.

Zusammenfassend gilt festzuhalten, dass digitale 2D- und 3D-Visualisierungen als digitale raumbezogenen ikonische Erkenntnismodelle durchaus über zahlreiche Potenziale für die zukünftige Wissenslandschaft und die Erweiterung der vorhandenen Methoden beinhaltet. Diese Potenziale aber in einheitliche Erkenntnis- und Kommunikationsstrategien auf operativer und repräsentativer Ebene zu überführen, bedarf einer umfassenden und grundlegenden Betrachtung und Auswertung des Status Quo, um auch die Grenzen und Risiken *digitaler 2D- und 3D-Visualisierungen als ikonische Erkenntnismodelle* sowohl im Forschungskontext als auch im Bereich der Wissensrepräsentation und des Wissenstransfers zu identifizieren. Hier sind nicht nur die Protagonisten der Community aufgefordert, sich diesen Herausforderungen kritisch und reflexiv zu stellen, sondern auch die gesamte Wissenschaftslandschaft, einschließlich der Förderer und Auftraggeber. Bei dieser zukünftigen Aufgabe sollten nicht dogmatische, sondern pragmatische Ansätze im Vordergrund stehen, nichts darf ausgeschlossen oder negiert werden. Die Herausforderung liegt in der Kombination der unterschiedlichen Technologien, der Disziplinen und der verschiedenen disziplinären und inhaltlichen Schwerpunkte und Methoden. Hier fordert uns die Digitalität, gibt aber auch gleichzeitig Raum für neue Visionen und bietet uns neue Möglichkeiten an, unsere Fragen an die Vergangenheit innovativ beantworten zu können.

Literaturverzeichnis

Arbeitsgruppe Digitale Rekonstruktionen, URL: http://www.digitale-rekonstruktion.info/ (12.01.2019).

Arbeitskreis Digitale Kunstgeschichte, URL: http://www.digitale-kunstgeschichte.de/wiki/ Themenfelder#Visualisierung_und_wissenschaftliche_Rekonstruktion (23.05.2019).

Backes, Jochen, Mieke Pfarr-Harfst und Marc Grellert, „Digitale Modelle als Werkzeuge des Erkenntnisgewinns und der Vermittlung von Forschungsergebnissen – Inhalte, Verfahren und Ergebnisse im Projekt WESA", in: *Objekt – Dokument – Genese, Abschlusstagung des Projekts WESA*, hg. von Eva-Maria Seng und Frank Göttmann, Berlin (i.E.).

Bruschke, Jonas und Markus Wacker, „Neuartige Werkzeuge für die Entwicklung und Dokumentation digitaler Rekonstruktionen", in: *Dresdner Transferbrief*, hg.

von TU Dresden Forschungsförderung und Transfer, TechnologieZentrumDresden GmbH, Industrie- und Handelskammer Dresden und GWT-TUD GmbH, Dresden 2015, S. 9.

Denard, Hugh, *The London Charter for the Computer-Based Visualisation of Cultural Heritage. Draft 2.1, 7 February 2009*, URL: http://www.londoncharter.org/ (14.01.2019).

Erway, Ricky, *Defining Born Digital*, URL: https://www.oclc.org/content/dam/research/activities/ hiddencollections/borndigital.pdf (10.01.2019).

Grellert, Marc und Mieke Pfarr-Harfst, „Die Rekonstruktion – Argument – Methode. Minimaler Dokumentationsstandard im Kontext digitaler Rekonstruktionen", in: *Der Modelle Tugend 2.0 – Vom digitalen 3D-Datensatz zum wissenschaftlichen Informationsmodell*, hg. von Piotr Kuroczyński, Mieke Pfarr-Harfst und Sander Münster, Heidelberg (2019), S. 305–322.

Heintz, Bettina und Jörg Huber, „Der verführerische Blick", in: *Mit dem Auge denken: Strategien der Sichtbarmachung in wissenschaftlichen und virtuellen Welten*, hg. von Bettina Heintz und Jörg Huber, Wien 2001, S. 9–40.

— (Hg.): *Mit dem Auge denken: Strategien der Sichtbarmachung in wissenschaftlichen und virtuellen Welten*, Wien 2001.

Hermann, Hans-Jürgen, „Matrix Retina. Wie Bilder im Gehirn verarbeitet und gespeichert werden" in: *Iconic Worlds. Neue Bilderwelten und Wissensräume*, hg. von Christa Maar und Hubert Burda, Köln 2006, S. 60–67.

Hermon, Sorin, „Scientific Method, Chaîne Opératoire and Visualization – 3D Modelling as a Research Tool in Archaeology", in: *Paradata and Transparency in Virtual Heritage*, hg. von Anna Bentkowska-Kafel, Hugh Denard und Drew Baker, London 2012, S. 13–22.

Hoppe, Stefan und Georg Schelbert, „Für ein verstärktes Engagement in den Digital Humanities. Der Arbeitskreis Digitale Kunstgeschichte", in: *AKMB-news* 19/2 (2013), S. 40-42.

International Forum of Virtual Archaeology (Hg.): *Principles of Seville. International Principles of Virtual Archaeology, Sevilla, 2014*, URL: http://sevilleprinciples.com (07.01.2020).

Jannidis, Fotis, Hubertus Kohle und Malte Rehbein (Hg.), Digital Humanities: Eine Einführung, Stuttgart 2017.

Knapp, Isaac, *Visual Humanities*, URL: https://inspire-lab.net/2016/01/16/visual-humanities (14.01.2019).

Krause, Celia und Ruth Reiche, *Ein Bild sagt mehr als tausend Pixel? Digitale Forschungsansätze in den Bild- und Objektwissenschaften*, Glückstadt 2015.

Mahr, Bernd, *Das Wissen im Modell*, URL: http://www.tu-berlin.de/fileadmin/fg53/KIT-Reports/ r150.pdf (10.01.2018).

Mößner, Nicola, „Zur Einführung: Visualisierung und Erkenntnis", in: *Visualisierung und Erkenntnis. Bildverstehen und Bildverwenden in Natur- und Geisteswissenschaften*, hg. von Dimitri Liebsch und Nicola Mößner, Köln 2012, S. 9–30.

Münster, Sander, „Entstehungs- und Verwendungskontexte von 3D-CAD-Modellen in den Geschichtswissenschaften", in: *Virtual Enterprises, Communities & Social Networks*, hg. von Klaus Meissner und Martin Engelien, Dresden 2011, S. 99–108.

—, *Interdisziplinäre Kooperation bei der Erstellung virtueller geschichtswissenschaftlicher 3D-Rekonstruktionen*, Wiesbaden 2016.

—, Piotr Kuroczyński, Mieke Pfarr-Harfst, Marc Grellert und Dominik Lengyel, „Future Research Challenges for a Computer-Based Interpretative 3D Reconstruction of Cultural Heritage – A German Community's View", in: *ISPRS Annals of Photogrammetry, Remote Sensing and Spatial Information Sciences* II-5/W3 (2015), S. 207–213.

Pfarr-Harfst, Mieke, „Typical Workflows, Documentation Approaches and Principles of 3D Reconstruction of Cultural Heritage", in: *3D Research Challenges in Cultural Heritage II. How to Manage Data and Knowledge Related to Interpretative Digital 3D Reconstructions of Cultural Heritage?*, hg. von Sander Münster, Mieke Pfarr-Harfst, Piotr Kuroczyński und Marinos Ioannides, Cham 2016, S. 32–47.

—, *Investigation of 3D modelling workflows in CH with the object of development of key concepts and definitions*, URL: cosch.info/documents/10179/153857/STSM+report+Kuroczynski+Action+TD1201+abstract.pdf/0f506071-54e7-45c6-9646-66a98ccd9152 (15.01. 2019).

—, „Research of Cultural Heritage – Virtual Scientific Models", in: *Proceedings of the 17th International Conference on Cultural Heritage and New Technologies*, hg. von Stadtarchäologie Wien, Wien 2013, URL: http://www.chnt.at/wp-content/uploads/eBook_ CHNT17_ PfarrHarfst.pdf (10.01.2019).

—, „25 Years of Experience in Virtual Reconstructions – Research Projects, Status Quo of Current Research and Visions for the Future", in: *CAA2014 – 21st Century Archaeology. Concepts, Methods and Tools. Proceedings of the 42nd Annual Conference on Computer Applications and Quantitative Methods in Archaeology*, hg. von François Giligny, François Djindjian, Laurent Costa, Paola Moscati und Sandrine Robert, Oxford 2014, S. 585–592.

—, „Digital 3D Reconstructed Models in Museum Context – Is There Any Authenticity?", in: *Museen – Orte des Authentischen*, Tagungsband, Mainz (i.E.).

— und Stefanie Wefers, „Digital 3D Reconstructed Models – Structuring Visualisation Project Workflows", in: *Digital Heritage. Progress in Cultural Heritage: Documentation, Preservation, and Protection. 6th International Conference, EuroMed 2016, Nicosia, Cyprus, October 31 – November 5, 2016, Proceedings, Part I*, hg. von Marinos Ioannides, Eleonora Fink, Antonia Moropoulou, Monika Hagedorn-Saupe, Antonella Fresa, Gunnar Liestøl, Vlatka Rajcic, Pierre Grussenmeyer, Cham 2016, S. 544–556.

Digitale Ikonik

Ruth Reiche

Laut Max Imdahl, dem Begründer der Ikonik, bedingen sich Bildinhalt und dessen formale Umsetzung gegenseitig. Ganz konkret heißt dies, dass Veränderungen in der Komposition eines Bildes auch den Sinn der verbildlichten Szene verändern. Die ikonische Anschauung kann daher als eine verstanden werden, die auf die Struktur eines Bildes gerichtet ist. Mit diesem Ansatz erweitert Imdahl die Interpretationslehre Erwin Panofskys, bei der zwischen vorikonographischer, ikonographischer und ikonlogischer Sinnebene unterschieden wird. Ebenso wie Imdahl mit seiner Betrachtungsweise einen spezifisch ikonischen Bildsinn herausschält, so die These, können auch digitale Mittel die Anschauung eines Bildes erweitern. Bei den meisten digitalen Bildern, mit denen es man in der geisteswissenschaftlichen Forschung zu tun hat und die über Bilddatenbanken erschlossen und damit zugänglich sind, handelt es sich um Retrodigitalisate, sprich digitale Repräsentationen von Bildern, die als Pixelbilder vorliegen. Dadurch, dass die Werte der einzelnen Pixel auslesbar sind, ist eine automatisierte Analyse der Syntax prinzipiell möglich. Wenn sich aber mit Imdahl Syntax und Semantik eines Bildes einander bedingen, so muss zwangsläufig der Schluss gezogen werden, dass der Computer als Hilfsmittel das Betrachten eines Bildes erweitert. Es soll in diesem Aufsatz also danach gefragt werden, was digitale Mittel zur Anschauung eines Bildes beitragen.

Einleitung

Laut Max Imdahl ist das „Thema der Ikonik [...] das Bild als eine solche Vermittlung von Sinn, die durch nichts anderes zu ersetzen ist".[1] Er geht davon aus, dass die „formalen und inhaltlichen Qualitäten eines Bildes nicht voneinander zu trennen sind"[2], sich also Syntax und Semantik gegenseitig bedingen. Um dies empirisch zu belegen, hat Imdahl ein Experiment durchgeführt: Bei einem Figurenbild, einer ottonischen Miniatur, welche die Begegnung Jesu mit dem Hauptmann von Kapernaum zeigt, verschiebt er die Jesusfigur auf der Bildfläche, so dass sie einmal näher an sein eigenes Gefolge, einmal näher an den Hauptmann mit wiederum dessen Gefolge und einmal in die exakte Mitte zwischen den beiden Gruppen rückt.[3] Es zeigt sich, dass schon diese minimalen Veränderungen in der Komposition den Sinn der verbildlichten Szene verändern. Ähnlich verhält es sich mit der Farbe in einem Bild. Man denke etwa an Franz Marcs Gemälde *Das*

---

1 Max Imdahl, „Ikonik. Bilder und ihre Anschauung", in: *Was ist ein Bild?*, hg. von Gottfried Boehm, München 1994, S. 300–324, hier S. 300.
2 Ebd., S. 303.
3 Vgl. ebd., S. 303–305.

DOI: 10.13173/9783447114608.117

blaue Pferd I von 1911. Marc abstrahiert hier von der natürlichen Erscheinung und macht Gebrauch von Wesensfarben. Über die drei Grundfarben schreibt Marc 1910 in einem Brief an August Macke: „*Blau* ist das *männliche* Prinzip, herb und geistig. *Gelb* ist das *weibliche* Prinzip, sanft, heiter und sinnlich. *Rot* ist die *Materie*, brutal und schwer und stets die Farbe, die von den anderen beiden bekämpft und überwunden werden muß!"[4] Besäße das Pferd eine andere Farbe, würde das Bild demnach nicht mehr bzw. völlig anders funktionieren, da der bedeutungsvolle Kontrast zwischen dem Blau des Tieres und dem Rot des Grundes, auf dem es steht, aufgelöst wäre.

Mit seinem Ansatz erweitert Imdahl die Interpretationslehre von Erwin Panofsky, bei welcher zwischen vorikonographischer Beschreibung, ikonographischer Analyse und ikonologischer Interpretation unterschieden wird. Ebenso wie Imdahl mit seiner Betrachtungsweise einen spezifisch ikonischen Bildsinn herausschält, so die These, können auch digitale Mittel die Anschauung eines Bildes erweitern. Dabei soll in diesem Aufsatz – wie mit Marcs *Das blaue Pferd* bereits angedeutet – nicht auf Mittel der Bilderkennung, sondern auf eine automatisierte Farbauswertung abgezielt werden. Die Farbe ist ein zentrales Element in Kunsttheorie wie künstlerischer Praxis, ihre grundlegenden Prinzipien sind Gegenstand der Farbenlehre. In der modernen Malerei gewinnt die Farbe an neuer Bedeutung, da sie nicht mehr nur Gegenstandsfarbe zu sein hat. Über August Mackes Bild *Leute am blauen See* von 1913, das eine Frau, ein junges Mädchen und einen Mann in freier Natur zeigt, schreibt Imdahl dementsprechend: „So erscheint das Gesicht der Frau rot, aber das Rot gilt nicht als rotes Gesicht. Denn die Farben des Bildes sind frei von den Dingen".[5] Weiter schreibt er: „Die wichtigsten Farben des Bildes sind Rot, Orange, Gelb, Grün, Blau und Violett: das in Einzelfarben zerlegte Licht".[6] Das Licht sei demnach auch der eigentliche Gegenstand des Bildes, ebenso wie bei Robert Delaunay, dessen farbig facettierte Bilder auf Macke eingewirkt haben sollen. In Delaunays Bild *Drei Fenster, Turm und Rad* von 1912 lassen sich zwar Eiffelturm und Riesenrad erkennen, aber die Farbfelder sind es, die das Bild gliedern und ihm seine für Delaunay so typische Struktur geben. Sie lassen an durch Fensterglasscheiben gebrochenes Licht denken, an Licht, das wie bei Macke in seine Einzelfarben zerlegt ist.

„In ihren Farben stimmen die beiden Bilder nahezu wörtlich überein",[7] schreibt Imdahl. Zwar verwenden beide die Farben des Lichts, doch – betrachtet man beide Bilder im direkten Vergleich (Abb. 7.1 und Abb. 7.2, links, s. Farbteil) – irritiert die Aussage einer nahezu wörtlichen Übereinstimmung. Diese Irritation

---

4 Franz Marc, „37. Brief an August Macke", in: Franz Marc. Briefe, Schriften und Aufzeichnungen, hg. von Günter Meißner, Leipzig 1989, S. 34–37, hier S. 35.
5 Max Imdahl, „Die Farbe als Licht bei August Macke", in: Ders., Gesammelte Schriften, Bd. 1, hg. von Angeli Janhsen-Vukićević, Frankfurt am Main 1996, S. 32–47, hier S. 32.
6 Ebd., S. 34.
7 Ebd., S. 40.

soll daher als Ausgangspunkt genommen werden, um die Farben beider Bilder näher anzuschauen.

Imdahl unternimmt eine sehr ausführliche Beschreibung der Farbkontraste, die die Bilder jeweils strukturieren. Es ist also anzunehmen, dass es weniger die verwendeten Farben an sich sind als die Farbkontraste, die zu seiner Aussage führten. Um empirisch zu belegen, dass die beiden Bilder in ihrer Farbigkeit nicht übereinstimmen, jedoch durchaus eine Ähnlichkeit in ihrer Farbakkordik aufweisen, sollen in diesem Aufsatz verschiedene Herangehensweisen an eine digitale Farbanalyse erprobt und unternommen werden.

Digitale Bilder

Grundlage für eine digitale Farbanalyse stellen digitale Bilder dar. Bei den meisten digitalen Bildern, mit denen man es in der geisteswissenschaftlichen Praxis zu tun hat, handelt es sich um digitale Repräsentationen von materiellen Artefakten. Solche Retrodigitalisate werden über Bilddatenbanken erschlossen und sind damit in der Regel samt Metadaten wie etwa bei einem Gemälde den Angaben zum Künstler, dem Entstehungsjahr, dem verwendeten Material oder einer ikonographischen Einordnung zugänglich, oftmals unter Nutzung von Normdateien wie der GND[8] oder Klassifizierungssystemen wie Iconclass[9], was nicht nur die Erschließung, sondern auch die Vernetzung unterschiedlicher Ressourcen erleichtert. Um eine hohe Qualität der Metadaten sowie der Bilddaten zu gewährleisten, was nicht nur für die unmittelbare Anschauung, sondern auch für die digitale Auswertung der Bilddaten unabdinglich ist, hat die DFG Praxisregeln zur Digitalisierung herausgegeben.[10] Dass die Qualitätsansprüche jedoch nicht immer erfüllt werden, wird bei der Bildrecherche deutlich: Sucht man im Netz und diversen Bilddatenbanken nach digitalen Repräsentationen der Gemälde *Leute am blauen See* und *Drei Fenster, Turm und Rad*, finden sich zahlreiche und stark voneinander abweichende Varianten der beiden Bilder. Keine der Abbildungen ist – wie von der DFG empfohlen – mit einer Farbtafel versehen, die einen Abgleich ermöglichen würde. Es bleibt in diesem Fall dem subjektiven Empfinden überlassen, welche Abbildung dem Original am nächsten kommt. Es sei daher bereits an dieser Stelle gesagt, dass sich die folgenden Untersuchungen und Ergebnisse ausdrücklich auf die zwei verwendeten digitalen Repräsentationen beziehen. Der Methodik tut dies jedoch keinen Abbruch.

---

8 Die Gemeinsame Normdatei (GND) wird von der Deutschen Nationalbibliothek im Verbund mit zahlreichen Institutionen gemeinschaftlich geführt und auf deren Seite beschrieben als „Normdatei für Personen, Körperschaften, Konferenzen, Geografika, Sachschlagwörter und Werktitel, die vor allem zur Katalogisierung von Literatur in Bibliotheken dient, zunehmend aber auch von Archiven, Museen, Projekten und in Webanwendungen genutzt wird." URL: https://www.dnb.de/DE/Standardisierung/GND/gnd_node.html (10.06.2019).

9 Siehe URL: http://www.iconclass.org/ (10.06.2019).

10 Vgl. Deutsche Forschungsgemeinschaft, *DFG-Praxisregeln „Digitalisierung"*, URL: http://www.dfg.de/formulare/12_151 (10.06.2019).

Methodisch relevant ist, dass es sich bei Retrodigitalisaten um Pixelgrafiken handelt, die sich aus einzelnen Bildpunkten zusammensetzen. Je mehr Bildpunkte eine Pixelgrafik auf einer gegebenen Fläche besitzt, desto höher ist deren Auflösung und desto detailgetreuer in der Regel das Resultat, weshalb die Auflösung neben anderen technischen Parametern wie Farbtiefe und Dateiformat ein wesentliches Qualitätsmerkmal darstellt. Ein strukturell gänzlich anders arbeitender Bildtypus ist die Vektorgrafik, welche über eine Beschreibung von Form und Position geometrischer Objekte zu einem Bild kommt. Vektorgrafiken besitzen gegenüber Pixelgrafiken den Vorteil, dass sie in der Größe verlustfrei skalierbar sind. Feinste Farbabstufungen lassen sich im hoch aufgelösten Pixelraster jedoch besser abbilden.

Retrodigitalisate besitzen immer ein reales Objekt als Vorlage. Pixelgrafiken lassen sich mit entsprechenden Programmen aber auch unmittelbar am Rechner erzeugen. Digital generierte Bilder werden gemeinhin als Computergrafiken bezeichnet. Diese können mithilfe eines Eingabegerätes ‚gezeichnet' oder aber berechnet sein. Neben dem Erzeugen zweidimensionaler Grafiken zählt hierbei die Modellierung dreidimensionaler Objekte zu einem vielseitig anwendbaren Gebiet: 3D-Modelle werden in wissenschaftlichen Visualisierungen und Rekonstruktionen ebenso wie in Computerspielen oder Animationsfilmen genutzt. Auch virtuelle Welten, in die eine Person mittels eines *Head-Mounted-Display* eintaucht, basieren auf 3D-Modellen. Demgegenüber stehen Hybriderscheinungen wie die *Augmented Reality*, eine mit digitalen Informationen angereicherte Realität. Auch sie zählen im weitesten Sinne zum digitalen Bild.

Versucht man sich angesichts dieser Mannigfaltigkeit an einer Charakterisierung des digitalen Bildes, gelingt dies am ehesten über den Gebrauch des Begriffes *Medium* im Sinne eines Bildträgers wie Holz oder Leinwand: Während beim konventionellen Tafelbild Bild und Medium untrennbar miteinander verbunden sind, wird beim digitalen Bild erst auf Basis der in einer Datei gespeicherten Information ein wahrnehmbares Bild auf einem Bildschirm erzeugt. Das hat weitreichende Folgen: „Erst durch die Trennung von Information und Medium ist die Variabilität, die Verarbeitbarkeit und verlustlose Kopie möglich – die grundlegenden Eigenschaften, die das Digitalbild von den konventionellen Bildmedien unterscheidet".[11] Bei einem Gemälde etwa werde die Farbe beim Trocknen auf dem Bildträger fixiert und sei infolgedessen nicht mehr variabel.[12] Digitale Bilder hingegen können auf Pixelebene unendlich oft und – wenn gewollt – spurlos manipuliert werden, was ihnen nicht selten den Vorwurf des Verfälschten einbringt. Die allerorts verfügbaren digitalen Bilder, begreifbar als Nomaden, die über das

---

11 Harald Klinke, „Bildwissenschaft ohne Bildbegriff", in: *Bilder der Gegenwart. Aspekte und Perspektiven des digitalen Wandels*, hg. von dems. und Lars Stamm, Göttingen 2013, S. 11–28, hier S. 23.
12 Vgl. ebd.

Netz gleichsam von Bildschirm zu Bildschirm wandern,[13] sind jedoch nicht nur bearbeitbar, sondern auch verarbeitbar. Das Abbild eines Gemäldes in einer Datenbank erscheint damit nicht mehr länger als rein illustrative Beigabe, sondern autonomisiert jenes.[14] Aufgrund der wachsenden Zahl von hochauflösenden digitalen Repräsentationen von Werken der bildenden Kunst ist deshalb zu erwarten, dass Ansätze, die das Bild direkt adressieren, an Bedeutung gewinnen.

Dadurch dass sich Pixelgrafiken aus einzelnen Bildpunkten zusammensetzen, sind sie „vollständig und eindeutig durch ihr Pixelmuster definiert. Das bedeutet nicht, dass Wirkung und Bedeutung damit festgelegt sind, aber das Bild selbst ist auf syntaktischer Ebene vollständig zugänglich für Analysen und beliebige Veränderungen, auch mittels automatischer Verfahren."[15] Wenn sich aber, um wieder auf Imdahl zurückzukommen, Syntax und Semantik eines Bildes einander bedingen, so muss eigentlich zwangsläufig der Schluss gezogen werden, dass eine automatisierte Bildanalyse mit Schwerpunkt auf die Syntax auch eine auf die Semantik gerichtete Anschauung eines Bildes potentiell unterstützen kann.

Dieser Gedanke ist nicht neu: Als erster hat ihn vermutlich William Vaughan formuliert, der gerne als Vorreiter einer digitalen Kunstgeschichte bezeichnet und auch hier als ein solcher herangezogen wird. Den „direkten Zugriff auf formale visuelle Eigenheiten des Kunstwerkes"[16] begreift er als eine der anspruchsvollsten Möglichkeiten, die sich aus der Digitalisierung für die Kunstgeschichte ergeben; denn ein Bild sei „nicht aus den diskreten und leicht zu identifizierenden formalen Elementen aufgebaut […], die einen geschriebenen Text konstituieren. Es gibt im Bild kein Äquivalent zu Worten."[17] Formen setzen sich aus einzelnen Pixeln zusammen, bilden keine zu adressierende Einheit. Formale Charakteristika seien folglich einfacher automatisiert zu bestimmen als Bildmotive. Sein bereits in den 1980er Jahren entwickeltes Bilderkennungsprogramm *Morelli* nutzte dementsprechend ausschließlich Umriß- und Helligkeitswerte, um die visuelle Struktur eines Kunstwerks in einem reduzierten Abbild zu erfassen und jenes mit anderen abzugleichen.[18] Auf diese Weise haben sich unterschiedliche Reproduktionen in dem zu Testzwecken aufgebauten Korpus von 2000 Bildern finden

---

13 Die Metapher ist von Hans Belting übernommen, welcher (mentale) Bilder als Nomaden beschreibt, insofern sie die im Laufe der Geschichte wechselnden „aktuellen Medien wie Stationen auf Zeit" (Hans Belting, „Medium – Bild – Körper. Einführung in das Thema", in: *Bild-Anthropologie. Entwürfe für eine Bildwissenschaft*, hg. von dems., München 2001, S. 32) benutzen.

14 Vgl. Hubertus Kohle u.a., *Das Digitale Bild. Initiative zur Einrichtung eines Schwerpunktprogrammes*, URL: https://www.kunstgeschichte.uni-muenchen.de/forschung/digitalekg/digitalesbild1/dfg-schwerpunktprogramm_das_digitale_bild.pdf (10.06.2019), S. 10. Die benannten Eigenschaften digitaler Bilder werden hier als *Granularität*, *Manipulierbarkeit* und *Ubiquität* beschrieben.

15 Hermann Pflüger, *Computer, Sehen, Bilder. Artists Writing About Artists*, Berlin 2014, S. 12.

16 William Vaughan, „Computergestützte Bildrecherche und Bildanalyse", in: *Kunstgeschichte digital*, hg. von Hubertus Kohle, Berlin 1997, S. 97–106, hier S. 97.

17 Ebd.

18 Vgl. ausführlicher zu *Morelli* ebd., S. 101–104.

und erkennen lassen. Die methodischen Implikationen eines solchen computergestützten Suchsystems sieht Vaughan in einer Rückbesinnung auf den kunsthistorischen Wert formanalytischer Zugänge, wie sie einst von Heinrich Wölfflin,
Alois Riegel oder dem namensgebenden Giovanni Morelli entwickelt wurden.[19]

In eine ähnliche Stoßrichtung weisen Stefan Heidenreichs Bemühungen: Wie
er in seinem Aufsatz *Form und Filter – Algorithmen der Bildverarbeitung und Stilanalyse* bemerkt, wandeln sich „das Wissen, die Aussagen, das Sprechen und
Denken über Bilder [...] mit den Medien, in denen sie vorliegen."[20] Hätte bei
Wölfflin seinerzeit die Diaprojektion dazu geführt, dass mit der Doppelprojek-
tion das Wissen um stilistische Unterschiede in Renaissance und Barock in eine
Dichotomie von Begriffen überführt werde, so könnten dessen Aussagen wiederum mit Mitteln der Bildverarbeitung bestätigt werden. Liegen Bilder digitalisiert vor, würden sie zugänglich für Algorithmen der Bildverarbeitung, etwa
für Filteroperationen, die sich dadurch auszeichnen, dass „sie bestimmte Anteile
einer Information abschwächen oder entfernen, andere Anteile dagegen erhalten
oder verstärken."[21] Den Einsatz solcher Filteroperationen wendet Heidenreich anschaulich auf ein Beispiel Wölfflins an und zeigt so wie Bekanntes reproduziert
bzw. bestätigt werden kann. Gemäß Heidenreich sei es ein Anfang, feststehende
Aussagen noch einmal zu wiederholen, Ziel aber des Gebrauchs digitaler Mittel
sei nicht das offensichtlich zu machen, was bereits offensichtlich ist, sondern eine
methodische Grenzerweiterung herbeizuführen, mittels derer sich neue geistige
Erzeugnisse gewinnen lassen.[22] Dies geht einher damit, was Johanna Drucker
u.a. als „the most challenging and exciting frontier of digital art history"[23] bezeichnen, und was wiederum laut Heidenreich eine digitale von einer lediglich
digitalisierten Kunstgeschichte unterscheiden würde.[24]

Bei formanalytischen Ansätzen liegt das Hauptaugenmerk weniger auf dem
Motiv eines Gemäldes oder seiner Einordnung in den historisch-gesellschaftli-
chen Kontext als vielmehr auf elementaren formalen Entscheidungen, die von
Künstlerinnen und Künstlern bei der Bildgestaltung bewusst wie unbewusst
getroffen werden. Solche Ansätze werden von einigen Experten als veraltet angesehen – etwa von Griselda Pollock: Mit ihrem Forschungsschwerpunkt auf eine
sich als global verstehende Kunst und einer hohen Sensibilität gegenüber Ge-
schlechterfragen kritisiert sie die von Babak Saleh u.a. vorgenommenen Untersuchungen an kanonisierten Gemälden zur Aufdeckung von Ähnlichkeiten und
Einflussnahmen, weil sie damit eine kennerschaftliche Kunstgeschichte beför-

---

19 Vgl. ebd., insbes. S. 98 und 104.
20 Stefan Heidenreich, „Form und Filter – Algorithmen der Bildverarbeitung und Stilanalyse",
     in: *zeitenblicke* 2/1 (2003), URL: http://www.zeitenblicke.de/2003/01/heidenreich/index.html
     (10.06.2019), Abs. 2.
21 Ebd., Abs. 1.
22 Vgl. ebd., Abs. 23.
23 Johanna Drucker u.a., „Digital art history. The American scene", in: *Perspective* 2 (2015),
     S. 1–16, URL: http://perspective.revues.org/6021 (10.06.2019), hier S. 3.
24 Vgl. Heidenreich, „Form und Filter", Abs. 23.

dern würden, die die größeren Fragen, welche die Kunstgeschichte heute stellt, ignorieren würde.[25] Auch wenn sie in diesem Punkt durchaus Recht haben mag, ignoriert sie doch wiederum selbst, dass der Irrtum nicht darin besteht, Maschinen für die Forschung zu benutzen. Wie sie selbst sagt: „[…] the machine is only doing what it is told – and it is the programmers who are setting parameters."[26] Folglich wird der Erfolg digitaler Ansätze dann gewährleistet, wenn bei der Entwicklung neuer oder der Anwendung bekannter Technologien die Beantwortung geisteswissenschaftlicher Fragestellungen im Vordergrund steht. Die entwickelten digitalen Ansätze sollten dabei über einen bloßen Transfer vom Analogen ins Digitale hinausgehen, um einen wirklichen Mehrwert zu erzielen.[27] Ähnlich hat es bereits Heidenreich formuliert:

> Es führt zu nichts, Algorithmen blind einzusetzen, denn ohne eine methodische ‚Intention' werden die Rechenverfahren der digitalen Bildverarbeitung wenig über die visuelle Kultur aussagen. Umgekehrt kann sich nur eine Methode als fruchtbar erweisen, der es gelingt, die digitalen Operationen in Wissen zu überführen […].[28]

Farbauswertung

Während Techniken der Bilderkennung darauf abzielen, Inhalte in Bildern automatisiert zu identifizieren und damit ein technisch höchst komplexes Feld darstellen, bei dem z.B. maschinelles Lernen mittels neuronaler Netzwerke zum Einsatz kommt, ist die Farbe eines Bildes sehr leicht zu erfassen; denn bei einer Pixelgrafik liegt jeder Bildpunkt als Farbinformation vor, die ausgelesen werden kann.

Organisiert werden diese Farbinformationen in so genannten Farbräumen. Für die Ansicht digitaler Bilder am Monitor ist der RGB-Farbraum üblich, bei dem alle Farben aus Rot, Grün und Blau additiv gemischt werden, zusammen also Weiß ergeben. Für jeden Farbkanal wird eine gewisse Anzahl an Bits veranschlagt, was die Anzahl an möglichen Farbabstufungen und damit die Farbtiefe bestimmt. 1 Bit steht für zwei, 2 Bit für vier, 4 Bit für sechzehn, 8 Bit für 256 Abstufungen. Ein RGB-Bild mit 8 Bit pro Farbkanal besitzt folglich $(2^8)^3 = 256^3 = 16\,777$

25 Griselda Pollock, „Computers Can Find Similarities Between Paintings – but Art History Is About So Much More", in: *The Conversation*, 22. August 2014, URL: http://theconversation.com/computers-can-find-similarities-between-paitings-but-art-history-is-about-so-much-more-30752 (10.06.2019). Das *Digital Humanities Research Laboratory* der Rutgers University hat eine ganze Reihe an Aufsätzen zu diesem Themenbereich veröffentlicht. Pollock bezieht sich in ihrer Kritik offenbar auf Babak Saleh u.a., „Toward Automated Discovery of Artistic Influence", in: *Multimedia Tools and Applications* 57/7 (2016), S. 3565–3591, URL: https://link.springer.com/article/10.1007/s11042-014-2193-x (10.06.2019), erstmals online veröffentlicht im August 2014.

26 Ebd.

27 Vgl. Ruth Reiche u.a., *Verfahren der Digital Humanities in den Geistes- und Kulturwissenschaften*, Göttingen 2014 (DARIAH-DE Working Papers 4), URL: http://webdoc.sub.gwdg.de/pub/mon/dariah-de/dwp-2014-4.pdf (10.06.2019).

28 Heidenreich, „Form und Filter", Abs. 23.

216 Farbtöne. Ein reines Gelb wird in diesem Farbraum beispielsweise definiert durch R = 255, B = 255 und G = 0. Für die Gestaltung im Web mit HTML und CSS werden die RGB-Werte in das Hexadezimalsystem umgerechnet. Dasselbe Gelb wird dann mit #ffff00 codiert.

Für den Druck hingegen nutzt man den subtraktiv arbeitenden CMYK-Farbraum, bei dem zu den Grundfarben Cyan, Magenta und Gelb noch Schwarz hinzukommt. Die jeweiligen Farbanteile werden prozentual angegeben. Das gleiche Gelb wie oben wird im Druck durch 10 % Cyan, 0% Magenta, 90 % Gelb und 0% Schwarz erzeugt.

Ein dritter Farbraum, der hier genannt werden soll, ist der HSB-Farbraum, bei dem die Farbinformation eines jeden Pixels mittels der drei Koordinaten Farbton (engl. hue), Farbsättigung (engl. saturation) und Helligkeit (engl. brightness) bestimmt wird. Der Farbton entspricht hierbei einem Farbwinkel auf dem Farbkreis, d. h. die Farbtonskala reicht von 0° bis 360°, beginnend und endend mit Rot. Sättigung und Helligkeit hingegen werden prozentual bzw. in einem Intervall von 0 bis 1 erfasst. Gelb wird in diesem Farbraum definiert durch H = 60°, S = 100%, B = 100%.

Pixel sortieren

Der jeweilige Zweck bestimmt die Wahl des Farbraumes. Nutzt man z.B. den HSB-Farbraum, ist es sehr einfach, die Pixel eines digitalen Bildes nach Farbwerten zu sortieren. Hierfür werden die Farbinformationen eines jeden Pixels ausgelesen, nach z.B. Farbton sortiert und wiederum in einem Bild ausgegeben. Im Ergebnis erscheint dies so, als ob man die einzelnen Pixel auf der Bildfläche neu anordnen würde. Macht man dies mit Mackes *Leute am blauen See* und Delaunays *Drei Fenster, Turm und Rad* erhält man folglich Bilder, die dasselbe Format haben wie das Ausgangsbild, jedoch einen Farbverlauf aufweisen, welcher das verwendete Farbspektrum abbildet (s. Abb. 7.1 und Abb. 7.2, rechts, Farbteil). Da bei diesem Verfahren nur nach einer Koordinate sortiert wird, etwa wie hier nach Farbtönen, entsteht eine Art Rauschen, bedingt dadurch, dass zwar Pixel mit gleichem oder sehr ähnlichem Farbton, aber durchaus stark unterschiedlicher Farbsättigung und Helligkeit nebeneinander liegen. Aufgrund der Zweidimensionalität der Repräsentation läßt sich dies nicht vermeiden. Trotz dieses störbildhaften Charakters werden alle Farbnuancen abgebildet und damit die Tonigkeit eines Bildes sichtbar.

Im Vergleich von Macke und Delaunay fällt auf, dass beide das komplette Farbspektrum von Violett über Blau, Grün, Gelb, Orange bis hin zu Rot abbilden. Jedoch nehmen die Farben unterschiedlich viel Raum ein: Bei Macke erscheinen Violett, Blau, Grün und Gelb als deutlich wahrnehmbare Streifen, die die obere Bildhälfte gliedern, während Orange- und Rottöne die untere Bildhälfte bestimmen. Bei Delaunay hingegen erscheinen die Farben sanfter: Changierende Blau-Grüntöne stehen Gelb-Orangetönen gegenüber, eingefasst von schmalen Streifen aus Rot und Violett. Der erste Eindruck, dass die beiden Gemälde in ihrer Farbigkeit nur bedingt ähnlich sind, bestätigt sich hiermit.

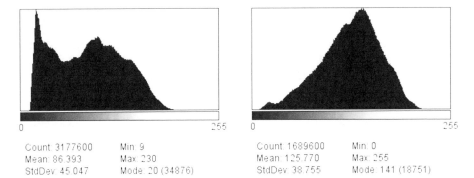

Count: 3177600	Min: 9	Count: 1689600	Min: 0
Mean: 86.393	Max: 230	Mean: 125.770	Max: 255
StdDev: 45.047	Mode: 20 (34876)	StdDev: 38.755	Mode: 141 (18751)

Abb. 7.3: Histogramme. Links: Macke, rechts: Delaunay. Abbildung, Ruth Reiche (CC BY).

Das Histogramm

Die gängigste Abbildung der Farbverteilung eines digitalen Bildes ist das Histogramm. Unter einem Histogramm versteht man eine grafische Darstellung, bei der jedem Wert eine Häufigkeit zugeschrieben wird. Bei einem RGB-Bild mit 8 Bit sind dies die besagten 256 Werte pro Farbkanal, wobei 0 für schwarz und 255 für weiß steht. Die Rede von Farbverteilung ist insofern ein wenig irreführend, als nicht alle potentiell 16,8 Millionen im Bild auftauchenden Farbtöne auf einer Skala abgebildet werden, sondern jeder Farbkanal ein eigenes Histogramm erhält. Es lässt sich also nicht unmittelbar ablesen, wie häufig etwa ein bestimmtes Gelb, Orange oder Violett im Vergleich zu anderen Farben im Bild vorkommt, sondern wie sich die jeweiligen Rot-, Blau und Grünanteile hinsichtlich ihrer Helligkeit verhalten. Aus diesem Grund werden die drei Farbkanäle häufig auch in einem Grauwerthistogramm zusammengefasst. Von einem solchen Histogramm lässt sich dann z.B. gut ablesen, ob ein Bild kontrastarm, ausgewogen, über- oder unterbelichtet ist, weshalb heutzutage jede gängige Digitalkamera dieses Tool mitbringt, um schon während des Fotografierens die Helligkeitsverteilung und Kontraste einschätzen zu können. Auch bei der digitalen Nachbearbeitung sind Histogramme hilfreich.

Bei Gemälden und deren digitalen Repräsentationen spricht man selbstredend nicht von Über- und Unterbelichtung; ob das Spektrum jedoch eher im hellen oder dunklen Bereich liegt oder etwa ein starker Hell-Dunkel-Kontrast vorliegt, lässt sich auch hier vom Histogramm ablesen. Ferner ist von Bedeutung, dass Bilder, welche die gleiche Farbverteilung aufweisen, dasselbe Histogramm besitzen, auch wenn die Farben an verschiedenen Stellen im Bild auftauchen.[29] Würden die Farben von *Leute am blauen See* und *Drei Fenster, Turm und Rad* übereinstimmen,

---

29 Deutlich wird dies, wenn man z.B. ein Bild um 180° dreht. Vgl. hierzu weiter Celia Krause und Ruth Reiche, *Ein Bild sagt mehr als tausend Pixel? Digitale Forschungsansätze in den Bild- und Objektwissenschaften*, Glücksstadt ²2016, S. 5–28.

besäßen sie folglich dasselbe Histogramm. Die beiden Bilder weisen jedoch ein unterschiedliches, nicht einmal nahezu ähnliches Histogramm auf (Abb. 7.3): Bei Macke liegt neben einem Gipfel im mittleren Helligkeitsbereich ein signifikanter Spitzenwert im dunklen Bereich vor. Der hellste Wert beträgt 233. Bei Delaunay hingegen gleicht die Kurve beinahe einer Normalverteilung.

Wie das Pixelsortieren bestätigt also auch der Histogrammvergleich die von Imdahl proklamierte Übereinstimmung beider Bilder nicht. Des Weiteren hat sich an diesem Beispiel gezeigt, dass Histogramme die Helligkeitsverteilung zwar exakt wiedergeben, jedoch für eine Farbanalyse nur bedingt geeignet sind. In einem nächsten Schritt sollen deshalb Farbpaletten als Analyseinstrumentarium näher betrachtet werden.

Farbpaletten

Farbpaletten zeigen die Hauptfarben eines Bildes. Sie reduzieren den Informationsgehalt also drastisch zugunsten eines Informationsgewinns auf einer anderen Ebene. Diesen wechselseitig verschränkten Mechanismus von Reduktion und Gewinn beschreibt Lev Manovich hinsichtlich der Erstellung von Informationsvisualisierungen: „We throw away %99 of what is specific about each object to represent only %1 – in the hope of revealing patterns across this %1 of objects' characteristics."[30]

Anwendung finden Farbpaletten in der Kunstgeschichte bei Bilddatenbanken, die über die Farbe eine Suchoption ermöglichen, die über die klassischen Beschreibungsdaten hinausgeht. Bei Google Art Palette[31] oder dem Rijks Studio[32] können so etwa Bilder gefunden werden, die eine ähnliche Palette wie das Ausgangsbild aufweisen. Auch das DHVLab an der Ludwig-Maximilians-Universität München bietet in seinem Analysecenter eine Suche von Bildern mittels Farbwerten an.[33]

Lädt man ein Bild in Google Art Palette, werden in einem ersten Schritt sechs Farben identifiziert, die für das Bild als typisch erscheinen. Bei Macke sind dies ein dunkles Braun (HTML-Farbcode: #27211f), ein mittleres Grau (#8b8c85), ein rostfarbenes Rot (#8b5238), ein gedämpftes Blau (#344467) und ein etwas schmutzig wirkendes Gelb (#918c46). In einem zweiten Schritt wird die Datenbank nach Bildern durchsucht, die eine ähnliche Farbpalette aufweisen. Bei Macke sind dies z.B. Mackes Gemälde selbst, *Katze und Hummer* von Jamini Roy, einem indischen Künstler, oder Paul Gauguins *Landschaft auf Tahiti* von 1892. Bei Delaunay hingegen wird mit einem hellen Grau (#adaea0), einem dunkleren Braun (#313432), einem sandigen Gelbton (#b69a54), einem warmen Dunkelrot und einem mittleren Grau (#757f76) eine farbliche Verwandtschaft z.B. zu Adham Wanlys *Frühling*

---

30 Lev Manovich, *What Is Visualization?*, URL: http://manovich.net/index.php/projects/what-is-visualization (10.06.2019), hier S. 5–6.

31 Vgl. https://artsexperiments.withgoogle.com/artpalette/ (10.06.2019).

32 Vgl. https://www.rijksmuseum.nl/en/rijksstudio (10.06.2019).

33 Vgl. https://dhvlab.gwi.uni-muenchen.de/analysecenter/ (10.06.2019).

in Mariout aus dem Jahr 1949 oder aber zu der spätmittelalterlichen Bildtafel *Die Auferstehung der Drusiana* festgestellt.

Bei diesem Versuch fällt auf, dass die als Hauptfarben identifizierten Farben sowohl bei Macke als auch Delaunay keineswegs als ‚reine' Lichtfarben zu bezeichnen sind. Der HTML-Farbcode, mit dem sich die Farbtöne im Übrigen deutlich exakter benennen lassen als mit der üblichen sprachlichen Beschreibung, lässt hieran keinen Zweifel. Ferner ist wiederum symptomatisch, dass weder bei Delaunay Bilder von Macke als ähnlich identifiziert werden noch bei Macke solche von Delaunay.[34] Abgesehen davon ist jedoch festzustellen, dass das Suchergebnis die Anschauung durchaus erweitert, insofern die Bilder zu Bildern anderer Kulturräume und Epochen in einen Bezug gesetzt werden. Kulturellräumliche wie zeitliche Grenzen werden im Bildvergleich aufgebrochen.

Quantitative Farbanalyse

Farbpaletten zeigen eine bestimmte Anzahl charakteristischer Farben eines Bildes, nehmen jedoch keine Gewichtung zwischen jenen vor. Waltraud von Pippich, die in ihrem Aufsatz *Rot rechnen* mittels einer Messung von Röte in Bildern der Symbolkraft der Farbe Rot im Kontext von Herrschaft und Macht nachspürt und damit bereits eine computergestützte Farbanalyse für die Beantwortung dezidiert kunsthistorischer Fragestellungen genutzt hat,[35] präsentierte in Graz einen Ansatz zur quantitativen Farbanalyse, mit dem sie numerische Farbverhältnisse in Bildern bestimmen konnte.[36] Hierfür nutzte sie ein Computerprogramm, durch das „Farbwerte […] quantifizierbar [werden], indem feste Stellen der Farbskala als Schwellen gewertet werden und alle Pixel eines Bildes, die diese Schwellen erreichen, bestimmt werden können."[37]

Ein ähnlicher Effekt wird erzielt, wenn man die Anzahl der in einem Bild vorhandenen Farben reduziert.[38] Im so genannten indizierten Modus wird der Farbumfang entweder beschränkt, indem eine Farbauswahl vorgegeben wird, etwa die 216 Farben umfassende Webpalette, oder aber indem eine bestimmte Anzahl an Farben benannt wird, auf die der Farbumfang reduziert werden soll. Im zweiten Fall kommen je nach Programm verschiedene Algorithmen zur Anwendung, die ähnliche Farben zusammenfassen, so dass das Bild im Ergebnis in

---

34 Sowohl von August Macke als auch von Robert Delaunay finden sich einige Gemälde in der Bilddatenbank von Google Arts & Culture. Delaunays Gemälde *Drei Fenster, Turm und Rad* ist jedoch nicht in der Datenbank vorhanden und kann folglich auch nicht gefunden werden.

35 Vgl. Waltraud von Pippich, „Rot rechnen", in: *Möglichkeiten der Digital Humanities*, hg. von Constanze Baum und Thomas Stäcker, Wolfenbüttel 2015 (Sonderbände der Zeitschrift für digitale Geisteswissenschaften 1).

36 Waltraud von Pippich, „Farbe und Maß. Die Fibonacci-Zahlen in der Kunstgeschichte", in: *DHd 2015. Von Daten zu Erkenntnissen*, S. 39–42, Graz 2015, URL: https://dhd2015.uni-graz.at/de/nachlese/book-of-abstracts/ (10.06.2019).

37 Ebd., S. 39.

38 Dies lässt sich mit jedem gängigen Bildbearbeitungsprogramm durchführen.

mehr oder weniger viele Farbflächen zerlegt erscheint. Beschränkt man den Farbumfang z.B. auf zwölf Farben und wertet deren Verteilung aus, erhält man eine quantitativ gewichtete Palette. Die gewonnenen Daten lassen sich z.B. schlicht in Form eines Kuchendiagramms darstellen, bei dem die prozentuale Verteilung bekanntlich durch die Größe der Stücke repräsentiert wird. Transformiert man Mackes *Leute am blauen See* und Delaunays *Drei Fenster, Turm und Rad* auf diese Weise in Kuchendiagramme, wird wiederum deutlich, dass sie in ihrer Farbigkeit nicht übereinstimmen (s. Abb. 7.4, Farbteil).

Farbakkordik

Mit den Kuchendiagrammen werden die charakteristischen Farbtöne eines Bildes sowie der flächenmäßige Anteil, den sie im Bild einnehmen, wiedergegeben. So wie man verschiedene Gemälde miteinander vergleichen kann, lassen sich auch Diagramme einem Vergleich unterziehen. Eine direkte Vergleichbarkeit ist in diesem Fall jedoch nicht gewährleistet, da nicht definierte Parameter, sondern mitunter sehr verschiedene Farbpaletten einander gegenübergestellt werden. In einem letzten Schritt soll deshalb versucht werden, nicht die Hauptfarben der Bilder zu erfassen, sondern deren Verteilung auf bestimmte Grundfarben zu bestimmen, um so etwa deren Gelb-, Orange-, oder Rotanteil vergleichen zu können und Farbklänge zu erfassen.

Um dies zu realisieren, kommt die Farbenlehre ins Spiel, unter der „die Wissenschaft von der Farbe als optischer Erscheinung und deren spezifischen Gesetzmäßigkeiten"[39] verstanden wird. Insofern Farbe unter verschiedenen Gesichtspunkten betrachtet und etwa als „physikalisches, chemisches, physiologisches, psychologisches, ontologisches und ästhetisches Phänomen"[40] begriffen werden kann, verwundert es nicht, dass im Laufe der Entwicklung immer wieder andere Aspekte im Fokus standen: Nahm man in der antiken Farbenlehre etwa noch vier Grundfarben an, die den vier Elementen (Empedokles) oder den Grundsäften des Körpers (Galen) entsprechen sollten, häufen sich seit dem 18. Jahrhundert schematische Darstellungen der Farbordnung, in die mehr und mehr physikalische Erkenntnisse über Farben eingehen.[41] Bekannte Farbenlehren sind z.B. diejenigen von Johann Wolfgang von Goethe, Philipp Otto Runge, Wilhelm von Bezold oder Eugène Chevreul, auf denen die bis heute noch weit verbreitete Farbenlehre Johannes Ittens aufbaut.[42]

Itten nimmt drei Primärfarben an, die sich zu sechs Sekundär- und diese wiederum zu zwölf Tertiärfarben mischen lassen. Diese zwölf Tertiärfarben sind

---

39 *Brockhaus-Enzyklopädie*, Bd. 6, Wiesbaden 1968, S. 59, zit. nach Thomas Lersch, „Farbenlehre",
    in: *Reallexikon zur deutschen Kunstgeschichte*, Bd. 7, hg. vom Zentralinstitut für Kunstgeschichte München, München 1981, Spalte 157–274, hier Spalte 157.
40 Ebd.
41 Vgl. ebd., Spalte 158–253.
42 Vgl. Johannes Itten, *Kunst der Farbe. Subjektives Erleben und objektives Erkennen als Wege zur Kunst*, Ravensburg ²1961.

Gelb, Gelborange, Orange, Rotorange, Rot, Rotviolett, Violett, Blauviolett, Blau, Blaugrün, Grün und Gelbgrün. Nicht jedoch diese – durchaus angreifbare – Ordnung ist es,[43] die bei Itten besticht, sondern dessen Sensibilität für die Einflussnahme von Farben aufeinander: „Harmonie heißt Gleichgewicht, Symmetrie der Kräfte",[44] schreibt Itten. Gerade weil sich Farben in ihrer Wirkung gegenseitig bekräftigen oder schwächen, kommt der Farbakkordik bei ihm hohe Relevanz zu, unter welcher er „die Zusammenstellung von Farben aufgrund ihrer gesetzmäßigen Beziehung [versteht], die als Grundlage für farbige Kompositionen dienen kann."[45] Weiter heißt es: „Farbakkorde können aus zwei, drei, vier oder mehr Farben gebildet werden."[46] Dementsprechend spräche man von Zweiklängen, Dreiklängen oder Vierklängen. Zwei Farben, die sich im Farbkreis diametral gegenüberstehen und sich daher komplementär zueinander verhalten, bildeten einen harmonischen Zweiklang. Dies seien z.B. Rot-Grün, Blau-Orange oder Gelb-Violett. Einen harmonischen Drei- oder Vierklang hingegen erhält man laut Itten, wenn die Beziehungsform dreier Farben ein gleichseitiges oder gleichschenkliges Dreieck bzw. ein Quadrat oder Rechteck ist.

Diese Zusammenhänge lassen sich automatisiert nachbilden: Mit Gebrauch des indizierten Modus ist es möglich, jedem Pixel eines Bildes eine der zwölf von Itten benannten Grundfarben zuzuordnen, so dass man wie oben ein auf zwölf Farben reduziertes Bild erhält, das jedoch nicht die dem digitalen Bild inhärente Palette wiedergibt, sondern die Verteilung auf Grundfarben widerspiegelt. Lehnt man im Folgenden die visuelle Repräsentation der Farbverhältnisse an Ittens Farbkreis an, indem man den jeweiligen quantitativen Anteil durch unterschiedlich hohe Stücke des Farbkreises darstellt und schließlich Verbindungslinien zwischen den zahlenmäßig dominanten Grundfarben zieht, erhält man ein Diagramm, das den in einem Bild verwendeten hauptsächlichen Farbakkord abbildet. Und siehe da: Hier endlich ist eine Ähnlichkeit gegeben (s. Abb. 7.5, Farbteil). Sowohl bei Macke als auch Delaunay liegt ein Farbklang vor, der bei Macke aus Grün-Blaugrün, Blauviolett und Orangerot gebildet wird, bei Delaunay hingegen aus Grün-Blaugrün, Violett und Orange.

Bei den zwei Gemälden von Macke und Delaunay handelt es sich um Bilder mit kräftigen Farben, weshalb die Zuordnung der bildinhärenten Farben auf die von Itten genannten Grundfarben gut funktioniert und ein verlässliches Ergebnis garantiert. Bei Bildern mit vielen Braun- und Grautönen funktioniert dies rein rechnerisch genauso, ist im Ergebnis allerdings nicht überzeugend. Hier wären die obigen Farbanalyse-Methoden zu bevorzugen.

---

43 Die Farbenlehre Ittens wird aufgrund einiger Ungenauigkeiten von Harald Küppers heftig kritisiert. Vgl. hierzu dessen auf seiner Website präsentierten kritischen Rückblick auf Ittens Farbenlehre, URL: http://kuepperscolor.farbaks.de/de/farbentheorie/farbenlehre_in_vergangenheit_und_zukunft.html (10.06.2019).

44 Itten, *Kunst der Farbe*, S. 21.

45 Ebd., S. 118.

46 Ebd.

Fazit

Nach Erprobung fünf verschiedener Zugänge zur Farbanalyse eines digitalen Bildes kann die Ausgangsthese, dass digitale Mittel die Anschauung eines Bildes erweitern, mit gutem Gewissen bejaht werden. Die durchgeführten Analysen bestätigen den eingangs geäußerten Eindruck, dass die beiden Bilder *Leute am blauen See* von August Macke und *Drei Fenster, Turm und Rad* von Robert Delaunay bzw. deren herangezogenen digitalen Repräsentationen in ihrer Farbigkeit nicht übereinstimmen. Damit ist Imdahls Behauptung, die beiden Bilder würden in ihren Farben *nahezu wörtlich* übereinstimmen, scheinbar widerlegt. Scheinbar deswegen, weil das Wort *nahezu* diese Übereinstimmung immerhin relativiert und damit den hier festgestellten Unterschieden nicht unbedingt widerspricht – denn auch wenn die Palette beider Bilder unterschiedlich ist, so konnte doch eine Ähnlichkeit in der Farbakkordik nachgewiesen werden. Dies belegt, dass die Farbe der eigentliche Gegenstand ihrer Bilder ist. Was erreicht wurde, korreliert folglich mit dem Anspruch Manfred Thallers an die Digital Humanities, auch wenn er nicht über Bilder und Farben spricht:

> Unter Digital Humanities verstehen wir alle Arten geisteswissenschaftlicher Forschung, die versuchen, durch den Einsatz moderner Informationstechnologien oder aus der Informatik abgeleiteter Instrumente inhaltliche Ergebnisse zu erzielen, die ohne den Einsatz dieser Instrumente entweder gar nicht zu erzielen wären, oder nur mit einer niedrigeren Ebene intersubjektiver Nachprüfbarkeit.[47]

Intersubjektive Nachprüfbarkeit im Sinne Thallers ist insbesondere deshalb gegeben, weil die einzelnen Schritte in diesem Aufsatz beschrieben und die Ergebnisse bei Anwendung derselben Programme und Codes auf die gleichen digitalen Repräsentationen exakt reproduzierbar sind.[48] Der vorgenommene Farbvergleich hat damit den Charakter einer Versuchsanordnung, bei dem es darauf ankam, belastbare Ergebnisse über die Gemälde zu gewinnen, was mit dem Nachweis einer Ähnlichkeit in der Farbakkordik gelungen ist. Es hat sich darüber hinausgehend gezeigt, dass die Herausforderungen einer digitalen Farbanalyse in einer sinngebenden Repräsentation der extrahierten Farbwerte liegen. Dies wird daran deutlich, dass alle erprobten Visualisierungen auf andere Aspekte fokussieren: das Sortieren von Pixeln auf das Abbilden des gesamten Farbspektrums, Histogramme auf die Verteilung von Helligkeitswerten, Farbpaletten auf wenige ausgewählte Farben, ggf. ergänzt durch ihren je zahlenmäßigen Anteil, oder aber das Abbilden von Farbklängen. Letzteres geht über eine quantitative Betrachtung

---

47 Manfred Thaller auf der DHd-Tagung 2014 in der Kontroversdiskussion mit Gerhard Heyer: „Grenzen und Gemeinsamkeiten: Die Beziehung zwischen der Computerlinguistik und den Digital Humanities", zit. nach „DHd-Nachlese 2014", in: *LIBREAS. Library Ideas*, 29.03.2014, URL: http://libreas.tumblr.com/post/81109572628/digital-humanities-definition (10.06.2019).
48 Meine Skripte sind auf https://gitlab.gwdg.de/rreiche/farbanalyse veröffentlicht.

von Farbanteilen hinaus und erscheint mir daher als der interessanteste der hier vorgestellten Ansätze.

Weitere Versuche in diese Richtung ließen sich wie folgt denken: Da mit den vorgestellten Methoden gültige Aussagen über die Farbigkeit von Bildern getroffen werden konnten, ließen sie sich in der Folge – im Sinne eines *Distant Viewings* – auf ein größeres Bildkorpus anwenden, um so z.B. ein erhöhtes Aufkommen gewisser Farben oder Farbakkorde nachzuweisen. Insofern letztlich nur der mengenmäßige Anteil bestimmter Farben, nicht aber die Position der Bildpunkte betrachtet wurde, wäre perspektivisch außerdem eine Berücksichtigung von Farbnachbarschaften von Interesse, ebenso wie der Einbezug von Kontrastwirkungen und Farbgewichten. In diesem Sinne: Es gibt noch einiges zu tun.

Literaturverzeichnis

Quellen

Marc, Franz: „37. Brief an August Macke", in: *Franz Marc. Briefe, Schriften und Aufzeichnungen*, hg. von Günter Meißner, Leipzig 1989, S. 34–37.

Sekundärliteratur

Belting, Hans, „„Medium – Bild – Körper. Einführung in das Thema", in: *Bild-Anthropologie. Entwürfe für eine Bildwissenschaft*, hg. von dems., München 2001, S. 11–55.

Deutsche Forschungsgemeinschaft, *DFG-Praxisregeln „Digitalisierung"*, URL: http://www.dfg.de/ formulare/12_151 (10.06.2019).

Drucker, Johanna, Anne Helmreich, Matthew Lincoln und Francesca Rose, „Digital art history. The American scene", in: *Perspective* 2 (2015), S. 1–16, URL: http://perspective.revues.org/ 6021 (10.06.2019).

Heidenreich, Stefan, „Form und Filter – Form und Filter. Algorithmen der Bildverarbeitung und Stilanalyse", in: *zeitenblicke* 2/1 (2003), URL: http://www.zeitenblicke.de/2003/01/heidenreich/index.html (10.06.2019).

Imdahl, Max, „Die Farbe als Licht bei August Macke", in: Ders. *Gesammelte Schriften*, Bd. 1, hg. von Angeli Janhsen-Vukićević, Frankfurt am Main 1996, S. 32–47.

—, „Ikonik. Bilder und ihre Anschauung", in: *Was ist ein Bild?*, hg. von Gottfried Boehm, München 1994, S. 300–324.

Itten, Johannes, *Kunst der Farbe. Subjektives Erleben und objektives Erkennen als Wege zur Kunst*, Ravensburg ²1961.

Klinke, Harald, „Bildwissenschaft ohne Bildbegriff", in: *Bilder der Gegenwart. Aspekte und Perspektiven des digitalen Wandels*, hg. von dems. und Lars Stamm, Göttingen 2013, S. 11–28.

Kohle, Hubertus, Hubert Locher, Harald Klinke, Björn Ommer und Heidrun Stein-Kecks, *Das Digitale Bild. Initiative zur Einrichtung eines Schwerpunktprogrammes*, URL:https://www.kunstgeschichte.uni-muenchen.de/forschung/digitalekg/digitales-bild1/dfg-schwerpunktprogramm_das_digitale_bild.pdf (10.06.2019).

Krause, Celia und Ruth Reiche, *Ein Bild sagt mehr als tausend Pixel? Digitale Forschungsansätze in den Bild- und Objektwissenschaften*, Glückstadt ²2016.

Lersch, Thomas, „Farbenlehre", in: *Reallexikon zur deutschen Kunstgeschichte*, Bd. 7, hg. vom Zentralinstitut für Kunstgeschichte München, München 1981, Spalte 157–274.

Manovich, Lev, *What Is Visualization?*, URL: http://manovich.net/index.php/projects/what-is-visualization (10.06.2019).

Pflüger, Hermann, *Computer, Sehen, Bilder. Artists Writing About Artists*, Berlin 2014.

Pippich, Waltraud von, „Farbe und Maß. Die Fibonacci-Zahlen in der Kunstgeschichte", in: *DHd 2015. Von Daten zu Erkenntnissen*, S. 39-42, Graz 2015, URL: https://dhd2015.uni-graz.at/de/nachlese/book-of-abstracts/ (10.06.2019).

—, „Rot rechnen", in: *Möglichkeiten der Digital Humanities*, hg. von Constanze Baum und Thomas Stäcker, Wolfenbüttel 2015 (Sonderbände der Zeitschrift für digitale Geisteswissenschaften 1).

Pollock, Griselda, „Computers Can Find Similarities Between Paintings – but Art History Is About So Much More", in: *The Conversation*, 22. August 2014, URL: http://theconversation.com/computers-can-find-similarities-between-paintings-but-art-history-is-about-so-much-more-30752 (10.06.2019).

Reiche, Ruth, Rainer Becker, Michael Bender, Matthew Munson, Stefan Schmunk und Christof Schöch, *Verfahren der Digital Humanities in den Geistes- und Kulturwissenschaften*, Göttingen 2014 (*DARIAH-DE Working Papers* 4), URL: http://webdoc.sub.gwdg.de/pub/mon/dariah-de/dwp-2014-4.pdf (10.06.2019).

Saleh, Babak, Kanako Abe, Ravneet Singh Arora und Ahmed Elgammal, „Toward Automated Discovery of Artistic Influence", in: *Multimedia Tools and Applications* 75/7 (2016), S. 3565–3591, URL: https://link.springer.com/article/10.1007/s11042-014-2193-x (10.06.2019).

Vaughan, William, „Computergestützte Bildrecherche und Bildanalyse", in: *Kunstgeschichte digital*, hg. von Hubertus Kohle, Berlin 1997, S. 97–106.

Von Warburg zu Wikidata – Vernetzung und Interoperabilität kunsthistorischer Datenbanksysteme am Beispiel von ConedaKOR

Thorsten Wübbena

Die Überlegungen der Kunstgeschichte zu den Möglichkeiten, die der Einsatz von Compu-tern im Fach mit sich bringt, sind älter, als man zunächst vermuten mag. Und das betrifft nicht nur – aber eben auch – die Fragen der Interoperabilität von Daten, wie dieser Beitrag mit einem Blick in die Geschichte der ‚Digitalen Kunstgeschichte' anzureißen versucht. Welches Potential im Hinblick auf den Datenaustausch die aktuellen Informationssysteme bieten können, wird dann am Beispiel des graphbasierten Datenbanksystems ConedaKOR dargestellt. Betont werden hier zwei Aspekte: Zum einen wird erläutert, wie das standar-disierte Datenmodell CIDOC-CRM als Zwischenschicht genutzt werden kann, durch die jedes Vorhaben mit einem projektspezifischen Datenmodell samt Terminologie das Daten-banksystem nutzen kann und dabei kompatibel zu einem standardisierten Datenmodell bleibt, ohne dessen Komplexität und Abstraktionsniveau übernehmen zu müssen. Zum anderen liegt ein Fokus auf den Möglichkeiten, die durch die Nutzung von Wikidata in ei-genen Projektkontexten entstehen. Dabei wird die Integration von Wikidata-Inhalten per semiautomatischem Verfahren beschrieben, aber auch die Verbindung von Wikidata und ConedaKOR per Browser-Erweiterung. Letztere erlaubt die Verwendung der Datenbasis von Wikidata in einem eigenen System und ergänzt Wikidata-Inhalte mit Informationen und Daten, die nicht in Wikidata fließen können, z.B. aufgrund beschränkter Rechte.

Alles Gescheidte ist schon gedacht worden, man muß nur versuchen es noch einmal zu denken. (J. W. Goethe, *Wilhelm Meisters Wanderjahre*, 1829)

Einführung

Dieser Text versteht sich als erweiterte Ausführung des Beitrags, der im Rahmen eines von *DARIAH-DE* und dem *Sonderforschungsbereich 980 Episteme in Bewe-gung* gemeinsam durchgeführten Methoden- und Expertenworkshops mit dem Titel *Bilddaten in den Digitalen Geistes- und Kulturwissenschaften: Interoperabilität und Retrieval* präsentiert wurde.[1] Aufgrund dieses Entstehungszusammenhangs werden hier zunächst punktuelle Überlegungen zur Vernetzung von Bilddaten auf dem kunsthistorischen Feld angestellt und im Anschluss daran erfolgt eine

---

1   Am 5. und 6. Oktober 2017 an der TU Darmstadt, URL: http://www.sfb-episteme.de/ veranstaltungen/Vorschau/2017/GP_DARIAH-Workshop.html (31.05.2019).

DOI: 10.13173/9783447114608.133

vertiefenden Betrachtung eines konkreten Systems (*ConedaKOR*) und der damit gewonnenen Erfahrung aus der praktischen Arbeit. Bei den immer wieder zu hörenden Stimmen, dass die Kunstgeschichte sich nur sehr spät mit der Nutzung neuer, computerbasierter Verfahren und Technologien auseinandergesetzt hat,[2] ist es umso erstaunlicher, dass die Belege für einen Einsatz des Computers im Fach bis in die 1960er Jahre zurückreichen.[3] Und wenngleich zu diesem Zeitpunkt sicher die Rahmenbedingungen noch nicht derart aufgestellt waren, dass hier schon zwischen einer *digitalen* und *digitalisierten* Kunstgeschichte[4] unterschieden worden wäre, so wurden in dieser Zeit durchaus schon Fragen gestellt, wie sie aktueller nicht sein könnten. So zum Beispiel von Thomas Hoving im April 1968 in seiner *Museums, Computers, and the Future* betitelten Abschlussrede auf der Konferenz *Computers and Their Potential Applications in Museums*:

> There are going to be problems and growing pains. One of them already is money, the high and probably spiraling costs of maintenance and upkeep. Another is technological change and the specter of obsolescence. [...] Can we train the people to do the job, and will there be anyone qualified to judge the results? And will we have the restraint and intelligence not to go off on a mad, senseless orgy of indiscriminate, nit-picking programming?[5]

Eine erste organisatorische Manifestation fand die interdisziplinäre Herangehensweise in den USA bereits ein Jahr zuvor mit dem *Museum Computer Network* (MCN), wo es primär um das Ziel der Automatisierung der Registrierungsunter-

---

2 So formulierte Diane Zorich zum Beispiel 2013 in ihrem Vortrag „The ‚Art' of Digital Art History": „art history has been slow at adopting the computational methodologies and analytic techniques that are enabled by new technologies" (Diane Zorich, *The "Art" of Digital Art History*, URL: https://ima.princeton.edu/pubs/2013Zorich.pdf, 22.10.2019) und Michael Greenhalgh schrieb 2004 in seinem Beitrag „Art History" zum Band *A Companion to Digital Humanities*: „So although the technologies (including Web software) are clever and advanced, it is the human element that restricts obvious developments in the discipline.", in: Michael Greenhalgh, „Art History", in: *A Companion to Digital Humanities*, hg. von Susan Schreibman u. a., Part 1, 3, Oxford 2004, URL: http://www.digitalhumanities.org/companion/ (31.05.2019).

3 Siehe hierzu auch ausführlich bei Margarete Pratschke, „Wie Erwin Panofsky die Digital Humanities erfand. Für eine Geschichte und Kritik digitaler Kunst- und Bildgeschichte", in: kritische berichte 3 (2016), S. 56–64.

4 An dieser Stelle sei auf Claus Pias, „Das digitale Bild gibt es nicht – Über das (Nicht-)Wissen der Bilder und die informatische Illusion", in: *zeitenblicke* 2/1 (2003), URL: http://www.zeitenblicke.historicum.net/2003/01/pias/index.html, hingewiesen. Und auch auf Johanna Drucker, die 2013 formulierte: „But a clear distinction has to be made between the use of online repositories and images, which is digitized art history, and the use of analytic techniques enabled by computational technology that is the proper domain of digital art history.", in: Johanna Drucker, „Is There a 'Digital' Art History?", in: *Visual Resources* 29/1–2 (2013), S. 5–13, hier S. 7, https://doi.org/10.1080/01973762.2013.761106 (31.05.2019).

5 Thomas Hoving, „Museums, Computers, and the Future", in: *Computers and Their Potential Applications in Museums: A Conference Sponsored by the Metropolitan Museum of Art, April 15, 16, 17*, New York 1968, S. v–xii, hier S. xi.

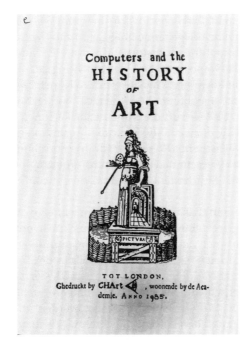

Abb. 8.1: *CHArt-Newsletter*, 1/1985, Titelbild. Copyright: CHArt
(Computers and the History of Art).

lagen ging.[6] Im Jahr 1985 wurde dann in Europa *CHArt – Computers and the History of Art* (Abb. 8.1) von „[…] art and design historians who happened also to be computer enthusiasts"[7] gegründet, laut Selbstdefinition mit der Aufgabe angetreten „[…] to promote interaction between the rapidly developing new Information Technology and the study and practice of Art."[8]

Von Beginn an wurde von *CHArt* dann auch ein Newsletter[9] und ab 1990 eine gleichnamige Zeitschrift herausgegeben, die sich 1995 in Volume 5 (Part 2) unter dem Titel *Making Connections* mit mehreren Aufsätzen dem für die Breite noch jungen Thema ‚Internet' widmete. Neben einem glossarartigen Einführungsar-

---

6 http://mcn.edu/about/history/ (31.05.2019).
7 William Vaughan, „Introduction. Digital Art History?", in: *Digital Art History – A Subject in Transition*, hg. von Anna Bentkowska-Kafel u.a., Bristol 2005, S. 1–2, hier S. 1.
8 Ebd.
9 Die gesamte Titelseite – inklusive der Übernahme einer Pictura-Allegorie – wurde nahezu 1:1 vom Frontinspiz des 1642 veröffentlichten „Lof der Schilder-Konst" von Philips Angel (van Leiden) übernommen (https://commons.wikimedia.org/wiki/File:Angel_Lof_der_Schilder-Konst_01.jpg). Die Titelseite des CHArt-Newsletters ist Dank Internet Archive unter https://web.archive.org/web/20160912193011/http://www.chart.ac.uk/newsletter/images/CHArt_newsletter_2_cover.jpg zu finden (31.05.2019).

tikel zum Internet[10] stellt Trish Cashen dort in ihrem Beitrag *The Internet and Art History: A Tool or a toy* die titelgebende Frage: „[…] can the Internet be considered as a serious research tool for art history, or is it merely a toy?"[11] Wenngleich es ihr hier primär um die Vorstellung und Untersuchung der seinerzeit verfügbaren Online-Ressourcen in Form von Websites für die Kunstgeschichte ging, so auch darum „to afford some insight into how the ideas and techniques used might be developed further."[12] Und sie ruft die Kunsthistorikerinnen und Kunsthistoriker in dem Zusammenhang dazu auf, die Entwicklung des Internets zu unterstützen, wenn sie es denn als ernsthaftes Werkzeug für ihre Forschung nutzen wollen und führt aus, worin ihrer Ansicht nach die Herausforderung bei der einzubringenden Leistung besteht: „[…] the real problem is one of confidence, rather than of content."[13]

Mit Blick auf die von Trish Cashen vor nun nahezu 25 Jahren aufgeführte Auswahl online bereitgestellter Sammlungen aus kunstgeschichtlich relevanten Forschungsvorhaben und Museen, die zu einem signifikanten Teil von Privatpersonen erstellt wurden,[14] hat selbstverständlich in der Breite und der Institutionalisierung eine enorme Entwicklung im Bereich der verfügbar gemachten Daten für die kunstgeschichtliche Forschung stattgefunden. Doch im Grundsatz gilt nach wie vor: Die vor Ort erfassten Daten werden im gesamten Haus für die diversen Zielgruppen bereitgestellt und dann (idealiter unter einer offenen Lizenz) im Internet präsentiert. Damit endet dann in den meisten Sammlungen die Arbeit an der digitalen Bereitstellungskette, wobei der Wert für die Forschung und der hierfür zu betreibende Aufwand für viele Institutionen an dieser Stelle gar nicht zu gering eingeschätzt werden soll.[15]

Wenn der oben skizzierte Weg beschritten wurde und die eigenen Objekte online verfügbar sind, dann wäre das nächste anzustrebende Ziel, ihre Vernetzung mit Daten unterschiedlicher Prägung aus anderen Ressourcen zu ermöglichen, denn wie Shelly Palmer es treffend formulierte: „Data is more powerful in the

---

10 In „The Internet: Global Information and Communication" werden vom Verfasser auf zwölf Seiten diverse Begrifflichkeiten rund um das Thema erläutert (so z.B. Electronic Mail, Gopher, Usenet usw.), Dave Hartland, „The Internet: Global Information and Communication", in: Computers and the History of Art 5, Part 2, „Making Connections" (1995), S. 3–14.

11 Trish Cashen, „The Internet and Art History: A Tool or a toy", in: *Computers and the History of Art* 5, Part 2, „Making Connections" (1995), S. 15–32, hier S. 15.

12 Ebd.

13 Ebd., S. 30.

14 Neben Mary Molinaros Website „ArtSource" stellt sie u.a. auch „WebMuseum" von Nicolas Pioch vor.

15 Dieser Umstand hat sicher auch heute noch zum Teil mit der Vorstellung zu tun, die im Editorial des bereits genannten CHArt-Journals aus dem Jahr 1995 beschrieben wird: „The possibility of bringing collections and their documentation to a world-wide public on the Net raises problems of possible loss of income (due to availability of images and text which might otherwise be sold in museums, for example), as well as the obvious advantages of accessing information.", in: *Computers and the History of Art* 5, Part 2, „Making Connections", 1995, S. 2.

presence of other data."[16] Die Forscherinnen und Forscher finden die benötigten Ressourcen für ihre wissenschaftliche Arbeit in den seltensten Fällen an einem Ort, sondern sind auf die Bestände mehrerer Institutionen (Museum, Bibliothek, Archiv etc.) angewiesen und zudem manifestiert sich das Gesuchte physisch häufig in unterschiedlichen Medientypen (Illustrationen in alten Drucken, Zeichnungen, Karten, Gemälde usw.). Eine Vernetzung der Ergebnisse der Digitalisierungsbemühungen quer durch die erwähnten Einrichtungen, eine Auflösung der – für die Objekte im physischen Raum notwendigen – institutionellen Grenzen und die zunehmende Etablierung von Datenglaubwürdigkeit ist ein nicht zu überschätzender Gewinn für die Forschung. Insbesondere auch vor dem Hintergrund der Frage nach ‚confidence', wie sie Trish Cashen gestellt hat,[17] da hier die besitzenden Einrichtungen die Datenqualität jenseits ihres eigenen Angebots mit beeinflussen können.[18] Darüber hinaus bringt es den datengebenden Einrichtungen weitere Vorteile ein: so können auch kleinere Einrichtungen über größere Plattformen, wie *Europeana*, *Wikidata* oder *Wikipedia* eine globale Öffentlichkeit erreichen und diverse Zielgruppen spezifisch bedienen.[19]

Angesichts der Tatsache, dass sich schon auf der bereits erwähnten Tagung *Computers and Their Potential Applications in Museums* vor mehr als 50 Jahren ein Panel dem Thema *Computerized Museum Networks* widmete, sind recht überschaubare Fortschritte bei der Umsetzung auf Seiten der Datengeber[20] erzielt worden.[21]

---

16 Shelly Palmer, *Rich Data, Poor Data: What the Data Rich Do – That the Data Poor and the Data Middle Class Do Not!*, URL: https://www.linkedin.com/pulse/rich-data-poor-what-do-middle-class-shelly-palmer (23.01.2019).

17 Cashen, „The Internet and Art History", S. 30.

18 Für die Frage der Reproduktionsqualität von Bilddaten sei hier nur auf das „Yellow Milkmaid Syndrome" verwiesen. Siehe hierzu auch https://pro.europeana.eu/post/the-yellow-milkmaid-syndrome-paintings-with-identity-problems (25.01.2019).

19 *Europeana* wurde 2008 als Metainfrastruktur für das digitale Kulturerbe Europas aufgestellt, um gerade auch digitalisierte Sammlungen von Aggregatoren (z.B. der *Deutschen Digitalen Bibliothek*) aufzunehmen und bereit zu stellen (siehe dazu: https://pro.deutsche-digitale-bibliothek.de/die-ddb-als-aggregator-fuer-europeana, 22.10.2019). Nicht in Abgrenzung, sondern vielmehr als Ergänzung zu Europeana, ist die Wikimedia Foundation (Wikipedia, Wikidata usw.) zu sehen, wie zum Beispiel die National Library of Wales zeigt, die seit 2014 ein „Wikimedian in Residence" beschäftigte und diese Stelle 2017 verstetigte (siehe dazu: https://wikimedia.org.uk/wiki/Expert_outreach/National_Wikimedian_at_the_National_Library_of_Wales, 22.10.2019).

20 Vielleicht sollte hier angesichts der Anzahl von tatsächlich Gebenden besser von ‚Datenhaltern' gesprochen werden.

21 Nicht verschwiegen werden sollen an dieser Stelle aber auch die Vorreiter auf dem Gebiet der Verfügbarmachung von Daten in menschen- und maschinenlesbarer Form. Neben dem Rijksmuseum in Amsterdam, welches auf europäischer Ebene sicher als frühes Vorbild auf dem Gebiet der offenen Bereitstellung von Forschungsdaten gelten darf, wäre hier aus deutscher Perspektive das Vorgehen des Museums für Kunst und Gewerbe in Hamburg äußerst positiv herauszustellen und als Vertreter aus den USA wäre beispielhaft das Cleveland Museum of Art zu nennen, welches jüngst seine Daten unter der CC0-Lizenz (https://creativecommons.org/publicdomain/zero/1.0/, 24.01.2019) freigegeben hat und eine Anwendungsschnittstelle (API) bereit hält. Eine umfangreiche, permanent erweiterte Liste mit

Die diesen Umstand vielleicht erklärenden Punkte hat Thomas Hoving in seiner damaligen Rede markiert: „The whole idea of a computer network is generating momentum, and is forcing upon museums the necessity of joining forces, pooling talents, individual resources, and strengths. Because, obviously, no one of us can do it alone. It is forcing upon us the realization of our interdependence [...]"[22] und er fragt gegen Ende seiner Rede: „Will all our systems be compatible, and will those developed in 1970 be compatible with what the year 2000 will bring?"[23]

Wie ist es heute um die Kompatibilität von Systemen bestellt, genauer gesagt um die Interoperabilität von Systemen, welche (Bild-)Daten der Kunstgeschichte verwalten und bereitstellen? Unter dieser Fragestellung soll am Beispiel von *ConedaKOR* ein solches (Datenbank-)System nun etwas genauer betrachtet werden. Im Fokus stehen bei dieser Betrachtung die dem Bild zugehörigen Daten, die Bildebene, wie sie z.B. im Bereich *Computer Vision* eine zentrale Rolle spielt, ist hier ausgenommen.[24]

ConedaKOR

Ein Blick auf die fachspezifischen Forschungsdaten in der Kunstgeschichte zeigt, dass die Priorität auf dem digitalen Abbild liegt, wenngleich natürlich auch Fachbibliografien, Quellenverzeichnisse etc. erstellt werden. Obschon das Kunstwerk der eigentliche Gegenstand der Forschung ist, hilft in den meisten Fällen ein digitaler Repräsentant, den Untersuchungsgegenstand für die Forscherinnen und Forscher im gesamten Arbeitsprozess verfügbar zu machen.

Für diese Verfügbarmachung betreibt das Kunstgeschichtliche Institut der Goethe-Universität Frankfurt für Lehre und Forschung ein digitales Bilddatenbanksystem, welches aus der früheren, analogen Diathek hervorgegangen ist. Seit 2009 wird hierfür das quelloffene Datenbanksystem *ConedaKOR* verwendet.[25] Die Software wird inzwischen in diversen Hochschulen und Forschungsinstitutionen eingesetzt[26] und auch als *Software as a Service*-Lösung über *DARIAH-DE*

APIs zu Sammlungen von Gedächtnisinstitutionen wird von Mia Ridge unter folgender URL angeboten: http://museum-api.pbworks.com/w/page/21933420/Museum%C2%A0APIs.

22 Hoving, „Museums, Computers, and the Future", S. xi. Auch wenn Hoving hier nur auf die Museen abzielt, so ist die Aussage durchaus auch auf universitäre Einrichtungen und Forschungsinstitute zu übertragen.

23 Ebd.

24 Für Forschungen in diesem Bereich siehe z.B.: Peter Bell und Björn Ommer, „Computer Vision und Kunstgeschichte — Dialog zweier Bildwissenschaften", in: *Computing Art Reader: Einführung in die digitale Kunstgeschichte*, hg. von Piotr Kuroczyński u.a., Heidelberg 2018, S. 61–75, URL: http://books.ub.uni-heidelberg.de/arthistoricum/reader/download/413/413-17-83318-2-10-20181210.pdf (22.10.2019).

25 https://github.com/coneda/kor/ (23.01.2019).

26 U.a. in Universitäten in Bochum, Frankfurt am Main, Freiburg, Saarbrücken und Zürich, sowie im Deutschen Forum für Kunstgeschichte Paris und auch im Projekt *Textdatenbank und Wörterbuch des Klassischen Maya*.

angeboten.[27] *ConedaKOR* wurde für die Archivierung, Verwaltung und Recherche von Bild- und Metadaten auf einer gemeinsamen webbasierten Oberfläche entwickelt und ist als Graphdatenbanksystem konzipiert worden.

Was macht aber eine Graphdatenbank aus? In aller Kürze kann gesagt werden, dass ein Graph aus zwei Elementen besteht: einem Knoten und einer Beziehung (Kante). Jeder Knoten repräsentiert eine Entität (z.B. Person, Ort oder Sache) und jede Beziehung stellt dar, wie zwei Knoten miteinander verbunden sind. Zum besseren Verständnis hilft hier ein Vergleich mit dem Aufbau eines einfachen Satzes. Subjekt und Objekt stellen jeweils einen Knoten dar und ein Prädikat steht für die Beziehung. Beispiel: *Joachim von Sandrart* (Knoten) – *hat geschaffen* (Kante) – *Allegorie der Nacht* (Knoten). Bei diesem Modell der Graphdatenbanken haben die Beziehungen zwischen den Objekten eine mindestens gleichwertige Bedeutung. Da die in den Geisteswissenschaften vorkommenden Daten nicht alleine wegen ihrer Quantität von Bedeutung sind, sondern ihren Wert aus den Verknüpfungen untereinander beziehen, sind graphbasierte Modelle hier von besonderem Interesse.[28] Die Beziehungen liefern gerichtete, benannte, semantisch relevante Verbindungen zwischen zwei Entitäten und da eine Beziehung immer einen Start- und Endknoten hat, kann auch kein Knoten gelöscht werden, ohne nicht auch die zugehörige Beziehung zu löschen. Damit ist sichergestellt, dass eine bestehende Beziehung nie auf einen nicht existierenden Endpunkt zeigt. Nicht zuletzt durch die oben erwähnte Nähe zur Sprache lassen sich auch in einem nicht-technischen Umfeld recht schnell erste Datenmodelle erstellen und wenn zuvor bereits mit einem *Objektmodell* oder einem *Entity-Relationship-Modell* gearbeitet wurde, erscheint das *Graphmodell* sehr vertraut.

Ein weiterer Vorteil ist die einfache Erweiterbarkeit des Datenmodells. Da sich viele Forschungsfragen in geisteswissenschaftlichen Projekten erst im Verlauf des Vorhabens ergeben, muss das Datenbanksystem in der Lage sein, flexibel auf diese Anforderungen reagieren zu können. Im von *ConedaKOR* realisierten Graphmodell sind diese Knoten und Kanten typisiert, d.h. übergeordneten Typen zugeordnet, über welche die möglichen Verknüpfungen im Graphen eingeschränkt werden können. Durch weitere freie Attribute können die Knoten zusätzlich näher bestimmt werden.

Exemplarisch ist hier ein winziger Teilgraph (Abb. 8.2) aus der Datenbank des Kunstgeschichtlichen Instituts Frankfurt dargestellt.[29] Kanten zwischen Knoten sind immer beidseitig navigierbar. Für den hier zu sehenden Graphen bedeutet

---

27 Siehe dazu Thorsten Wübbena, *ConedaKOR als „Software as a Service"-Angebot bei DARIAH-DE*, 13. Oktober 2016, DHd-Blog, URL: http://dhd-blog.org/?p=7268 (23.01.2019).

28 Einen Einblick in das breite Anwendungsspektrum der Graphentechnologie in den Geisteswissenschaften kann u.a. gefunden werden im Tagungsband Andreas Kuczera u.a. (Hg.), *Die Modellierung des Zweifels – Schlüsselideen und -konzepte zur graphbasierten Modellierung von Unsicherheiten*, Wolfenbüttel 2019, (Zeitschrift für digitale Geisteswissenschaften, Sonderbände 4), URL https://doi.org/10.17175/sb004 (22.10.2019).

29 Aktuell (Stand: Januar 2019) enthält die Datenbank des Kunstgeschichtlichen Instituts Frankfurt 295.461 Entitäten (Knoten) und 614.164 Beziehungen (Kanten) im Datengraph. Die

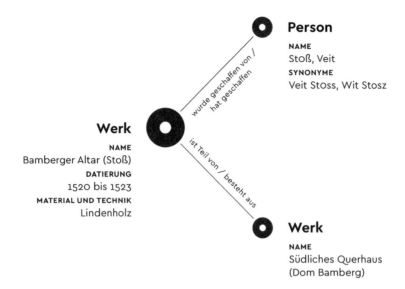

Abb. 8.2: Modell eines Ausschnitts aus dem ConedaKOR-Datengraph des Kunstgeschichtlichen Instituts Frankfurt. Darstellung, Thorsten Wübbena (CC BY).

dies, dass der Bamberger Altar von Veit Stoß ein Teil des südlichen Querhauses
des Bamberger Domes ist und entsprechend, anders herum gelesen, das Quer-
haus des Doms als übergeordnetes Werk den Bamberger Altar beinhaltet.

Bei einem genaueren Blick in das Backend von *ConedaKOR* (Abb. 8.3) ist festzustellen, dass es sich hier nicht um ein natives Graphdatenbanksystem handelt.
Als Storage-Backend dient ein klassisches relationales Datenbanksystem (MyS-
QL) und die Ablage der Medien erfolgt im Dateisystem – die wenig revolutionäre,
dafür umso robustere Lösung erleichtert Systemadministratorinnen und Syste-
madministratoren sowie Datenkuratorinnen und Datenkuratoren die Arbeit. Die
Web-Applikation läuft auf der Basis von *Ruby on Rails* und *Riot.js*, sodass insgesamt nur Standard-Komponenten gewartet werden müssen.[30] Bei Applikationen
dieser Art fallen zudem weitere Aufgaben wie die Verwaltung von Benutzern,
Rechten und Sammlungen an, die mit einem *relationalen Datenbankmanagement-
system* (RDBMS) im Backend leichter integriert werden konnten. Das Konzept
‚Graph' wird in *ConedaKOR* in erster Linie als ontologisches Ordnungssystem
verstanden und fungiert als Benutzerschnittstelle, die nicht nur Daten abfrage-
basiert anzeigt, sondern den Nutzer auch ermächtigt, direkt in die Modellierung
einzugreifen. Die Erstellung der Graphstruktur erfolgt über ein einfach zu be-

---

wichtigsten Entitätstypen repräsentieren Medien, Werke, Personen, Literatur, Institutionen
und Orte, die mit einer Vielzahl von Relationen miteinander verbunden werden können.

30 Ein großer Vorteil im universitären Kontext, da in den Hochschulrechenzentren ‚exotische'
Systemkomponenten ja eher ungern gesehen werden.

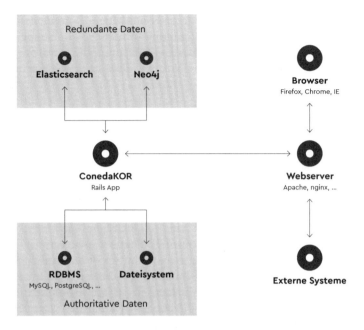

Abb 8.3: Schematische Darstellung der CondedaKOR-Architektur.
Darstellung, Thorsten Wübbena (CC BY).

dienendes Web-Interface, welches auch die Eingabe und die Anzeige umsetzt, sodass für die einzelnen Arbeitsschritte die gleiche Oberfläche genutzt werden kann.

Vernetzung

Wenn nun die Arten der Vernetzungsmöglichkeiten und Interoperabilität[31] näher betrachtet werden, so vor dem Hintergrund, dass *ConedaKOR* bewusst als modulares System entwickelt wurde, dem kein monolithisches oder allumfassendes Konzept (z.B. einer ‚Virtuellen Forschungsumgebung') zugrunde liegt.[32] Für

---

31 Die IIIF-Funktionalität in ConedaKOR mit der Option, einen integrierten Zugriff auf Abbildungen aus verschiedenen Quellen zu ermöglichen, wird an dieser Stelle ausgelassen, da der Mangel an Abstraktion den Interoperabilitätsaspekt von IIIF (International Image Interoperability Framework) behindert und hier eine konsistente Anzeige von Metadaten überkomplex ist. Diese Situation ist auch nicht zu kritisieren, da IIIF ganz klar nicht auf eine semantische Interoperabilität abzielt, sondern als Schnittstelle für bestandsübergreifende Präsentationen andere Aufgaben erfüllt.

32 Stefan Buddenbohm u.a., *Erfolgskriterien für den Aufbau und nachhaltigen Betrieb Virtueller Forschungsumgebungen*, Göttingen 2014 (DARIAH-DE working papers 7), URL: http://webdoc. sub.gwdg.de/pub/mon/dariah-de/dwp-2014-7.pdf? (30.01.2019), S. 30, wiesen in „Erfolgskriterien für den Aufbau und nachhaltigen Betrieb Virtueller Forschungsumgebungen" auch zurecht auf folgenden Umstand hin: „Ein werkzeugorientierter Ansatz hat gegenüber einem

spezifische Anforderungen können und müssen weitere Komponenten genutzt oder Daten in diverse Umgebungen eingespielt werden. So können beispielsweise Teile der Daten in Instanzen von *Elasticsearch*[33] und/oder *Neo4j*[34] *migriert und langfristig aktualisiert werden, um weitere Funktionalitäten zur Verfügung zu stellen.*

Schnittstellen

ConedaKOR stellt *Programmierschnittstellen* (API) zur Verfügung, welche durch verschiedene ,Verbraucher' genutzt werden können. Denn neben dem Einsatz als Datenbanksystem mit eigener Benutzeroberfläche ergeben sich auch Anwendungen, die das Datenbanksystem als schnittstellenstarkes Werkzeug im Backend in Erscheinung treten lassen, sei es mit einem spezifisch gestalteten Frontend, sei es als Repositorium, welches Daten über ein Javascript-Widget in bestehende Umgebungen einfließen lässt. Dabei erweist es sich als Vorteil, dass Inhalte u.a. in statische HTML-Seiten, WordPress-Installationen oder auch Drupal-Systeme integriert werden können, ohne die jeweilige Plattform anpassen zu müssen.[35] Da hierbei an das Zielsystem keinerlei technische Anforderungen gestellt werden, können auch dann Inhalte eingebunden werden, wenn das Zielsystem nicht hinreichend veränderbar ist oder auf einer andersartigen Technologie basiert.[36]

Auch bietet *ConedaKOR* insgesamt vier Endpunkte für das *Open Archives Initiative Protocol for Metadata Harvesting* (OAI-PMH) an, die jeweils die Inhalte von Entitätstypen, Entitäten, Verknüpfungstypen und Verknüpfungen abrufbar machen.[37] Die Wiedergabe der Daten erfolgt hier paginiert und auf Wunsch inkrementell, sodass keine zentrierte, hohe Last entsteht. Insgesamt wird hierdurch der gesamte Nutzinhalt der Instanz geordnet abgefragt. Dieser Ansatz eignet sich vor allem dann, wenn die Reproduktion oder Zusammenführung der Daten im

---

dem gesamten Forschungsprozess abdeckenden Ansatz Vorteile. Er konzentriert sich auf bestimmte Abschnitte des Forschungsprozesses und ist in der Lage, besser zwischen Community-,Nachfrage' und Infrastruktur-,Angebot' zu vermitteln. Er wird auch der Tatsache besser gerecht, dass generische Werkzeuge (bspw. Wiki, Clouddienste) in der Arbeitsumgebung der Forscher in der Regel bereits vorhanden sind, gegen die generische Werkzeuge einer umfassenden VRE vielleicht nur schwer bestehen können."

33 Suchmaschine (Java) auf Basis von Apache Lucene.

34 https://neo4j.com/ (22.01.2019).

35 So zum Beispiel in der Online-Ausstellung „La Galerie Pierre" angewendet, bei der die Daten direkt aus der ConedaKOR-Instanz ausgelesen und dann auf der Website des DFK Paris (Drupal) angezeigt werden, https://dfk-paris.org/fr/page/la-galerie-pierre-1253.html (21.01.2019).

36 Mittels JSON API können Inhalte in Desktop- und Mobile-Browsern angezeigt werden und über diesen Weg ist die Funktionalität der Anwendung vollständig abgebildet. Bei Vorhaben mit hohem und/oder transparentem Integrationsbedarf, bietet sich die Schnittstelle durch flexible Konfigurationsmöglichkeiten der Cross-Origin Resource Sharing-Header (CORS-Header) an.

37 OAI-PMH liefert Listen von Elementen aus, wohin die Inhalte einer KOR-Installation im Allgemeinen nicht verlustfrei transformiert werden können. Den Graph in seine listenartigen Bestandteile zu zerlegen, bietet die Möglichkeit, trotzdem OAI-PMH für die Gesamtheit der Daten anzubieten.

Vordergrund steht, also etwa für Backups, Hub-Instanzen oder an Harvester wie etwa *prometheus* – Das verteilte digitale Bildarchiv für Forschung und Lehre.[38] *ConedaKOR* ist selbst mit einer Harvester-Komponente ausgestattet, die im Speziellen dafür Sorge trägt, dass die Abfragen idempotent sind und sich von Instanz zu Instanz transitiv verhalten.

Ontologien

Um nun über verschiedene Instanzen hinweg Daten vernetzen zu können, braucht es gemeinsame Datenmodelle oder eben Ontologien. Mit dieser konzeptuellen Formalisierung von Wissensbereichen und Begriffsystemen wird generalisierend und möglichst darstellungsunabhängig Wissen in einer Form beschrieben, auf die sich alle Beteiligten einigen können. Der Vorteil hierbei ist, dass eine solche Ontologie offen für neue Projekte ist, die eigene Anforderungen stellen und spezifische Erweiterungen benötigen. Da *ConedaKOR* kein vorgegebenes Schema mit sich bringt, wird nach der Installation mit der Entwicklung einer Ontologie begonnen. Nach dem Sammeln aller vorkommenden Entitäts- und Relationstypen, die in der zu erstellenden Ontologie enthalten sein sollen, werden diese exakt definiert.

Da aber bereits gut eingeführte Ontologien existieren, wurde im Zuge der Weiterentwicklung von *ConedaKOR* in jüngerer Zeit besonderes Augenmerk auf die Möglichkeiten der Vernetzung der Instanzen unter Berücksichtigung eines gemeinsamen Modells gelegt.[39] Das *CIDOC Conceptual Reference Model* (CIDOC CRM) stammt aus dem Museumsbereich[40] und bietet ein standardisiertes Rahmenwerk,[41] um die vielfältigen Informationen im Bereich des kulturellen Erbes adäquat erfassen zu können und stellt damit eine gute Grundlage für das Zusammenführen von Daten aus diversen Beständen von Archiven, Bibliotheken und Museen dar.

Für *ConedaKOR* wurde das CIDOC CRM als Upper-Level-Ontologie implementiert. In der Datenbank kann somit ein eigenes projektspezifisches Datenmodell ausgearbeitet und gleichzeitig ein Mapping auf CIDOC CRM angelegt werden. Mit dem CIDOC CRM lässt sich eine (in der Regel abstraktere) Entsprechung für die spezifischen Modellierungen der jeweiligen Projekte finden. Um die konkrete oder spezifische Semantik der Forschungsarbeit zu erhalten, wird das Modell in *ConedaKOR* um projektspezifische Elemente erweitert.

Legt man das CIDOC CRM als standardmäßig integriertes Basisdatenmodell zugrunde, so lässt sich die lokale Datenbank dank gemeinsamer Upper Level

---

38 http://prometheus-bildarchiv.de/ (21.01.2019).

39 Siehe hierzu auch Sven Peter, *Abbildung relationaler Daten auf die Ontologie des CIDOC CRM*, Heidelberg 2015, URL: http://archiv.ub.uni-heidelberg.de/artdok/3454/ (22.10.2019).

40 Erarbeitet wurde es von der Gruppe für Dokumentationsstandards im Komitee für Dokumentation des internationalen Museumsverbandes (Comité International pour la DOCumentation du Conseil international des musées).

41 ISO 21127:2014.

Ontologie in ein verteiltes System von Datenbanken integrieren. Auf technischer Ebene wird diese Vernetzung bei *ConedaKOR* durch die oben bereits erwähnte Implementierung des OAI-PMH realisiert. Über dieses Verfahren lässt sich grundsätzlich auch ein Mapping mit anderen Ontologien durchführen.[42]

Wikidata x ConedaKOR

Bei *Wikidata*, einem der zahlreichen Projekte im *Wikiversum* (Wikipedia, WikiCite usw.) wird versucht, den Wissensstand zu einem definierten Zeitpunkt belegbar abzubilden.[43] Das Modell von *Wikidata* weist eine enorme Flexibilität auf, ist entsprechend erweiterbar und die Daten stehen unter der CC0-Lizenz, womit sie frei von urheberrechtlichen und verwandten Schutzrechten sind. Neben der Lesbarkeit für Mensch und Maschine sind die Objekte mit zahlreichen Identifikatoren angereichert, die in Datenbanken von externen Organisationen verwendet werden. Und – spätestens hier wird es für die Kunstgeschichte spannend – *Wikidata* wird immer interessanter für *Galerien, Bibliotheken, Archive und Museen* (GLAMs), die den Wert und die Vorteile von *Linked Open Data* via *Wikidata* für ihre Sammlungen erkennen.[44]

Vor diesem Hintergrund wurde am *Deutschen Forum für Kunstgeschichte Paris* (DFK Paris) ein Projekt gestartet, um diese Nachnutzungspotenziale für die eigenen Vorhaben zu eruieren und zu erschließen. Im DFK Paris wird *ConedaKOR* genutzt, um das in der Fachwissenschaft relevante Beziehungsgeflecht zwischen Werken und ihren Kontexten abzubilden. Die digitale Bildersammlung hat sich hierbei im Laufe der Zeit zu einer Wissensdatenbank und einem Instrument zur Vermittlung kunsthistorischer Kompetenzen weiterentwickelt.

Aus der Beobachtung heraus, dass in vielen neu startenden, datenbankgestützten Projekten jedes Mal aufs Neue ein Grundstock bereits vorliegender Informationen angelegt wird (insbesondere Personen, Werke, Orte etc.), kann *Wikidata* eine Möglichkeit bieten, die begrenzten Ressourcen eines Projekts in die Erschließung neuer Informationen zu investieren. Aus demselben Grund kann sich der Einsatz von *Wikidata* als externe Datensammlung selbstverständlich auch für das Tagesgeschäft in kunsthistorischen Einrichtungen mit ihren zahlreichen Bilddatenbanken lohnen.

---

42 Ein solches Mapping kann in anderen Konstellationen auch durch das Modelling Environment der DARIAH-DE Datenföderationsarchitektur realisiert werden. Vgl. dazu: Tobias Gradl u.a., „Heterogene Daten in den Digital Humanities: Eine Architektur zur forschungsorientierten Föderation von Kollektionen", in: *Grenzen und Möglichkeiten der Digital Humanities*, hg. von Constanze Baum und Thomas Stäcker, Wolfenbüttel 2015 (Sonderbände der Zeitschrift für digitale Geisteswissenschaften 1), DOI: 10.17175/sb001_020 (26.01.2019).

43 Aktuell schreiben über 20.000 aktive Nutzerinnen und Nutzer an dieser Sammlung strukturierter Daten mit und sorgen dafür, dass die Zahl von derzeit mehr als 50.000.000 Datensätzen stetig ansteigt, https://www.wikidata.org/wiki/Wikidata:Statistics (24.01.2019).

44 Als ein Beispiel seien hier nur die acht flämischen Museen („Vlaamse Kunstcollectie") genannt, die 2016 ihre Sammlungsdaten über Wikidata bereitgestellt haben, http://www.vlaamsekunstcollectie.be/nl/vkc_op_wikidata_1.aspx (26.01.2019).

Es geht hierbei aber nicht nur um die einbahnstraßenhafte Nutzung der Daten aus *Wikidata*, denn die in den Instituten und Projekten erhobenen Informationen können auch wieder in den *Wikidata*-Bestand hineingeschrieben werden und kommen damit der Allgemeinheit, der Sichtbarkeit und dem Gedanken der Nachnutzung (gleich Nachhaltigkeit) zugute. Eine in der Tat verführerische Idee, wenn in der Kunstgeschichte nicht das zentrale Objekt der Untersuchung das Bild wäre, welches zugleich Gegenstand einer oft schwierigen Rechtslage ist. Und somit entsteht für viele Forschungseinrichtungen, die nicht über eigene Sammlungen verfügen/arbeiten und damit Rechteinhaber sind, die Notwendigkeit, für die Forschung ein eigenes Repositorium für Bilddateien zu betreiben. Aus diesem Dilemma heraus wurde daher am DFK Paris ein Workflow entwickelt, der die Verknüpfung lokaler Daten mit *Wikidata* ermöglicht.[45]

Umsetzung

Um diese angestrebte Kopplung bei größtmöglicher Kompatibilität und zugleich geringem Aufwand (Entwicklung und Anwendung) zu erreichen, wurde bei der Implementierung auf eine Browser-Erweiterung gesetzt. Verfügbar für die Webbrowser Firefox und Chrome wird nach der Installation des Add-ons bei jedem Besuch einer Website nachgesehen, ob diese eine *Wikidata*-ID enthält.[46] Ist das der Fall, dann meldet die Erweiterung, wenn eine korrespondierende Entität in der eigenen Datenbank vorhanden ist[47] und ob a) Abbildungen dazu vorliegen, die als Vorschaubild erscheinen und im eigenen Repositorium angezeigt werden können[48] oder b) es noch keine zugehörigen Abbildungen gibt und die – falls verfügbar – nun ins eigene System hochgeladen werden können.[49]

Damit ist die Nutzung der Datenbasis direkt in Wikidata möglich und die häufig rechtesensible Situation der Abbildungen wird in das lokale System der Nutzerinnen und Nutzer ausgelagert. Dieser Ablauf ermöglicht, dass neu erarbeitete Informationen, die in Wikidata abgelegt werden können, auch direkt dort hineingeschrieben werden. Damit bereichert projektspezifisches kunsthistorisches Wissen die Wikidata und kann darüber hinaus entsprechend nachgenutzt werden. Im Projekt Wissenschaftliche Bearbeitung des Palais Beauharnais wurden so im Zusammenhang mit der Erstellung einer online recherchierbaren Version des vollständigen Inventars der Möbel, Bronzen, Gemälde und anderer Gegenstände des Palais Beauharnais zahlreiche Entitäten in Wikidata angelegt.[50]

---

45 In der Folge bezieht sich die Darstellung auf eine ConedaKOR-Installation, aber die hier beschriebene Erweiterung ließe sich auch für andere Datenbanksysteme entwickeln.

46 Die Extension reagiert auf Wikidata-IDs einer Website – die nicht nur auf Wikidata-Seiten vorhanden sein müssen – und somit zum Beispiel auch beim Browsen auf Wikipedia.

47 Dazu muss eine zugehörige Wikidata-ID im eigenen System abgelegt sein. Alternativ auch andere Identifier, über welche die Wikidata-IDs importiert werden können.

48 https://www.youtube.com/watch?v=A_lsGmYQF7w (24.01.2019).

49 https://www.youtube.com/watch?v=QhfliHjsM9I (24.01.2019).

50 Öffentlich zugängliche Online-Version des Katalogs unter URL: https://dfk-paris.org/de/ WissenschaftlicheBearbeitungdesPalaisBeauharnais/Datenbank.html (24.01.2019).

Die Browser-Erweiterung ermöglicht aber auch die Übernahme von *Wikidata*-Inhalten in die eigene Datenbank. Wenn die zugehörige Entität einer entdeckten *Wikidata*-ID noch nicht im eigenen System vorhanden ist, bietet die Erweiterung eine konfigurierbare Importmöglichkeit an.[51] Bei diesem Import wird ferner nachgesehen, ob über Relationen zu verbindende Entitäten bereits in der eigenen Installation vorhanden sind und im positiven Fall werden diese Verbindungen zeitgleich angelegt.

Voraussetzung für das beschriebene Verfahren mit einer lokalen Forschungs-software und einem – zumindest teilweise – ausgelagerten Datenbestand ist selbstverständlich die Bereitschaft, die Daten in *Wikidata* öffentlich vorzuhalten, zu ergänzen und nicht mehr primär im eigenen Datenbanksystem. Damit ergeben sich – neben technisch zu berücksichtigenden Aspekten – natürlich Fragen, die u.a. die Redaktionshoheit betreffen. Welche neuen datenkuratorischen Wege sind zu gehen, welche Prozesse ergeben sich, wenn eine größere Gruppe an den Datensätzen mitschreibt? Hier könnte z.B. der in der *Wikidata*-Gemeinschaft diskutierte Ansatz der ‚signed statements' interessant werden, womit Institutionen ihre Aussagen mit einem Label versehen könnten.[52]

Fazit

Die hier an *ConedaKOR* gezeigten Szenarien (Schnittstellen, Ontologien, externe Datenbestände) sollen exemplarisch die Einhaltung grundsätzlicher Prinzipien demonstrieren, die den Weg der Vernetzung von kunsthistorischen Daten für Wissenschaft und Forschung ermöglichen. Ziel muss es sein, mit den vielen verschiedenen Systemen, die an den jeweiligen Einrichtungen aus vielerlei Gründen etabliert wurden, ein Zusammenspiel zu ermöglichen. Den *FAIR*- Prinzipien (*Findable, Accessible, Interoperable, Reusable*)[53] folgend, ist neben der Berücksichtigung von Standards und der Nutzung von Identifikatoren (z.B. GND-ID[54] oder Wikidata-ID) bei der Erfassung, die Bereitstellung der Daten unter einer offenen Lizenz über adäquate Schnittstellen[55] und Repositorien absolut essenziell.

Ein modularer Aufbau aus Forschungssoftware mit spezifischen Funktionalitäten für die eigenen Daten,[56] im Bedarfsfall einem vertrauenswürdigen und

---

51 https://www.youtube.com/watch?v=lvvTN-6aYXw (24.01.2019).
52 https://phabricator.wikimedia.org/T138708 (24.01.2019).
53 https://www.go-fair.org/fair-principles/ (24.01.2019).
54 Welche Rückgratfunktion die Gemeinsame Normdatei (GND) im Bereich von Linked Data spielt und noch spielen kann, wurde nicht zuletzt auf der ersten GND-Convention (GND-Con 2018) in der Deutschen Nationalbibliothek in Frankfurt am Main (3.–4. Dezember 2018) deutlich, zu der die Dokumentation hier einsehbar ist: https://wiki.dnb.de/display/ GND-CON2018/Dokumentation+der+Sessions+der+GNDCon+2018 (24.01.2019).
55 Nicht zuletzt durch maschinelle Lesbarkeit verändern offene Kulturdaten die Praktiken ihrer Nutzung.
56 Die Nutzung des eigenen Systems gewährleistet eine Erweiterung der Datenbasis mit geschütztem oder sensiblem Material im Kontext des Projekts – in der Kunstgeschichte durch die digitalen Repräsentationen der Untersuchungsgegenstände ein Standardfall.

kompetenten Provider (Forschungsinfrastruktur), sowie externen Datenbeständen[57] ermöglichen zudem eine flexible und wissenschaftsgetriebene Nutzung digitaler Infrastrukturen.

Sicher ist, dass – neben einem zweckmäßige(re)n Einsatz von Ressourcen – auf diesem Weg eine Reduzierung der isolierten Datenbestände einer Fachdomäne erfolgen kann, wie sie derzeit als Datensilos eben auch immer noch existieren.

Nun ertönt der Ruf nach diesem Vorgehen und der Berücksichtigung oben genannter Prinzipien hier selbstredend nicht zum ersten Mal, aber eine Vernetzung von Datenbeständen funktioniert nur als ein kontinuierlicher Prozess, der neben einer fortwährenden Entwicklung auch ein stetiges Engagement erfordert. Dieses Engagement ist auch daher so wichtig, da es nicht immer darum geht, die Dinge ‚noch einmal zu denken‘ wie es im Eingangszitat von Goethe heißt, ab und an trifft im diesem Zusammenhang vielmehr André Gide den Punkt: „Toutes choses sont dites déjà; mais comme personne n'écoute, il faut toujours recommencer."[58]

Literaturverzeichnis

Angel, Philips, *Lof der Schilder-Konst*, Leiden 1642.

Bell, Peter und Björn Ommer, „Computer Vision und Kunstgeschichte — Dialog zweier Bildwissenschaften", in: *Computing Art Reader: Einführung in die digitale Kunstgeschichte*, hg. von Piotr Kuroczyński, Peter Bell und Lisa Dieckmann, Heidelberg 2018, S. 61–75, URL: http://books.ub.uni-heidelberg.de/arthistoricum/reader/download/413/413-17-83318-2-10-20181210.pdf (22.10.2019).

Buddenbohm, Stefan, Harry Enke, Matthias Hofmann, Jochen Klar, Heike Neuroth und Uwe Schwiegelshohn, *Erfolgskriterien für den Aufbau und nachhaltigen Betrieb Virtueller Forschungsumgebungen*, Göttingen 2014 (DARIAH-DE Working Papers 7), URL: http://webdoc.sub. gwdg.de/pub/mon/dariah-de/dwp-2014-7.pdf (30.01.2019)

Cashen, Trish, „The Internet and Art History: A Tool or a toy", in: *Computers and the History of Art* 5, Part 2, „Making Connections" (1995), S. 15–32.

Drucker, Johanna, „Is There a 'Digital' Art History?", in: *Visual Resources* 29/1–2 (2013), S. 5–13, URL: https://doi.org/10.1080/01973762.2013.761106 (31.05.2019).

Gide, André, „Le Traité du Narcisse – Théorie du symbole", in: *Entretiens Politiques & Littéraires* 4 (1892), S. 20–28, URL : https://gallica.bnf.fr/ark:/12148/bpt6k206274k/f22. item.

Gradl, Tobias, Andreas Henrich und Christoph Plutte, „Heterogene Daten in den Digital Humanities: Eine Architektur zur forschungsorientierten Föderation von Kollektionen", in: *Grenzen und Möglichkeiten der Digital Humanities*, hg. von Constanze Baum und Thomas Stäcker, Wolfenbüttel 2015 (Sonderbände der Zeitschrift für digitale Geisteswissenschaften 1), DOI: 10.17175/sb001_020 (26.01.2019).

---

57 Wie im Beispiel von Wikidata x ConedaKOR gezeigt, erlaubt eine unmittelbare Nachnutzung den Forschungsvorhaben, Ressourcen in Weiterführung und Anreicherung statt repetitiven Neuaufbau zu investieren.

58 „Alle Dinge sind bereits gesagt; aber da niemand zuhört, muß man immer wieder von vorne anfangen" (Übersetzung des Verfassers). André Gide, „Le Traité du Narcisse – Théorie du symbole", in: *Entretiens Politiques & Littéraires* 4 (1892), S. 20–28, hier S. 20, URL: https://gallica. bnf.fr/ark:/12148/bpt6k206274k/f22.item.

Goethe, Johann Wolfgang, *Werke,* Bd. 22, Stuttgart 1829.

Greenhalgh, Michael, „Art History", in: *A Companion to Digital Humanities,* hg. von Susan Schreibman, Ray Siemens und John Unsworth, Part 1, 3, Oxford 2004, URL: http:// www.digitalhumanities.org/companion/ (31.05.2019).

Hartland, Dave, „The Internet: Global Information and Communication", in: *Computers and the History of Art* 5, Part 2, „Making Connections" (1995), S. 3–14.

Hoving, Thomas, „Museums, Computers, and the Future", in: *Computers and Their Potential Applications in Museums: A Conference Sponsored by the Metropolitan Museum of Art, April 15, 16, 17,* New York 1968, S. v–xii.

Kuczera, Andreas, Thorsten Wübbena und Thomas Kollatz (Hg.), *Die Modellierung des Zweifels – Schlüsselideen und -konzepte zur graphbasierten Modellierung von Unsicherheiten,* Wolfenbüttel 2019 (Zeitschrift für digitale Geisteswissenschaften, Sonderbände 4), URL: https://doi.org/10.17175/sb004 (22.10.2019)

Palmer, Shelly, *Rich Data, Poor Data. What the Data Rich Do – That the Data Poor and the Data Middle Class Do Not!,* URL: https://www.linkedin.com/pulse/rich-data-poor-what-do-middle-class-shelly-palmer (31.05.2019).

Peter, Sven, *Abbildung relationaler Daten auf die Ontologie des CIDOC CRM,* Heidelberg 2015, URL: http://archiv.ub.uni-heidelberg.de/artdok/3454/ (22.10.2019).

Pias, Claus, „Das digitale Bild gibt es nicht – Über das (Nicht-)Wissen der Bilder und die informatische Illusion", in: *zeitenblicke* 2/1 (2003), URL: http://www.zeitenblicke. historicum.net/ 2003/01/pias/index.html (30.05.2019).Pratschke, Margarete, „Wie Erwin Panofsky die Digital Humanities erfand. Für eine Geschichte und Kritik digitaler Kunst- und Bildgeschichte", in: *kritische berichte* 3 (2016), S. 56–64.

Vaughan, William, „Introduction. Digital Art History?", in: *Digital Art History – A Subject in Transition,* hg. von Anna Bentkowska-Kafel, Trish Cashen und Hazel Gardiner, Bristol 2005, S. 1–2.

Wübbena, Thorsten, *ConedaKOR als „Software as a Service"-Angebot bei DARIAH-DE,* 13. Oktober 2016, DHd-Blog, URL: http://dhd-blog.org/?p=7268 (23.01.2019).

Zorich, Diane, *The "Art" of Digital Art History,* URL: https://ima.princeton.edu/pubs/ 2013Zorich.pdf (22.10.2019).

Towards a Classification of Neoclassical Objects in Interior Scenes

Simon Donig, Maria Christoforaki, Bernhard Bermeitinger und Siegfried Handschuh

Digitale Forschungsinstrumente sind disruptive Technologien mit dem Potential, grundlegend die Art und Weise zu verändern, wie wir in den historischen Bildwissenschaften, in der Architektur- und Designgeschichte oder den Material Culture Studies forschen, ja welche Vorstellungen wir von unseren Disziplinen entwerfen. Künstliche Intelligenz und Verfahren maschinellen Lernens werden in den bildbezogenen Digitalen Geisteswissenschaften zum Zweck der Bildanalyse sowie der Klassifizierung visueller Merkmale genutzt. Waren Methoden im Bereich der Bildanalyse lange Zeit von niedrigschwelligen Methoden wie der Bildung von Clustern auf der Grundlage von Farbverteilungen oder lokalen Kontrasten für diesen Bereich bestimmend, zielen Forschungsinstrumente nunmehr darauf ab, Bildmerkmale zu identifizieren, zu klassifizieren oder gar semantisch zu segmentieren. Sie bieten also, anders ausgedrückt, erstmals informatisch halbautomatischen Zugang zur dem Bild eigenen Ebene der Repräsentation. Das Neoclassica-Projekt hat zum Ziel, Forschenden einen Zugang zu Instrumenten und Methoden zu bieten, die eine computergestützte Analyse materieller Kultur, genauer struktureller Merkmale und ästhetischer Formen klassizistischer Artefakte bieten. Wir möchten damit sowohl mehr hypothesen-getriebene, als auch explorative Zugänge zum Medium Bild unterstützen. Gegenwärtig konzentrieren wir uns dabei auf Raumkunst, insbesondere Mobiliar und Innenräume, aber auch Architektur und deren jeweilige bildliche Darstellung. In diesem Beitrag stellen wir unseren Zugang zur Analyse von Zimmerbildern vor, angefangen mit der Klassifizierung in Darstellungen von Einzelartefakten bis hin zur Identifizierung von Objekten in komplexen zeitgenössischen Interieurdarstellungen. Abschließend zeigen wir Anwendungsmöglichkeiten der Technologie und Perspektiven der weiteren Forschung auf.

Introduction

The introduction of digital instruments in the history of design, art and architecture like so many disruptive technologies are about to fundamentally change the way we conduct and even envision our very disciplines.[1] Lately, Artificial Intel-

---

1 This transformation has been hailed as a "Computational Turn" (David Berry, "The Computational Turn: Thinking about the Digital Humanities", in: *Culture Machine* 12 (2011), pp. 1–22, URL: http://sro.sussex.ac.uk/49813/, accessed 2018-12-14) and has been early on stated by art historians such as Hubertus Kohle, "Ordnung und Umbruch in der Wissenschaft der Kunstgeschichte: Der Einfluss des Digitalen", in: *Reibungspunkte: Ordnung und Umbruch in Architektur und Kunst*, ed. by Hanns Hubach, Petersberg 2008, pp. 141–144. Recently espe-

DOI: 10.13173/9783447114608.149

ligence and Machine Learning techniques are used in the Visual Digital Humanities for the purpose of image analysis and the classification of features alike.[2] They reach beyond a low-level image processing (e.g. by grouping images by colour distribution or contrast) seeking to identify, classify, and even semantically segment visual features in imagery.[3] In other words, they provide for the first time computational access to the representational dimension of images.

The Neoclassica project was conceived to harness these technologies in order to provide scholars with such new instruments and methods for the computer-assisted analysis of material culture, specifically, structural features and aesthetic forms of neoclassical artefacts. We aspire to support both hypothesis-driven and exploratory approaches in the Bildwissenschaften, Cultural Studies and Humanities alike. We currently concentrate on Raumkunst (in particular furniture and interior spaces) as well as architecture and their respective visual representations.

Here, we present our path towards a visual analysis of interiors starting from the initial classification of single artefact images and moving to artefact identification in complex depictions of period interiors. Finally, we present our contemplations on the use of this methodology and possible extensions of it.

The Classical Movement and the Interior

Antiquarianism played an important role in shaping the rise of European modernity. The ascent of classical antiquity to a cultural paradigm during the *Sattelzeit*[4] was profoundly interwoven with processes of fundamental social, economic and cultural transformation, such as growing urbanisation, the evolution of a consumer-culture, new conceptions of privacy and property, and even the human self. The Classical movement was remarkable in its spread both geographically and socially as well as the intensifying processes of interaction and exchange across territories. Patrons returning from their *grand tour* formed learned clubs

---

cially the impact of computer vision on the Visual Digital Humanities has been discussed by Simon Doing et al.: "Der Ferne Blick. Bildkorpora und Computer Vision in den Geistes- und Kulturwissenschaften: Stand – Visionen – Implikationen", in: *DHd 2018: Kritik der digitalen Vernunft*, ed. by Georg Vogeler, Köln 2018, pp. 86–89, URL: http://dhd2018.uni-koeln.de/wp-content/uploads/boa-DHd2018-web-ISBN.pdf, accessed 2018-12-14.

2   Peter Bell and Björn Ommer, "Training Argus, Ansätze zum automatischen Sehen in der Kunstgeschichte", in: *Kunstchronik* 68/8 (2015), pp. 414–420; Björn Ommer and Peter Bell, "Digital Connoisseur? How Computer Vision Supports Art History", in: *Il metodo Del conoscitore – approcci, limiti, prospettive Connoisseurship nel XXI secolo*, ed. by Stefan Albl and Alina Aggujaro, Roma 2016, pp. 187–200.

3   Sabine Lang and Björn Ommer: "Attesting Similarity: Supporting the Organization and Study of Art Image Collections with Computer Vision", in: *Digital Scholarship in the Humanities* 33/4 (2018), pp. 845–56. DOI: https://doi.org/10.1093/llc/fqy006, accessed 2018-12-14.

4   For a recent assessment of the scholarly productivity of Reinhart Koselleck's concept see Daniel Fulda, "Sattelzeit. Karriere und Problematik eines kulturwissenschaftlichen Zentralbegriffs", in: *Sattelzeit: Historiographiegeschichtliche Revisionen*, ed. by Elisabeth Décultot and id., Berlin 2016, pp. 1–16.

of Dilettanti, maintained vast letter networks, or even transformed their private collections into public institutions like the Boston Athenaeum.[5]

The medial revolution around 1800 spread knowledge of the classical *goût* far beyond the most wealthy and powerful in their respective societies. Publications such as the *Journal de la mode et du goût* (appeared under different titles 1786–1793), *Ackermann's Repository of Arts, Literature …* (app. 1809–1829) or the *Journal des Luxus und der Moden* (app. 1797–1812) contributed to the formation of consumers' tastes. Specialised craftsmen travelled across vast territories spreading new techniques and technologies in carpentry or metal work, learning both from their peers and through the study of the antiquities, later forming their own workshops (often maintained for multiple generations). Some of those had a fundamental impact on the reception of the Classical tradition itself such as the Roentgen's workshop in Neuwied or the Jacob's workshop in Paris,[6] and contributed significantly to the creation of almost global markets for consumer goods such as furniture and bronzes.

The common reference to classical antiquity, as well as aesthetic divergence due to local traditions, social requirements and financial limitations or even political conditions, provides in our eyes a field particularly well suited for the application of computational methods. The widespread reception of classical antiquity, as well as technological improvements such as printmaking techniques in the form of stipple engraving, mezzotint, and aquatint,[7] produced a vast wealth of contemporary visuals.

Additionally, these visuals provide a specific kind of evidence, due to a transformation of the very practice of seeing and depicting. During this period the modern notion of the interior "with significance as a physical, three-dimensional space, as well as an image, whether it be a two-dimensional representation such as a painting, a print in a portfolio of decoration, or a flat backdrop that could conjure up an interior as a theatrical scene" emerged.[8] As a genre, the interior deviated from the emblematic and allegorical image-language of the baroque, employing a more 'naturalistic' and 'reconstructive' approach, now supposed to mirror the personality of its inhabitants.[9] Christiane Lukatis has pointed out that the interior started out as a primarily private form of memory that hence depicted

5   Jason M. Kelly, *The Society of Dilettanti*, New Haven, CT 2009; Bruce Redford, *Dilettanti: The Antic and the Antique in Eighteenth-Century England*, Los Angeles, CA 2008; Hina Hirayama, "With Éclat" – the Boston Athenæum and the Origin of the Museum of Fine Arts, Boston, Boston, MA 2013.

6   Wolfram Koeppe, *Extravagant Inventions: The Princely Furniture of the Roentgens*, New York, NY 2012; for the Jacobs see the older but still authoritative biographies by Hector Lefuel, *Georges Jacob, ébéniste du XVIIIe siècle*, Paris, 1923 and id., *François-Honoré-Georges Jacob-Desmalter Ébéniste de Napoléon Ier et de Louis XVIII.*, Paris 1926.

7   Jeremy Aynsley and Charlotte Grant, ed., *Imagined Interiors: Representing the Domestic Interior since the Renaissance*, ed. by, London 2006, p. 100.

8   Charles Rice, *The Emergence of the Interior – Architecture, Modernity, Domesticity*, London 2007, p. 2.

9   Rainer Schoch, "Repräsentation und Innerlichkeit. Zur Bedeutung des Interieurs im 19. Jahrhundert", in: *Mein blauer Salon: Zimmerbilder der Biedermeierzeit*, ed. by Christiane Lukatis, Nürnberg 1995, pp. 11–16, here p. 14.

very personal and rarely representational settings. Following its private function, interior images are usually executed as drawings rather than oil paintings.[10]

The genre thus ranged from the private lieux de souvenir to the "painted inventory",[11] as well as, from the idealised milieu[12] as a portrait to a strict documentary function.[13]

Interior images may hence fulfil multiple functions of representation. Depending on the research interest, they may hold evidentiary value, informing about domestic culture, perceptions of humans of their environment or programmatic and aesthetic conceptions held.[14] They can also inform about the study of processes of stylistic transformation and the application of iconographic programs. The huge digitisation efforts in recent years have given us unprecedented access to sources, facilitating the employment of methods and instruments from the Digital Humanities that directly benefit such research in multiple ways.

The Neoclassica Framework

The *Neoclassica* framework evolved in the above context and is composed of a top-down human created knowledge codification harnessing the domain-expert knowledge and a bottom-up data-driven approach to knowledge extraction from sources in multiple modes, exploiting the powers of computationally processing large amounts of data.

The Neoclassica ontology

Domain expert knowledge has to be formalized so that it can be automatically processed by a computer. In *Neoclassica*, we do this by means of a multilingual research-oriented formal ontology.[15] Additionally, we strive to reflect the specific

---

10 Christiane Lukatis, "Zimmerbilder – Entwicklung und Charakter des Genres", in: *Mein blauer Salon: Zimmerbilder der Biedermeierzeit*, ed. by ead., Nürnberg 1995, pp. 17–26, here pp. 19, 21.

11 Ibid.

12 This observation holds also for other genres such as the social caricature or the political portrait. For instance, in George Cruikshanks temperance inspired series of etchings called *The Bottle* from 1847 (George Cruikshank and Charles Mackay, *The Bottle. In Eight Plates [...]*, London 1847, URL: https://www.bl.uk/collection-items/the-bottle--a-series-of-temperance-themed-illustrations-by-george-cruikshank-with-poetry-by-charles-mackay, accessed 2018-12-14) the gradual social and moral demise of the protagonist is represented through the gradual loss of the bourgeois interior surrounding the family; or the 1808 portrait of Charles-Maurice de Talleyrand-Périgord by François Gérard depicts him in a relatively private setting yet with furniture in the Louis XVI style. In the context of Talleyrand having recently resigned as a foreign minister to protest Napoléons policy towards Russia, this choice of an ancien régime style at the heyday of the Émpire style in a painting that was publicly exhibited after its completion in 1808 can hardly be called accidental. (For visual references see Fig. 10.4, Farbteil.)

13 Lukatis, "Zimmerbilder", p. 24.

14 Peter Burke, *Eyewitnessing: The Uses of Images as Historical Evidence. Picturing History*, London 2001, pp. 81–87.

15 Simon Doing et al., "Neoclassica – A Multilingual Domain Ontology. Representing Material Culture from the Era of Classicism in the Semantic Web", in: *Computational History and Data-Driven Humanities. CHDDH 2016*, ed. by Bojan Bozic et al., Cham 2016 (IFIP Advances in

chronological period semantics. Thus, concepts and terms used to describe artefacts and their structure are based on period sources such as drawing, model, and pattern books or other treatises reflecting the conceptual control over the production of artefacts. The ontology contains concepts regarding furnishing and furniture, their components and aesthetic features as well as the relationships between them.[16] We chiefly include elements common to both architecture and furniture since our initial development focuses primarily on *Raumkunst*. In the context of this paper, the ontology provides for the annotation of a training set for the data-driven approach.

The bottom-up approach

The *Neoclassica* bottom-up approach consists of the application of Artificial Intelligence techniques specifically Deep Learning for knowledge discovery. This technique allows computational models that are composed of multiple processing layers to learn representations of data with multiple levels of abstraction.[17] A *Deep Neural Network* is a specific architecture implementing *Deep Learning*. In this paper, the terms *Deep Learning*, *Deep Neural Network*, and *Neural Network* are used as synonyms. Deep Learning like all machine learning techniques requires an annotated training set used by the algorithm to learn particular features and a disjoint test set (i.e. not sharing any common items) used for the evaluation of the results. In our case, we have compiled the *Neoclassica Open Corpus* annotated according to the *Neoclassica* ontology.

At the time of writing the corpus comprises both modern photographs and digitised period imagery. Both depict either single objects in one image or multiple objects. The latter can be divided in modern photographs from exhibition spaces and period rooms, historic photographs of interiors, period images taken either from pattern-books (both printed and distributed or unique workshop designs such as the Bellangé album),[18] or solitaire images (e.g. drawings, paintings) as well as thematically cohesive albums (e.g. the Wittelsbacher Album),[19] digitised period books, all depicting interiors.[20]

Information and Communication Technology 482), pp. 41–53, DOI: 10.1007/978-3-319-46224-0_5, accessed 2019-09-23.

16 The ontology builds on CIDOC-CRM for its core concepts, since CIDOC-CRM is the basis of the ISO standard 21127:2014 for the interchange of cultural heritage information (CIDOC Documentation Standards Working Group, *What Is the CIDOC CRM?*, URL: http://www.cidoc-crm.org/, accessed 2019-10-23; Martin Doerr, "The CIDOC Conceptual Reference Module: An Ontological Approach to Semantic Interoperability of Metadata", in: *AI Magazine* 24/3 (2003), pp. 75–92).

17 Yann LeCun et al., "Deep Learning", in: *Nature* 521 (2015), pp. 436–444.

18 Sylvain Cordier, "The Bellangé Album and New Discoveries in French Nineteenth-Century Decorative Arts", in: *Metropolitan Museum Journal* 47/1 (2012), pp. 119–147, DOI: 10.1086/670144, accessed 2018-12-14.

19 *Das Wittelsbacher Album*, ed. Hans Ottomeyer, München 1979; Thomas Langenholt, *Das Wittelsbacher Album: das Interieur als kunsthistorisches Dokument am Beispiel der Münchner Residenz im ersten Drittel des 19. Jahrhunderts*, Norderstedt 2002.

20 The imagery was sourced from institutions such as the Metropolitan Museum of Art, New

A particular challenge of any classification experiment in the humanities lies in the fact that the bodies of images available for training are rather small. Most Deep Learning approaches, however, are trained on millions of images. We thus applied pre-training, a common method for improving the overall performance of a neural network. The assumption is that the classifier learns specific features of a basic nature (like round shapes and specific edges) that are exploited in the unknown dataset. Most available pre-training sets such as *ImageNet*,[21] the one we used, consist, however, of modern-day photographs. Thus, we decided to train the algorithm on a specific *ImageNet* subset containing mainly photos of modern furniture objects like tables, chairs, and cabinets.

Before each experiment, we randomly split the corpus: 80% were used to train the algorithm and 20% to evaluate the results. Additionally, we also used control corpora with newly sourced independent images for some experiments.

Single Object Detection

In order to reach our goal of identifying and classifying specific furniture forms in complex interior scenes, we applied a stepwise approach. Our first experiment layouts followed a resource efficient approach in image classification through deep learning, by concentrating on single-class image classification, focussing on photographs.

For this kind of experiments, we used *Convolutional Neural Networks* (CNNs).[22] In our first experiments, we employed a corpus that was collated from open data of the *Metropolitan Museum of Art* (MET), New York. The first experiment[23] was conducted using 2167 images belonging to 42 classes and when evaluated, gave

---

York, the Victoria & Albert Museum, London, the Wallace Collection, London, the Cooper-Hewitt Smithsonian, New York, as well as the Hermitage, St. Petersburg. All sources are available under permissive licenses.

21 Jia Deng et al., "Imagenet: A Large-Scale Image Database", in: *Proceedings of the 2009 IEEE Conference on Computer Vision and Pattern Recognition*, pp. 248–255, URL: http:// ieeexplore.ieee.org/abstract/document/5206848, accessed 2018-12-14.

22 Convolutional networks (alternatively, convolutional neural networks, or CNNs), are a specialized kind of neural network employing the namesake mathematical operation (Ian Goodfellow et al., *Deep Learning*, Boston, MA 2016). We used two layouts, VGG-16, (Karen Simonyan and Andrew Zisserman, *Very Deep Convolutional Networks for Large-Scale Image Recognition*, Ithaca, NY 2015, URL: https://arxiv.org/abs/1409.1556, accessed 2018-12-14), for the first experiment and VGG-19 (Olga Russakovsky et al., "ImageNet Large Scale Visual Recognition Challenge", in: *International Journal of Computer Vision* 115/3 (2015), pp. 211–252, DOI: https://doi.org/10.1007/s11263-015-0816-y, accessed 2018-12-14) for the second. See Alex Krizhevsky et al., "ImageNet Classification with Deep Convolutional Neural Networks", in: *Proceedings of the 25th International Conference on Neural Information Processing Systems 2012*, Red Hook, NY 2012, pp. 1097–1105, URL: http://dl.acm.org/citation. cfm?id=2999134.2999257, accessed 2018-12-14, for a different implementation of VGG-19, also employed by us.

23 Bernhard Bermeitinger et al.: "Object Classification in Images of Neoclassical Furniture Using Deep Learning", in: *Computational History and Data-Driven Humanities. CHDDH 2016*, ed. by Bojan Bozic et al., Cham 2016 (IFIP Advances in Information and Communication Technology 482), pp. 109–112.

an average F1 score of 0.442 and 0.43 accuracy. The metrics for the experiment suggested that the composition of the corpus affected negatively the learning process. The images depicted not only whole single objects but also parts, pairs, or sets of objects. Each of these was assigned the label for the artefact as a whole, tainting the training of the classifier. We thus concluded that the common approach in machine learning – assuming that the quantity of data would level out variances in the source data – did not work out, since our data was not large enough.

We thus decided to clean the corpus to improve data quality by excluding all images that showed only part of an artefact, additionally by splitting images that contained multiple artefacts, and by covering neighbouring objects in images. Furthermore, not all classes possessed a sufficient number of images to create meaningful results thus we removed all classes with less than five instances. This led to a further reduction of the corpus size to 1246 images belonging to 30 classes. We ran a second experiment[24] which yielded an accuracy of 0.77 and an F1 score of 0.76. We later repeated the same experiment with a different layout resulting in an even better mean accuracy of 0.80 and a mean F1 score of 0.72.

In order to test whether period depictions can be classified correctly when applying a classifier trained chiefly with modern day photographs of artefacts from a museum context,[25] we collated a control corpus of period graphics depicting furniture from a compilation of Thomas Sheraton's furniture designs created in 1910.[26] We concentrated on four prime classes that were particular populous in the source material (chair, armchair, bed, and settee) and achieved a mean accuracy of 0.63. This led us to conclude that apparently, factors like mediality, technique, or the degree of abstraction of the depiction affect the classification process. As an illustration of the diversity of the corpus (see Fig. 9.1, Farbteil)[27] displays a sample of settees in various modalities and techniques. In the first row a correspondence of forms can be observed in a settee attributed to Samuel McIntire and its archetype in plate 35 of Thomas Sheraton's *The Cabinet-Maker and Upholsterer's Drawing-Book* (1793) (the second image). The same holds for the third row where a Greek Revival settee by William Hancock is depicted in direct correspondence to plate two of Thomas Sheraton's *Cabinet Encyclopedia* (London, 1805).[28] In order to further explore this hypothesis, we laid out another set of

---

24 Bernhard Bermeitinger et al., "Object Classification in Images of Neoclassical Artifacts Using Deep Learning", in: *Digital Humanities 2017: Conference Abstracts*, ed. by Rhian Lewis et al., Montréal 2017, URL: https://dh2017.adho. org/abstracts/590/590.pdf, accessed 2018-12-14.

25 The classifier was trained with photographs because there were not enough period depictions per class available to conduct a meaningful experiment.

26 The original designs for the furniture date from between 1770 and 1790. Thomas Sheraton, *The Furniture Designs*, ed. by J. Munro Bell., London 1910.

27 All images are in the public domain, taken from the Metropolitan Museum of Art, New York, ascension numbers from left to right, top to down: 26.207; NK2229 .S54 1793; 2007.368; 51.624.2; 48.164.1; NK2229 .S54 1793; 60.4.1.

28 Cf. Marshall B. Davidson and Elizabeth. Stillinger, *The American Wing at the Metropolitan Museum of Art*, New York, NY 1985, pp. 143, 159.

control experiments. We decided to retrain the classifier adding distinct subsets of images that reflected the different properties. We expanded the corpus to include 682 images from the Victoria and Albert Museum, 121 images from the *Wallace Collection*, 196 from a re-edition of Hepplewhite's *The cabinet maker and upholsterer's guide*.[29] We also included drawings corresponding to 24 images from the so-called *Bellangé Album*, a calf-leather bound folio attributed to the workshop of Pierre-Antoine Bellangé (1757–1827) and his son, Louis-Alexandre (1797–1861) as well as several other artists. We annotated the total of collected 2020 images by using the domain ontology, resulting in the use of 54 classes. We found that we needed at least eight annotated images per class, thus reducing the workable image set to 1674 images. We also employed a newer implementation framework of our CNN layout, which resulted in a median accuracy of 0.78 and F1 score of 0.77. (For an extended discussion of the analysis of the factors affecting the classification, see below in the discussion).

Transition to Interiors

Seeing only a marginal potential left for optimisation of the single artefact classification, we moved on to start experimenting with complex interior images. For this, we hence decided to use an RCNN[30] being the application of CNNs not to the image as a whole but to specific image regions. This required re-annotating all our images, defining regions by drawing polygons and associating them with labels corresponding to the *Neoclassica* ontology classes. We annotated all the images of the previously described corpus.

In order to test this approach, we chose to classify single objects and compare the results with our previous experiments.[31] For this purpose, we used a subcorpus of 618 images representing 29 classes entirely from the MET. Of these images, 90% are photographs. This yielded a mean accuracy of 0.94. To better assess the impact of mediality, technique, the degree of abstraction of the depiction we used again the independent control corpora from the single image classification experiments, resulting in average mean precision of 0.60 (V&A), 0.69 (Wallace), 0.48 (Sheraton), 0.50 (Hepplewhite) and 0.64 (Bellangé). An overview of the experiments is provided by Table 1: Experiments conducted by the *Neoclassica* project with regard to single artefacts. There is a visible discrepancy between the results among the different corpora which can be distinguished between a) better results

---

29 George Hepplewhite, The Cabinet Maker and Upholsterer's Guide; or, Repository of Designs for Every Article of Household Furniture, London 1794, URL: https://archive.org/details/ cabinetmakerupho00ahepuoft, accessed 2018-12-14.

30 Ross Girshick et al., "Rich Feature Hierarchies for Accurate Object Detection and Semantic Segmentation", in: *Proceedings of the 2014 IEEE Conference on Computer Vision and Pattern Recognition*, pp. 580–587. DOI: https://doi.org/10.1109/CVPR.2014.81, accessed 2018-12-14.

31 Simon Donig et al., "Bildanalyse durch Distant Viewing – Zur Identifizierung von klassizistischem Mobiliar in Interieurdarstellungen", in: *DHd 2018: Kritik der digitalen Vernunft*, ed. by Georg Vogeler, Köln 2018, pp. 130–138, URL: http://dhd2018.uni-koeln.de/ wp-content/ uploads/boa-DHd2018-web-ISBN.pdf, accessed 2018-12-14.

achieved among the MET and all the other corpora and b) the better results for the corpora that contain mainly digitised photographs (MET, V&A, Wallace) as well as those containing coloured drawings (Bellangé – cf. Fig. 9.1, Farbteil, second row on the right) as opposed to monochromatic period prints and graphics (Sheraton, Hepplewhite – see Fig. 9.1, Farbteil, 1st and 2nd row on the right). This might be attributed to the stylization of the prints.

Object Detection in Interiors

As at the time of the experiment, we did not yet have fully annotated interiors we compiled a test set including period interiors in multiple modalities and techniques from the *Cooper-Hewitt Smithsonian Design Museum*, the *Wittelsbacher Album*, the *Metropolitan Museum of Art*, New York, as well as photographs of period rooms[32] and exhibition spaces, again from the MET. This lack of an annotated interior scene corpus allowed us only a qualitative evaluation of the experiment. This evaluation essentially showed that the identification and classification in period images worked mainly with the most populous classes (i.e. chairs).

We then proceeded to annotate interiors so that we could train with these annotations and concentrated on kinds of objects that were more likely to be found in interiors. We included classes that already formed part in the previous training processes as well as adding new classes not well represented in the previous training sets since the number of such artefacts is usually limited in a typical organisational context. For instance, a museum may have only a given number of chandeliers in its exhibition spaces and storage facilities. We thus augmented the set to include classes like chandeliers, mantelpieces, architectural glass (a term we coined to include over-mantle mirrors and pier glass for instance). These were sourced both from freely available retro-digitised print material published by museums and freshly annotated interior images cropped to the bounding box of particular artefacts as well as images from hitherto incomputable classes that we had so far retained. This led to overall 24 classes, including various kinds of seating furniture, tables, case furniture, lighting devices and architectural features. We trained a classifier[33] with both the annotated interiors and the anno-

---

32   There is a minor epistemological problem in using period rooms to train a classifier which we are very well aware of. As the period room essentially reimagine past in a particularly set framing they are chiefly used for training and testing a classifier in a noisier environment. Assuming they would provide for a considerable part of a corpus and would provide a basis for further inferencing (e.g. the distribution of artefact-classes in a particular type of room) this would pose an issue graver. (For a general characterisation of the subsequent modes of this kind of representation see Luc Noppen, "L'habitat mis en scène", in: *Continuité* 51 (1991), pp. 19–25).

33   MaskRCNN structure, backbone feature extraction done with Inception V2 (MaskRCNN: Kaiming He et al., *Mask R-CNN*, Ithaca, NY 2018, URL: http://arxiv.org/abs/1703.06870, accessed 2018-12-14; Inception V2: Christian Szegedy et al., *Inception-v4, Inception-ResNet and the Impact of Residual Connections on Learning*, Ithaca, NY 2016, URL: http://arxiv.org/abs/1602.07261, accessed 2018-12-14).

Classifier	VGG-16 (CNN)	VGG-19 (CNN)	VGG-19 (CNN)	VGG-19 (CNN)	VGG-19 (CNN)	Faster-RCNN with ResNet101	Faster-RCNN with ResNet101
Framework	Lasagne/Theano	Lasagne/Theano	Keras/Tensorflow	Keras/Tensorflow	Keras/Tensorflow	Tensorflow	Tensorflow
Corpus Characteristics							
Number of Images	2167 (overall)	1246 (overall)	1246 (overall)	1246 (MET), 64 (Sheraton)	1674 (overall)	618 (overall)	618(MET), 371 (V&A), 61 (Wallace), 89 (Sheraton), 75 (Hepplewhite), 24 (Bellangé)
Number of Classes	42	30	30	4	54	29	29
Training	MET	MET	MET	MET	MET, Sheraton, V&A, Wallace C., Hepple- white, Bellangé (fused)	MET	MET
Test Corpus	MET	MET	MET	Sheraton	MET, Sheraton, V&A, Wallace C., Hepplewhite, Bellangé (fused)	MET	MET, V&A, Wallace, Sheraton, Hepplewhite, Bellangé
Evaluation Measures	Mean accuracy: 0.43 Mean F1 score: 0.44	Mean accuracy: 0.77 Mean F1 score: 0.76	Mean accuracy: 0.80 Mean F1 score: 0.72	0.63 Mean Top-1 accuracy: 0.63 Mean Top-2 accuracy: 0.78 Mean Top-3 accuracy: 0.84	Median accuracy: 0.78. Median F1 score: 0.77	Mean accuracy: 0.94	Mean accuracy of 0.94 0.60 mAP, 0.69 mAP, 0.48 mAP, 0.50 mAP, 0.64 mAP

Table 1: Experiments conducted by the Neoclassica project with regard to single artefacts.

tated single objects. We obtained precision of 0.53, recall of 0.51 and F1 score of 0.52. Although the results were not directly comparable there is a noticeable drop both in precision and F1 score as compared to the single image classification experiment. As was to be expected the most populous classes resulted in better classification scores as did some of the more prominently featured artefacts such as chandeliers. Since there is no established ground truth regarding this kind of data in order to explain the variance of the metrics between the two types of experiments, we provide a couple of considerations in the following paragraph.

Discussion

There are multiple observations to be made regarding factors of potential impact on the classification process.

Factors affecting the training of a classifier

As the most important factor for image classification experiments in the Humanities and Visual Cultural Studies we regard the size of corpora. Typical data sets in machine learning, comprise ten thousand to some million labelled images. Our data, in comparison, is extremely low scale (approaching the size of a single *ImageNet* class for the whole data set) and scattered through many classes.

While the limited size of corpora is induced by the domain or research project – there is for instance only a finite number of period interiors in existence after all – other factors are having an equal impact on the composition of the corpus. Since we don't digitise material ourselves we rely on digitisation programs of cultural institutions. This makes us highly dependent on their licencing policies. Such licensing may vary from permissive public domain licensing as is the case with the *Metropolitan Museum of Art* to relatively restrictive licensing that does not permit a redistribution like the CC-BY-NC-ND applied by some institutions or even the requirement to erase data downloaded for scholarly purpose after a certain period of time. Last but not least, a considerable number of institutions especially in Europe do not offer any kind of data for public or scholarly use at all. It is not by accident that no French artefact in our data set stems from a French institution. The same holds for the German institutional landscape.[34]

Additionally, the corpus is affected by the documentation practices of the holding institutions. First the size of the corpus is limited by the available quality of the images resulting from retro digitisation, often favouring mass over quality (e.g. low resolution, low dynamic range scanning of 35mm film material in museums, digitisation of printed material instead of the source images). Second, the creation of images used for documentation of artefacts in an institution's collections management system involves decisions regarding the range and variety

---

34 This makes initiatives like the recent Berlin call-to-action Cultural Heritage for the Future of Europe (URL: http://www.europanostra.org/our-work/campaigns/berlin-call-action, accessed 2019-05-20) all the more important.

of the visuals created: for the same object there may exist images taken from different angles (see Fig. 9.1, Farbteil, 4th row from above where a settee attributed to New York based ébéniste Duncan Phyfe is depicted from slightly different viewpoints, with and without cushioning). Furthermore, the same photographs may be attributed to different but visually similar objects (e.g. chairs belonging to a set). This might contribute either to overfitting[35] or, on the positive side, enable the classifier to learn a richer set of features for each class. The general availability of image data, however, is only one aspect. There are more subtle processes that equally affect the classification procedure and that relate to the composition of the data set regarding the kinds of objects it contains.

Foremost, this composition is affected by the collecting practices of the cultural institutions and their donors. Both have a tendency to concentrate on high-end, well-documented pieces. For instance, neoclassical chests of drawers are almost entirely absent from the material made accessible by the MET while they represent one of the most common household pieces in period time. The overall space of material culture that could be covered for training a classifier, is furthermore limited by two factors: systematic processes of loss (such as destruction or modification) especially for low end artefacts and effects of period production practices such the expansion of the production of chairs for middle-class households during the last quarter of the 18th century.[36]

In addition, there is an observable impact on the data collection grounded in the geographic distribution of artefacts, as for instance our classifier was trained almost without artefacts of Russian, Baltic, Scandinavian or colonial origin as no such material has been available to us. These factors lead to an inherent imbalance of any corpus built, further enforced by the collecting practices of organisations and private collectors alike.

Classification process impact factors

The classification process is furthermore affected by the mediality, technique, degree of abstraction of the depiction as noted above. For instance, the photographs of the exhibition spaces of the MET give much better results than many period depictions of similar interiors, as can be seen in the juxtaposition of Figure 9.2, Farbteil and Figure 9.3, Farbteil. Figure 9.2 displays a period room, the so-called Richmond room, from the MET,[37] while Figure 9.3 shows a local artist's inter-

---

35 Overfitting may be defined as a "machine learning model becoming so specially tuned to its exact input data that it fails to generalize to other, similar data." Field Cady, *The Data Science Handbook*, Hoboken, NJ 2017, p. 9.

36 Percy Macquoid, *A History of English Furniture, Vol. 4: The Age of Satinwood*, London 1908, p. 100.

37 Richmond Room, 1810-1811 (Richmond, Virginia); View towards southeast corner of room (68.137) as installed in galleries, including: chandelier (34.75.1), part of a suite of seating furniture (60.4.1-.15) including four sidechairs, one armchair and a sofa, and carpet (52.59), https://www.metmuseum.org/art/collection/search/3411 (accessed 2018-12-14), for more information see Amelia Peck, *Period Rooms in the Metropolitan Museum of Art*, New York, NY 1996.

pretation of a room in the Governor's residence in Hermannstadt (rom. Sibiu) in 1841.[38] In the case of the Richmond room the classifier proved very capable of identifying most artefacts correctly, such as a settee, chairs, armchairs, a gueridon table, a mantlepiece and a chandelier, in Figure 9.3, however, only some of the artefacts have been identified at all (correctly: gueridon, chandelier, incorrectly: chair as armchair, chair as stool, chair and trestle-table as a gueridon). This particular drawing displays a bad command of perspective, folding multiple planes into one image, thereby probably affecting the capability of the classifier. Perspective distortion was likely also the reason for the classifier being incapable to identify the armchair in the foreground of Figure 9.2.

The differences in the results between photographs and period depictions may be attributed to following factors: The pre-training process with photographs could affect the performance of the classifier when it comes to period drawings. The bulk of training data for interior scenes consists from single object images, mainly modern day photographs. This reinforces the classification bias towards this kind of visuals. Furthermore, deep learning frameworks are developed to be trained with photographs which might have an effect on the results when applied to period data. So far none of these effects has been independently verified, mostly because the period depictions are few. What can be said, however, is that images that display a higher degree of visual similarity to photographs – such as naturalistic oil paintings usually work better with the classifier.

The confidence rate for the classification of a fauteuil, for instance, dropped by more than thirty per cent between an oil-painting (see Fig. 9.4, right hand side, Farbteil) and its reproduction in a period print (see Fig. 9.4, left hand side, Farbteil); also, a false positive of a sofa-table has additionally been identified.[39]

The relative consistency across photographs of different creators, processes and media in turn, may well be attributed to the comparative similarity of visual representations created by the technical process of documentary photography.

In a similar way, pattern books represent a group of images in their own right, following conventions of reproducibility introduced by technical ways of drawing. While the degree of misclassification with this group over all experiments was larger than for instance for photographs, we assume that this is due to the underrepresentation of this medium as compared to the other kinds of visuals in

---

38 For more details on the image see Charlotte Gere, *Nineteenth Century Interiors: an Album of Watercolors*, London 1992, p. 60, plate 16. The image was scraped from the Cooper Hewitt Smithsonian Design Museum, URL: https://collection.cooperhewitt.org/objects/18708151, accessed 2018-12-14.

39 The two images depict Charles Maurice de Talleyrand-Perigord, among other things foreign minister under Napoléon seated in a fauteuil next to a ceremonial bureau plat with a settee partially visible in the background. Image sources are https://www.metmuseum.org/art/ collection/search/395807 for the engraving by Auguste Boucher Desnoyers and https:// www. metmuseum.org/art/collection/search/441969 for the oil-painting by François Gérard respectively (both accessed 2018-12-14).

the training set. Further experiments are required to derive safe conclusions in that regard.

Additionally, the 'shallow' nature of the classification process is not capable of taking into consideration context knowledge. This leads to a number of misclassifications that could be regarded as false negatives if context knowledge was taken into consideration. For instance, in Figure 9.5, Farbteil, left hand side, an armchair was classified as a chair. While for the human observer an armchair is a special sub-category of chairs and this result would be regarded as being not incorrect, for the algorithm this result is considered as a misclassification. In a similar way, a *bergére* (an armchair with closed armrests) classified as a *fauteuil* (an armchair with open armrests) would be incorrect for the classifier (see Fig. 9.5, Farbteil, right hand side) while for a human it may be considered as sufficient.[40]

One way of overcoming this limitation is to actually take into account the knowledge represented in the ontology for the classification process, where these kinds of relationships are properly represented. Another approach could be using textual corpora in conjunction.[41]

Furthermore, it has to be taken into consideration that all classifiers that we use, apply some kind of scaling and transformation on the image to be classified. For instance, the frameworks when we started our experiments require a fixed resolution between 224 x 224 and 33 x 331 pixels while more recent frameworks can work with arbitrary resolutions up to 1024 x 1024, 1365 x 1365 and even 1987 x 1987. This however still results in smaller details getting lost in complex interior scenes, even if the quality and resolution of the image per se would be sufficient for a classification. This may account for a lot of misses of annotated features in an image. In particular with regard to research related to aesthetic features and stylistic correspondence and transformation, an extension of the methodology to account both for the image as a whole and for individual features will be required.

Computational Analysis of Interiors

As a research instrument the identification and classification of both, neoclassical artefacts and aesthetic features in an interior provides researchers with two fundamental capabilities: first a (partial) semantization of the depiction (semantic segmentation) and second with a quantification of these segmentations, either by frequency or by correlation. This enables the researcher to identify typicalities or statistical anomalies occurring in the image corpus. For the researchers, this means that they gain an additional level of abstraction, while at the same time

---

40 Figure 9.5, Farbteil: An armchair by Seddon & Sons, ca. 1790, classified as a chair. A bergére by the Jacob-Desmalter workshop, ca. 1805, classified as a fauteuil. Both Victoria & Albert Museum, London. V&A Museum Numbers W.2:1-1968 & W.2C-1987.

41 Donig, Simon et al., "Vom Bild zum Text und wieder zurück", in: *DHd 2019. Digital Humanities: multimedial & multimodal. Konferenzabstracts*, ed. by Patrick Sahle, Frankfurt 2019, pp. 227–232.

still being capable to transparently assess the observations in a qualitative way in the images themselves.

For instance, for a given larger corpus of visuals the method improves retrieval operations by being based on the actual semantic content of an image.[42] Usually visuals are represented with relative sparse metadata probably supplemented by a textual description. The search can be improved by relying on additional extracted semantic information, e.g. in the case of Figure 9.4, Farbteil, this instrument could not only return a result upon a query for *Talleyrand*, but also when searching for *fauteuil* or *bureau plat*.

Additionally, images of interior spaces may be clustered by the presence and distribution of visual features belonging to specific classes. To provide but an example, images depicting particular types of rooms such as reception areas or bedrooms are likely to be clustered together. This process of clustering may correspond to different research interests.

For instance, a distribution of types of chair backs might inform about the 'typicality' of this particular construction feature, leading potentially to a long-tail-distribution indicating for more or less common types of chair backs in the set and the time span represented by this set for the given corpus. (This could be particularly useful when taken into account that for some regions such as the Baltics, Poland or the territories of the former German East, surviving specimen of furnishing *in situ* are relatively few and provenance information is often scarce, while the number of visual depictions is much broader and often comparably context-rich).

In the same vein, the choice of one or more aesthetic features, might inform researchers about trends in the desirability or fashionableness of this feature at a given time. The interpretation of these findings in turn obviously lies with the researcher.

In the artefact level the observation of changes in the presence and distribution of pieces of furniture over time may inform about the transformation of socio-economic conditions, social practices or aesthetic expectations towards interiors. For example, Percy Macquoid's observation of the increase of the number of chairs in the late quarter of the eighteenth-century England[43] pointing to the expansion of a consumer culture by the provision of more and inexpensively produced artefacts, could be visually confirmed by assessing the number of occurrences of this kind of artefacts in respective period images of middle class households. Totally unrelated, Charlotte Gere noted a discrepancy in the density of the furnishing in a series of depictions of the chamber of the Duchesse de Berry in the Tuileries from the end 1820s and later compared with the previous Napoleonic era. She attributed the presence of a large amount of seating furniture to a

---

42 Lang and Ommer, "Attesting Similarity", p. 846.
43 Cf. above, footnote 36.

change in habits, with hosts expecting guests to interact more familiar and thus be seated instead of standing when attending a private or semi-private space.[44]

The clustering of interior spaces by the presence and distribution of furniture may also lead to the establishment of prototypical rooms and study of their transformation over time. Obviously, the implication of what typicality or comparability actually means in a given research situation is entirely dependent on the choice of the corpus the classifier is confronted with and thus an integral part of the research question to be addressed.

Conclusion

The introduction of digital instruments in primarily qualitative disciplines is about to change how we conduct research. We presented our path towards a visual analysis of interiors using artificial intelligence and machine learning techniques specifically deep learning. We used convolutional neural networks to classify single object images and complex interior scenes. Our corpus stemmed from museums and collections as well period sources such as pattern and drawing books.

While the single object image classification could be described as extremely successful (leading up to a mean accuracy of 0.94), the complex interiors proofed far more challenging. We attributed this to two factors affecting the classification process: The composition of the corpus and the mediality, technique, degree of abstraction of the source material, the pretraining process as well as external factors such as licensing or collection practices.

The computational analysis of interiors holds great promise for the research process since regions in visuals – corresponding e.g. to artefacts – can be semantically identified and retrieved. This introduces a method for both exploratory as well as hypothesis driven research.

Such semantical segmentations can be quantified, either by frequency or by correlation. This enables the researcher to identify typicalities or statistical anomalies occurring in the image corpus. For the researchers, this means that they gain an additional level of abstraction, while at the same time still being capable to transparently assess the observations in a qualitative way in the images themselves.

The transformation of aesthetic features, for instance, might inform researchers about trends in the desirability or fashionableness of this feature at a given time, or the distribution of specific artefacts in particular settings may point to the change of socio-economic conditions, social practices or aesthetic expectations towards interiors.

As we have also shown this methodology can be further improved. An important challenge remains the inclusion of contextual knowledge to image ana-

---

44 Gere, *Ninteenth Century Interiors*, p. 24. A reproduction of the image may be found in: Mario Praz, *An Illustrated History of Interior Decoration: From Pompeii to Art Nouveau*, London, 2008, p. 200, plate 167, a reprint of the original (Milan 1964).

lysis. In particular, closing the semantic gap could help to cope with competing hypotheses about the nature of an artefact. For example, even for a human observer it is almost impossible to make a proper assessment if a closed *commode à vantaux* is indeed a *commode* or rather a *buffet bas*. Taking into account textual information would effectively resolve this situation. In a similar way the issue of misclassifications that relate to conceptual similarity will require combining more advanced algorithms with refined classification procedures, probably involving multiple classifiers as well as the *Neoclassica* ontology. A multimodal approach joining textual and visual data could open a new road towards a more effective way of solving these problems.

Bibliography

Sources

Cruikshank, George and Charles Mackay, *The Bottle. In Eight Plates [...]*, London 1847, URL: https://www.bl.uk/collection-items/the-bottle-a-series-of-temperance-themed-illustrations-by-george-cruikshank-with-poetry-by-charles-mackay, accessed 2018-12-14.

Das Wittelsbacher Album, ed. by Hans Ottomeyer, München 1979.

Hepplewhite, George, *The Cabinet Maker and Upholsterer's Guide; or, Repository of Designs for Every Article of Household Furniture*, London 1794, URL: https://archive.org/details/cabinetmakerupho00ahepuoft, accessed 2018-12-14.Sheraton, Thomas, *The Furniture Designs*, ed. by J. Munro Bell, London 1910.

Secondary Publications

Aynsley, Jeremy and Charlotte Grand, ed., *Imagined Interiors: Representing the Domestic Interior since the Renaissance*, London 2006.

Bell, Peter and Björn Ommer, "Training Argus, Ansätze zum automatischen Sehen in der Kunstgeschichte", in: *Kunstchronik* 68/8 (2015), pp. 414–420.

Bermeitinger, Bernhard, André Freitas, Simon Doing and Siegfried Handschuh: "Object Classification in Images of Neoclassical Furniture Using Deep Learning", in: *Computational History and Data-Driven Humanities. CHDDH 2016*, ed. by Bojan Bozic, Gavin Mende l-Gleason, Christophe Debruyne and Declan O'Sullivan, Cham 2016 (IFIP Advances in Information and Communication Technology 482), pp. 109–112.

—, Simon Donig, Maria Christoforaki, André Freitas and Siegfried Handschuh, "Object Classification in Images of Neoclassical Artifacts Using Deep Learning", in: *Digital Humanities 2017: Conference Abstracts*, ed. by Rhian Lewis, Cecily Raynor, Dominic Forest, Michael Sinatra and Stéfan Sinclair, Montréal 2017, URL: https://dh2017.adho.org/abstracts/590/590.pdf, accessed 2018-12-14.Berry, David, "The Computational Turn: Thinking about the Digital Humanities", in: *Culture Machine* 12 (2011), pp. 1–22. URL: http://sro.sussex.ac.uk/49813/, accessed 2018-12-14.

Burke, Peter, *Eyewitnessing: The Uses of Images as Historical Evidence. Picturing History*, London 2001.

Cady, Field, *The Data Science Handbook*, Hoboken, NJ 2017.CIDOC Documentation Standards Working Group, *What Is the CIDOC CRM?*, URL: http:// www.cidoc-crm.org, accessed 2019-10-23.

Cordier, Sylvain, "The Bellangé Album and New Discoveries in French Nineteenth-Century Decorative Arts", in: *Metropolitan Museum Journal* 47/1 (2012), pp. 119–147. DOI: 10.1086/670144, accessed 2018-12-14.

Davidson, Marshall B. and Elizabeth. Stillinger, *The American Wing at the Metropolitan Museum of Art*, New York, NY 1985.

Deng, Jia, Wei Dong, Richard Socher, Li-Jia Li, Kai Li and Li Fei-Fei, "Imagenet: A Large-Scale Hierarchical Image Database", in: *Proceedings of the 2009 IEEE Conference on Computer Vision and Pattern Recognition*, pp. 248–255, URL: http://ieeexplore. ieee.org/abstract/document/ 5206848/, accessed 2018-12-14.

Doerr, Martin, "The CIDOC Conceptual Reference Module: An Ontological Approach to Semantic Interoperability of Metadata", in: *AI Magazine* 24/3 (2003), pp. 75–92.

Donig, Simon, Maria Christoforaki and Siegfried Handschuh, "Neoclassica – A Multilingual Domain Ontology. Representing Material Culture from the Era of Classicism in the Semantic Web", in: *Computational History and Data-Driven Humanities. CHDDH 2016*, ed. by Bojan Bozic, Gavin Mendel-Gleason, Christophe Debruyne and Declan O'Sullivan, Cham 2016 (IFIP Advances in Information and Communication Technology 482), pp. 41–53, DOI: 10.1007/978-3-319-46224-0_5, accessed 2019-09-23.

—, Bernhard Bermeitinger, Maria Christoforaki and Siegfried Handschuh, "Bildanalyse durch Distant Viewing – Zur Identifizierung von klassizistischem Mobiliar in Interieurdarstellungen", in: *DHd 2018: Kritik der digitalen Vernunft*, ed. by Georg Vogeler, Köln 2018, pp. 130–138, URL: http://dhd2018.uni-koeln.de/wp-content/ uploads/boa-DHd2018-web-ISBN.pdf, accessed 2018-12-14.

—, Siegfried Handschuh, Canan Hastik, Hubertus Kohle, Björn Ommer and Malte Rehbein: "Der Ferne Blick. Bildkorpora und Computer Vision in den Geistes- und Kulturwissenschaften: Stand – Visionen – Implikationen", in: *DHd 2018: Kritik der digitalen Vernunft*, ed. by Georg Vogeler, Köln 2018, pp. 86–89, URL: http://dhd2018.uni-koeln.de/wp-content/uploads/boa-DHd2018-web-ISBN.pdf, accessed 2018-12-14.

—, Maria Christoforaki, Bernhard Bermeitinger and Siegfried Handschuh, "Vom Bild zum Text und wieder zurück", in: *DHd 2019. Digital Humanities: multimedial & multimodal. Konferenzabstracts*, ed. by Patrick Sahle, Frankfurt 2019, pp. 227–232.

Fulda, Daniel: "Sattelzeit. Karriere und Problematik eines kulturwissenschaftlichen Zentralbegriffs", in: *Sattelzeit: Historiographiegeschichtliche Revisionen*, ed. by Elisabeth Décultot and id., Berlin 2016, pp. 1–16.

Gere, Charlotte, *Nineteenth Century Interiors: an Album of Watercolors*, London 1992.

Girshick, Ross, Jeff Donahue, Trevor Darrell and Jitendra Malik, "Rich Feature Hierarchies for Accurate Object Detection and Semantic Segmentation", in: *Proceedings of the 2014 IEEE Conference on Computer Vision and Pattern Recognition*, pp. 580–587. DOI: https://doi.org/10.1109/ CVPR.2014.81, accessed 2018-12-14.

Goodfellow, Ian, Yoshua Bengio and Aaron Courville, *Deep Learning*, Boston, MA 2016.

He, Kaiming, Georgia Gkioxari, Piotr Dollár and Ross Girshick, *Mask R-CNN*, Ithaca, NY 2018, URL: http://arxiv.org/abs/1703.06870, accessed 2018-12-14.

Hirayama, Hina, *"With Éclat" – the Boston Athenæum and the Origin of the Museum of Fine Arts, Boston*, Boston, MA 2013.

Kelly, Jason M., *The Society of Dilettanti*, New Haven, CT 2009.

Koeppe, Wolfram, *Extravagant Inventions: The Princely Furniture of the Roentgens*, New York, NY 2012.

Kohle, Hubertus, "Ordnung und Umbruch in der Wissenschaft der Kunstgeschichte: Der Einfluss des Digitalen", in: *Reibungspunkte: Ordnung und Umbruch in Architektur und Kunst*, ed. by Hanns Hubach, Petersberg 2008, pp. 141–144.

Krizhevsky, Alex, Ilya Sutskever and Geoffrey E. Hinton, "ImageNet Classification with Deep Convolutional Neural Networks", in: *Proceedings of the 25th International Conference on Neural Information Processing Systems 2012*, Red Hook, NY 2012, pp. 1097–1105, URL: http://dl.acm. org/citation.cfm?id=2999134.2999257, accessed 2018-12-14.

Lang, Sabine and Björn Ommer: "Attesting Similarity: Supporting the Organization and Study of Art Image Collections with Computer Vision", in: *Digital Scholarship in the Humanities* 33/4 (2018), pp. 845–56. DOI: https://doi.org/10.1093/llc/fqy006, accessed 2018-12-14.

Langenholt, Thomas, *Das Wittelsbacher Album: das Interieur als kunsthistorisches Dokument am Beispiel der Münchner Residenz im ersten Drittel des 19. Jahrhunderts*, Norderstedt 2002.

LeCun, Yann, Yoshua Bengio and Geoffrey Hinton, "Deep Learning", in: *Nature* 521 (2015), pp. 436–444.

Lefuel, Hector, *Georges Jacob, ébéniste du XVIIIe siècle*, Paris, 1923.

—, *François-Honoré-Georges Jacob-Desmalter Ébéniste de Napoléon Ier et de Louis XVIII.*, Paris 1926.

Lukatis, Christiane, "Zimmerbilder – Entwicklung und Charakter des Genres", in: *Mein blauer Salon: Zimmerbilder der Biedermeierzeit*, ed. by ead., Nürnberg 1995, pp. 17–26.

Macquoid, Percy, *A History of English Furniture, Vol. 4: The Age of Satinwood*. London 1908.

Noppen, Luc, "L'habitat mis en scène", in: *Continuité* 51 (1991), pp. 19–25.

Ommer, Björn and Peter Bell, "Digital Connoisseur? How Computer Vision Supports Art History", in: *Il Metodo Del Conoscitore – Approcci, Limiti, Prospettive Connoisseurship Nel XXI Secolo*, ed. by Stefan Albl and Alina Aggujaro, Roma 2016, pp. 187–200.

Peck, Amelia, *Period Rooms in the Metropolitan Museum of Art*, New York, NY 1996.

Praz, Mario, *An Illustrated History of Interior Decoration: From Pompeii to Art Nouveau*, London, 2008.

Redford, Bruce, *Dilettanti: The Antic and the Antique in Eighteenth-Century England*, Los Angeles, CA 2008.

Rice, Charles: *The Emergence of the Interior – Architecture, Modernity, Domesticity*, London 2007.

Russakovsky, Olga, Jia Deng, Hao Su, Jonathan Krause, Sanjeev Satheesh, Sean Ma, Zhiheng Huang, Andrej Karpathy, Aditya Khosla, Michael Bernstein, Alexander C. Berg and Li Fei-Fei, "ImageNet Large Scale Visual Recognition Challenge", in: *International Journal of Computer Vision* 115/3 (2015), pp. 211–252, DOI: https://doi. org/10.1007/s11263-015-0816-y, accessed 2018-12-14.

Schoch, Rainer, "Repräsentation und Innerlichkeit. Zur Bedeutung des Interieurs im 19. Jahrhundert", in: *Mein blauer Salon: Zimmerbilder der Biedermeierzeit*, ed. by Christiane Lukatis, Nürnberg 1995, pp. 11–16.

Simonyan, Karen and Andrew Zisserman, *Very Deep Convolutional Networks for Large-Scale Image Recognition*, Ithaca, NY 2014, URL: https://arxiv.org/abs/1409.1556, accessed 2018-12-14.

Szegedy, Christian, Sergey Ioffe, Vincent Vanhoucke and Alex Alemi, *Inception-v4, Inception-ResNet and the Impact of Residual Connections on Learning*, Ithaca, NY 2016, URL: http://arxiv. org/abs/1602.07261, accessed 2018-12-14.

Philologische und medienwissenschaftliche Anwendungen

Philologische und medienwissenschaftliche Anwendungen

Einleitung von Andrea Rapp

In den Philologien hat der Computereinsatz zumindest in Teildisziplinen eine lange Geschichte, linguistisch-textwissenschaftliche Analysen wie die Studien von Roberto Busa SJ zu den Werken des Thomas von Aquin, mit denen er in den 1940er Jahren begann, sind Teil der ‚Gründungsgeschichte' der Digital Humanities. *Corpus Thomisticum* und *Index Thomisticus* sind Vorhaben, die auf vielen Ebenen – technologisch, organisatorisch, soziologisch, wissenschaftstheoretisch, inhaltsbezogen – modellhaft die Entwicklung des Computereinsatzes in den Geisteswissenschaften illustrieren können. Seit den 1960er Jahren entwickelte sich eine unabhängige Computerlinguistik als technologienahe Disziplin, deren Ausrichtung mittlerweile mehr einer praktischen Informatik als einer ‚traditionellen' Philologie nahesteht. In der Literaturwissenschaft herrscht aktuell noch die Tendenz der innerdisziplinären Diskussion um methodische und wissenschaftstheoretische Fragen, die mit digitalen Verfahren einhergehen. ‚Distant', ‚close' und ‚scalable reading' markieren das Ausloten der Chancen und Grenzen von datengetrieben-statistischen und hermeneutischen Zugängen zu Literatur. Kategorien wie Gattung, Epoche, Autor/in werden unter dem Eindruck der Ent- und Aufdeckung von bislang ‚ungelesenen Werken' (the big unread), von nichtkanonischen Texten oder entsprechenden Biases auf den Prüfstand gestellt, so dass eine Weiterentwicklung des Methodeninventars und der Erkenntnismöglichkeiten befeuert wird. Die älteren Philologien, in denen man aufgrund der unikalen Überlieferungen traditionell dem materialen Textzeugen große Aufmerksamkeit widmete, waren dem Computereinsatz gegenüber aufgeschlossener und gehörten – siehe Busa – häufig zu den ‚early adopters'. Mit dem Aufkommen von PC und Internet in den 1980er und 1990er Jahren wurde die Rolle des Computers als Präsentationsmedium und Werkzeug intensiv diskutiert. Die Rolle von Bibliotheken und Infrastruktureinrichtungen als Partner der Forschung wurde aufgewertet. In den kulturwissenschaftlich ausgerichteten Medienwissenschaften, die sich methodisch nahe an der Theaterwissenschaft und der Literaturwissenschaft verorten, sind mit den Literaturwissenschaften vergleichbare Tendenzen zu beobachten, was den Einsatz digitaler Analyseverfahren betrifft. Nachdem in den 1990er Jahren die Idee der Verteilten Nationalen Forschungsbibliothek propagiert wurde und vor allem um Authentizität und Zitierfähigkeit des Digitalisats mit einem Schwerpunkt auf Imagedigitalisierung gerungen wurde, sahen und sehen

DOI: 10.13173/9783447114608.171

sich Bibliotheken verstärkt als Content-Broker und Instanzen, die über Metadaten, Vokabulare und Normdaten den Aufbau eines offenen Semantic Web vorantreiben.

Nicht erst seit dem ‚material turn' also hat das Bild auch in den Philologien wissenschaftliche Relevanz, unbestritten intensivieren sich Digitalisierungsmöglichkeiten und ‚material turn' gegenseitig. Einerseits wird die Begegnung mit dem Original durch hochwertige Digitalisate ganz wesentlich erleichtert, viele Ressourcen für viele Adressatengruppen erstmals verfügbar, zugleich wird deutlich, wo Verluste und Gewinne der Präsentation und Nutzung jeweils liegen. Die Forschung darüber, welche epistemologischen Konsequenzen die Forschung am digitalen Surrogat eines analogen Artefakts für die Geistes- und Kulturwissenschaften hat, steht noch am Anfang und sollte aufgrund der wissenschaftstheoretischen, aber auch der gesellschaftlichen Relevanz, die eine kritische Bewertung von Digitalität hat, intensiviert werden.

Ein gutes Beispiel für die Notwendigkeit, Bilddaten der Textträger zur Entzifferung und Deutung einer nicht-alphabetischen Schrift allgemein verfügbar zu machen und zu erschließen, zeigen Diederich u.a. in ihrem Beitrag *„Ich brauch' mal ein Foto…": der Umgang mit Bildern im Projekt Textdatenbank und Wörterbuch des Klassischen Maya*. Besonders hervorzuheben ist die intensive Zusammenarbeit von Philologie und Informationswissenschaft, die zu einer integrierten Herangehensweise führt und entscheidende Vorteile für die langfristige Verfügbarkeit unikaler Materialien, die Potenziale gemeinsamer Erforschung und die Nachvollziehbarkeit von Deutungen bringt. Die ausführliche Beschreibung des systematischen Aufbaus bzw. der Modellierung einer Wissensdomäne mittels Metadaten und Ontologien kann gleichsam als Blaupause auch für andere Vorhaben gelesen werden.

„Gegen die Kontamination ist kein Kraut gewachsen", so lautet die vielzitierte Aussage von Paul Maas (*Textkritik* ⁴1960, S. 30), die in der ersten Auflage noch ein ‚noch' beinhaltete (1937, S. 294). Krewet und Hegel zeigen in ihrem Beitrag *Diagramme in Bewegung: Scholien und Glossen zu de interpretatione* anhand von Aristoteles' Schrift mit 150 (z.T. reich glossierten) Textzeugen neue Erkenntnismöglichkeiten mittels digital-philologischer Analyse auch bei sehr gut bekannten Texten, deren komplexe – kontaminierte – Überlieferung im Laufe eines Forschendenlebens eigentlich nicht nachvollzogen werden kann. Die Verbindung von (semi-)automatischer Layoutanalyse, Identifizierung von Diagrammen, Transkription der Glossenkorpora, Annotation durch standardisierte und individuelle Metadaten und kombinierter Recherchemöglichkeiten liefert neue Hinweise auf Handschriftenverhältnisse und -verwandtschaften, philosophische Schulenbildung sowie funktionale Aspekte der Überlieferung. Die Diskussionen um die Begrifflichkeiten und die Rolle von Diagrammen als ‚Bilder' sind nicht allein im digitalen Kontext, sondern für die Textwissenschaft allgemein relevant.

Auch in der jüdischen Grabmals-Epigraphik ist die Rolle des Grabmalbildes für die Erschließung der Texte evident. Kollatz geht in seinem Beitrag *Kanne, Rose,*

Schuh …: Textbildrelationen in jüdischer Grabsteinepigraphik am Beispiel der Symbole jedoch noch über die Betrachtung der Texte hinaus. Er zeigt exemplarisch auf, wie die genau datierten und lokalisierten und immer noch in großer Zahl *in situ* vorhandenen Grabsteine zu Quellen für philologische, kunsthistorische und prosopographische, aber auch historisch-kulturwissenschaftliche Fragestellungen werden können, nicht zuletzt weil Alltagsgegenstände über mehrere hundert Jahre zeitgenössisch dargestellt werden. Die Einbindung entsprechender Tags erweitert auch die Annotations- und Analysemöglichkeiten der Text Encoding Initiative (TEI) bzw. der auf TEI basierenden Richtlinien von EpiDoc in diese Bereiche.

Anhand von drei sehr anschaulichen Szenarien stellen Arnold u.a. im Beitrag *Möglichkeiten und Grenzen der Videoannotation mit Pan.do/ra – Forschung, Lehre und institutionelles Repositorium* eben diese Bandbreite an Anwendungen vor. Die ausführliche und konstruktiv-kritische Besprechung der Szenarien kann als differenzierte Bedarfsanalyse für die Weiterentwicklung der Software ebenso gelesen werden wie als Entscheidungshilfe für den Einsatz des Systems bei spezifischen Bedarfen. Auch hier kommen technologische Aspekte ebenso zur Sprache wie forschungsstrategische und methodologische.

Damit liefern die Beiträge dieser Sektion Zeugnis vom vielfältigen Einsatz bildlicher Quellen und Ressourcen in den Philologien und Medienwissenschaften einerseits – und vom fruchtbaren Zusammenspiel fachwissenschaftlich-domänenspezifischer, techn(olog)ischer und informationswissenschaftlicher Kompetenzen andererseits.

„Ich brauch' mal ein Foto …":
der Umgang mit Bildern im Projekt *Textdatenbank und Wörterbuch des Klassischen Maya*

Katja Diederichs, Christian Prager, Maximilian Brodhun und Céline Tamignaux

Gegenstand des Forschungsprojektes „Textdatenbank und Wörterbuch des Klassischen Maya" ist die Entzifferung der Hieroglyphenschrift der vorspanischen Mayakultur. Der vorliegende Beitrag widmet sich der Nutzung von Bildquellen zu diesem Zwecke. Bilder als medialisierte Originale, das schließt auch z.B. Abformungen in Gips ein, sind in dieser Disziplin mehr als Illustrationsmaterial: Die Medien sind nutzbare Repräsentationen der Originalmonumente, die in schwer zugänglichen Ruinen im tropischen Urwald einst unter erschwerten Bedingungen dokumentiert wurden. Bildquellen ermöglichten es bereits Forschern Ende des 19. Jahrhunderts vom Bürotisch aus die bis heute nicht vollständig lesbare Hieroglyphenschrift zu analysieren und Abbildungen dazu in Inschriftenarchiven zu sammeln. Ein kritischer Blick auf die aktuell für die Disziplin verfügbaren digitalisierten Bilder zur Klassischen Mayakultur legt offen, dass deren sorgfältige und umfassende Erschließung bis heute ein Desiderat ist. Dies wurde im Rahmen des Forschungsprojekts in Angriff genommen mittels der Umsetzung in der webbasierten Bildverwaltungssoftware ConedaKOR. Dabei galt bezüglich der metadatenbasierten digitalen Erschließung von Bildquellen, dass zum Zeitpunkt der Bewertung des Bildmaterials nicht alle wissenschaftlichen Fragestellungen und Sichtweisen absehbar waren. Bei der Bilderschließung wurden daher die signifikanten Eigenschaften der Bilder und abgebildeten Inhalte als Kontextinformationen in Form strukturierter Metadaten dokumentiert, um diese auch im Hinblick auf zugedachte zukünftige Fachcommunities nutzbar zu machen.

Hintergrund

In unserem Beitrag thematisieren wir den Umgang sowie die Funktion und die Bedeutung von Bildern im Rahmen des Langzeitprojekts *Textdatenbank und Wörterbuch des Klassischen Maya* (TWKM), das von Prof. Dr. Nikolai Grube, Universität Bonn, geleitet und von der Nordrhein-Westfälischen Akademie der Wissenschaften und der Künste und von der Union der deutschen Akademien der Wissenschaften gefördert wird.[1] Forschungsgegenstand ist die Hieroglyphenschrift der vorspanischen Mayakultur, die in der Zeit zwischen circa 300 v. Chr. und 1500 n. Chr. verwendet wurde. Ziel des in den digitalen Geisteswissenschaften verorteten und in Kooperation mit der Staats- und Universitätsbibliothek Göttingen

---

1 www.mayawoerterbuch.de (28.05.2019).

DOI: 10.13173/9783447114608.175

realisierten Vorhabens ist die Erschließung der bislang rund 10.000 bekannten Hieroglyphentexte und ihrer Schriftträger in einem maschinenlesbaren Korpus mit Abbildungen der originalen Schriftträger sowie die Erstellung eines darauf basierten Wörterbuchs der Klassischen Mayasprache.

Das Bild als optische Repräsentation der originalen Schriftartefakte verstanden, besitzt für das Projekt wichtige Funktionen: es medialisiert nicht nur das Objekt, sondern das Bild belegt die Existenz des Textträgers mit seiner Inschrift bzw. Aufschrift, und es bildet die Grundlage für die Metadatenerschließung sowie für die formale und semantische Annotation der Schriftartefakte mit Hilfe digitaler Werkzeuge innerhalb der virtuellen Forschungsumgebung TextGrid.[2] Die rund 10.000 Objekte wurden bisher weder systematisch noch vollständig erschlossen, auch eine umfassende Publikation der Abbildungen oder eine Bilddatenbank für den raschen Abruf steht der Forschung bislang nicht zur Verfügung. Gespräche zwischen Fachkolleginnen und Fachkollegen über epigraphische Probleme pausieren öfters mit der Nachfrage „Ich brauch' mal ein Foto von der Inschrift" bzw. „Hast Du noch ein anderes, besseres Foto?" Es beginnt die Suche nach geeigneten Fotos, Zeichnungen, einem Artikel oder weiteren Informationen zum Textträger. Man hat ein Bild des Textträgers vor Augen, erinnert sich vielleicht nicht genau, wo das Objekt gefunden wurde, wo es sich heute befindet, im Museum oder noch vor Ort, welche Bezeichnung(en) es im Laufe der Forschungsgeschichte bekommen hat, in welchem Buch oder Artikel es vielleicht einmal veröffentlicht wurde usw. Archive generell erfüllen die Aufgabe, Quellenmaterial systematisch abzulegen. Um jedoch Nachfragen an das Quellenmaterial rasch zu beantworten, muss das Quellenmaterial zur Mayaschrift für das Projekt systematisch inhaltlich erschlossen werden. Daher besteht hier die Aufgabe ein Inschriftenarchiv anzulegen, dass es uns Forschenden und dem Kollegium weltweit erlaubt, innerhalb weniger Augenblicke die gewünschte Inschrift zu finden, verschiedene Abbildungen nebeneinander zu legen, miteinander zu vergleichen und auch die entsprechende Literatur zu finden, in der das Objekt schon einmal veröffentlicht oder besprochen wurde. Dem Projekt stehen hierzu Tausende von Fotografien, Zeichnungen oder andere Formen der Medialisierung von Mayaobjekten zur Verfügung, die im Rahmen des Projekts über Metadaten erschlossen und mit Hilfe der webbasierten Bilddatenbank *ConedaKOR* online zur Verfügung gestellt werden.[3] In diesem Beitrag möchten wir auf diese Herausforderungen eingehen und den fachwissenschaftlichen und technischen Hintergrund präsentieren.

2   Heike Neuroth u.a. (Hg.), *TextGrid: Von der Community – für die Community: eine virtuelle Forschungsumgebung für die Geisteswissenschaften*, Glückstadt 2015. URL: https://doi.org/ 10.3249/ webdoc-3947 (28.05.2019).
3   https://coneda.net (28.05.2019).

Die Maya

Die Mayakultur florierte zwischen dem 3. und 9. Jahrhundert auf dem Gebiet der Halbinsel Yukatan im Süden Mexikos, in Guatemala, Belize und im westlichen Honduras. Während der Späten Klassik existierten Dutzende unabhängiger Kleinstaaten, deren gottgleiche Könige um regionale und überregionale Vorherrschaft und um die Kontrolle von Ressourcen konkurrierten. In den aus Tempeln und Wohnbauten bestehenden Stadtzentren regierten Herrscher mit ihren Familien, deren Autorität auf dem Fundament von Religion und Geschichte ruhte. Als Gottkönige reklamierten sie ihren Machtanspruch in Schrift und Bild und schufen im Zentrum ihrer von bäuerlichen Wohnsiedlungen umgebenen Stadtstaaten imposante Architektur, die ihnen als Kulisse für öffentliche Auftritte und als Ausdruck vollendeter Macht diente. Bereits im 4. Jahrhundert v. Chr. entwickelte die Mayabevölkerung im zentralen Mayatiefland ein Schriftsystem bestehend aus zirka 900 Wort- und Silbenzeichen. Die rund 10.000 bekannten Schrift- und Bilddokumente aus Stein, Holz und Keramik waren Speicher des kulturellen Gedächtnisses und bilden heute die Grundlage für die Rekonstruktion der Geschichte und Religion dieser Zivilisation. Die Dokumentation dieser Schriftträger und die Erschließung in einer Datenbank gehört somit zu den wichtigsten Aufgaben, um das Schriftsystem in den kommenden Jahren vollständig zu entziffern und dadurch unsere Kenntnisse über die Klassische Mayakultur zu vertiefen.[4] Dem Bild als Medium bzw. Speicher kommt dabei eine zentrale Bedeutung zu: Bilder mit Darstellungen von Texten, archäologischen Städten, Funden oder Befunden bieten Erkenntnismöglichkeiten und sind Zeugen, mit deren Hilfe Kenntnisse über die darauf abgebildeten Personen, Objekte und Sachverhalte gezogen werden. Bilder repräsentieren Realitäten und zählen neben Texten zu den wichtigsten Quellen der Historikerinnen und Historiker.

Analoge und digitale Dokumentation und Präsentation von Mayaschriftträgern

In unserem Beitrag befassen wir uns mit Funktion, Bedeutung und Anwendung von Bildquellen bei der Erforschung von Schrift und Sprache der Klassischen Mayakultur.[5] Im Bild werden Objekte und Sachverhalte medialisiert, das darauf Abgebildete und die damit verbundenen Informationen erstrecken sich damit in Zeit und Raum und können somit gleichzeitig von verschiedenen Personen betrachtet und studiert werden. Das Original tritt in den Hintergrund, die Reprä-

---

4   Katja Diederichs u.a., „A Virtual Research Environment to Document and Analyze Non-alphabetic Writing Systems: A Case Study for Maya Writing", in *Digital and Traditional Epigraphy in Context (Proceedings of the Second EAGLE International Conference, Rome 27-29 January 2016)*, hg. von Silvia Orlandi u.a., S. 195–208.

5   Nikolai Grube und Christian M. Prager, „Vom Regenwald ins World Wide Web", in: *Die Wissenschaftsakademien – Wissensspeicher für die Zukunft: Forschungsprojekte im Akademienprogramm*, , hg. von der Union der deutschen Akademien der Wissenschaften, Berlin 2018, S. 16–17.

sentation wird zum Studienobjekt. Als medialisierte Originale, und das schließt
auch Abformungen in Gips oder anderen Materialien ein, sind diese Bildobjekte
für unsere Disziplin mehr als Illustrationsmaterial zum wissenschaftlichen Narrativ: die Medien sind je nach Art und Qualität ihrer Materialisierung mehr oder
weniger verlässliche Repräsentationen der Originalmonumente, die in schwer
zugänglichen Ruinen im tropischen Regenwald der heutigen Staaten Mexiko,
Guatemala, Belize und Honduras einst und bis heute unter erschwerten Bedingungen dokumentiert wurden und werden. Bilder, d. h. Zeichnungen, Fotografien, Abreibungen, aber auch Kopien in Gips und Papiermaché waren für die
frühe Forschung die einzige Möglichkeit sich mit den Originalinschriften zu befassen und Texte oder Abbildungen miteinander zu vergleichen. Bilder erlaubten
es Forschern gegen Ende des 19. Jahrhundert quasi vom heimischen Bürotisch
aus, die bis heute nicht vollständig lesbare Schrift der Maya anhand von Abbildungen teilweise zu entziffern. Umfassende Inschriftenarchive mit diesen Zeichnungen und Fotografien werden heute in Forschungsinstitutionen, Museen oder
Privatsammlungen weltweit aufbewahrt. Meist handelt es sich um Unikate, die
häufig nicht digital erschlossen sind und somit der Forschung nur unzureichend
zur Verfügung stehen oder aufgrund von Beschränkungen durch Urheberrecht,
Copyright oder anderen Gründe nicht frei nutzbar sind. Die Verbreitung dieser
Quellen ist ein zentrales Desiderat, da die darauf dokumentierten Objekte der
Mayakultur häufig nicht mehr zugänglich, stark verwittert oder geplündert sind
und sich somit dem wissenschaftlichen Erkenntnisgewinn entziehen. Die Bedeutung analoger Medienarchive für die Epistemologie unseres Faches ist daher
enorm, da originale Schriftträger darauf häufig in ihrem Fundzusammenhang
dokumentiert sind und somit der ursprüngliche Kontext von Inschriftenträgern
bekannt ist, oder Details in Bild und Text, die heute zu stark erodiert oder gänzlich verloren sind. Der Erkenntnisgewinn durch die Nutzung von Bildmedien als
Speicher ursprünglicher Zustände liegt somit auf der Hand.

Im Zuge des *digital turn* transformierte das analoge zum digitalen Medium, die
Forschungslandschaft des 21. Jahrhunderts, hier mit Fokus auf Geisteswissenschaften, hat sich in diesem Paradigmenwechsel grundlegend in ihrer Arbeits-
weise verändert und in Bezug auf Zugang und Verbreitung von Quellen refor-
miert. Die Nutzung digitaler Medien und Werkzeuge gehören als Ergänzung zu
den herkömmlichen Methoden und Theorien zum Standard wissenschaftlichen
Arbeitens. Eine merkliche Veränderung ist die große Anzahl digital und frei ver-
fügbarer Quellen im World Wide Web sowie webbasierte Werkzeuge und Verfahren, um diese Quellen strukturell und inhaltlich zu erschließen. Ein kritischer
Blick in die eigene Disziplin zeigt, dass eine digitale Transformation aber noch
nicht umfassend umgesetzt wurde. Institutionell und von privater Hand gepflegte Bilddatenbanken existieren, häufig ist die Suche darin aufgrund technologi-
scher oder modellierungsbezogener Grenzen, oder durch die mangelhafte und
fehlende fachwissenschaftliche Erschließung nicht ergiebig oder erfolglos; Grenzen der Nachnutzung werden dabei auch durch Urheberrecht bzw. Copyright

gesetzt, häufig ist schlicht die Qualität der zur Verfügung gestellten Digitalisate nicht ausreichend, um darauf abgebildete Objekte detailliert zu untersuchen.

Auch ist eine aktuell für unsere Disziplin verfügbare Bilddatenbanken mit einer sorgfältigen und umfassenden digitalen Erschließung von Bildquellen zur klassischen Mayakultur einschließlich ihrer sorgfältigen Beschreibung mittels aussagekräftiger Metadaten bis heute ein Desiderat, das wir im Rahmen unseres Projekts in Angriff genommen und mit Hilfe der webbasierten Bildverwaltungssoftware *ConedaKOR* umgesetzt haben.

ConedaKOR dient der Verwaltung und Präsentation sowie der Administration von Nutzungs- und Zugangsberechtigungen zu den Inhalten im Archiv. Die als *Maya Image Database*[6] *bezeichnete Bilddatenbank wurde per Webzugang nutzbar sowie öffentlich voll zugänglich gemacht. Dabei wurde technisch realisiert, dass die betreffenden Inhalte im Sinne von Open Access frei zugänglich, durchsuchbar, bearbeitbar[7] sowie deren Inhalte und Metadaten exportierbar sind. ConedaKOR* ist dabei in der Lage, die Inhalte entsprechend dem ontologiebasierenden Metadatenmodell in Form einer Graphenstruktur abzubilden. Somit können die verschiedenen Beschreibungen erschlossener Fotoarchive miteinander kontextualisiert präsentiert werden, damit an den abgebildeten Objekten und den zugehörigen Eigenschaften der verschiedenen Archive kontextbezogene Suchen durchgeführt werden können.

Grundsätzlich gilt bei der Archivierung, dass die Arbeit mit Bildquellen, unterstützt durch digitale Methoden und Informationstechnologien, eine große Herausforderung darstellt: zum Zeitpunkt der Bewertung und Erschließung von Bildmaterial sind wissenschaftliche Fragestellungen und Sichtweisen noch nicht absehbar – sie ergeben sich meist erst durch die Arbeit mit den Bildern. Es ist daher ebenfalls notwendig, bei der Erschließung der Medien an deren Langzeitarchivierung zu denken, und hierbei deren signifikante Eigenschaften als Kontextinformationen in Form strukturierter Metadaten zu dokumentieren, um sie auch im Hinblick auf ihre zukünftige Nutzung durch zugedachte Communities nutzbar zu machen.

Das Forschungsarchiv des Projekts

Das Bildarchiv des Projekts besteht aus Fotoarchiven zahlreicher Kollegen, die auf mehrere Dekaden an Forschungsreisen ins Mayagebiet zurückblicken können und ihr Bildmaterial zur freien Verfügung stellen. Diese bilden eine bedeutende Quelle für das Studium von Inschriften, der Kunst und Architektur der klassischen Maya (Abb. 10.1). Es umfasst photographische Dokumentationen von wenig bekannten Fundorten und Inschriften, die bislang nicht oder kaum veröffentlicht wurden. Zu jedem Bild wurden grundsätzliche Informationen geliefert, wie zum Beispiel das Jahr der Aufnahme oder der Ort, wo das Foto aufgenom-

---

6 https://classicmayan.kor.de.dariah.eu (28.05.2019).
7 Die Bearbeitung wird nur nach Anfrage und durch Freigabe seitens der Projektadministratorin gewährt.

Abb. 10.1: Detailaufnahme der Hieroglypheninschrift auf Stele 2 aus Dos Pilas, Guatemala. Foto: Karl Herbert Mayer, 1978 (CC BY 4.0). Originaldatei: KHM_1978_F38_R06_30,
URL: https://classicmayan.kor.de.dariah.eu/resolve/KHM_1978_F38_R06_30.

men wurde, in manchen Fällen fehlen allerdings diese Informationen, die fachwissenschaftlich recherchiert werden müssen. Meistens sind die mitgelieferten
Beschreibungen aber sehr unspezifisch, vage und teils fehlerhaft. Eine systemati-
sche fachwissenschaftliche Revision des Materials war daher notwendig, um eine
präzise Identifikation und Systematisierung des abgebildeten Objekts zu erhalten.

Unsere Fotos sind zum großen Teil unveröffentlicht und bilden teils unikale
Inhalte ab, die umso wertvoller sind, da etwa abgelichtete Artefakte heutzutage
durch Verwitterung, Raub oder Zerstörung nicht mehr erhalten und somit nicht
mehr dokumentierbar und erforschbar sind (Abb. 10.1). Die Rechte zu den unver-
öffentlichten sowie zu den veröffentlichten Abbildungen sind zuvor schriftlich
von Bildurheberinnen und Bildurhebern eingeholt worden und erlauben dem
Projekt deren freie Open Access-Publikation. Die Sammlungen bestehen vornehmlich aus Abbildungen zu Artefakten aus dem Mayagebiet und umfassen
Fotografien von Stelen, Monumenten, aber auch Gebäuden und Alltagsgegen-
ständen der Mayakultur.

Das Ziel: ein digitales Bildarchiv für die Mayaforschung

Damit Nutzerinnen und Nutzer vielseitige und zielgerichtete Suchen nach einzelnen Eigenschaften wie Objekttypen und Titeln, Personen, Orten oder Zeitpunkten an den Daten des Forschungsarchivs durchführen können, waren die hetero-

genen Informationen zu jedem Objekt und seinem Kontext in einem kohärenten Metadatenschema abzubilden und in einem digitalen Bildarchiv zur Verfügung zu stellen. Zu Beginn des Vorhabens wurden deshalb in einer Bedarfsanalyse inhaltliche und technische Rahmenbedingungen eruiert, und als einzelne Ziele innerhalb des gesamten Arbeitsablaufs spezifiziert, der zur Erstellung eines Online-Bildarchivs schließlich umgesetzt wurde:

Nutzung geeigneter Metadaten zur inhaltlichen Erschließung
Die Bildinhalte sowie deren gegebene und erarbeitete Beschreibungen sollten semantisch innerhalb des Fachbereichs der Mayakultur digital abgebildet und vernetzt werden, so dass sie der Abbildung von bestehendem Wissen sowie einer etwaigen Wissensgewinnung durch Vernetzung von Inhalten und strukturierten komplexen Abfragen an diese ermöglichen. Dazu war ein entsprechendes Metadatenmodell zu erstellen, in dem die Metadatenbeschreibungen abgebildet werden können, um die Inhalte zu erschließen, welche den Fachbereich als Wissensdomäne beschreiben. Dieses Metadatenschema musste darüber hinaus als Anwendungsprofil für eine datenbankbezogene Anwendung konzipiert werden.

Langzeitnutzbarkeit der Bilddateien
Obwohl die geplante Digitalisierung und metadatenbezogene Aufarbeitung primär der inhaltlichen Erschließung und direkten Nutzung der Bilder dient, mussten für die Bilddateien bereits zu Beginn langzeiterhaltende Maßnahmen berücksichtigt werden. Langzeitarchivierung dient der Langzeitverfügbarkeit für zukünftig antizipierte Gemeinden von Nutzerinnen und Nutzern, sogenannte *Designated Communities.*[8] *Sie dient im Grunde also der zukünftigen inhaltlichen Nutzung. Daher waren Digitalisate mit technischen Metadaten zu beschreiben, welche die wichtigsten zu erhaltenen Eigenschaften, sogenannte Significant Properties,*[9] zur Nutzung der digitalen Archivalien festhalten.

Freie Nutzbarkeit und Editierbarkeit der erstellten Inhalte
Wichtig war es, die Zugänglichkeit der Inhalte verbunden mit der Möglichkeit ihrer nachträglichen Editierung und Erweiterung derart technisch umzusetzen, dass eine projektexterne Nutzung im wissenschaftlichen Kontext und darüber hinaus ermöglicht wird.

---

8 Consultative Committee for Space Data Systems, *Reference Model for an Open Archival Information System (OAIS)*, Washington 2002, URL: https://siarchives.si.edu/sites/default/files/pdfs/650x0b1.PDF (28.05.2019).
9 Margret Hedstrom und Christopher A. Lee, „Significant Properties of Digital Objects: Definitions, Applications, Implications", in: *Proceedings of the DLM-Forum*, Luxemburg 2002, S. 218-223, URL: https://pdfs.semanticscholar.org/8735/6572cc184bb86a9a27315dc6dec41e8cd0cd.pdf (28.05.2019).

Getrennte Nutzung von Derivaten und Masterdateien

Wenn die Archivalien digitalisiert und mit den geforderten Metadatenbeschreibungen versehen werden, sollen einerseits die Masterdateien für den Langzeiterhalt verstetigt gespeichert werden. Andererseits sollen getrennt hiervon nur die in der Dateigröße komprimierten Derivate in einem online zugänglichen Bildarchiv gespeichert und frei nutzbar gemacht werden.

Nutzung gegebener Bildverwaltungssoftware

Zum Zwecke der Verwaltung und Präsentation des Bildarchivs der gegebenen Forschungssammlungen sollte eine Online-Bilddatenbank mit Verwaltungssoftware erstellt oder eine vorhandene Softwareumgebung genutzt und angepasst werden, die es ermöglicht, die Datenerstellung, Daten- und etwaige Nutzungsverwaltung und den Zugang zu den Inhalten für projektinterne Arbeitskräfte zu gewährleisten.

Chronologisch beschreibt der Durchlauf des durchgeführten Arbeitsablaufs vier grundsätzliche Schritte:

1. Die domänenspezifischen Anforderungsbestimmungen, die zu eruieren waren.
2. Die semantische, konzeptuelle Modellierung des Metadatenschemas.
3. Die logische Modellierung des Metadatenschemas unter Bezug auf das bestehende Datenbankmodell.
4. Die Implementierung des Metadatenschemas in der Architektur der gegebenen Datenbank, sowie das Erstellen und Anpassen von Skripten für den Massenimport der ursprünglich erstellten Excel-Daten per Kommandozeile im Backend.

Schließlich kann die Nutzung der Datenbank zum Arbeitsablauf gezählt werden, insofern als diese vor allem in der Testnutzung weitere Anforderungen zu Tage beförderte, was ein erneutes Durchlaufen der Arbeitsschritte des Arbeitsablaufs bedingte.

Der Arbeitsablauf der Entwicklungsphase kann somit als iterativ betrachtet werden, (siehe Abb. 10.2), in der der fünfte Schritt solange zur Wiederholung führt, bis die Datenbank initial produktiv gesetzt werden konnte.

Ontologie als Präsentation von Wissen

Die Auffassung von *Wissen* wird im Forschungsprojekt geteilt mit der von Christof Schöch[10] diskutierten Definition als strukturierte und bedeutungsvolle und nicht falsifizierte Informationen. Informationen, die aus eigenen Daten oder Fremddaten gewonnen werden, indem sie etwa durch das Erkennen von Regelmäßigkeiten und aufkommenden Strukturen miteinander kontextualisiert

---

10 Christof Schöch, „Digitale Wissensproduktion", in: *Digital Humanities. Eine Einführung*, hg. von Fotis Jannidis u.a., Stuttgart 2017, S. 206–222.

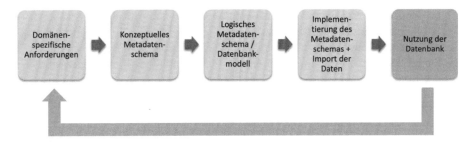

Abb. 10.2: Iterativer Entwicklungs-Workflow: Anforderungen, Modellierung, Umsetzung und Nutzung einer domänenspezifischen Metadatenbeschreibung in einer Bilddatenbank. Abbildung: Erweitert nach Klinke, Entwurf: Katja Diederichs, 2018 (CC BY 4.0).

werden, sind in diesem Sinne produziertes Wissen. Die *Wissensproduktion* geschieht dabei bezogen auf bestimmte Fragestellungen und Perspektivierung der vorliegenden Informationen. Dies könnte spezifizierter formuliert werden: Eingegrenzt auf die Fragestellung und den Fokus sowie geprägt durch bestimmte Theorien und Methoden einer Fachdisziplin wird das Wissen dieser bestimmten Fachdomäne oder auch *Wissensdomäne* produziert.

In dieser wissenschaftlichen Domäne muss Einigkeit herrschen über dieselbe Terminologie innerhalb einer gemeinsamen Fachsprache, mittels der ein System der Wissensordnung abgebildet werden kann.[11] Die Produktion von gesichertem Wissen jeglicher Wissensdomäne auf Grundlage wissenschaftlicher Methoden und seine Vermittlung sind das Hauptziel in der Wissenschaft.[12] Wenn Wissen und die Wissensproduktion für die Wissenschaft wichtig sind, so ist sicherlich auch die Art und Weise, wie dies vorgenommen wird, wichtig. Wie wird also Wissen repräsentiert?

Die *Ontologie* wird als eine Art der *Wissensrepräsentation* verstanden. Sie ist enger und auf den Bereich der digitalen Geistes- und Kulturwissenschaften bezogen verstehbar als formales Begriffssystem zur Modellierung von Wissen.[13] Und auch hier kann die *Ontologie*, eingegrenzt auf einen bestimmten fachbezogenen Gegenstandsbereich für die technische Implementierung von der Abbildung *fach-* bzw. *domänenspezifischen Wissen* verwendet werden. Wissensdomänen werden hier im Folgenden verstanden als Fachgebiete, d.h. begrenzte Wissensgebiete, in denen das Wissen einer Fachdisziplin verwaltet, erstellt und repräsentiert wird. Die im Projekt vorgenommene domänenspezifische Wissensrepräsentation sollte mittels einer ontologieartigen Metadatenstrukturierung datenbankbasiert umgesetzt werden. Dabei wurde zurückgegriffen auf die folgenden *Grundelemente von*

---

11 Wolfgang G. Stock und Mechtild Stock, *Wissensrepräsentation: Informationen auswerten und bereitstellen*. München 2008.

12 Schöch, „Digitale Wissensproduktion".

13 Malte Rehbein, „Ontologien", in: *Digital Humanities. Eine Einführung*, hg. von Fotis Jannidis u.a., Stuttgart 2017, S. 162–176.

Ontologien, die in den Digitalen Geisteswissenschaften zur Modellierung von formalen Begriffssystemen eines spezifischen Gegenstands bzw. einer eingegrenzten Wissensdomäne beschrieben und technisch umgesetzt werden können:[14]

Klassen abstrahieren Dinge oder Konzepte, die sich bestimmte Eigenschaften teilen, und die in einem Begriff oder Konzept zusammenfassend beschrieben werden. *Eigenschaften* beschreiben die Klassen näher. Die erste Art von Eigenschaften kann nicht eigenständig bestehen bzw. sich selbst genügend beschreiben und gehört der Klasse an. Eine zweite Art von Eigenschaften braucht zur Umsetzung ein drittes Element einer Ontologie: Die Relation. *Relationen* dienen dazu Klassen mit Klassen zu verbinden, und diese dadurch näher zu beschreiben. Hier beschreibt also eine Klasse in der Rolle einer Eigenschaft mittels einer Relation eine andere Klasse. Beispielsweise könnten *Person* und *Name* je eine eigene Klasse bilden. In der Relation *Person hat Namen*, ist die Klasse *Name* darüber hinaus die Eigenschaft der Klasse *Person*. Eine Ontologie kann sehr komplex und mächtig in ihrer Beschreibung werden, wenn sie auf weitere – hier nicht näher beschriebene – Weise formalisiert und modifiziert wird.

Dabei kann Wissen etwa für Bilddaten wie den vorliegenden heterogenen Bilddatenbeständen gewonnen werden, wenn sie für die richtigen Fragestellungen aufbereitet werden. Dieser Prozess der Wissensproduktion ist folgendermaßen grob skizziert: Die Bilder werden zunächst als Daten betrachtet. Wird nun eine bestimmte Information dokumentiert, wie einerseits das Aufnahmedatum des Bildes und andererseits der Typ des abgebildeten Artefakts und seine Provenienz, so können nun an den erschlossenen Bilddaten etwa bezüglich der Artefakttypen im Verlauf der Zeit Muster wie quantitative Änderungen des Vorkommens in den verschiedenen Orten ihrer Provenienz erkennbar werden. Somit erhalten die Daten Strukturen, die als Informationen verstanden werden können. Wenn nun diese Informationen verbunden werden mit spezifisch historischem Wissen zu den verschiedenen Provenienzen (wie kulturelle, wirtschaftliche Blüte oder Niedergang, Kriege, Abwanderungen), so kann darauf basierend eine Hypothese zum Einfluss der Wirtschaft auf die Herstellung bestimmter Artefakttypen entwickelt und anhand gegebener Informationen verifiziert werden. Auf diese Weise entsteht neues Wissen, also wissenschaftliche Erkenntnis. Durch eine digitale Aufarbeitung und Vernetzung derartiger Zusammenhänge werden Informationen produziert, kurz gesagt, dies ist ein Beispiel für digitale Wissensproduktion.[15]

Die Wissensdomäne des Projekts

Um die Modellierung innerhalb einer Ontologiestruktur inhaltlich zu spezifizieren, musste die zu beschreibende Wissensdomäne des Projekts zunächst eingegrenzt und ausdifferenziert werden. Die angestrebte Modellierung sollte den Fokus auf Artefakte und ihre bildliche Darstellung legen. Ein Artefakt sollte

---

14 Ebd.
15 Schöch, „Digitale Wissensproduktion".

idealerweise mit seinen möglichen über die Zeit erstellten Abbildungen aus verschiedensten Sammlungen in Verbindung gebracht werden können. Wichtig ist für die Arbeit der Fachwissenschaftlerinnen und Fachwissenschaftler ebenso der Fundkontext eines Artefakts, d.h. seine Provenienz.

Im Metadatenmodell des Projekts sind zunächst Artefakte mit Beschreibungen etwa des Artefakttyps sowie deren historische Kontexte, also Fundorte (Provenienzen) und Entstehungszeiten, dokumentiert. Ebenso sind Sachverhalte, die nicht aus dem archäologischen Kontext stammen, wie Aufnahmeorte von Artefakten und die Aufnahmezeiten wichtig. Sie liefern Informationen zu bestimmten Zeitpunkten, in denen Artefakte, die mit der Zeit verwittern oder zerstört oder versetzt werden, abgebildet wurden, und können ihren Werdegang punktuell nachverfolgen. Beispielsweise ist in der Schriftforschung eine Zuordnung von verschiedenen Artefaktteilen, die sich als Teile desselben Textes herausstellen, möglich. Und hierzu sind Informationen zur zeitlich und lokal wechselnden Aufbewahrung, also zur Wanderung von Objekt(teilen) wichtig, um entsprechende Artefakte auffindbar zu machen. Im Fokus steht dabei die jeweils aufbewahrende Person oder Institution. Wann Artefakte in Museen, im Privatbesitz, oder in situ vorgefunden wurden, sind Informationen, aus denen wertvolles Wissen gewonnen werden kann. Hierdurch wird eine museumskundliche Provenienzbeschreibung bzw. die Erstellung einer Objektbiographie ermöglicht. Daher werden auch Informationen zu Personen, die Artefakte und Kulturgut schriftlich oder bildlich dokumentiert haben, und vor allem zu deren verfassten Publikationen darüber, zu Wissensgegenständen. Des Weiteren sind vor allem die Abbildungen der Artefakte als visuelle Wissensquelle von größter Bedeutung. Als Wissensgegenstand waren Abbildungen zu dokumentieren, präsentierbar und inhaltlich beschreibbar zu machen und mit den abgebildeten Artefakten zu kontextualisieren.[16] Die Bilder bzw. Abbildungen in der Datenbank dokumentieren Ausschnitte aus Forschungsreisen. Sie zeigen also bestimmte Objekte bzw. Artefakte zu bestimmten Zeiten, zu denen verschiedene Personen sie dokumentiert haben. So sind zusammenfassend die folgenden Sachverhalte bzw. Objekte als Wissensgegenstände wichtig: Artefakte, Zeiten der Artefaktherstellung, Fundorte, Abbildungen der Artefakte, Orte der Artefaktabbildung, aufbewahrende Personen bzw. Institutionen zur Zeit der Abbildung, Sammlungen zur Zeit der Abbildung, Personen, die die Artefakte dokumentierten und vor allem abbildeten.

---

16 Im Projekt besteht bereits ein sehr umfangreiches Objektmetadatenschema, das eventbasiert ist und mittels CIDOC-CRM die Wissensdomäne des Projekts in Bezug auf den kulturellen Kontext der beschriebenen Artefakte und Textträger abbildet. Dieses Schema behandelt im Schwerpunkt seiner Anwendung in der TextGrid-RDF-Eingabemaske nicht die Abbildung und Speicherung von Bildern, sondern die Erstellung von kontextuellen Objektmetadaten. Das Metadatenschema der Bilddatenbank ist hierbei enger eingegrenzt und spezialisiert auf eine Bildbeschreibung und Bildaufbewahrung. Es verweist an bestimmten Stellen der Beschreibung auf die gegebenen Konzepte und Beschreibungen des bestehenden Objektmetadatenschemas und etwa zu kontrollierten Vokabularen des Projekts.

Abbildung einer Ontologie in einem Graphennetzwerk

Wie können nun Ontologien, welche eine Wissensdomäne beschreiben, visuell und auch technisch abgebildet werden? In der Form eines Netzwerks. Dessen mathematische Grundlage wiederum ist die Graphentheorie, deren grundlegende Bausteine im Grunde Knoten und Kanten sind. Ein Graph wird hier als Paar einer Menge beschrieben *G=(V,E)*, wobei V der Menge an Knoten und E der Menge an Kanten entspricht.[17] Ontologische Klassen werden also nach der Graphentheorie als Knoten abgebildet und deren Relationen zueinander auf den Kanten.

Zwei über eine Kante direkt verbundene Knoten nennt man in der Graphentheorie adjazent. Der Grad eines Knotens bestimmt sich durch die Menge der Kanten, die von diesem Knoten zu anderen sogenannten adjazenten Knoten abgehen. Graphen können mehr Informationen hinzugefügt werden, wenn ihre Struktur in Bezug auf bestimmte Eigenschaften näher beschrieben wird. Den Kanten können Richtungen zugewiesen werden, so dass ein gerichteter Graph entsteht. Wenn mehrere Kanten zwischen zwei bestimmten Knoten zugelassen sind, ist dies ein Multigraph. Gewichtete unterscheiden sich von ungewichteten Graphen in Bezug auf die Beschreibbarkeit einer Qualität ihrer Kantenverbindungen. Gerichtete Graphen können die Richtung von Kanten beschreiben. Diese und weitere Möglichkeiten in der Graphenmodellierung erlauben eine elaborierte Analyse der in ihnen dargestellten Ontologien bzw. Netzwerke.[18]

Die Bildverwaltungssoftware ConedaKOR

Um eine graphbasierte datenbankgestützte Abbildung und Speicherung der Bildsammlungen und ihrer Beschreibung zu verwirklichen, wurde *ConedaKOR* (KOR), eine Open Source Bildverwaltungssoftware genutzt, die von der CONEDA UG entwickelt wird. Der Quellcode von *ConedaKOR* ist offen,[19] so dass es als webbasiertes Datenbanksystem allseits frei nutzbar ist. Dieses wurde zudem 2016 als *DARIAH-DE*-Webservice eingerichtet und ermöglicht einen Verbund-Login in die Datenbank über ein gegebenes *DARIAH-DE*-Konto um als *Software as a Service* genutzt zu werden. Die Software wird beworben als nutzbar zur „Verwaltung und Präsentation akademischer Objektsammlungen aus den bildbasierten Kultur- und Geisteswissenschaften".[20] Sie ermöglicht die Konzeption, Organisation und Abbildung von Informationszusammenhängen mittels der auf Beziehungen zueinander basierten Kontextualisierung von Datenbankinhalten in Form eines

---

17 Fotis Jannidis, „Netzwerke", in: *Digital Humanities. Eine Einführung*, hg. von Fotis Jannidis u.a., Stuttgart 2017, S. 147–161.
18 Ebd.
19 Der Quellcode der verschiedenen Versionen von *ConedaKOR* ist offen. Er wurde versionskontrolliert zur freien Nutzung online hinterlegt. Dort liegen alte Versionen, die Produktivversion und die sich in Entwicklung befindende Version. Siehe: https://github.com/coneda/kor (28.05.2019).
20 Thorsten Wübbena, *ConedaKOR als „Software as a Service"-Angebot bei DARIAH-DE*, URL: https://dhd-blog.org/?p=7268 (28.05.2019).

Graphen.[21] Die *ConedaKOR*-Datenbank-Architektur nutzt keine native graphbasierte Speicherung, sondern sie besteht aus mehreren MySQL-Tabellen, die derart gestaltet sind, dass die Dateneingabe und Speicherung zu einer graphbasierten Modellierung möglich ist. In der Konzeption der graphbasierten Modellierung werden Datenbankinhalte in *ConedaKOR* als Entitäten mit Eigenschaften in Form von Knoten abgebildet und deren Beziehung zueinander in Form von Kanten miteinander verbunden. Die Relationen zwischen den Entitäten – die im Falle des *Maya Image Archives* digitalisierte Bildmedien, die darauf abgebildeten Artefakte, deren Provenienz sowie zugehörige Orte, Personen, Sammlungen und Museen beschreiben sollen – können in einer ontologieartigen Netzwerkstruktur in der Datenbank verbunden werden. Dadurch soll eine ontologiebasierte Wissensdomäne zu kulturwissenschaftlichen Inhalten wie der Mayakultur technisch umgesetzt, d.h. aufgebaut und abgespeichert werden können.

Konzipierung, Modellierung und Umsetzung eines Metadatenschemas
Zur digitalen Erschließung, Publikation sowie Bereitstellung des bestehenden Forschungsarchivs wurde ein Metadatenschema konzipiert, das in der Lage ist das domänenspezifische Wissen zu Mayakulturgut in einer Ontologiestruktur abzubilden.

Vor Beginn der Metadatenmodellierung wurde zunächst nach datenbankbasierten Umsetzungen im Umfeld der Fachdomäne des Projekts Ausschau gehalten, um Datenbanken auf die Ansprüche des Projekts hin zu untersuchen und eine etwaige Nachnutzbarkeit an Datenbankstrukturen, Metadatenbeschreibungen oder Modellierungen zu prüfen. Vorhandene Web-Datenbanken an Bildarchiven zur Mayakultur wurden auf ihre Funktionalität näher geprüft, wurden jedoch entweder in ihrer technischen Struktur, der Metadatenbeschreibung ihrer Ressourcen oder in ihrer Nutzungs- und Publikationsstrategie als unbefriedigend befunden für die Aufbewahrung, Abbildung, Verwaltung und Nutzbarmachung der Bild- und Wissensinhalte des Projekts. Beispielsweise sind Datenbankinhalte oftmals nur beschränkt nutzbar, oder die Bildinhalte werden nicht hochaufgelöst angeboten und sind nicht downloadbar. Dies entspricht nicht den Ansprüchen des Projekts an eine freie Wissenschaft (Open Science), die für die Dokumentation und Öffnung sowohl der angewandten Theorien und Methoden als auch der erstellten Daten und daraus resultierenden Publikationen in der Forschung und Wissenschaft steht.[22]

Auch die administrativen Metadaten, die der Verwaltung der digitalen Bild-Medien dienen und diese für eine etwaige Langzeitarchivierung technisch beschreiben sowie deren Nutzungs- und Zugangsrechte regeln, fehlten oftmals teilweise oder gänzlich, bzw. wurden nicht für Nutzerinnen und Nutzer ersichtlich

---

21 Vgl. ebd.
22 Katja Diederichs, *Die „Open Science"-Strategie im Projekt „Textdatenbank und Wörterbuch des Klassischen Maya"*, Bonn 2015 (Textdatenbank und Wörterbuch des Klassischen Maya: Working Paper 1), DOI: 10.20376/IDIOM-23665556.15.wp001.de (28.05.2019).

publiziert. Auch bezüglich der Möglichkeiten einer Nachnutzung gegebener Metadatenstruktur und Datenbankumgebung für den etwaigen Import der eigenen Daten wurde keine gegebene Datenbank als geeignet erachtet hinsichtlich der Projektanforderungen. Auch war in keiner Datenbank die Möglichkeit gegeben, den eigenen Bestand mittels externer Inhalte (Bilddaten und Beschreibungsdaten) per Importen anzureichern und mit den gegebenen Daten zu vernetzen. Eigene Maßnahmen zur Erfüllung der gesetzten Ansprüche mussten vom Projekt erbracht werden, um ein digitales Bildarchiv für die gegebenen Forschungssammlungen der Mayaforschung zu kreieren.

Modellierungsfragen

Durch die Revision des Materials im Forschungsarchiv war eine Anforderungsanalyse der Inhalte erfolgt, die in der Domäne des Projekts gebraucht werden, um den Wissensgegenstand adäquat zu beschreiben. An diesen Anforderungen sollte das Metadatenschema ausgerichtet werden.

Darüber hinaus wurde als anwendungsspezifische Voraussetzungen die Auffindbarkeit der abgebildeten und beschriebenen Artefakte präferiert, somit wurde bei der Modellierung der Metadaten der Fokus nicht nur auf die digitalisierten Medien, sondern auch auf die Beschreibung der in den Medien abgebildeten Artefakte gelegt. Diese werden hierbei in einen Kontext eingebunden, der aus Entitäten besteht wie ihre mediale Abbildung, Orte, Personen, Provenienzen, Sammlungen und Museen bzw. Aufbewahrungsorte, die durch Relationen mit den Entitäten vom Typ *Artefact* in Verbindung gebracht werden können.

In allen Bilddatenbanken desselben Fachbereichs, die vom Projekt gesichtet wurden, ist das aus den vorhandenen Daten schöpfbare Wissen unterkomplex abgebildet. Hier sind zwar beschreibende Metadaten vorhanden wie etwa Orte, Artefakte, Personen, Provenienzen oder Zeitdaten. Diese jedoch sind als Eigenschaften bzw. Beschreibungen des Bildmediums unstrukturiert in Listenform aufgereiht an das jeweilige Bildmedium gebunden, d.h. sie sind weder anklickbar noch als Feld durchsuchbar. In der dahinter stehenden strukturellen Metadatenmodellierung erfüllen alle Beschreibungen ihre Rolle als bloße Eigenschaften des Bildmediums, aber stellen darüber hinaus keine eigenen Konzepte mit eigenen Merkmalen und Eigenschaften dar. Ein Maya-Artefakt wie zum Beispiel eine Stele sollte jedoch nach Anforderung des Projekts in verschiedenen Kontexten betrachtet werden können und nach verschiedenen Sachverhalten durchsuchbar sein. Die Stele sollte gegebenenfalls durch bereits bestehende Normdaten eindeutig beschreibbar und in der gegebenen Projektdatenbank identifizierbar sein, sie sollte mit Literaturverweisen versehen und darüber hinaus in Zusammenhang mit ihrer Abbildung, aber auch etwa mit ihrer Provenienz, mit Personen und Orten, welche jeweils eigene Konzepte darstellen sollten, in Zusammenhang gebracht werden können. Idealerweise sollte die vernetzte Information zu besagter Stele als domänenspezifisches Wissen umfassend angereichert und abgebildet werden können Die Modellierung im Rahmen des Projektes umfasst wichtiges

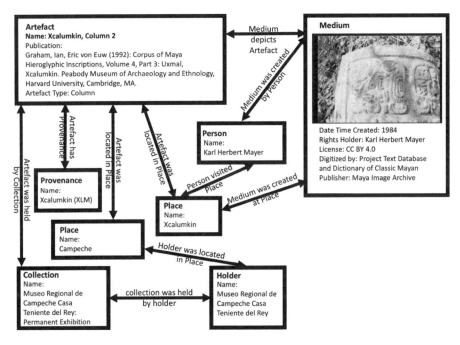

Abb. 10.3: Modellierung der Metadaten als Ontologie von Entitäten mit Eigenschaften und Relationen. Entwurf: Katja Diederichs, 2017 (CC BY 4.0).

Wissen zum Artefakt und seinen Abbildungen, die beide zueinander inhaltlich mittels vielfältiger Beschreibungen in einem Wissenszusammenhang kontextualisiert werden. Dies sollte etwa durch eine Entkoppelung betreffender Metadaten vom Bildmedium geschehen.

Verglichen mit bisher bekannten Bilddatenbanken also können hier die verschiedenen Metadaten durch eine Loslösung vom Medium potentiell als eigenständige Begriffe definiert werden. Hierdurch wird ihre Rolle nicht mehr als Eigenschaft definiert, die an das Bildmedium gebunden ist, um dieses näher zu charakterisieren, sondern sie können als eigenständige Konzepte aus dem Gegenstandsbereich der Wissensdomäne mit eigenen Eigenschaften semantisch klassifiziert werden. Die Rolle dieser Konzepte bzw. Entitäten entsteht in dieser Art der Modellierung aus den Beziehungen zu anderen Entitäten. Diese Beziehungen wiederum können in einem graphbasierten Netzwerk miteinander vielfältig verknüpft werden. Auf diese Weise kann eine Definition eigenständiger Konzepte bzw. Entitäten und deren Verortung in einem Beziehungssystem als Wissensrepräsentation modelliert werden, das in ihrem formalisierten Ausdruck dem einer Ontologie entspricht.[23] Das bedeutet im konkreten Fall, ein Artefakt

---

23 Rehbein, „Ontologien".

soll als eigene Entität in Verbindung mit anderen – grundsätzlich von ihm unab-
hängigen – Entitäten beschreibbar werden. Erst durch das Erstellen von Relationen wird dann ein Zusammenhang gebildet.

Anhand von Abbildung 10.3 wird verdeutlicht, wie das Artefakt namens *Co-
lumn 2* und der Ort namens *Xcalumkin* sowie die Person namens *Karl Herbert Mayer*
in diesem Projekt als unabhängig voneinander bestehende Entitäten modelliert
sind. Sobald sie miteinander verbunden werden, sind die drei eigentlich unab-
hängigen Elemente in einen neuen Zusammenhang geraten. Die Semantik der
Zusammenhänge wird dabei jeweils in den Relationen kodiert. So sind vielfältige
weitere Zusammenhänge beschreibbar.

Modellierung des Metadatenschemas: Entitäten und Relationen

Im Schritt zur konzeptuellen Datenmodellierung wurden die Metadaten semantisch beschrieben. Dazu wurden ihnen bestimmten Funktionen in Bezug auf ihre
Kategorisierung innerhalb einer Ontologie zugeordnet: Sie wurden zu Entitätstypen, zu Eigenschaften eines bestimmten Entitätstyps und zu bestimmten Relationen, welche die Entitätstypen verbindbar machen, wie es in Abbildung 10.3
verdeutlicht ist.

Um die bildbasierte Beschreibung von Wissen der Domäne diesbezüglich zu
bewerkstelligen, stand das Abbild hierbei im Zentrum der Beschreibung und
wurde mittels vielfältiger Verbindungen durch andere Klassen bzw. Entitätstypen in der Ontologie der Wissensdomäne beschrieben. Die daraus resultierende
semantische bzw. konzeptuelle Modellierung enthält sieben Entitätstypen mit
vielerlei verschiedenen Eigenschaften und Relationen, die das Domänenmodell
darstellen.

Konzeptuelle Metadatenschema-Beschreibung (Domain Model)

Für die domänenspezifische Beschreibung der Wissensinhalte des TWKM Projekts wurde ein eigenes Domänenmodell (*Domain Model,* kurz DM) erstellt. Dieses bildet sozusagen die Welt der TWKM-Wissensdomäne ab. Das *DM* wurde als
konzeptuelles Metadatenmodell erstellt, welches unabhängig von einer technischen Umsetzung formuliert ist. Es skizziert folgende Beschreibungen:

Der Entitätstyp *Medium* beschreibt das Bildmedium, also das digitalisierte
Foto, Dia etc.; jedes Medium stellt hierbei jeweils ein Digitalisat dar, das in Form
einer Bilddatei in der Datenbank abgespeichert ist.

Der Entitätstyp *Artefact* bezieht sich auf ein Artefakt, das durch ein Medium
dargestellt wird. Dies kann ganz oder teilweise in dem Medium dargestellt werden.

Der Entitätstyp *Collection* bezieht sich auf eine bestimmte Sammlung, die von
ihrem jeweiligen Inhaber gehalten wird. Eine Sammlung soll zwischen verschiedenen Sammlungen derselben innehabenden Instanz (hier *Holder*) unterscheiden
können (z.B. wenn ein Inhaber namens ‚Museum A' die beiden Sammlungen X

und Y besitzt, dann unterscheidet sich ‚Museum A, Sammlung X' von ‚Museum A, Sammlung Y').

Der Entitätstyp *Holder* bezieht sich entweder auf eine Person oder eine Körperschaft (z.B. eine Institution, ein Museum), die das abgebildete Artefakt zu dem Zeitpunkt aufbewahrte, zu dem es durch die Erstellung des jeweiligen Mediums (z.B. Fotografie, Zeichnung oder Handschrift) dokumentiert wurde.

Der Entitätstyp *Person* bezieht sich auf eine natürliche Person, die als Akteurin und Akteur in Bezug auf das abgebildete Bild (über Relationen) agiert. Die Person hat also z.B. einen Ort besucht oder ein Medium erstellt; die Person selbst kann aber auch auf einem Medium bzw. Foto abgebildet sein.

Der Entitätstyp *Provenance* beschreibt die Herkunft des Artefakts nicht im Verlauf wie bei einer Provenienzbeschreibung im museumskundlichen Sinne, sondern punktuell auf einen bestimmten Ort bezogen, und zwar auf die archäologische Fundstätte oder einen weniger spezifischen Ort, an dem das abgebildete Artefakt ursprünglich gefunden wurde.

Der Entitätstyp *Place* bezeichnet den Ort der Bildaufnahme. Der Typ *Place* ist daher nicht zu verwechseln mit der Fundstätte (*Provenance*) des Artefakts. Wenn ein Artefakt jedoch in situ fotografiert wurde, ist folglich der Inhalt von *Place* und *Provenance* gleich. Dies wird in der Dokumentation des Metadatenschemas differenziert beschrieben, in der alle Metadatenfelder definiert sind, und in der Nutzungsanleitung festgehalten wird, wie die Felder zu verwenden sind. Alle Entitätstypen (Entity Types) sind mittels verschiedenen möglichen Relationen mit anderen Entitätstypen verbindbar.

Die beschriebenen Daten im *Maya Image Archive* bilden Artefakte zu einem bestimmten Zeitpunkt ab, zu dem ein beschriebenes Bildmedium erstellt wurde. Da nur die Daten zur Bilderstellung erhoben wurden, können sie über keinen weiteren Zeitpunkt, wie etwa über dessen früheren oder jetzigen Aufbewahrungsort, genaue Angaben machen. Die Definitionen der Relationen verraten diesen Umstand durch ihre Titel. Diese lauten etwa *Artefact is/was located in Place*. Die Präsensform wurde verwendet, um eine Beziehung zu beschreiben, die sich entweder auf den unveränderlichen Zustand oder die Eigenschaft des Artefakts bezieht, wie etwa *Artefact originates from Provenance*. Eine Vergangenheitsform wurde verwendet, um eine Beziehung zu beschreiben, die sich entweder auf eine abgeschlossene Aktion bezieht, die in der Vergangenheit stattgefunden hat, oder auf einen (veränderlichen) Zustand oder eine Eigenschaft von etwas in der Vergangenheit.

Die konzipierten Relationen wurden im konzeptuellen Schema zunächst unvollständig skizziert. Erst in der logischen Modellierung des Metadatenschemas wurden sie komplett und der Struktur der Datenbank angepasst bidirektional beschrieben.

Logische Metadatenschema-Beschreibung (Application Profile)

Von dem *Domain Model* wurde wiederum ein anwendungsspezifisches Modell, ein sogenanntes *Application Profile* (AP) abgeleitet. Dies implementierte die modellierten Inhalte und Zusammenhänge des *DM* in der Datenbanksoftware *ConedaKOR*. Das *AP* wurde entsprechend als logisches Metadatenmodell nach der gegebenen Anwendung spezifisch erstellt. Für die Metadatenelemente des *Application Profiles* wurden verschiedene Elemente gegebener Metadatenstandards herangezogen einschließlich lokal definierter Mengen, um jedes Element bzw. Datenfeld nach den Gesetzmäßigkeiten der entsprechenden Domäne abzubilden. Das erstellte *AP* stellt schließlich das projekteigene Metadatenschema dar, das sowohl aus der Dokumentation und Definition der Informationsobjekte als auch aus Richtlinien für den Anwendungskontext des *DM* zusammengesetzt ist, so dass die Datenbankanwendung unter Verwendung des *APs* seine funktionalen Anforderungen erfüllen konnte.

Das nach den Modellierungsanforderungen erstellte logische Modell stellt die insgesamt sieben *Entity Types* in *ConedaKOR* mit vielerlei *Eigenschaften* und 15 – in *ConedaKOR* zwingend bidirektional abzubildenden – *Relations* in *ConedaKOR* dar, siehe dazu Abbildung 10.4. Alle Eigenschaften, die den Entitätstypen zugewiesen wurden, wurden dabei in der Datenbank als Datenfelder der Entitätstypen *Dataset Fields* in *ConedaKOR* mit bestimmten technischen Restriktionen und Eigenschaften ausgestattet und spezifiziert. Das logische Modell stellt im Hinblick auf seine Implementierung in *ConedaKOR* das projekteigene *Metadatenschema* umgesetzt in einem *Application Profile* dar.

Alle Entitätstypen besitzen hier einen distinkten Namen, der einmalig im Namensfeld, eingegeben wird. Für den Entitätstyp Medium etwa heißt dieses Feld *Medium Name* für ein Artefakt *Artefact Name* etc. Die weiteren im Projekt erstellten Dataset Fields für die folgenden Entitätstypen sind in der folgenden Abbildung 10.4 abgebildet und in der Dokumentation der Datenbank einsehbar.[24]

Der Typ *Artefact* besitzt die meisten deskriptiven Daten und somit Datenfelder. Wichtige Eigenschaften wie der Artefakttyp werden durch ein dazu erstelltes Datenfeld abbildbar. Auch Publikationen und die Beschreibung des Artefakts können in erstellte Datenfelder eingegeben werden.

Keine weiteren Eigenschaften und somit Datenfelder waren hingegen nötig in der Metadatenbeschreibung für *Collection*, die im Grunde den Typ *Holder* bzw. die Aufbewahrungsverhältnisse spezifiziert.

Die Eigenschaften von *Holder* bezogen sich auf Verlinkungen. Hier wurden Felder konzipiert für Links, in denen ein *Holder* wie ein Museum zur in der TWKM-Webseite vorhandene Museumsliste verlinkt werden kann oder zum entsprechenden Museum in der TWKM-Datenbank. Die Eigenschaften von *Person* bezogen sich hauptsächlich auf Verweise zu Normdaten, um diese zu identifi-

---

24 Maya-Image-Archive, *Application Profile and Schema Documentation*, URL: https://github.com/ Diederka/Maya-Image-Database-Metadata_Schema-Scripts-Data (28.05.2019).

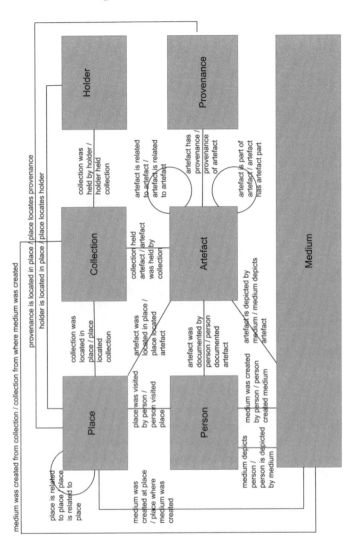

Abb 10.4: Logisches Modell der Entitätstypen und Relationen des Metadatenschemas für die gegebene Datenbankstruktur. Entwurf: Katja Diederichs, 2019 (CC BY 4.0).

zieren. Hier wurde ein Feld für die Eingabe eines Links zum Eintrag der jeweiligen Person in der TWKM-Datenbank bereitgestellt. Darüber hinaus wurde jeweils ein Feld für die Eingabe eines Links zu den Normdaten der Person (wie zur GND)[25] erstellt.

25 Deutsche Nationalbibliothek. *Gemeinsame Normdatei (GND)*, URL: https://www.dnb.de/gnd (28.05.2019).

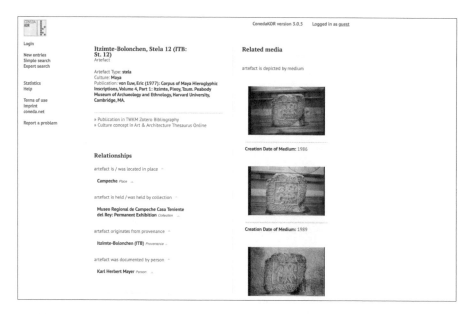

Abb. 10.5: Datenblatt der Entität des Typs Artefact unbekannter Provenienz im Maya Image Archive unter Nutzung der originalen ConedaKOR-Software-GUI (Screenshot). Quelle: Textdatenbank und Wörterbuch des Klassischen Maya, 2018, URL: https://classicmayan.kor.de.dariah.eu/blaze#/entities/206 (CC BY 4.0).

Die erstellten Felder als Eigenschaften von *Provenance* sowie von *Place* bezogen sich ebenfalls auf die Ermöglichung eines Normdatenverweises zu *GeoNames*[26] und dem *Getty Thesaurus of Geographic Names*.[27] Darüber hinaus wurden Felder mit der Ermöglichung von Verlinkungen zur TWKM-Datenbank erstellt, in der die betreffende Fundstätte oder der (moderne) Ort abgebildet sind.

Datenbanksuche und Ergebnisdarstellung in ConedaKOR

Die Bilddatenbank bietet verschiedene gezielte Suchoptionen an, und darüber hinaus ist eine explorative Suche durch aufgefundene Ergebniskontexte sowie ein freies Browsen bzw. Navigieren in der Datenbank per Klick von Entität zu Entität möglich. Jede Entität, auf die per Suchergebnis oder per Browsing gelangt werden kann, besitzt eine eigene Ansichtsseite, die als eine Art Datenblatt fungiert, siehe dazu Abbildung 10.5. Diese ist für jeden Entitätstyp nach denselben Prinzipien aufgebaut. Auf jedem Datenblatt wird der Teil des Graphen, in dem die besagte Entität verortet ist, wieder auf eine Listenform heruntergebrochen.

---

26 GeoNames Website, URL: https://www.geonames.org/ (28.05.2019).
27 Getty Thesaurus of Geographic Names Online, URL: http://www.getty.edu/research/tools/vocabularies/tgn/ (28.05.2019).

Alle Eigenschaften der Entität und alle direkten Verbindungen der Entität (adjazente Knoten) werden aufgelistet. Alle Kanten sind als Relationen anklickbar und führen jeweils zu einem adjazenten Knoten, sprich zu einer Entität, zu der die besagte Relation besteht. Im Bereich *Master Data* wird unter *Degree* der Grad der Entität, also die Menge der Kanten, die von diesem Knoten zu adjazenten Knoten abgehen, angezeigt.

Zusammenfassung und Fazit

In unserem Beitrag haben wir unsere domänenbezogene Metadatenbeschreibung für die Forschungssammlung des TWKM-Projekts für eine gegebene Softwareumgebung vorgestellt. Die Konzeption erfolgte im Team durch interdisziplinären Austausch von fachwissenschaftlichem Domänenwissen mit daraus resultierenden Anforderungen und informationswissenschaftlicher Expertise, die auf die entsprechende Umsetzung der Anforderungen im Zuge der Metadaten- und Datenmodellierung einwirkte. Die besagte Entwicklung durchlief iterativ mehrere Zyklen von Anforderungsbeschreibung bis zur Fertigstellung. Ziel war es, alle vorhandenen Forschungssammlungen des Projekts inhaltlich den domänenspezifischen Fragestellungen und Anforderungen an das Material entsprechend abzubilden und für die Fachwissenschaftlerinnen und Fachwissenschaftler nutzbar zu machen. Die Anpassung der bereits bestehenden Software *ConedaKOR* wurde in Bezug auf die Abbildung eines eigenen Metadatenschemas vorgenommen. Nach einem stabilen initialen Import von 5000 beschriebenen Bildmedien mit metadatenbezogener Beschreibung durch ca. 7000 Entitäten und deren ca. 25.000 Relationen wurde die Bilddatenbank produktiv geschaltet, d.h. veröffentlicht. Die Datenbankumgebung ist per Browser nutzbar, wobei eine freie Nutzung ohne Login technisch ermöglicht wurde. Das Ergebnis ist als zufriedenstellend zu bewerten in Bezug auf die inhaltliche Abbildung und freie Zugänglichkeit und Nutzbarkeit der Sammlungsinhalte für die Wissenschaftlerinnen und Wissenschaftler der Fachdomäne sowie für alle interessierten Nutzerinnen und Nutzer einer breiteren Öffentlichkeit. Für den zukünftigen Austausch der Daten und Metadaten ist desweiteren ein Mapping in einem anerkannten Austauschformat erstrebenswert. Hier wird zurzeit geplant in drei Schritten (Mapping, Konversion, Speicherung) die Daten zunächst auf eine interoperable Metadatenbeschreibung zu mappen. Dabei wird anvisiert, die Daten in unterschiedlichen Serialisierungen zur Verfügung zu stellen (RDF-XML, Turtle etc.). Ein Vorhaben, die RDF-Triple in einem frei zugänglichen SPARQL-Endpoint anzubieten, wird erwogen und geprüft werden. Die abgebildeten digitalisierten Fotos aber können zwischenzeitlich in unserem *Maya Image Archive* in ihrer Kontextualisierung verortet angeschaut werden, wo sie neues Wissen zutage fördern.

Greifen wir unser Fachgespräch vom Anfang wieder auf – „Ich brauch'mal ein Foto" ist in unserem alltäglichen ‚Geschäft' eine fast stündliche Frage, die wir nach der Veröffentlichung der Datenbank nun endlich positiv beantworten können: in wenigen Sekunden finden wir nun nicht nur eine, sondern alle verfügbaren Fotografien eines Schriftträgers, um uns damit näher zu befassen und einzelne, qualitativ unterschiedliche Fotografien zu vergleichen. In den meisten Fällen werden die Monumente aus unterschiedlichen Blickwinkeln oder mit unterschiedlicher Beleuchtung, oder mit mehr oder weniger Details gezeigt. Schnell können wir nun mit Hilfe der digitalisierten und erschlossenen Fotografien aus dem Forschungsarchiv eine Entzifferung evaluieren, den Zustand oder die Veränderung des Zustands vergleichen, den ursprünglichen Fundort bzw. Aufstellungsort herausfinden oder uns einen Überblick verschaffen, welche Monumente sich heute wo oder in welchem Museum befinden, um etwa eine Forschungsreise zu planen. Unsere Erforschung der Mayaschrift ist mit Hilfe der neuen Bilddatenbank effektiver geworden. Übrigens: unser *Maya Image Archive* ist unter der URL: *https://classicmayan.kor.de.dariah.eu* zu finden.

Literaturverzeichnis

Consultative Committee for Space Data Systems, *Reference Model for an Open Archival Information System (OAIS)*, Washington 2002, URL: https://siarchives.si.edu/sites/ default/files/pdfs/ 650x0b1.PDF (28.05.2019).

Coneda UG, URL: https://coneda.net (28.05.2019).

Deutsche Nationalbibliothek, *Gemeinsame Normdatei (GND)*, URL: https://www.dnb. de/gnd (28.05.2019).

Diederichs, Katja; Sven Gronemeyer, Christian M. Prager, Elisabeth Wagner, Franziska Diehr, Maximilian Brodhun und Nikolai Grube, „A Virtual Research Environment to Document and Analyze Non-alphabetic Writing Systems: A Case Study for Maya Writing", in: *Digital and Traditional Epigraphy in Context (Proceedings of the Second EAGLE International Conference, Rome 27–29 January 2016)*, hg. von Silvia Orlandi, Raffaella Santucci, Pietro Maria Liuzzo und Francesco Mambrini, Rom 2017, S. 195–208.

Diederichs, Katja, *Die „Open Science" – Strategie im Projekt „Textdatenbank und Wörterbuch des Klassischen Maya"*, Bonn 2015 (Textdatenbank und Wörterbuch des Klassischen Maya: Working Paper 1), DOI: 10.20376/IDIOM-23665556.15.wp001.de (28.05.2019).

GeoNames Website, URL: https://www.geonames.org/ (28.05.2019).

Getty Thesaurus of Geographic Names Online, URL: http://www.getty.edu/research/ tools/ vocabularies/tgn/ (28.05.2019).

Grube, Nikolai und Christian M. Prager, „Vom Regenwald ins World Wide Web", in: *Die Wissenschaftsakademien – Wissensspeicher für die Zukunft: Forschungsprojekte im Akademienprogramm*, hg. von der Union der deutschen Akademien der Wissenschaften, Berlin 2018, S. 16–17.

Hedstrom, Margret und Christopher A. Lee, „Significant Properties of Digital Objects: Definitions, Applications, Implications", in: *Proceedings of the DLM-Forum 2002*, Luxemburg 2002, S. 218–223, URL: https://pdfs.semanticscholar.org/8735/65 72cc184bb86a9a27315dc6dec41e8c d0cd.pdf (28.05.2019).

Jannidis, Fotis, „Netzwerke", in: *Digital Humanities. Eine Einführung*, hg. von Fotis Jannidis, Hubertus Kohle und Malte Rehbein, Stuttgart 2017, S. 147–161.

Klinke, Harald, „Datenbanken", in: *Digital Humanities. Eine Einführung*, hg. von Fotis Jannidis, Hubertus Kohle und Malte Rehbein, Stuttgart 2017, S. 109–127.

Maya-Image-Archive, *Application Profile and Schema Documentation*, URL: https://github.com/Diederka/Maya-Image-Database-Metadata_Schema-Scripts-Data (28.05.2019).

Maya Image Archive, URL: https://classicmayan.kor.de.dariah.eu (28.05.2019).

Neuroth, Heike, Andrea Rapp und Sibylle Söring (Hg.), *TextGrid: Von der Community – für die Community: eine virtuelle Forschungsumgebung für die Geisteswissenschaften*, Glückstadt 2015, URL: https://doi.org/10.3249/webdoc-3947 (28.05.2019).

Rehbein, Malte, „Ontologien", in: *Digital Humanities. Eine Einführung*, hg. von Fotis Jannidis, Hubertus Kohle und Malte Rehbein, Stuttgart 2017, S. 162–176.

Schöch, Christof, „Digitale Wissensproduktion", in: *Digital Humanities. Eine Einführung*, hg. von Fotis Jannidis, Hubertus Kohle und Malte Rehbein, Stuttgart 2017, S. 206–222.

Stock, Wolfgang G. und Mechtild Stock, *Wissensrepräsentation. Informationen auswerten und bereitstellen*, München 2008.

Textdatenbank und Wörterbuch des Klassischen Maya., URL: www.mayawoerterbuch.de (28.05.2019).

Wübbena, Thorsten, *ConedaKOR als „Software as a Service"-Angebot bei DARIAH-DE*, URL: https://dhd-blog.org/?p=7268 (28.05.2019).

Diagramme in Bewegung:
Scholien und Glossen zu *de interpretatione*

Michael Krewet und Philipp Hegel

*Diagramme, wie sie heute in vielfältiger Weise insbesondere als heuristische und epis-
temische Instrumente wissenschaftlich betrachtet werden, spielen in Kommentaren der
Aristotelischen Überlieferung eine bedeutende Rolle. Mit Mitteln der semiautomatischen
Layoutanalyse und der digitalen Annotation lassen sie sich aufspüren und in philosophische, philologische und historische Zusammenhänge bringen. Am Beispiel der etwa
150 Handschriften umfassenden Überlieferung zu „de interpretatione" (peri hermeneias)
lässt sich sowohl die philosophiegeschichtliche Bedeutung der Tradierung und Transformation solch graphischer Mittel wie Syllogismusschemata und Dihairesen als Werkzeuge
und Ausdruck epistemischer Prozesse zeigen als auch ihre Relevanz und Aussagekraft
für stemmatologische Fragen. Exemplarisch wird der Zusammenhang zwischen solchen
Übernahmen und Umwandlungen von Diagrammen mit spätantiken Schultraditionen
aufgezeigt.*

Die materielle und die soziale Dimension von Diagrammen

Arthur O. Lovejoy schrieb 1940, dass Ideen die „umtriebigsten" Dinge der Welt
seien.[1] Er sah hierin einen Grund, warum die Ideengeschichte ein eminent inter-
disziplinäres Unterfangen sei.[2] Aber nicht nur überschreiten Ideen fachliche und
fernerhin geographische und zeitliche Grenzen, Lovejoys Formulierung läßt sich
auch als mediale Unabhängigkeit umdeuten. Im Prinzip können Ideen, wenn
sie nur abstrakt genug sind und die Medien selbst dies ermöglichen, sowohl in
Schrift als auch in Bild oder Diagramm artikuliert werden.[3] Die folgende his-

---

1 Arthur O. Lovejoy, „Reflections on the History of Ideas", in: *Journal of the History of Ideas* 1/1
  (1940), S. 3–23, hier S. 4: „ideas are the most migratory things in the world".
2 Ebd., S. 3: „Every branch of historical inquiry, consequently, may be said to include within its
  scope some portion of the history of ideas."
3 Das Diagramm scheint nur bedingt als „Bild" bezeichnet werden zu können. Steffen Bogen und Felix Thürlemann, „Jenseits der Opposition von Text und Bild. Überlegungen zu
  einer Theorie des Diagramms und des Diagrammatischen", in: *Die Bildwelt der Diagramme
  Joachims von Fiore: zur Medialität religiös-politischer Programme im Mittelalter*, hg. von Alexander Patschovsky, Ostfildern 2003, S. 1–22, hier S. 2, haben sowohl formale wie funktionale
  Unterschiede betont: „Das Diagramm ist […] keine bloße Hybridform, die sich als Zusammenführung von Text- und Bildelementen verstehen ließe. Formal und vor allem funktional
  betrachtet, haben Diagramme ganz spezifische semiotische Eigenschaften, sind kommuni-
  kative Instrumente mit nicht ersetzbaren Leistungsmerkmalen."

DOI: 10.13173/9783447114608.199

torische Behandlung von Argumenten in Diagrammen setzt diese Abstraktion von Material, Raum und Zeit, Personen und gesellschaftlichen Einrichtungen in gewissem Sinn voraus. Zugleich bleibt der Ausgangspunkt aber die materielle Überlieferung, anhand derer Ideen rekonstruiert werden, die sich derart in Raum und Zeit befinden, von Menschen erstellt, wahrgenommen, verstanden, missverstanden und weitergereicht werden. Texte oder auch Diagramme können solche Ideen explizit, implizit und auch ‚fehlerhaft' ausdrücken.[4]

Wenn im Folgenden Diagramme als Teile von Anmerkungen zu Texten in den Blick genommen werden, so sind damit „extern-materielle Realisierungen von Diagrammen" im Sinne von jeweils in den Handschriften vorliegenden graphischen, oft auch Text einbeziehenden Bereichen gemeint.[5] Die antike und mittelalterliche Seite eines Codex kann dann als die Fläche erscheinen, die in gewisser Weise den „Aktionsraum" für Anmerkungen und in diesem Rahmen auch für Diagramme liefert.[6] Sie dient als Fläche, auf der Wissen auch von verschiedenen Händen gesammelt und organisiert wird. Sie kann die Bühne bieten, um späteren Lesern und Leserinnen solche Handlungen in Form von Anmerkungen zu erlauben, oder auch das Reservoir bilden, in dem vorhandenes Wissen bereits vom Schreiber akkumuliert und angeordnet wird.

Mit der Einschränkung auf in diesem Sinne materielle Diagramme ist nicht gemeint, dass diese nicht auch Ergebnis und Auslöser von Erkenntnisprozessen sind und als solche auch in einer historischen Betrachtung zur Geltung kommen. Wohl aber lassen sie sich als graphische Realisierung im Gegensatz zu solchen geistigen Vorgängen auf der Handschriftenseite digital finden und vermessen.

4　Obwohl der nicht unproblematische terminus technicus ‚Fehler' im Folgenden in seiner etablierten textkritischen Funktion gebraucht wird, soll dabei der Fehler auch als Indiz für die historische und kulturelle Situation jeder Handschrift betrachtet werden. Vgl. auch Stephen G. Nichols, „Why Material Philology?", in: *Zeitschrift für deutsche Philologie* 116/Sonderheft „Philologie als Textwissenschaft. Alte und neue Horizonte" (1997), S. 10–30, hier S. 11: „each manuscript represented exactly how a text, or part of a text, or a rewritten and truncated text, would have reached a particular and quite specialized audience often in terms quite dissimilar to how another public might receive the ‚same' work."

5　Matthias Bauer und Christoph Ernst, *Diagrammatik. Einführung in ein kultur- und medienwissenschaftliches Forschungsfeld*, Bielefeld 2010, S. 22, haben Einspruch gegen eine entsprechende Unterteilung erhoben: „Vielmehr bildet die Durchdringung von kognitiven Potentialen (intern-mentalen Diagrammen) und kulturellen Formen (extern-materiellen Diagrammen) den Gegenstand der Diagrammatik." Dennoch werden im Folgenden diese Aspekte unterschieden, weil ihre Behandlung unterschiedliche Methoden erlaubt.

6　Jedenfalls passt die Beschreibung in Sybille Krämer, *Figuration, Anschauung, Erkenntnis. Grundlinien einer Diagrammatologie*, Frankfurt am Main 2016, S. 14, auf die Handschriften- und Buchseite: „Es muss auch einen [mit dem Denken] korrespondierenden Aktionsraum geben, der dieses Tun in seinen Richtungen festlegt und begrenzt, und dies umso mehr, je mehr die geistige Tätigkeit eine intersubjektiv geteilte, eine kooperative Aktionenfolge ist."

Die Diagrammen zugeschriebenen Funktionen von Evidenz,[7] Virtualität[8] und Kontinuität[9] werden nicht infrage gestellt, es wird aber angenommen, dass diese Funktionen auch von anderen Zeichenkomplexen wie etwa Texten übernommen werden können. Dabei ist davon auszugehen, dass die Ausübung der Funktion und die Darstellung des Inhalts jeweils eigene Ausprägungen besitzen. Es wird in der Regel Gründe geben, warum die eine oder die andere Form gewählt wurde und warum sie manchmal kombiniert wurden.

Für die Klassifikation von Anmerkungen und ihres materiellen Bezugs zum Text ist ein Blick auf die Systematik der Glosse instruktiv, da sich diese gerade auf die räumliche Struktur von Interpretament und lemmatisiertem Text bezieht. Bei der Interlinearglosse dient in der Regel die Position, um den Bezug zwischen lemmatisiertem Text und Interpretament zu definieren. Die größere räumliche Entfernung bei Marginalglossen sorgt für eine Unschärfe der bloßen Bezugnahme über die Position, sodass häufig auf Verweiszeichen oder eine Wiederholung des Lemmas zurückgegriffen wird. Komplizierter wird die Erscheinung bei Glossen zweiter Ordnung, die sich sowohl auf den lemmatisierten Text als auch auf das Interpretament beziehen können.[10]

In Hinblick auf den hier behandelten Gegenstand ist zu beachten, dass Diagramme oft einen größeren Umfang als Glossen besitzen und in ihrer Form nicht so flexibel angeordnet werden können wie ein Text. Bei Diagrammen *in margine* kann die Frage der Position und der Referenz besonders relevant werden, wenn man zusätzlich bedenkt, dass sich ein Diagramm meist nicht auf ein Wort bezieht, sondern auf ein komplexeres Argument, das einen größeren Raum im Dokument einnehmen und auch auf verschiedene Passagen eines Textes verteilt sein kann.

Je nachdem, ob bei der Rede vom Diagramm auf den epistemischen Prozess oder das materielle Resultat abgehoben wird, ergeben sich auch zwei, gleichwohl miteinander verwobene Formen der Bewegung. Zum einen lässt sich davon sprechen, dass bei der Erstellung von Diagrammen Wissen produziert und bei ihrem Verstehen reproduziert wird.[11] Sollen diese Erkenntnisse und Interpretationen

---

7 Vgl. Bauer und Ernst, *Diagrammatik*, S. 24: „Eine diagrammatische Konfiguration […] illustriert, aus welchen Elementen und Relationen ein Gegenstand, ein Sachverhalt oder ein Ereigniszusammenhang besteht."

8 Vgl. ebd., S. 24: „Nahegelegt werden mit der Veranschaulichung von Elementen und Relationen […] bestimmte Möglichkeiten der Rekonfiguration des Gegenstandes, Sachverhalts oder Ereigniszusammenhangs."

9 Vgl. ebd., S. 25: „Dieses Prinzip besagt, dass die diagrammatischen Darstellung respektive Vorstellung in einem unauflöslichen Zusammenhang mit der Realität steht."

10 Vgl. Rolf Bergmann, „Position der Glossen", in: *Die althochdeutsche und altsächsische Glossographie*, Bd. 1, hg. von Rolf Bergmann und Stefanie Stricker, Berlin 2009, S. 199–201, hier S. 200: „Wenn neben einer lateinischen Interlinearglosse eine volkssprachige steht, so hat auch diese Glosse interlineare Position, funktional kann sie aber auch eine Art von kontextueller Beziehung zur nebenstehenden lateinischen Glossen haben. Sie kann Glosse zur Glosse sein, aber natürlich auch Glosse zum gleichen Textlemma."

11 Sybille Krämer, „Zur Grammatik der Diagrammatik. Eine Annäherung an die Grundlagen des Diagrammgebrauches", in: *Zeitschrift für Literaturwissenschaft und Linguistik* 176 (2014),

historisch rekonstruiert werden und zugleich eine Beschränkung auf materielle Diagramme beibehalten werden, dann kann dieses Verstehen nur an der Umformung der Diagramme, einer veränderten Position oder neuen Bezügen abgelesen werden. Sie muss also in der Überlieferung sichtbar werden.[12]

Neben der materiellen und inhaltlichen Seite von Diagrammen kann man eine soziale Dimension, den gesellschaftlichen Gebrauch von Diagrammen, im gegebenen Fall in schulischen Zusammenhängen, annehmen.[13] Nun ist die Fragestellung der vorliegenden Untersuchung keine soziologische. Aber Diagramme ziehen in ideengeschichtlicher Perspektive Differenzen, die historisch und kulturell variieren können, oder, wenn sie oder Teile von ihnen dies nicht tun, auf Traditionslinien deuten.[14] Im Bereich der Philosophie dienen Identifikation und Differenzierung von Ideen, Begriffen und Argumenten auch zur Identifikation und Differenzierung verschiedener Schulen.[15] In diesem Fall ist es nicht unbedingt die Art und Weise des Sprechens oder Zeichnens, unter Umständen sind es nicht einmal die verwendeten Begriffe, sondern die in ihnen ausgedrückten Ideen und Argumente, die den Unterschied ausmachen.

Wenn nun auch gesellschaftliche Fragen nicht im Zentrum der folgenden Untersuchung stehen, so lässt sich doch an begrifflichen Unterscheidungen und

---

S. 11–30, hier S. 24–25, spricht von der diagrammatischen Operativität: „Sofern [...] von einer ‚Operativität des Diagramms' gesprochen wird, ist damit die Annahme verbunden, dass die inskribierte Fläche zum Ort einer Handlung bzw. eines Verfahrens wird, bei dem durch die Verbindung von Visualität und Taktilität in Gestalt des Formens und Umformens von graphisch-visuellen Konfigurationen *neues* Wissen entstehen kann." Daneben wird in der vorliegenden Arbeit auch der Prozess der Überlieferung und Interpretation von Diagrammen, nicht nur ihre Erstellung berücksichtigt.

12 Auch Krämer spricht ebd., S. 16, diese Art der Bewegung an: „Diagramme sind raum-zeitlich situierte *Phänomene*, die nicht nur wahrnehmbar, sondern auch transportierbar, handhabbar und veränderbar sind."

13 Allgemein hierzu Niklas Luhmann, „Ideengeschichte in soziologischer Perspektive", in: *Lebenswelt und soziale Probleme*, hg. von Joachim Matthes, Frankfurt am Main 1981, S. 49–61, hier S. 59: „Die *Variation* von in sich schon komplexen, *Relationen zwischen Relationen fomulierenden Semantiken* wird *bezogen* auf *Veränderungen* in ebenfalls komplexen sozialstrukturellen *Verhältnissen*."

14 Vgl. auch ebd., S. 52: „Die erste These lautet: Die ideengeschichtliche Forschung hat es mit einem unfaßbar komplexen und zugleich selbstreferentiellen Material zu tun, dem sie selbst angehört. ‚Selbstreferentiell' soll hier einfach heißen, daß jede Formulierung sich auf einen gedanklichen Kontext hin versteht und diesen für sich aktiviert. [...] Meine zweite These lautet, daß es genau diese Struktur selbstreferentieller Zirkularität ist, die für *Differenzen sensibel macht*, also auch auf *Differenzen reagieren kann.* Es sind nicht sensationelle Fakten oder Beobachtungen oder Symbole, es sind *Unterschiede*, die zählen und die Variationen am Ideengut motivieren."

15 Es handelt sich um eine Vereinfachung, denn auch Gruppen stellen in gewissem Sinn eine methodische Vereinfachung dar. Vgl. die Bemerkung bei M.A.K Halliday, *Collected Works*, Bd. 10, hg. von Jonathan J. Webster, London 2007, S. 204: „A speech community might be thought of as homogeneous: as a group of people linked by a common social organization, who talk to each other and who all speak alike. This is an idealized construct, to which no human group would be expected to conform exactly, but which could serve as a model by reference to which actual communities could be described."

argumentativen Abgrenzungen in Diagrammen auch die soziale Dimension innerhalb bestimmter Grenzen ablesen. Zunächst liefern Diagramme Hinweise auf die Überlieferungsgeschichte auch jenseits des Aristotelischen Texts.[16] Solche Indizien können unterstützt werden durch Informationen über philosophische Schulen und biographische Bewegungen und umgekehrt auch auf solche gesellschaftlichen Konstellationen hinweisen. Überlieferung ist, so verstanden, ein soziales Anliegen. Im Rahmen dieser Grenzen lassen sich Gemeinsamkeiten und Differenzen zwischen gesellschaftlichen Akteuren und Netzwerken, die an der Rezeption und Dissemination Aristotelischen Denkens partizipiert haben, begriffs-, ideen- und sozialgeschichtlich nachvollziehen.[17] Das Interesse in dieser Arbeit bleibt aber ein philologisches.

Zu bedenken ist schließlich, dass sich epistemische, ästhetische, gesellschaftliche und ökonomische Funktionen nicht ausschließen.[18] Diagramme können, müssen aber nicht ausschließlich einem „Bemühen um Öffnung des Textes" durch Glossierung, Vereinfachung, Anpassungen an veränderte Nutzungssituationen und Formideale dienen.[19] Die soziale Dimension soll im Folgenden anhand von Angaben aus Handschriftenbeschreibungen und der Bewegung, der Verbreitung und Veränderungen, von Diagrammen und Handschriften sowie der Bewegung Personen sichtbar werden lassen, wie in verschiedenen Traditionen mit den Schriften des Aristoteles umgegangen wurde.

Die Überlieferung von *de interpretatione*

Von der Aristotelischen Schrift *de interpretatione* sind uns ca. 150 griechische Handschriften überliefert. Damit ist *de interpretatione* neben der *Kategorienschrift* die meist überlieferte Schrift des Aristoteles. Im Zuge der Überlieferung der Schrift ist es keine Seltenheit, dass ein mittelalterlicher Kopist zu mehr als einem Exemplar der Schrift Zugang hatte, als er die Kopie anfertigte. Die Überlieferung des Textes erfolgte deshalb nicht nur monodirektional.[20] Die Exemplare, die der

---

16 Darauf weist im Kontext Aristotelischer Tradition Christina Prapa, „Diagramme in der Handschriftentradition. Ein methodologischer Beitrag anhand der Überlieferungsgeschichte von Aristoteles, *De caelo*", in: *Codices Manuscripti* 82/83 (2012), S. 31–41, hier S. 31, hin. In ihrer Arbeit solle gezeigt werden, „daß Diagramme in Form von Indizien als ein Hilfsmittel für die Rekonstruktion von Überlieferungslinien und -gruppen verwendet werden können."

17 Mit dem Ansatz von Bruno Latour ist das Folgende zumindest insofern vereinbar, als die Bewegung von ‚Dingen' berücksichtigt wird. Vgl. Bruno Latour, „On Actor-Network Theory. A Few Clarifications", in: *Soziale Welt* 47/4 (1996), S. 369–381, hier S. 369: „ANT [scil. Actor-Network-Theory] does not limit itself to human individual actors, but extends the word actor – or actant – to *non-human, no individual* entities." Die Diagramme werden dabei als materielle Objekte, Träger philosophischer Argumente und Objekte in sozialen Handlungen betrachtet.

18 Vgl. Michael Krewet, „Bilder des Unräumlichen. Zum Erkenntnispotential von Diagrammen in Aristoteleshandschriften", in *Wiener Studien* 127 (2014), S. 71–100, hier S. 74.

19 Martin J. Schubert, „Versuch einer Typologie von Schreibereingriffen", in: *Das Mittelalter* 7/2 (2002), S. 125–144, hier S. 131.

20 Vgl. Elio Montanari, *La sezione linguistica del Peri Hermeneias di Aristotele*, 2 Bde., Florenz 1984, hier Bd. I, S. 50.

Kopist vorliegen hatte, konnten vielmehr verschiedene Textversionen aufweisen, sodass sich der vermutlich vielfach selbst gelehrte Kopist in kritischer Auseinandersetzung mit dem Text wiederholt nicht dafür entschied, nur einen der ihm vorliegenden Texte in Gänze zu kopieren. Vielmehr konnte er die Varianten vergleichen und, wenn er in den Vorlagen zwei oder mehr verschiedene Lesarten oder auch Fehler vorfand, für seine Kopie die Lesart wählen, die er für die richtige hielt, er konnte Fehler korrigieren und in diesen Fällen teils auch Korrekturversion in seinen Text integrieren. Die Textvarianten, die ein kopierter Text in diesen Fällen aufweist, können mithin polygenetisch sein. Man spricht von einer Kontamination.[21]

Die griechisch-handschriftliche Überlieferung von *de interpretatione* weist nun vergleichsweise eine Fülle solcher Kontaminationen auf. Sie gilt nicht zuletzt auch deshalb als höchst komplex, sodass bereits mit Blick auf die ältesten uns erhaltenen griechischen Handschriften die Schwierigkeit betont wurde, genaue Verwandtschaftsverhältnisse dieser Manuskripte untereinander auszumachen.[22] Als ein weiterer Grund für die Schwierigkeit des genauen Nachvollzugs der Überlieferungsgeschichte dieser Schrift wird auf die Problematik verwiesen, dass die ältesten Handschriften der signifikanten Binde- und Trennfehler[23] wie z.B. Textauslassungen entbehren, die Textvarianten mithin qualitativ eher geringer seien,[24] weshalb man kaum von signifikanten Fehlern sprechen könne. An dieser Stelle ist die textkritische Bedeutung der Anmerkungen für die Überlieferungsgeschichte der Aristotelischen Schrift unmittelbar einzusehen.

Als Folge dieser Kontamination ist in der Literatur lange festgehalten worden, dass ein Nachvollzug der Überlieferung nicht möglich sei.[25] Sie stehe im Missverhältnis zu der Zeit, die ein Forscherleben für den Nachvollzug einer solchen gebe.[26]

Als nur ein Beispiel für eine hoch kontaminierte Handschrift, die Versionen und Fehler voneinander verschiedener Handschriften aufweist, die in einem Stemma Codicum aufgrund zentraler Trennfehler in verschiedene Äste eines

---

21 Vgl. auch Paul Maas, *Textkritik*, Leipzig 1927, S. 4–5. Dabei ist, wie Maas zeigt, auch der Fall zu berücksichtigen, dass ein Schreiber in nur einer ihm vorliegenden Handschrift alternative Varianten in Form von Glossen vorfand und sich dann in seiner Kopie für eine solche alternative Variante entschieden hat.

22 Vgl. etwa bereits: *Aristotelis Categoriae et Liber de interpretatione*, hg. von L. Minio Paluello, Oxford 1949, XIX. Vgl. zuletzt: *Aristoteles, de interpretatione*, hg. von Hermann Weidemann, Berlin/New York 2014, Praefatio XXVI.

23 Vgl. zu der Charakterisierung der Fehler näher: Maas, *Textkritik*, S. 3ff. (z.B. Abschnitt B, 8–12).

24 Vgl. v.a. Elio Montanari, *La sezione linguistica del Peri Hermeneias di Aristotele*, Bd. I, 49. Als eine Folge dieses Befunds findet sich auch die Position, dass man keine Klarheit gewinnen könne, ob es einen gemeinsamen Archetypen für die *Codices Vetustissimi* finden könne (vgl. ebd., 48).

25 Vgl. exemplarisch: ebd., Bd. I, S. 51.

26 Vgl. zu diesem Urteil zu den Schriften des *Organon*, zu denen auch *de interpretatione* gehört: Diether Reinsch, „Fragmente einer Organon-Handschrift des zehnten Jahrhunderts aus dem Katharinenkloster auf dem Berg Sinai", in: *Philologus* 145 (2001), S. 57–69.

Stemmas zu verorten wären, sei der *Codex Parisinus Graecus 2723* angeführt, der zudem auch in einer Reihe von Fällen verschiedene Glossen unterschiedlicher Provenienz (vermutlich aus mehreren Vorlagen) zu einzelnen Begriffen anführt.[27] Im Zuge der Überlieferung traten in einer Vielzahl von Fällen damit im Vergleich zu dem Codex, aus dem der Text der Schrift primär kopiert wurde, nicht nur Fehler hinzu, sondern auch Lectiones aus anderen Handschriften. Diese sind im Fall der Kontamination entweder gleich in den Text integriert worden oder – wie in anderen nachweisbaren Fällen (z.B. *Codex New Haven Yale 258*, f. 82v) – z.B. in Form einer Interlinear- oder Randnotiz als Alternative vermerkt worden.[28]

Die Kontamination kann damit auch als Teil einer philologischen, die Versionen der vorliegenden Handschriften vergleichenden und interpretatorischen Arbeit innerhalb gelehrter Kreise betrachtet werden. Zentren, in denen verschiedene Textversionen vorlagen und auch die Schrift *de interpretatione* kopiert wurde, gab es mehrere. Zum einen äußert sich bereits der spätantike Kommentator der Schrift, Ammonios, dazu, dass er verschiedene Textvarianten der Schrift vorliegen hatte, weshalb er zur Klarheit den Text, den er schließlich kommentierte, noch einmal als Textlemmata seinem Kommentar vorausschickte.[29] Sein Kommentar überliefert damit einen vollständigen Text der Schrift. An einigen Stellen diskutiert er selbst ihm bekannte Lesarten und damit Textvarianten.[30] Ihm lagen mithin im Alexandria der Spätantike bereits verschiedene Varianten der Schrift vor, aus denen er einen Text zusammenstellte, den er für richtig befand und dann kommentierte. Ein weiteres Zentrum der Diskussion und des Kopierens des Textes bildet Konstantinopel. Bis in die Hauptstadt des byzantinischen Reiches lassen sich gleich eine Reihe – vermutlich sogar alle – der ältesten Handschriften, die uns erhalten sind, zurückverfolgen.[31] Als Grund für die Verbreitung auch Aristotelischer Handschriften in Konstantinopel kann die Zeit der byzantinischen Renaissance und damit das wiederkehrende Studium der antiken Autoren

---

27 Vgl. zu einer Beschreibung der Handschrift z.B.: http://pinakes.irht.cnrs.fr/notices/cote/52358/ (26.04.2018)

28 Der Kopist fügt in Kapitel 4 der Schrift (in der Handschriftentradition wird dieses Kapitel: περὶ λόγου überschrieben) als Interlinearie ἐν τοῖς ἄνω im Anschluss an ἀλλ᾽οὐ καθ᾽αὑτὸ ὥσπερ εἴρηται. Charakteristisch ist diese Lesart, die womöglich eine (frühe) Interpolation darstellt und Eingang in den Text gefunden hat, für eine Gruppe von Codices, zu der auch ältere Handschriften zählen: *Vatikan Urb. Gr. 56, Paris Par. Gr. 2051, Paris Par. Gr. 2136, Paris Coisl. 323, Wien Vind. Suppl. Gr. 35, Oxford Holkham 71, Florenz Laur. 72.12, Florenz Laur. 88.39, Florenz Laur. 89 supp 77, Paris Par. Gr. 1971* (womöglich vor Rasuren, vor oder nach Korrekturen auch: *Paris Par. Gr. 1845, Vatikan Reg. Gr. 107, Vatikan Barb. Gr. 139, Vatikan Coisl. 327*).

29 *Ammonius in Aristotelis de interpretatione commentarius* (Commentaria in Aristotelem Graeca 4.5), hg. von Adolf Busse, Berlin 1897, hier 8,24–28.

30 Es mag an dieser Stelle nur auf eines von vielen Beispielen im Kommentar hingewiesen werden: *Ammonius in Aristotelis de interpretatione commentarius*, 50,8–14, wo Ammonios eine Lesart aus dem uns verlorenen Kommentar zu *de interpretatione* aus der Feder des Porphyrios zurückweist.

31 Vgl. dazu exemplarisch und mit weiteren relevanten Literaturverweisen die Kurzbeschreibungen der Codices Vetustissimi in der neuen *de interpretatione*-Ausgabe *Aristoteles, de interpretatione*, hg. von Hermann Weidemann, Berlin/New York 2014, Praefatio IX–XVI.

betrachtet werden.[32] Weitere Zentren bilden sich auch an anderen Orten, z.B. in Italien, aus. Der Transfer der logischen Schriften (auch) des *Organon* – und mit ihm einer großen Gelehrsamkeit – nach Italien verstärkt sich nach der Eroberung Konstantinopels durch die Osmanen im Jahre 1453, als vermehrt hoch gelehrte byzantinische Gelehrte mit Exemplaren von Handschriften dorthinzogen.[33]

Die Transfers im Wissensbestand um die Schrift *de interpretatione* bleiben nicht auf Veränderungen hinsichtlich des Ortes oder der Zeit beschränkt. Vielmehr zeigt sich, dass der Transport eines Codex von einem Ort zu einem anderen auch die weiteren Wissensbestände jenseits des bloßen Texts, die der Codex verwirklicht, in Bewegung setzt. Zu solchen Wissensbeständen gehören verschiedenste Arten und Formen von Glossen, Scholien (auch in Form von Diagrammen) und Kommentaren. Damit können von den Kopisten oder auch Gelehrten nicht nur die Texte abgeschrieben werden oder, wenn mehrere Handschriften als Vorlage vorhanden waren, die Lesarten der Handschriften miteinander verglichen werden; vielmehr können jetzt auch Glossen, Scholien oder auch ganze Kommentare, die sich als Interlinear- oder Marginalerklärungen z.B. in dem gerade gewanderten Codex befinden, in gleicher oder ähnlicher Form in die neu entstehende Abschrift aufgenommen werden, oder Glossen können sogar in den Text selbst wandern.[34]

Schon frühe Handschriften des Aristotelischen *Organon* werden von vornherein für die Scholiierung, Glossierung und Kommentierung angelegt. Ein besonders gutes Beispiel ist die von Arethas von Caesarea in Auftrag gegebene Organonhandschrift, der *Codex Vaticanus Urbinas Graecus 35*, der vor dem Jahre 902 entstanden ist.[35] Die Seite zwischen Text- und Randbereich ist so aufgeteilt, dass ein großer Randbereich für ausführliche Scholien und Kommentierungen gelassen worden ist. Da sich in dieser Handschrift auch Scholien von dem gelehrten Arethas selbst finden,[36] kann es als wahrscheinlich betrachtet werden, dass der Kopist der Handschrift, der Subdiakon Gregorios, von Arethas beauftragt wurde, einen solchen Randbereich für entsprechende Marginalerklärungen frei zu lassen. Eine Erklärungstätigkeit des Textes in den Handschriften selbst schließt

---

32 Vgl. die gute Zusammenfassung in Edoardo Crisci und Paola Degni, *La Scrittura Greca dall' Antichità All' Epoca della Stampa*, Rom 2011, hier z.B. S. 127.

33 Vgl. die gute zusammenfassende Darstellung in Crisci und Degni, *La Scrittura Greca dall' Antichità All' Epoca della Stampa*, hier z.B. S. 226-227. Vgl. dazu, dass zentrale Persönlichkeiten aus Konstantinopel voll des Tatendrangs bisweilen sogar die Tätigkeiten des Kopierens und Unterrichtens auf sich vereinten (mit weiteren Literaturverweisen): ebd., S. 227.

34 Ein Beispiel gibt Gyburg Uhlmann: *On the Function of Platonic Doctrines in Late Antique Commentaries on Metaphysics A 9, A 6 und M 4*, Berlin 2014 (Working Paper des SFB 980 *Episteme in Bewegung* 1), S. 16: „We can now propose that the reading ὁμώνυμα in Par. Gr. 1853 was originally a gloss on τῶν συνωνύμων in 987fb9f."

35 Vgl. zu Beschreibungen und Datierungen: Nikos Agiotis, *Inventarisierung von Scholien, Glossen und Diagrammen der handschriftlichen Überlieferung zu Aristoteles' interpretatione (c. 1–4)*, Berlin 2015 (Working Paper des SFB 980 *Episteme in Bewegung* 5), S. 3.

36 Vgl. *Ἀρέθα Καισαρείας Σχόλια εἰς τὴν Πορφυρίου Εἰσαγωγὴν καὶ τὰς Ἀριστοτέλους κατηγορίας. Artehas of Caesarea's Scholia on Porphyry's Isagoge and Aristotle's Categories (Codex Vaticanus Urbinas Graecus 35). A critical edition*, hg. von Michael Share, Brüssel 1994.

somit unmittelbar an die teils umfassende Kommentierung der Aristotelischen Schriften in der Spätantike an.[37] Das Philosophieren erfolgt zu einem guten Teil in der Gestalt des Kommentierens der Werke der großen Philosophen. Der Rand- oder Interlinearbereich, der durch den Schreiber selbst oder – wie im Falle des *Codex Vaticanus Urbinas Graecus 35* – durch den gelehrten Auftraggeber mit erklä- renden Glossen, Scholien (auch Diagrammen) und Kommentaren gefüllt wurde, wurde vielfach noch von späteren Studierenden, Lesern oder Benutzern für sol- che Arten der Erklärungen genutzt. Oft wurden diese erst Jahrhunderte nach der Kopie eingefügt.[38]

Auch Passagen des Textes der Aristotelischen Schrift *de interpretatione* konn- ten somit didaktisch durch diese Arten der Erklärungen aufbereitet und für be- stimmte Verwendungskontexte (z.B. auch einen Unterricht) fruchtbar gemacht werden. In diesem Sinne sind wissensgeschichtliche Bewegungen wie in dem hier behandelten Fall nicht nur als eine Form eines äußeren Transfers zu bestim- men, sondern sie lassen sich auch als innere Bewegungen in Wissensbeständen beschreiben, die in dem Fall des Einfügens der verschiedenen Formen von Erklä- rungen durch ‚Neukontextualisierung' von Wissenselementen angestoßen wer- den. Diese Praxis erhielt auch Einzug in die Handschriften des 9. und 10. Jahr- hunderts, wie die Seitengestaltung, oder auch: das ‚Layout', aller ältesten uns erhaltenen Handschriften, der *Codices Vetustissimi*, des Aristotelischen *Organon* zeigt.

Diese beobachtbaren Phänomene erlangen nun für den Nachvollzug der kom- plexen Überlieferung eine große Bedeutung und schaffen neue und noch nicht ausgeschöpfte Möglichkeiten für einen besseren Nachvollzug der Überliefe- rung oder zumindest einzelner Äste in derselben. Neben der Erforschung der konkreten Überlieferung über gemeinsame Fehler oder Lesarten, die einzelne Handschriften als miteinander verwandt ausweisen, und Fehler, die Handschrif- ten von anderen trennen und somit nicht als verwandt ausweisen, ergibt sich nämlich eine zusätzliche Möglichkeit vor allem für das Aussondern von mitein- ander verwandten Handschriften, wenn einzelne Handschriften beispielsweise das gleiche Diagramm, das dasselbe Argument im Text erklärt, aufweisen. Wenn

---

37 Eine solche Praxis der Kommentierung im Falle des Aristoteles wurde auch dadurch be- günstigt, dass es sich bei seinen Werken, von denen hier gesprochen wird, um eine Art von Vorlesungsschriften, Vorlesungsmitschriften, Vorlesungsnotizen o. ä. handelt, für die eine genauere Erklärung und auch Kommentierung in vielen Fällen eine Hilfe für ein besseres Verständnis bildete. Die von Aristoteles selbst für die Veröffentlichung verfassten Schriften und das Interesse an diesen sind schon früh verlorengegangen. Vgl. zur Überlieferung auch: Paul Moraux, *Der Aristotelismus bei den Griechen: Von Andronikos bis Alexander von Aphrodisias*, Bd. I, Berlin 1973, und Oliver Primavesi, „Ein Blick in den Stollen von Skepsis: Vier Kapitel zur frühen Überlieferung des Corpus Aristotelicum", in: *Philologus* 151 (2007), S. 151–177.

38 Aufschluss darüber geben vor allem die paläographischen Studien der Hände, die die Er- klärungen einfügten. Diese lassen sich z.B. aufgrund von Eigenheiten im Schriftbild auf be- stimmte Jahrhunderte datieren. Vgl. zu einem ersten Überblick (mit weiteren Literaturver- weisen): Agiotis, *Inventarisierung von Scholien, Glossen und Diagrammen der handschriftlichen Überlieferung zu Aristoteles' de interpretatione (c. 1-4)*, S. 2–5.

über einen solchen Nachweis gleicher Diagramme auch noch zusätzlich gleiche
Fehler oder Lesarten in diesen Handschriften gezeigt werden können, so kann
auch für kontaminierte Handschriften ein deutlicher Nachweis erbracht werden,
dass die Handschriften, die diese Gemeinsamkeiten aufweisen, miteinander verwandt sind. Oder anders formuliert: Im Falle von kontaminierten Handschriften, die Versionen oder Diagramme aus Vorlagen, die voneinander verschieden
waren, zusammenführten, kann auf diese Weise besser nachgewiesen werden,
welche Vorlagen der Kopie zugrunde lagen.

Im Idealfall können über allgemeine Informationen zu dieser Handschrift, die
so genannten Metadaten, dann in einem weiteren Schritt noch andere Aufschlüsse über den Transfer des Wissensbestandes um die Handschrift herum gewonnen werden. Über Vermerke, wann und wo die Handschriften, die miteinander
verwandt sind, kopiert wurden – sofern es diese Vermerke gibt –, oder über kodikologische oder paläographische Eigenheiten, die die Handschrift eines Kopisten
oder den Codex einer bestimmten Region oder Zeit zuordnen können, kann Aufschluss über den konkreten räumlichen und zeitlichen Transfer gewonnen werden.[39] Es können Kopierzentren zu bestimmten Zeiten erschlossen werden oder
es können auch Spuren zu gelehrten Kreisen, die sich z.B. für das Aristotelische
Organon interessierten, gefunden werden.

Stemmatologische Befunde

Das Folgende wird an einem konkreten Beispiel aufzeigen, wie die Verbindung
der Möglichkeiten, die informationstechnologische Werkzeuge liefern, und her-
meneutischer Erklärungen Fortschritte sowohl für den Nachvollzug philosophischer Traditionen für die Erklärung des Textes am Randbereich einer Handschrift als auch für den Nachvollzug konkreter Äste in der Überlieferung des
Textes liefern können.

Über eine automatische Layoutanalyse und eine manuelle Nachbearbeitung
sowie das an die ausgewiesenen Bereiche angebundene Annotationsprogramm
konnten Diagramme transkribiert werden.[40] Über Such- und Filtermöglichkeiten

---

39 Vgl. einführend mit einer Reihe von weiterführenden Literaturverweisen: Crisci und Degni,
    La Scrittura Greca dall' Antichità All' Epoca della Stampa.
40 Die technischen Einzelheiten sind genauer beschrieben in Swati Chandna u.a., „Software
    Workflow for the Automatic Tagging of Medieval Manuscript Images (SWATI)", in: *Proceed-
    ings of SPIE 9402: Document Recognition and Retrieval XXII*, hg. v. Eric K. Ringger und Bart
    Lamiroy, Red Hook 2015, S. 940206-1–940206-11., DOI: 10.1117/12.2076124 (04.10.2018); Swati
    Chandna u.a., „Quantitative exploration of large mediaeval manuscripts data for the codico-
    logical research", in: *IEEE Symposium on Large Data Analysis and Visualization 2016: Proceedings*,
    hg. von Markus Hadwiger u.a., Piscataway 2016, S. 20–28, DOI: 10.1109/LDAV. 2016.7874306
    (04.10.2018). Die kodikologische Anwendung wird genauer beschrieben in Hannah Busch
    und Swati Chandna: „eCodicology: The Computer and the Mediaeval Library", in: *Kodi-
    kologie und Paläographie im Digitalen Zeitalter*, Bd. 4, hg. von Hannah Busch u.a., Norderstedt
    2017 (Schriften des Instituts für Dokumentologie und Editorik 11), S.3–23, und Hannah
    Busch und Philipp Hegel, „Automatic Layout Analysis and Storage of Digitized Medieval
    Books", in: *Digital Philology* 6/2 (2017), S. 196–212.

des letzteren Werkzeugs wird es möglich, gleiche Versionen dieses Diagramms, wie sie sich in verschiedenen Handschriften finden und ihrerseits wieder in einem Datenrepositorium abgelegt wurden, nebeneinander zu stellen und anzeigen zu lassen.

Wie bereits erwähnt wurde, lassen sich im Feld der Überlieferung der griechischen und lateinischen Texte durch Handschriften Verwandtschaften der Handschriften untereinander am besten über gemeinsame Fehler aufdecken, die andere Handschriften nicht besitzen. Fehler beschränken sich dabei nicht, wie das folgende Beispiel zeigen wird, auf die Kopien des Textes selbst, sondern sie können sich auch in Diagrammen finden. Ein solches Diagramm, das Fehler aufweist, findet sich etwa zur Erklärung eines bestimmten Arguments des sechsten Kapitels von *de interpretatione*. Inhaltlich erklärt dieses Diagramm einige von Aristoteles entwickelte grundsätzliche Bedingungen für Gegensätze in der sprachlichen Wiedergabe. Demnach gilt, dass (1) einer Sache etwas zukommen kann oder nicht zukommen kann und dass wir (2) in Form eines Aussagesatzes über Subjekt und Prädikat äußeren können, dass einer Sache (dem Subjekt) etwas (das Prädizierte) zukommen kann oder nicht zukommen kann. Auf dieser Grundlage ergeben sich vier Kombinationen: Wir sagen, dass einer Sache das, was ihr wirklich zukommt, zukommt. Wir sagen, dass das, was einer Sache wirklich zukommt, nicht zukommt. Wir sagen, dass das, was einer Sache wirklich nicht zukommt, nicht zukommt. Wir sagen, dass das, was einer Sache wirklich nicht zukommt, zukommt.[41] Wenn Sokrates beispielweise wirklich gerecht ist und wir sagen, dass er gerecht ist, so treffen wir eine wahre Aussage. Der Gegensatz zu dieser Aussage liegt vor, wenn Sokrates wirklich gerecht ist, wir aber sagen, dass er ungerecht ist. In diesem Fall treffen wir eine falsche Aussage. Eine weitere wahre Aussage liegt immer noch für den Fall vor, dass Sokrates in Wirklichkeit gerecht ist, wenn wir sagen: Sokrates ist nicht ungerecht. Den Gegensatz zu dieser wahren Aussage bildet die falsche Aussage, dass Sokrates nicht gerecht ist.[42]

Dieser Sachverhalt kann nun, wie z.B. im *Codex Wien Vindebonensis Suppl. Gr. 67*, f. 117v. in einem Kreuzdiagramm veranschaulicht werden (Abb. 11.1). Bei dem Diagramm kann man von einer Form eines epistemisch-didaktischen Transfers einer Erklärung oder auch Erläuterung der Erklärung des Sachzusammenhangs durch Ammonios in eine prägnante und anschauliche Form sprechen. Der Seitenrand wird zum Aktionsraum, um Evidenz zu erzeugen.[43] Mit der Überkreuzstellung im Diagramm können die Gegensätze für ein leichteres Verständ-

---

41 Vgl. Aristoteles, *de interpretatione*, 17a23-33.

42 Zu einer umfassenderen Auslegung, als sie an dieser Stelle angeführt werden kann, vgl. z.B. den spätantiken Kommentar des Ammonios zu dieser Stelle: *Ammonius in Aristotelis de interpretatione commentarius*, 81,3–86,10.

43 Auch eine Nutzung im Sinne der Virtualität ist denkbar. Von Kontinuität kann hier aber weniger in Bezug auf die ‚Realität' als auf das im Text entfaltete Argument zur logischen Struktur von Aussagesätzen gesprochen werden.

nis des Textes präsentiert werden. Die beiden Arten von wahren und falschen Aussagen können jeweils übersichtlich gruppiert werden.[44]

Auf der Grundlage der obigen Erklärungen und Ausführungen wird schnell ersichtlich, dass dem Schreiber[45] des Diagramms im Falle des fettgedruckten Σωκράτης δίκαιος ἔστι („Sokrates ist gerecht.") ein Fehler unterlaufen ist. Das Beispiel für den Fall, dass von dem, was wirklich gegeben ist, ausgesagt wird, dass es nicht gegeben ist, müsste lauten: „Sokrates ist *nicht* gerecht" statt „Sokrates ist gerecht" (griechisch: Σωκράτης δίκαιος οὐκ ἔστι statt: Σωκράτης δίκαιος ἔστι). Der Schreiber hat also die Verneinung „nicht" (griechisch: οὐκ) vergessen.

Das Annotationsprogramm ermöglicht nun, die Diagramme zu klassifizieren und das gleiche Diagramm, das in zahlreichen Handschriften vorkommt, unterschiedlich zu kategorisieren – z.B., indem der Zusatz ‚fehlerhaft' bei der Beschreibung des Diagramms hinzugefügt oder auch der Fehler exakt angegeben wird. Eine automatische Suche eröffnet die Perspektive, schnell weitere Diagramme des gleichen Typs zu finden, die den Fehler nicht aufweisen.[46] Ebenso kann aber eine gezielte Suche nach dem Diagramm gleichen Typs mit einem Fehler (unter den im Annotationsprogramm transkribierten und durch ein Tagging entsprechend klassifizierten Diagrammen) schnell zwei weitere Folia aus zwei verschiedenen Handschriften anzeigen, die dieses Diagramm mit dem gleichen Fehler zeigen. Konkret handelt es sich um drei Handschriften: Neben dem bereits erwähnten *Codex Wien Vindebonensis Suppl. Gr. 67* findet sich das Diagramm mit dem gleichen Fehler auch in den *Codices Paris Gr. 1971*, f. 34v. und *Urbinas Gr. 56*, f. 88r.

Der Befund, dass der gleiche Fehler sich in drei Fällen zeigt, lässt nun zwei Deutungen zu: (1) Der Schreiber einer Handschrift hat den Fehler begangen. Danach ist er zweimal kopiert worden. In diesem Fall ließe sich eine Verbindung, bzw. eine Verwandtschaft, der drei Handschriften miteinander annehmen. (2) Der Fehler ist bei dem Kopieren des Diagramms bis zu dreimal unabhängig voneinander erfolgt. In diesem Fall müssen die Handschriften nicht miteinander verwandt sein.

---

44 Erläuterung zum Diagramm: Das, was wirklich vorhanden ist, lautet im Griechischen im Diagramm: τὸ ὑπάρχον; das, was in Wirklichkeit nicht gegeben ist, lautet: τὸ μὴ ὑπάρχον; die Aussage, dass etwas vorhanden ist, lautet: ὡς ὑπάρχον; die Aussage, dass etwas nicht vorhanden ist, lautet: ὡς μὴ ὑπάρχον. In dem Beispiel wird davon ausgegangen, dass Sokrates in Wirklichkeit gerecht ist. Das ὑπάρχον (das, was wirklich vorhanden ist), ist damit der gerechte Sokrates (Σωκράτης δίκαιος). Das μὴ ὑπάρχον (das, was in Wirklichkeit nicht vorhanden ist), ist folglich der ungerechte Sokrates (Σωκράτης ἄδικος). Die Aussage, dass etwas vorhanden ist, wird durch das Prädikat ‚ist' (ἔστι) erreicht. Die Aussage, dass etwas nicht vorhanden oder gegeben ist, wird durch die Verneinung von ‚ist' οὐκ ἔστι (‚ist nicht', ‚gibt es nicht') erreicht. Die diakritischen Zeichen werden in der Transkription so gesetzt, wie der Schreiber des Diagramms sie in der Handschrift selbst gesetzt hat.

45 Zur Verwendung des Terminus ‚Schreiber' in diesem Kontext vgl. auch *Wissenstransfer in Scholien. Zur Präsenz Platons in den Marginalien von de interpretatione-Handschriften*, Berlin 2016 (Working Paper des SFB 980 Episteme in Bewegung 6), S. 5.

46 Vgl. nur exemplarisch: *Oxford Magdalen Gr. Ms. 15*, f. 13v., *Paris Gr. 1973*, f. 120r., *Paris Suppl. Gr. 599*, f. 23r. (in einer reduzierten Darstellungsform z.B. auch *Paris Gr. 1928*, f. 157r).

τὸ ὑπάρχον ὡς μὴ ὑπάρχον
(„Von dem, was wirklich (gegeben)
ist, [wird ausgesagt] dass es
nicht gegeben ist.")

τὸ μὴ ὑπάρχον ὡς ὑπάρχον
(„Von dem, was *nicht* wirklich
(gegeben) ist, [wird ausgesagt]
dass es gegeben ist.")

Σωκράτης δίκαιος ἔστι
(„Sokrates ist gerecht.")
τὸ ὑπάρχον ὡς ὑπάρχον
(„Von dem, was wirklich (gegeben)

Σωκράτης ἄδικος ἔστι
(„Sokrates ist ungerecht.")
τὸ μὴ ὑπάρχον ὡς μὴ ὑπάρχον
(„Von dem, was *nicht* wirklich

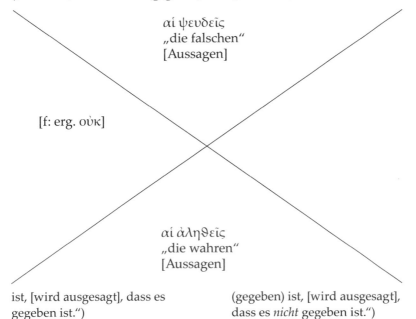

αἱ ψευδεῖς
„die falschen"
[Aussagen]

[f: erg. οὐκ]

αἱ ἀληθεῖς
„die wahren"
[Aussagen]

ist, [wird ausgesagt], dass es
gegeben ist.")
Σωκράτης δίκαιος ἔστι
(„Sokrates ist gerecht.")

(gegeben) ist, [wird ausgesagt],
dass es *nicht* gegeben ist.")
Σωκράτης ἄδικος οὐκ ἔστι
(„Sokrates ist nicht ungerecht.")

Abb. 11.1: Kreuzdiagramm aus Österreichische Nationalbibliothek Wien,
Codex Wien Vindebonensis Suppl. Gr. 67, f. 117v.
Abbildung: Michael Krewet und Philipp Hegel, 2020 (CC BY 4.0).

Der aufgetretene Fehler ist eine qualitative Eigenschaft des eingefügten Diagramms, das diese Handschriften von der Mehrzahl der Fälle, in denen es richtig
ist, unterscheidet. Bei dem aufgetretenen Fehler kann von einem signifikanten
Fehler gesprochen werden. Auch wenn es unwahrscheinlich ist, dass der gleiche
Fehler unabhängig voneinander in drei Fällen an der gleichen Stelle beim Schreiben des Diagramms begangen worden ist, bleibt trotz der wenigen Fälle, in

denen dieser Fehler auftritt, eine geringe Restmöglichkeit, dass der Fehler nicht die Folge eines Kopierens des Fehlers ist.

Für eine Klärung, ob die Fehler infolge eines Kopiervorgangs entstanden sind, sind die drei Handschriften auf weitere signifikante Gemeinsamkeiten (über eine Prüfung von relevanten signifikanten gemeinsamen Diagrammen, Scholien, Glossen oder auch Fehler im Text oder Lesarten des Textes) zu prüfen. Eine qualitative Analyse, die mit einer quantitativen Analyse einhergeht, ist dabei besonders erfolgsversprechend. Das oberste Kriterium für den Nachweis dieser drei Handschriften liegt darin, weitere signifikante Eigenarten zu finden, die nur diesen drei Handschriften zukommen. In diesem Fall können sie zweifelsfrei als verwandt eingestuft werden.

Auch bei diesen Untersuchungen vermag das Annotationsprogramm eine große Hilfe in Form einer qualitativ-quantitativen Auswertung zu leisten. Die Voraussetzung ist zunächst, dass z.B. Interlinearglossen und Marginalglossen in den Handschriften, zu denen auch die drei genannten zählen, umfangreich transkribiert wurden. Wenn dies geschehen ist, kann für eine Stichprobe (z.B. für die Interlinear- und Marginalglossen zum Text des ersten Kapitels der Schrift *de interpretatione*) die Gleichheit der Glossen in den drei Handschriften quantitativ analysiert werden und der Prozentsatz ihrer Übereinstimmung verglichen werden hinsichtlich ihrer Übereinstimmung mit den Glossen anderer Handschriften. Ferner kann schnell geprüft werden, ob es signifikante Glossen gibt, die nur diese drei Handschriften aufweisen.

Im Falle der drei genannten Handschriften lässt sich etwa hinsichtlich der Glossen zum ersten Kapitel der Schrift eine Übereinstimmung von beinahe 100% finden.[47] Ebenso lassen sich in einer qualitativen Analyse signifikante Glossen identifizieren, die nur diese drei Handschriften gemeinsam aufweisen.[48] Ein Kontakt unter diesen drei Handschriften über die Verwandtschaft hinsichtlich der gemeinsamen Interlinearglossen und auch Diagramme steht angesichts dieser Ergebnisse außer Frage.

---

47 Abweichungen, die z.B. daraus resultieren, dass in einem Fall eine Glosse länger ist als in einem anderen Fall, können bei genauer Prüfung daraus resultieren, dass in einer dieser Handschriften schlichtweg kein Platz mehr vorhanden war, um die Glosse ganz zu kopieren. So ist, um nur ein Beispiel anzuführen, etwa die Glosse im Falle des *Codex Paris. Gr. 1971*, f. 33r. zu *de interpretatione* 16a16 κατὰ χρόνον („zur bestimmten Zeit") kürzer (ἢ ὡρισμένως ὡς ἦν χθὲς ἢ ἔστιν ἢ ἔσται) als im Fall des Codex Wien Vindebonensis Suppl. Gr. 67, f. 113v. (ἢ ὡρισμένως ὡς ἦν χθὲς ἢ ἔστιν ἢ ἔσται· ἢ τὸ δραμεῖται τρέχεται καὶ ἔδραμεν). Im Falle des *Codex Par. Gr. 1971* beginnt nach κατὰ χρόνον der Randbereich, der bereits von einem Kommentar ausgefüllt ist. Es blieb dem Schreiber so auch in dem Fall, dass seine Vorlage die längere Variante der Glosse aufwies, keinesfalls die Möglichkeit, die Glosse weiter zu schreiben.

48 So findet sich etwa, um wieder nur ein Beispiel zu nennen, zu *de interpretatione* 16a5: ὥσπερ οὐδὲ γράμματα πᾶσι τὰ αὐτά („wie nämlich auch nicht die Buchstaben für alle [Menschen] dieselben sind") nur in diesen drei Handschriften die erklärende Glosse: ἑτέρως γὰρ γράφουσι οἱ ῥωμαῖοι καὶ ἑτέρως οἱ ἰταλοί („in voneinander verschiedener Weise nämlich schreiben die Römer und die Italer").

Mit der Hilfe der digitalen Werkzeuge lassen sich so schnell Verbindungen und Kontaktpunkte zwischen Handschriftengruppen aufspüren, die ansonsten nur schwer ins Auge fallen. Denn auf der Grundlage von Kollationen ist lediglich die Verbindung zwischen den *Codices Paris. Gr. 1971* und *Urb. Gr. 56* aufgrund gemeinsamer Lesarten evident.[49] Der Codex *Vindebonensis Suppl. Gr. 67* ist dagegen gemessen an seinen Lesarten nicht verwandt mit den beiden Codices, sondern gehört aufgrund signifikanter gemeinsamer Lesarten oder auch Fehler vielmehr in eine andere Gruppe von Handschriften.[50] Aufgrund bloßer Kollationen würde also der Kontakt der Handschrift mit den *Codices Par. Gr. 1971* und *Urb. Gr. 56* nicht auffallen.

Es lässt sich folglich festhalten, dass das Annotationswerkzeug in Verbindung mit dem genutzten Repositorium in der aufgezeigten Weise für den konkreten hermeneutischen Nachvollzug des Transferwegs, der an dieser Stelle allerdings nicht ausführlich erläutert zu werden braucht, eine Reihe von Möglichkeiten eröffnet, um Verbindungen und Verwandtschaften der Manuskripte untereinander, die ansonsten kaum oder nur sehr schwer aufzufinden sind, schnell zu erschließen. Die in einer XML-Struktur (TEI) abgelegten Metadaten zu den Handschriften (z.B. Datierung, Provenienz) können etwa dazu verhelfen, den räumlichen und zeitlichen Transferweg, den einzelne Diagramme in ihren Handschriften

---

49 An dieser Stelle werden zum Nachweis der gebotenen Kürze halber nur einige signifikante Beispiele aus den ersten drei Kapiteln von *de interpretatione* angeführt: **16a5** οὕτως οὐδὲ *Paris. Gr. 1971* und *Urb. Gr. 56* : οὐδὲ *Vind. Suppl. Gr. 67*, **16a12** τὸ ψεῦδός τε καὶ τὸ ἀληθές *Paris. Gr. 1971* und *Urb. Gr. 56* : τὸ ἀληθὲς καὶ τὸ ψεῦδος *Vind. Suppl. Gr. 67*, **16a14** τε καὶ *Paris. Gr. 1971* und *Urb. Gr. 56* : καὶ *Vind. Suppl. Gr. 67*, **16a15/16** ψεῦδος οὔτε ἀληθές *Paris. Gr. 1971* und *Urb. Gr. 56* : ἀληθὲς οὔτε ψεῦδος *Vind. Suppl. Gr. 67*, **16a17** ἀληθές *Paris. Gr. 1971* und *Urb. Gr. 56* : ἀληθές τι *Vind. Suppl. Gr. 67*, **16a24** τὸ μέρος οὐδαμῶς *Paris. Gr. 1971* und *Urb. Gr. 56* : οὐδαμῶς ἐστὶ τὸ μέρος *Vind. Suppl. Gr. 67*, **16a26** οὐδὲν σημαίνει καθ' ἑαυτό *Paris. Gr. 1971* und *Urb. Gr. 56* : οὐδέν τι σημαίνει καθ' αὑτό *Vind. Suppl. Gr. 67*, **16a31** οὔτε... οὔτε *Paris. Gr. 1971* und *Urb. Gr. 56* : οὐδὲ ... οὐδὲ *Vind. Suppl. Gr. 67*, ἀπόφασις *Paris. Gr. 1971* und *Urb. Gr. 56* : ἀπόφα[ν]σις *ante corr. Vind. Suppl. Gr. 67*, **16b6** δὲ *Vind. Suppl. Gr. 67* : om. *Paris. Gr. 1971* und *Urb. Gr. 56*, **16b9** ὑγιαίνω *Paris. Gr. 1971* und *Urb. Gr. 56* : ὑγιαίνει *Vind. Suppl. Gr. 67*, **16b9/10** καὶ ἐστιν ἀεὶ τῶν καθ' ἑτέρου λεγομένων σημεῖον *Paris. Gr. 1971* und *Urb. Gr. 56* : καὶ ἀεὶ τῶν καθ' ἑτέρου λεγομένον σημεῖόν ἐστιν *Vind. Suppl. Gr. 67*, **16b12** προσσημαίνει μὲν *Paris. Gr. 1971* und *Urb. Gr. 56* : προσσημαίνει *Vind. Suppl. Gr. 67*, **16b16** ὑγιαεῖ *Paris. Gr. 1971* und *Urb. Gr. 56* : τὸ ὑγιανεῖ *Vind. Suppl. Gr. 67*, **16b24** προσσημαίνει *Paris. Gr. 1971* und *Urb. Gr. 56* : προσσημαίνει δὲ *Vind. Suppl. Gr. 67*, **16b25** οὐκ ἔστιν νοῆσαι *Paris. Gr. 1971* und *Urb. Gr. 56* : ἀδύνατον νοῆσαι *Vind. Suppl. Gr. 67*. Die Liste könnte beliebig erweitert werden. Es kann an dieser Stelle nur thesenhaft darauf hingewiesen werden, dass auch die Quantität der gemeinsamen qualitativ-signifikanten Lesarten und Fehler von *Paris. Gr. 1971* und *Urb. Gr. 56* diese beiden Handschriften bereits als verwandt erkennbar macht. Einige der oben angeführten Varianten trennen diese beiden Handschriften wiederum von anderen Handschriften, die ebenfalls einige der anderen obigen Lesarten aufweisen.

50 Es würde zu weit führen, dies an dieser Stelle im Detail nachzuweisen. Eng verwandt ist die Handschrift *Vind. Suppl. Gr. 67* aber in jedem Fall mit *Paris Gr. 1973, Ambros. C 97 sup., Laur. 71.35, Oxford Magdalen College MS Gr 15* und *Brescia A IV 3*, nicht ganz so eng, aber ebenso verwandt ist sie mit: *Vind. Phil. Gr. 300*. Es mag nur thesenhaft angeführt werden, dass die Handschrift *Vind. Suppl. Gr. 67* einige Lesarten oder Fehler, die für sie in der vorangegangenen Anmerkung angeführt wurden, z.B. nur mit diesen Handschriften teilt.

gewandert sind, schnell nachvollziehbar und durch weitere Werkzeuge auch repräsentierbar zu machen.

Nur eine von einer Reihe von hermeneutisch erschließbaren Hypothesen zu Veränderungen im Kontext des Transfers der Handschriften sei abschließend festgehalten. Über die Darlegungen kann in jedem Fall der Kontakt des Schreibers des *Codex Urb. Gr. 56* mit dem *Codex Vindebonensis Suppl. Gr. 67* als erwiesen angesehen werden. Weil nun der *Codex Urb. Gr. 56* später zu datieren ist als der *Codex Vindebonensis Suppl. Gr. 67*, ist wegen des gleichen Schriftbilds davon auszugehen, dass der Schreiber des *Codex Urb. Gr. 56* die Interlinearglossen im *Codex Vindebonensis Suppl. Gr. 67* nachträglich eingefügt hat. Folglich ist auch denkbar, dass er nachweisbare Änderungen im Text des *Codex Vindebonensis Suppl. Gr. 67* vorgenommen hat und somit – gleichwohl nur an wenigen Stellen, an denen er offenbar einen Fehler für evident hielt – entsprechend Lesarten, die er in seiner anderen Vorlage, dem *Codex Paris. Gr. 1971* vorgefunden hat, korrigiert hat. Das evidenteste Beispiel könnte die Rasur des ν in der ursprünglichen Lesart ἀπόφανσις sein,[51] die er so zu ἀπόφασις – und damit der Version, die auch der *Codex Paris. Gr. 1971* aufweist – korrigiert hat.[52]

Das Erforschen von Verwandtschaften unter Diagrammen, Glossen und auch Scholien wird über die Werkzeuge einer digitalen Infrastruktur, wie sie hier dargestellt wurden, immens erleichtert.[53] Auf diesem Wege werden aber auch, wie ebenfalls dargestellt, stemmatologische Bezüge erst sichtbar, die zu neuen Forschungsfragen anregen können.

Literaturverzeichnis

Quellen

Ammonius in Aristotelis de interpretatione commentarius (Commentaria in Aristotelem Graeca 4.5), hg. von Adolf Busse, Berlin 1897.

Aristotelis Categoriae et Liber de interpretatione, hg. von L. Minio Paluello, Oxford 1949.

Ἀρέθα Καισαρείας Σχόλια εἰς τὴν Πορφυρίου Εἰσαγωγὴν καὶ τὰς Ἀριστοτέλους κατηγορίας. *Artehas of Caesarea's Scholia on Porphyry's Isagoge and Aristotle's Categories (Codex Vaticanus Urbinas Graecus 35). A critical edition*, hg. von Michael Share, Brüssel 1994.

Aristoteles, de interpretatione, hg. von Hermann Weidemann, Berlin/New York 2014.

Codex Ambros. C97 sup.

---

51 Vgl. Aristoteles, *de interpretatione* 16a31.

52 Es kann nur thesenhaft angedeutet werden, dass inhaltlich viel dafür spricht ἀπόφανσις als eine *lectio difficilior* zu betrachten. Denn das Wort ἀπόφανσις („Aussagesatz") ist eine Wortneuschöpfung durch Aristoteles, die allerdings nach ihm keinen Eingang in den allgemeinen Sprachgebrauch findet, sondern ein Terminus Technicus bleibt, der sich ausschließlich in sprachphilosophischen Kontexten findet, v.a. in Schriften, die in irgendeiner Verbindung mit der Schrift *de interpretatione* stehen. Folglich dürfte es für möglich erachtet werden, dass ein Kopist, wenn er nicht besonders sprachphilosophisch gebildet war, ἀπόφανσις für einen Fehler hielt und in das bekannte ἀπόφασις („Verneinung") korrigiert hat.

53 Einzelheiten zu diesen Werkzeugen werden im Beitrag von Germaine Götzelmann und Danah Tonne in diesem Band beschrieben.

Codex Brescia A IV 3.
Codex Florenz Laur. 71.35.
Codex Florenz Laur. 72.12.
Codex Florenz Laur. 88.39.
Codex Florenz Laur. 89 supp 77.
Codex New Haven Yale 258.
Codex Oxford Holkham 71.
Codex Oxford Magdalen Gr. Ms. 15.
Codex Paris Par. Coisl. 323.
Codex Paris Par. Gr. 1845.
Codex Paris Par. Gr. 1928.
Codex Paris Par. Gr. 1971.
Codex Paris Par. Gr. 1973.
Codex Paris Par. Gr. 2051.
Codex Paris Par. Gr. 2136.
Codex Paris Par. Gr. 2723.
Codex Paris Par. Suppl. Gr. 599.
Codex Vatikan Barb. Gr. 139.
Codex Vatikan Coisl. 327.
Codex Vatikan Urb. Gr. 35.
Codex Vatikan Urb. Gr. 56.
Codex Vatikan Reg. Gr. 107.
Codex Wien Vind. Phil. Gr. 300.
Codex Wien Vind. Suppl. Gr. 35.
Codex Wien Vind. Suppl. Gr. 67.

Sekundärliteratur

Agiotis, Nikos, *Inventarisierung von Scholien, Glossen und Diagrammen der handschriftlichen Überlieferung zu Aristoteles' de interpretatione (c. 1–4)*, Berlin 2015 (Working Paper des SFB 980 Episteme in Bewegung 5).

Bauer, Matthias und Christoph Ernst, *Diagrammatik. Einführung in ein kultur- und medienwissenschaftliches Forschungsfeld*, Bielefeld 2010.

Bergmann, Rolf, „Position der Glossen", in: *Die althochdeutsche und altsächsiche Glossographie*, Bd. 1, hg. von Rolf Bermann und Stefanie Stricker, Berlin 2009, S. 199–201.

Bogen, Steffen und Felix Thürlemann, „Jenseits der Opposition von Text und Bild. Überlegungen zu einer Theorie des Diagramms und des Diagrammatischen", in: *Die Bildwelt der Diagramme Joachims von Fiore: zur Medialität religiös-politischer Programme im Mittelalter*, hg. von Alexander Patschovsky, Ostfildern 2003, S. 1–22.

Busch, Hannah und Swati Chandna, „eCodicology: The Computer and the Mediaeval Library", in: *Kodikologie und Paläographie im Digitalen Zeitalter*, Bd. 4, hg. von Hannah Busch, Franz Fischer und Patrick Sahle, Norderstedt 2017 (Schriften des Instituts für Dokumentologie und Editorik 11), S. 3–23.

— und Philipp Hegel, „Automatic Layout Analysis and Storage of Digitized Medieval Books", in: *Digital Philology* 6/2 (2017), S. 196–212.

Chandna, Swati, Danah Tonne, Thomas Jejkal, Rainer Stotzka, Celia Krause, Philipp Vanscheidt, Hannah Busch und Ajinkya Prabhune, „Software Workflow for the Automatic Tagging of Medieval Manuscript Images (SWATI)", in: *Proceedings of*

SPIE 9402: Document Recognition and Retrieval XXII, Red Hook 2015, S. 940206-1–940206-11., DOI: 10.1117/12. 2076124 (04.10.2018).

Chandna, Swati, Francesca Rindone, Carsten Dachsbacher und Rainer Stotzka, „Quantitative Exploration of Large Mediaeval Manuscripts Data for the Codicological Research", in: *IEEE Symposium on Large Data Analysis and Visualization 2016: Proceedings*, hg. v. Markus Hadwiger, Ross Maciejewski und Kenneth Moreland, Piscataway 2016, S. 20–28, DOI: 10.1109/ LDAV.2016.7874306 (04.10.2018).

Crisci, Edoardo und Paola Degni, *La Scrittura Greca dall'Antichità All'Epoca della Stampa*, Rom 2011.

Halliday, M.A.K., *Collected Works*, Bd. 10, hg. von Jonathan J. Webster, London 2007.

Krämer, Sybille, *Figuration, Anschauung, Erkenntnis. Grundlinien einer Diagrammatologie*, Frankfurt am Main 2016.

—, „Zur Grammatik der Diagrammatik. Eine Annäherung an die Grundlagen des Diagrammgebrauches", in: *Zeitschrift für Literaturwissenschaft und Linguistik* 176 (2014), S. 11–30.

Krewet, Michael, „Bilder des Unräumlichen. Zur Erkenntnispotential von Diagrammen in Aristoteleshandschriften", in: *Wiener Studien* 127 (2014), S. 71–100.

—, *Wissenstransfer in Scholien. Zur Präsenz Platons in den Marginalien von de interpretatione-Handschriften*, Berlin 2016 (Working Paper des SFB 980 Episteme in Bewegung 6).

Latour, Bruno, „On Actor-Network Theory. A Few clarifications", in: *Soziale Welt* 47/4 (1996), S. 369–381.

Lovejoy, Arthur O., „Reflections on the History of Ideas", in: *Journal of the History of Ideas* 1/1 (1940), S. 3–23.

Luhmann, Niklas, „Ideengeschichte in soziologischer Perspektive", in: *Lebenswelt und soziale Probleme*, hg. von Joachim Matthes, Frankfurt am Main 1981, S. 49–61.

Maas, Paul, *Textkritik*, Berlin 1927.

Montanari, Elio, *La sezione linguistica del Peri Hermeneias di Aristotele*, 2 Bde., Florenz 1984.

Moraux, Paul, *Der Aristotelismus bei den Griechen: Von Andronikos bis Alexander von Aphrodisias*, Bd. I, Berlin 1973.

Nichols, Stephen G., „Why Material Philology?", in: *Zeitschrift für deutsche Philologie* 116/Sonderheft „Philologie als Textwissenschaft. Alte und neue Horizonte" (1997), S. 10–30.

Prapa, Christina, „Diagramme in der Handschriftentradition. Ein methodologischer Beitrag anhand der Überlieferungsgeschichte von Aristoteles, De caelo", in: *Codices Manuscripti* 82/83 (2012), S. 31–41.

Primavesi, Oliver, „Ein Blick in den Stollen von Skepsis: Vier Kapitel zur frühen Überlieferung des Corpus Aristotelicum", in: *Philologus* 151 (2007), S. 151–177.

Reinsch, Dieter, „Fragmente einer Organon-Handschrift des zehnten Jahrhunderts aus dem Katharinenkloster auf dem Berg Sinai", in: *Philologus* 145 (2001), S. 57–69.

Schubert, Martin J.: „Versuch einer Typologie von Schreibereingriffen", in: *Das Mittelalter* 7/2 (2002), S. 125–144.

Uhlmann, Gyburg: *On the Function of Platonic Doctrines in Late Antique Commentaries on Metaphysics A 9, A 6 und M 4*, Berlin 2014 (Working Paper des SFB 980 Episteme in Bewegung 1).

Kanne, Rose, Schuh …: Textbildrelationen in jüdischer Grabsteinepigraphik am Beispiel der Symbole

Thomas Kollatz

Grabmale jüdischer Friedhöfe zeichnen sich nicht nur durch ihre Eulogien aus. Sie tradieren darüber hinaus auch ein bemerkenswertes visuelles Erbe. Mittelalterliche und frühneuzeitliche Friedhöfe in Speyer, Mainz, Worms, Frankfurt und Hamburg bezeugen, wie die jüdische Sepulkralkultur Bildprogramme aufgreift, verwirft und wandelt. Bild- und Textebene stehen dabei im Dienst der Erinnerung an die Verstorbenen. Auf dem alten Friedhof in Frankfurt wurden neben Namen, Datum und Eulogie auch die frankfurt-typischen Zeichen der Häuser, in denen die Verstorbenen zuletzt lebten, genannt und häufig auch abgebildet. Dieser Beitrag widmet sich den Herausforderungen aber auch den Möglichkeiten für Präsentation und Analyse sowie der Frage des Verhältnisses von Text- und Bildüberlieferung. Die Bilder sind Quellen für Onomastik (aus Hauszeichen wurden nicht selten Familiennamen) und Frankfurter Topographie. Darüber hinaus belegen ihre Motive (Schuh, Reuse, Kanne) Form und Wandel von Gegenständen des Alltags.

Quellenwert der Sepulkralepigraphik

Dieser Beitrag thematisiert Potentiale einer digitalen Bildwissenschaft aus der Perspektive der west-aschkenasischen Sepulkralepigraphik. Grundlage der folgenden Überlegungen sind die epigraphischen Forschungsdaten der Plattform für jüdische Grabsteinepigraphik *epidat*. Diese wird seit 2002 entwickelt und ist seit 2006 online verfügbar. Mit Stand Dezember 2019 sind 36.100 Grabmale von rund 210 historischen jüdischen Friedhöfen in der Webplattform publiziert.[1] Geographischer Schwerpunkt ist Deutschland mit mehr als 190 Beständen, doch konnten auch einige Friedhöfe der Niederlande, der Tschechischen Republik und Lettlands aufgenommen werden. Chronologisch sind Grabmale aus 900 Jahren vom 11. bis zum 20. Jahrhundert im Bestand vertreten.

Jüdische Friedhöfe stellen mit ihren Grabmalen und deren Inschriften eine unschätzbare Quelle für jüdische Kultur- und Religionsgeschichte dar. Oftmals

---

1 Zum Projekt siehe Thomas Kollatz, „EPIDAT – Research Platform for Jewish Epigraphy", in: Crossing Experiences in Digital Epigraphy. From Practice to Discipline, hg. von Annemaria de Santis und Irene Rossi, Warschau 2018, S. 231–239; Thomas Kollatz. „Epidat – Datenbank zur jüdischen Grabsteinepigraphik. Inventarisierung und Dokumentation historischer jüdischer Friedhöfe", in: Wenn das Erbe in die Wolken kommt. Digitalisierung und kulturelles Erbe, hg. von Eckhard Bolenz u.a., Essen 2015, S. 161–168. URL: http://www.steinheim-institut.de/cgi-bin/epidat (06.12.2019).

DOI: 10.13173/9783447114608.217

sind sie die einzig erhaltenen Zeugnisse einer Gemeinde. Vier Elemente begründen den besonderen Quellenwert von Inschriften auf Grabmalen:

1. Nahezu jedes Objekt lässt sich auf Grund des inschriftlich überlieferten Todestages eindeutig auf Tag, Monat und Jahr genau datieren.
2. Ebenso eindeutig gegeben ist die Lokalisierung des Objekts als Teil eines historischen jüdischen Friedhofs und letzte Ruhestätte einer konkreten verstorbenen Person.
3. Der Grabmalen inhärente Personenbezug bedingt, dass sie sich über den Wortlaut der Inschriften in der Regel eindeutig gendern lassen, handelt es sich doch jeweils um ein Grabmal zur Erinnerung an eine Frau oder einen Mann.
4. Schließlich liegen die Objekte, verglichen mit anderen historischen Quellenmaterialien, in nicht unerheblicher Anzahl vor. Auf dem ältesten erhaltenen jüdischen Friedhof in Deutschland, dem heiligen Sand in Worms sind mehr als 800 mittelalterliche Grabmale in situ enthalten (1040–1519), auf dem aschkenasischen Teil des Hamburg-Altonaer Friedhofs an der Königstraße für den Zeitraum von 1621–1871 mehr als 6.000 Stelen. Diese Menge ermöglicht sowohl Einblick über Tradition und Wandel in der Begräbnis- und Gedächtniskultur über längere Zeiträume als auch quantitative Analysen zum Bestand.

Epigraphik ist zunächst eine textorientierte historische Hilfswissenschaft, die sich in erster Linie mit der Rekonstruktion und Konstitution von Inschriften befasst. Klassisch ist die Definition von Rudolf Kloos:

> Inschriften sind Beschriftungen verschiedener Materialien – in Stein, Holz, Metall, Leder, Stoff, Email, Glas, Mosaik usw. – die von Kräften und mit Methoden hergestellt sind, die nicht dem Schreibschul- und Kanzleibetrieb angehören.[2]

Das Forschungsinteresse der Epigraphik liegt also zunächst primär auf der Rekonstruktion der auf den Inschriftenträger überlieferten Texte. Dennoch findet auch die äußere Form der Inschriftenträger, das Layout des Inschriftenfeldes, die Schriftform, die Verwendung von Symbolen und Ornamenten Berücksichtigung.[3]

---

2 Rudolf M. Kloos, *Einführung in die Epigraphik des Mittelalters und der frühen Neuzeit*, Darmstadt ²1992, S. 2. Für die jüdische Sepulkralkultur des Mittelalters und der frühen Neuzeit bleibt die Frage nach den „Kräften", die die steinernen Grabmale hergestellt haben, aufgrund fehlender Quellen bislang unbeantwortet. Immerhin finden sich ab Mitte des 17. Jahrhunderts vereinzelt Steinmetzzeichen, die darauf hindeuten, dass die auf dem jüdischen Friedhof aktiven Steinmetze auch an lokalen nicht-jüdischen (Sakral)-Bauten tätig waren. Erst in der Moderne gibt es vereinzelt jüdische Steinmetze. Die jüdischen Gemeinden haben in der Regel die Dienste ortsansässiger Betriebe in Anspruch genommen.

3 Zu Desiderata und ersten Ansätzen einer interdisziplinären Forschung zu jüdischen Friedhöfen, die jüdisch-epigraphisches Interesse einerseits mit kunstwissenschaftlichen Frage-

What characterises this class of objects is that they form a whole with their physical support. Indeed, the meaning of an epigraph cannot be fully understood without the analysis of the object or monument or other archaeological object on which it appears, just as one cannot fully understand the nature of that particular archaeological object without thoroughly investigating the sense of the inscription or iconographic representation it hosts.[4]

Datierung, Lokalisierung, Genderdistribution und Quantität machen Grabinschriften jüdischer Friedhöfe zu einer wertvollen Quelle für jüdische Geschichte im Besonderen und für kulturwissenschaftliche und interdisziplinäre Fragestellungen im weiteren Sinne. Der Zugriff auf die epigraphischen Forschungsdaten wird dadurch erleichtert, dass sich entsprechende Projekte in der Regel auf das Schema *EpiDoc: Epigraphic Documents in TEI XML*[5] stützen.

> EpiDoc ist ein systemunabhängiges, maschinenlesbares Archiv- und Austauschformat, das auf Grundlage der internationalen Text Encoding Initiative (TEI) von digitalen Epigraphikern in gemeinsamer Arbeit entwickelt wird.[6]

Dieses Subset der TEI hat sich als Richtlinie für die Textauszeichnung für die digitale Epigraphik seit langem etabliert. Auch die Forschungsdaten der epigraphischen Plattform *epidat* werden nach den Richtlinien der TEI ausgezeichnet und über eine maschinenlesbare Schnittstelle sowie unter einer offenen Lizenz nach den FAIR-Prinzipien[7] zur Nachnutzung angeboten.[8]

Genderdistribution bei Symbolen

Auf dem aschkenasischen Stelenfeld in Hamburg-Altona sind bei rund 500 Grabstelen neben der Eulogie auch Symbole zu finden. Insgesamt werden 25 verschiedene Symbole verwendet. Am häufigsten sind die genuin jüdischen Symbole,

stellungen andererseits verbindet, siehe Tobias Arera-Rütenik und Thomas Kollatz, „Interdisziplinäre Perspektiven auf Grabmale und Visualisierung räumlicher Strukturen. Ergebnisse eines Projektes zu historischen jüdischen Friedhöfen", in: *Objekt und Schrift. Beiträge zur materiellen Kultur des Jüdischen*, hg. von Katrin Keßler u.a., Braunschweig 2016 (Jüdisches Kulturerbe 1), S. 25–29.

4 Achille Felicetti u.a., „CIDOC CRM and Epigraphy: A Hermeneutic Challenge", in: Extending, Mapping and Focusing the CRM, hg. von Paola Ronzino, Aachen 2015 (CEUR Workshop Proceedings 1656), S. 55–68, URL: http://ceur-ws.org/Vol-1656/paper5.pdf (06.12.2019), hier S. 55.

5 Zum Projekt siehe die Dokumentation https://sourceforge.net/projects/epidoc/ (06.12.2019).

6 Max Grüntgens und Thomas Kollatz, „Korpusbasiertes Arbeiten und epigraphische Datenbanken. Möglichkeiten und Herausforderungen am Beispiel von EPIDAT und DIO", in: *Osnabrücker Beiträge zur Sprachtheorie* 92 (2018), S. 157–174, hier S. 164.

7 Zu den FAIR Prinzipien, Findable – Accesible – Interoperable – Reusable, URL: https:// www. go-fair.org/fair-principles/ (06.12.2019).

8 Siehe „How to harvest epidat records", URL: http://www.steinheim-institut.de/cgi-bin/ epidat?info=howtoharvest (06.12.2019).

Kannen für die männlichen Angehörigen der Levitenfamilie sowie segnende Hände für die Kohen/Priesterfamilien anzutreffen.

Kronen finden sich bei Männern wie Frauen, allerdings mit signifikanten Unterschieden. Verweist die Krone als Symbol bei einem Männergrab auf die Gelehrsamkeit des Verstorbenen („Krone der Tora"), so bezeichnet sie bei Grabmalen von Frauen meist die Verstorbene als „Krone ihres Gatten".[9]

Buch und Feder werden ausschließlich bei Grabmalen von Männern verwendet. Beide sind Symbol für den Beruf der Verstorbenen, Schreiber liturgischer Texte bzw. Gemeindeschreiber.

Auch Löwe und Davidschild finden sich nur bei Männern, sind sie doch Namenssymbole: der Löwe steht gemäß dem biblischen Jakobssegen für Jehuda, der Schild für David. Rosen wiederum sind Frauen vorbehalten, zu finden bei Trägerinnen der Rufnamen Röschen, Rose oder dessen hebräischen Äquivalents Schuschana.

Der textliche Befund hilft, den Symbolgehalt eines Zeichens, dessen Bedeutungsbreite und eben auch Gendering zu ergründen. Kombiniert man diese Symbole mit den personenbezogenen Angaben zum Geschlecht der Verstorbenen ergibt sich im Hamburger Beispiel folgende Aufstellung:[10]

Symbol	Mann	Frau
Levitenkanne	190	5
Priesterhände	125	1
Löwe	6	
Feder	5	
Buch	4	
Schiff	1	
Hammer	1	
Magen David[11]	1	

Tabelle 1: Symbole auf Männergrabmalen[12]

---

9 Zum Symbolgehalt der Krone siehe Inna Goudz und Nathanja Hüttenmeister, „„Gefallen ist die Krone …'. Ein Symbol in Schrift und Bild", in: *Verborgene Pracht. Der jüdische Friedhof Hamburg-Altona, aschkenasische Grabmale*, hg. von Michael Brocke, Dresden 2009, S. 320–333, hier S. 320; zu den Hamburger Symbolen siehe Inna Goudz, „Grabsteinschmuck: Symbole", in: *Verborgene Pracht. Der jüdische Friedhof Hamburg-Altona, aschkenasische Grabmale*, hg. von Michael Brocke, Dresden 2009, S. 82–97.
10 Die Übersicht ist dem Index „Genderdistribution Symbole" entnommen, URL: http://www.steinheim-institut.de/cgi-bin/epidat?function=stat&sel=hha&anzeige=symgen#symgen (06.12.2019).
11 Magen David (hebr.): Davidschild, sechseckiger Stern, durch zwei ineinander geschobene Dreiecke gebildet (= Hexagramm).
12 Kannen und Hände auf Frauengräbern beziehen sich ausnahmslos auf den Vater oder Gatten der Verstorbenen

Symbol	Mann	Frau
Krone	37	16
Hand aus Wolke	14	4
Blume	8	14
Traube	6	12
Vanitas	14	23
Baum	4	5
Herz	2	1
Gans	2	1
Leuchter	2	2

Tabelle 2: Symbole auf Männer- und Frauengrabmalen

Symbol	Mann	Frau
Rose		12
Sonne		3
Vogel		3
Schmetterling		1
Taube		1
Waage		1

Tabelle 3: Symbole auf Frauengrabmalen

Diese Übersicht der Genderdistribution von Symbolen auf dem aschkenasischen Friedhof in Altona kombiniert zwei Elemente des EpiDoc-Schemas. Die Information über ein Symbol ist Teil der Objektbeschreibung und mit dem <decoNote>-Element ausgezeichnet. Über das Attribut @type werden drei „decorative features" – Symbol, Ornament und Hauszeichen – unterschieden:[13]

```
<decoDesc>
  <decoNote type="symbol">Vogel</decoNote>
</decoDesc>
```

---

13 „Iconography, decorative features or other imagery on the support or alongside the text […] may be encoded in its own section using the <decoDesc> and <decoNote> elements", siehe den diesbezüglichen Abschnitt der EpiDoc-Richtlinien: „Description of Decoration or Iconography", URL: http://www.stoa.org/epidoc/gl/latest/supp-descdecor.html (06.12.2019).

Das Geschlecht einer Person ist im Attribut @sex des <person>-Elements enthalten, wobei der Wert 1 für einen männlichen Verstorbenen, 2 für eine weibliche Verstorbene steht:[14]

```
<person xml:id="hha-1678-1" sex="2">
```

Raum-Zeit Visualisierungen

Auf Basis des EpiDoc-TEI-XML-Schemas lassen sich auch Raum-Zeit-Relationen der auf jüdischen Grabmalen verwendeten Symbole kartieren. Lokalität und Datierung sind Bestandteil der EpiDoc-<history>-Sektion,[15] die im Element <origDate> Angaben zur Datierung des Objekts und innerhalb des Elements <origPlace> unter anderem Angaben zu Land, Region und Geokoordinaten des betreffenden Grabmals erlaubt.

```
<history><origin>
<origDate>
  <date notBefore="1365-12-30">1365-12-30</date></origDate>
  <origPlace><country type="ISO_3166" key="XA-DE-RP">Germany
  <region>Rhineland-Palatinate</region></country>
  <settlement type="city" ref="http://vocab.getty. edu.
tgn/7012341">Speyer
    <geogName ref="http://d-nb.info/gnd/4331943-9">Jüdischer Friedhof
      <geo decls="#WGS">49.316541 8.439354</geo></geogName>
  </settlement>
  </origPlace>
</origin></history>
```

Auf dieser Basis kann die zeitlich-räumliche Verteilung jüdischer Symbole visualisiert werden. Ein geeignetes digitales Werkzeug hierzu ist der DARIAH-DE Geo-Browser.[16] In der Zusammenschau der Symbole zeigt sich beispielsweise,

---

14 Die in den Richtlinien der TEI vorgeschlagene Nomenklatur folgt ISO 5218:2004, Codes for the Representation of Human Sexes: URL: http://standards.iso.org/ittf/PubliclyAvailable Standards/c036266_ISO_IEC_5218_2004(E_F).zip (06.12.2019), „in which 0 indicates unknown; 1 indicates male; 2 indicates female; and 9 indicates not applicable", URL: https:// www.tei-c.org/release/doc/tei-p5-doc/en/html/ ND.html (06.12.2019).

15 Siehe den diesbezüglichen Abschnitt der EpiDoc-Richtlinien „Provenance Of The Text-Bearing Object", URL: http://www.stoa.org/epidoc/gl/latest/supp-history.html (06.12.2019).

16 Zum DARIAH-DE Geo-Browser und seinen Anwendungsmöglichkeiten, siehe https://de. dariah.eu/geobrowser sowie Thomas Kollatz und Stefan Schmunk. „Datenvisualisierung: Geo-Browser und DigiVoy", in: TextGrid: Von der Community – für die Community. Eine Virtuelle Forschungsumgebung für die Geisteswissenschaften, hg. von Heike Neuroth u.a., Glückstadt 2015, S. 165–180, DOI: 10.3249/webdoc-3947 (06.12.2019); Thomas Kollatz, „Raum-Zeit-Analysen mit DARIAH-Geo-Browser und DARIAH-Datasheet-Editor", in: *Bibliothek – Forschung und Praxis* 40/2 (2016), S. 131-132, DOI: 10.1515/bfp-2016-0032 (06.12.2019); epidat-Symbole im Geobrowser, URL: https://geobrowser.de.dariah.eu/embed/?kml=http:// www.steinheim-institut.de/daten/symbols.kml (06.12.2019).

dass der Schmetterling als Symbol erstmals Ende des 18. Jahrhunderts und zwar allerorten auf jüdischen Grabmalen auftaucht, die Lilie dagegen bislang nur in Worms, auf dem ältesten erhaltenen jüdischen Friedhof Deutschlands nachgewiesen werden konnte und sich auch dort nur auf mittelalterlichen Grabmalen findet. Die friedhofs- und epochenüberspannende Visualisierung sämtlicher auf Grabmalen identifizierter Symbole ermöglicht es, den Einzelbefund, ein einziges Symbol auf einem Grabstein im größeren Kontext zu betrachten. Der Schmetterling auf jüdischen Grabmalen kann als konkrete Reaktion auf die Antiken-Rezeption der Aufklärung gedeutet werden: „Wer weiß nicht, daß der Schmetterling das Bild der Seele, und besonders der von dem Leibe geschiedenen Seele, vorstellet" lautet die rhetorische Frage, die Lessing in seiner Abhandlung zu antiker Grabsymbolik unter dem Titel *Wie die Alten den Tod gebildet*, erschienen 1769, stellt.[17] Dieses nicht christlich konnotierte antike Symbol für die aufsteigende Seele kann Eingang in die Symbolwelt jüdischer Friedhöfe finden und ist ebenso häufig auf christlichen Grabmalen der Zeit anzutreffen. Anders bei den Wormser Lilien,[18] die sich zunächst als royales Symbol der Macht und Herrschaft unter den einflussreichen, selbstbewussten Wormser Familien als Ornament und Symbol einiger Beliebtheit erfreute, doch spätestens mit dem Bedeutungswandel, durch den die Lilie in der christlichen Ikonographie im Zuge der Gegenreformation fortan als Mariensymbol eindeutig christlich konnotiert ist, wird sie als Symbol jüdischer Sepulkralkultur nicht mehr tragbar.

Auch die Entwicklung des Davidschildes oder Davidsterns lässt sich in der Visualisierung des Geo-Browsers nachvollziehen. Der Davidschild findet sich bis Anfang des 19. Jahrhunderts kaum ein Dutzend Mal bei Trägern dieses Namens. Wohingegen das Symbol gegen Ende des 19. Jahrhunderts tausendfach auftaucht, jedoch mit verändertem Symbolgehalt, nicht mehr als Namensymbol, sondern als konfessionelles Zeichen des Judentums. Auf den Grabmalen wird der Davidstern mittig im oberen Teil platziert an der Stelle also, die auf zeitgenössischen christlichen Grabmalen vom Kreuzsymbol eingenommen wird. Der Davidstern markiert die Religionszugehörigkeit der Verstorbenen. Der Bedeutungswandel, den das Symbol vollzogen hat, spiegelt das konfessionelle Selbstverständnis des deutschen Judentums in der Moderne wider (s. Abb. 12.1, Farbteil).[19]

---

17 Gotthold Ephraim Lessing, *Wie die Alten den Tod gebildet*, TextGrid Repository, Digitale Bibliothek 2012, URL: https://hdl.handle.net/11858/00-1734-0000-0003-EA77-B (16.12.2019).

18 Siehe zu Symbolen auf frühmittelalterlichen Grabsteinen im Allgemeinen und zu Lilien im Besonderen Michael Brocke, „The Lilies of Worms", in: *Zutot. Perspectives on Jewish Culture* 8 (2011). S. 3–13.

19 Vgl. Dan Bondy und Michael Brocke, *Der alte jüdische Friedhof in Bonn-Schwarzrheindorf. 1623-1956. Bildlich-textliche Dokumentation*, Köln 1998, S. 27: Der Davidstern dient „erst seit dem späteren 19. Jahrhundert als gewissermaßen konfessionell jüdisches Symbol".

Bild und Text im Dienst der Namen

Auf Grabmalen des Mittelalters und der frühen Neuzeit sind Text und Bild meist direkt aufeinander bezogen. So prangt auf dem Grabmal der Bluma, Tochter des Jaakow, verstorben am 15. Tewet 5126 (30. Dezember 1365) und begraben auf dem im 14. Jahrhundert zerstörten Friedhof zu Speyer (epidat, spy-17) mittig im unteren Drittel der Vorderseite unterhalb der Eulogie ein florales Motiv, eine Blume. Bild und Text korrelieren. Der Name der „gerechten und frommen" Frau wird gleichermaßen durch Text und Bild erinnert.

Die hebräische Eulogie auf dem Grabstein des David aus Hildesheim, genannt Hammerschlag, die sich auf dem aschkenasischen Teil des Friedhofs in der Hamburger Königstraße (epidat, hha-2338, s. Abb. 12.2) findet, verweist durch eingeflochtene, biblische Zitate auf den Namensvetter des Verstorbenen, den biblischen König David: „und David stieg hinauf" (2. Samuel 15,30), „und es nahten Davids Tage dem Tod" (Kohelet 12, 5). Wieder bilden bei der visuellen Gestaltung dieses Grabmals Text und Bild eine Einheit. Unterhalb der Inschrift verweist ein *Magen David* (Davidschild) auf den Rufnamen, die beiden Hämmer in dessen Mitte auf den Beinamen des Verstorbenen (16. Heschwan 5547 / 26. Oktober 1686).

Sowohl bei Bluma als auch David Hammerschild verweisen Symbol und Text in funktionaler Einheit auf die Namen der Verstorbenen. Erst mit dem jüngsten im Oktober 2019 veröffentlichten EpiDoc Release 9.1 kann dieser enge Text-Bild-Konnex auch im Text Encoding semantisch ausgezeichnet werden:

```
<decoDesc><decoNote type="symbol" xml:id="hha-2338_hammer-
schlag">
Hammer in Magen David
  <listRelation>
    <relation type="CIDOC_CRM" name="P62_depicts" ref="http://
www.cidoc-crm.org/Property/p62-depicts/version-6.2.1" active="http://
textgridlab.org/1.0/tgrep/digilib/digilib.html?fn=textgrid:22jb2.0&a
mp;dw=387&amp;dh=578&amp;ww=0.3111&amp;wh=0.1962&amp;
wx=0.3057&amp;wy=0.7926"
passive=»http://www.steinheim-institut.de/cgi-bin/
epidat?id=hha-1678-1»/>
  </listRelation>
</decoNote></decoDesc>
```

Innerhalb des <decoNote>-Elements kann die spezifische Beziehung zwischen Symbol und Namen unter Rückgriff auf die CIDOC CRM Ontologie ausgedrückt werden.[20] Zwischen Symbol (@active) und dem Namen des Verstorbenen (@passive) besteht eine *depicts/bildetAb*-Relation. Darüber hinaus erlauben die Mög-

---

20 „This property identifies something that is depicted by an instance of E24 Physical Man-Made Thing. Depicting is meant in the sense that the surface of the E24 Physical Man-Made Thing shows, through its passive optical qualities or form, a representation of the entity depicted", siehe URL: http://www.cidoc-crm.org/Property/p62-depicts/version-6.2.1 (06.12. 2019).

Abb. 12.2: Hammer und Davidschild auf dem Grabmal des David Hammerschlag epidat, hha-2338. Foto: Bert Sommer (CC BY 4.0), URL: http://www.steinheim-institut.de/cgi-bin/epidat?id=hha-2338#foto.

lichkeiten der Referenzierung, die das TextGrid-Repositorium mit dem darin integrierten DigiLib-Bildannotationstool bietet, den Bildausschnitt präzise zu definieren und in eine URL zu fassen. Würden sämtliche Text-Bild-Relationen der epigraphischen Forschungsdaten in dieser Weise erfasst, könnte eine Abfrage nach *P62_depicts* weitere Zeichen-Name-Relationen zu Tage fördern, stets lokalisiert und datiert.

Komplexer als in den oben genannten Fällen stellt sich das Zusammenspiel von Bild und Text auf dem Grabmal einer Frau, das sich ebenfalls auf dem Altonaer Friedhof findet, dar (epidat, hha-1678: verstorben am 27. Tewet 5551 / 3. Januar 1791). Im Inschriftentext werden lediglich der Name des Vaters, Josef Popert, sowie des Gatten Mosche Oppenheim explizit genannt. Der Name der Verstorbenen jedoch bleibt ungenannt. Er muss aus den textlichen Andeutungen, dem Doppelsinn der verwendeten Zitate, einem Chronogramm und Akrostichon erschlossen werden. So wimmelt der Inschriftentext von Anspielungen auf Vögel. Die Worte im Bogenfeld גם הסידה בשמים können zwar durchaus als „eine Fromme im Himmel" übersetzt worden, doch steht das Lemma הסידה als Homonym neben der Bedeutung „Fromme" seltener eben auch für den Vogel „Storch". Das hebräische Jahr verbirgt sich in den Buchstaben eines Verses aus dem Buch der Sprüche (27,8) „gleich einem Vogel, der aus seinem Nest zieht". In diesem Chronogramm erschließt sich durch Addition des Buchstabenwerts der hebräischen Worte „gleich einem Vogel" und „aus dem Nest" das hebräische Jahr 5551. Das gereimte Totenlob schließlich enthält ein Akrostichon: die Anfangsbuchstaben der Zeilen 2 (ג) 4 ,(א) 3 ,(פ) und 5 (ל) ergeben untereinander gelesen den Rufnamen „Vogl". Unterstützt wird der Leser bei der Suche nach dem Namen der hochgelobten Toten durch visuellen Hinweis an zentraler Stelle. Im Blickfeld des Betrachters ist prominent zwischen Bogeninschrift und Eulogie ein Vogel dargestellt. In diesem Bilder- und Texträtsel tragen Text und Zeichen gleichermaßen zu dessen Auflösung bei und verweisen auf den nicht explizit genannten Rufnamen der Verstorbenen.

Die drei Beispiele aus dem 14., 17. und 18. Jahrhundert illustrieren exemplarisch die Text-Bild-Relation, wie sie in der jüdischen Sepulkralkultur auftreten kann. Vorerst lassen sich derartige Phänomene in einheitlicher, abfragbarer und reproduzierbarer Weise mit den derzeitigen Encoding Optionen der TEI und des EpiDoc-Subsets nur mit Mühe zum Ausdruck bringen. Immerhin ist es mit der jüngsten Aufnahme des <relation>-Elements in die das Objekt beschreibenden Metadaten erstmals möglich, Relationen zwischen textlichen und nicht-textlichen Elementen, eines Grabmals systematisch zu erfassen. Es sind im Zuge der innerhalb der TEI-Community derzeit laufenden Diskussion um die Erweiterung und den Ausbau der Objektbeschreibung in der TEI weitere Modifikationen und Erweiterungen des TEI-Schemas hin zu einer angemesseneren Auszeichnung auch bildwissenschaftlich relevanter Information zu erwarten, da insbesondere Objekte, Text- und Inschriftenträger jenseits von Manuskript und Buch derzeit vermehrt im Fokus stehen.

Friedhof – Stadt – Alltagskultur: Hauszeichen

Auf den frühneuzeitlichen Grabmalen auf dem alten, vom 13. bis zum 19. Jahrhundert durchgehend belegten jüdischen Friedhof in Frankfurt findet sich „das Hauszeichen, das, weder Symbol noch Ornament, eine eigene Zeichenkategorie bildet".[21] Dienten Hauszeichen ursprünglich „der ganz praktischen Unterscheidung von Familienzugehörigkeiten",[22] indem sie auf den Wohnort, das Haus, das nicht über eine Hausnummer, sondern eben durch ein Hauszeichen markiert ist, verweisen. Bemerkenswert ist der raumübergreifende Bezug zwischen Grabmal auf dem jüdischen Friedhof und Topographie der Stadt und ihrer Häuser. Erst im Lauf der Zeit werden Hauszeichen häufig Teil des Familiennamens, nunmehr ohne topographischen Bezug. Bekanntestes Beispiel für die Wandlung eines Hauszeichens zum Familiennamen ist die Frankfurter Rothschild-Familie. Oft bilden Hauszeichen Alltagsgegenstände ab, unter anderem finden sich Bilder von Reusen, Pflügen, Büchsen, Pfannen, Stiefeln oder Schuhen. Dabei sind die Abbildungen der Gegenstände nicht gleichförmig, sondern spiegeln den Geschmack ihrer Zeit wider. So finden sich auf Frankfurter Grabmalen beispielsweise Abbildungen von Schuhen über einen Zeitraum von 200 Jahren. Zum Teil als Hauszeichen, zum Teil als Familienname. Doch bezeugen sie auf einer übergeordneten Ebene auch die Entwicklung der Schuhmode und deren Wandel vom Bundschuh

---

21 Michael Brocke, *Der alte jüdische Friedhof zu Frankfurt am Main. Unbekannte Denkmäler und Inschriften*, Sigmaringen 1996, S. 54.
22 Ebd., S. 55.

Abb. 12.3: Schuhe auf Grabmalen des alten jüdischen Friedhofs in Frankfurt (Batton-
straße). Foto: Andreas Hemstege (CC BY 4.0),
URL: http://steinheim-institut.de/cgi-bin/epidat?id=ffb-2057#foto, http://www.steinheim-
institut.de/cgi-bin/epidat?id=ffb-1584#foto, http://www.steinheim-institut.de/cgi-bin/
epidat?id=ffb-52#foto (von links nach rechts).

zum Schnabel- und Schnallenschuh, und zwar datiert und lokalisiert. Diese
Zeichen haben nicht nur einen topographischen oder onomatologischen Bezug,
sondern sind auch kulturwissenschaftlich durchaus von Interesse. Nun würde
kaum jemand, der auf der Suche nach zeitgenössischen Abbildungen von All-
tagsgegenständen ist, Grabmale als Quelle in Erwägung ziehen.

Ein Mittel, um Texte und Bilder jüdischer Sepulkralkultur transdisziplinär
auch jenseits der Fragestellungen der jüdischen Studien oder der Epigraphik bekannt zu machen, ist die konsequente Verwendung von Normdaten.

> Entscheidend für einen verbesserten Suchzugang bleibt darüber hinaus
> die übergreifende Verwendung von gemeinsamem Vokabular, sowohl für
> die semantischen Strukturen in Form von Datenformaten oder von Onto-
> logien als auch für die Dateninhalte.[23]

---

23 Siehe zu Semantic Webtechnologien und der Relevanz von Normdaten und kontrollierten
Vokabularien für die Auffindbarkeit von Informationen Angela Kailus und Regina Stein.
„Besser vernetzt: Über den Mehrwert von Standards und Normdaten zur Bilderschließung.
Informationszugang, semantische Interoperabilität, Linked Open Data, Normdaten, Korefe-
renzierung", in: *Computing Art Reader. Einführung in die digitale Kunstgeschichte*, hg. von Piotr
Kuroczyński u.a., Heidelberg 2018, S. 119–139, hier S. 128, DOI: 10.11588/arthistoricum.413
(16.12.2019).

Wird der Schuh, ganz unabhängig davon, ob er auf ein Haus oder eine Familie verweist, über eine Referenz mit dem Konzept „shoes (footwear)"[24] des Art and Architecture Thesaurus verknüpft, steigt die Chance, das diese zeithistorisch wertvolle Quelle für einen Alltagsgegenstand über methodische Anwendung (semantischer) Webtechnologien überhaupt gefunden werden kann. Voraussetzung dafür ist die prinzipielle Offenheit für die Fragen der Anderen, die Bereitschaft transdisziplinär zu arbeiten. Sind Forschungsdaten mit Normdaten, kontrollierten Vokabularien und Ontologien verknüpft und über Datenschnittstellen abrufbar, stehen sie auch für disziplinübergreifende Forschungsfragen offen.

Mit der Text Encoding Initiative verfügen die Textwissenschaften über ein Instrumentarium und Regelwerk, mit dem sich eine Vielzahl textlicher Phänomene und bis zu einem gewissen Grad auch der Medien, in denen Texte tradiert werden, angemessen und nachvollziehbar beschreiben lassen. Ein vergleichbarer, breit angewandter und anerkannter digitaler Standard fehlt bislang für die Bildwissenschaften. Mit CIDOC CRM liegt immerhin ein mächtiges Werkzeug für semantische Datenmodellierung vor.[25] Auch die gängigen Normdatenkataloge, Ontologien und Thesauri decken zunehmend auch entlegenere Fachdomänen ab. Ein Prozess, der ungemein beschleunigt werden wird, sobald auch auf dem Feld der Bildwissenschaften vermehrt „born digital" publiziert wird.

Literaturverzeichnis

Arera-Rütenik, Tobias und Thomas Kollatz, „Interdisziplinäre Perspektiven auf Grabmale und Visualisierung räumlicher Strukturen. Ergebnisse eines Projektes zu historischen jüdischen Friedhöfen", in: in: *Objekt und Schrift. Beiträge zur materiellen Kultur des Jüdischen*, hg. von Katrin Keßler, Alexander von Kienlin, Ulrich Knufinke und Sarah Ross, Braunschweig 2016 (Jüdisches Kulturerbe 1), S. 25–29.

Bondy, Dan und Michael Brocke, Der alte jüdische Friedhof in Bonn-Schwarzrheindorf. 1623-1956. Bildlich-textliche Dokumentation, Köln 1998.

Brocke, Michael, Der alte jüdische Friedhof zu Frankfurt am Main. Unbekannte Denkmäler und Inschriften, Sigmaringen, 1996.

—, „The Lilies of Worms", in: Zutot. Perspectives on Jewish Culture 8 (2011). S. 3-13.

Felicetti, Achille, Francesca Murano, Paola Ronzino und Franco Niccolucci. „CIDOC CRM and Epigraphy: A Hermeneutic Challenge", in *Extending, Mapping and Focusing the CRM*, hg. von Paola Ronzino, Aachen 2015 (CEUR Workshop Proceedings 1656), S. 55–68, URL: http://ceur-ws.org/Vol-1656/paper5.pdf (06.12.2019).

Goudz, Inna, „Grabsteinschmuck: Symbole", in: *Verborgene Pracht. Der jüdische Friedhof Hamburg-Altona, aschkenasische Grabmale*, hg. von Michael Brocke, Dresden 2009, S. 82–97.

— und Nathanja Hüttenmeister, „„Gefallen ist die Krone ...'. Ein Symbol in Schrift und Bild", in: *Verborgene Pracht. Der jüdische Friedhof Hamburg-Altona, aschkenasische Grabmale*, hg. von Michael Brocke, Dresden 2009, S. 320–333.

---

24 http://vocab.getty.edu/aat/300046065 (06.12.2019).
25 Grundsätzlich dazu Felicetti u.a., „CIDOC CRM and Epigraphy: A Hermeneutic Challenge".

Grüntgens, Max und Thomas Kollatz, „Korpusbasiertes Arbeiten und epigraphische Datenbanken. Möglichkeiten und Herausforderungen am Beispiel von EPIDAT und DIO", in: *Osnabrücker Beiträge zur Sprachtheorie* 92 (2018), S. 157–74.

Kailus, Angela und Regina Stein. „Besser vernetzt: Über den Mehrwert von Standards und Normdaten zur Bilderschließung. Informationszugang, semantische Interoperabilität, Linked Open Data, Normdaten, Koreferenzierung", in: *Computing Art Reader. Einführung in die digitale Kunstgeschichte*, hg. von Piotr Kuroczyński, Peter Bell und Lisa Dieckmann, Heidelberg 2018, S. 119–139, DOI: 10.11588/arthistoricum. 413 (16.12.2019).

Kloos, Rudolf M., *Einführung in die Epigraphik des Mittelalters und der frühen Neuzeit*, Darmstadt ²1992.

Kollatz, Thomas, „Epidat – Datenbank zur jüdischen Grabsteinepigraphik. Inventarisierung und Dokumentation historischer jüdischer Friedhöfe", in: *Wenn das Erbe in die Wolken kommt. Digitalisierung und kulturelles Erbe*, hg. von Eckhard Bolenz, Lina Franken und Dagmar Hänel, Essen 2015, S. 161–168

—, „Raum-Zeit-Analysen mit DARIAH-Geo-Browser und DARIAH-Datasheet-Editor", in: *Bibliothek – Forschung und Praxis* 40/2 (2016), S. 229–233, DOI: 10.1515/bfp-2016-0032 (06.12.2019).

—, „EPIDAT. Research Platform for Jewish Epigraphy", in: *Crossing Experiences in Digital Epigraphy. From Practice to Discipline*, hg. von Annemaria de Santis und Irene Rossi, Warschau 2018, S. 231–239.

— und Stefan Schmunk. „Datenvisualisierung: Geo-Browser und DigiVoy", in: *TextGrid: Von der Community – für die Community. Eine Virtuelle Forschungsumgebung für die Geisteswissenschaften*, hg. von. Heike Neuroth, Andrea Rapp und Sibylle Söring, Glückstadt 2015, S. 165–180, DOI: 10.3249/webdoc-3947 (06.12.2019).

Lessing, Gotthold Ephraim, *Wie die Alten den Tod gebildet*, TextGrid Repository, Digitale Bibliothek 2012, URL: https://hdl.handle.net/11858/00-1734-0000-0003-EA77-B (16.12.2019).

Möglichkeiten und Grenzen der Videoannotation mit *Pan.do/ra* – Forschung, Lehre und institutionelles Repositorium

Matthias Arnold, Hans Martin Krämer, Hanno Lecher, Jan Scholz,
Max Stille und Sebastian Vogt

Seit fast 10 Jahren wird am Heidelberger Zentrum für Transkulturelle Studien (HCTS) im Rahmen der Heidelberg Research Architecture mit Pan.do/ra eine open source Platt-form zur Annotation von Audio- und Video-Material angeboten. Das webbasierte System erlaubt es mehreren Nutzern gleichzeitig, frei gewählte Segmente eines Videos mit unter-schiedlichen Arten von Annotationen (Layer oder Spuren) zu versehen, zu bearbeiten, auszutauschen und zu exportieren. Dieser Beitrag stellt verschiedene Anwendungsszena-rien an der Universität Heidelberg vor. Der Einsatz in der Forschung wird am Beispiel islamischer Predigten, der Einsatz in der Lehre am Beispiel japanischer Propagandafilme des Zweiten Weltkriegs dargestellt. Der Beitrag diskutiert dabei kritisch, wie hilfreich die vorgängige Annotation letztlich für die eigentliche Inhaltsanalyse ist. Außerdem werden der Einsatz als institutionelle Videoplattform und abschließend die Anforderungen und Herausforderungen für ein nachhaltiges Angebot auf universitärer Ebene diskutiert.

Einführung

Am *Heidelberger Zentrum für Transkulturelle Studien* (HCTS) gehört seit 2010 eine Videoannotationsdatenbank zum Serviceangebot der *Heidelberg Research Ar-chitecture* (HRA).[1] Nach einer Bedarfsanalyse und Tests unterschiedlicher frei zu-gänglicher Softwarelösungen zur Videoannotation fiel die Wahl auf *pad.ma*, die als Open Source-Plattform entwickelt wird und jetzt in der Nachfolgeversion *Pan.do/ra*[2] in Heidelberg installiert ist.[3]

Pan.do/ra ist eine Online-Applikation, die es mehreren Nutzern gleichzeitig erlaubt, frei gewählte Abschnitte eines Videos mit unterschiedlichen Arten von Annotationen[4] (Layer oder Spuren) zu versehen. Über Annotationen können so-wohl einzelne Sequenzen als auch sämtliche Szenen zu einer Thematik direkt über eine URL referenziert werden. Jede Spur enthält zeitreferenzierte Annotati-onen eines bestimmten Typs und neben Freitext können georeferenzierte Ortsin-formationen, Keywords (bzw. Tags) oder auch Bilder hinzugefügt werden. Dank

---

1   http://hra.uni-hd.de (14.06.2019)
2   http://pan.do/ra, die Vorgängerplattform ist noch erreichbar unter http://pad.ma/ (14.06.2019)
3   http://vad.uni-hd.de (14.06.2019)
4   Vgl. *DARIAH-DE Report 6.2.1 Digitale Annotationen: „Best Practices" und Potentiale*, 2016.

DOI: 10.13173/9783447114608.231

einer integrierten Rechteverwaltung können Filme gezielt für bestimmte Nutzergruppen freigegeben oder komplett samt Annotationen öffentlich zugänglich gemacht werden.

Bei der Entscheidung für den Einsatz von *Pan.do/ra* (ursprünglich pad.ma) waren mehrere Faktoren ausschlaggebend. Neben der Verfügbarkeit als Open Source Software und des webbasierten, kollaborativ nutzbaren Frontends war auch die auf das Videomaterial orientierte Oberfläche ein nicht unwesentlicher Grund für die Wahl dieser Software.

Die in der typischen Installation reduzierte Anzahl von Annotationsspuren wurde von den im Auswahlprozess angesprochenen Forschern häufig als positiv begrüßt, insbesondere im Gegensatz zu linguistisch orientierten Plattformen.[5] Daneben sprachen auch die vielseitig nutzbare Oberfläche und der Kontakt zu den Entwicklern für dieses System. Die Programmierer hatten bereits Zusatztools entwickelt, beispielsweise *SpeedTrans*.[6]

Die Referenzierbarkeit von Annotationen oder Suchanfragen über individuelle URLs brachte für viele Nutzer auch eine wesentliche Arbeitserleichterung mit sich, denn das aufwändige Zerschneiden von Filmmaterial in einzelne Clips ist mit diesem Onlinesystem nicht mehr notwendig: Das Material kann vollständig auf den Server geladen, die benötigten Sequenzen individuell annotiert und später über den Direktlink in der Plattform aufgerufen werden.

Nicht alle für den Einsatz im Exzellenzcluster *Asia and Europe in a Global Context* benötigten Features waren bereits vorhanden. Einzelne grundlegende Weiterentwicklungen des Funktionsumfangs, wie die Anbindung des Heidelberger LDAP, mehrsprachige Audio- und Annotationsspuren oder eine Möglichkeit zum Bulk-Upload von Videos konnten durch gezielte Investitionen der HRA in die Software eingebaut werden. Sie stehen jetzt im offenen Quellcode und damit allen Nachnutzern zur Verfügung.

Die Software wurde am HCTS sehr gut angenommen und kam sowohl in Forschungsprojekten als auch in der Lehre zum Einsatz. Das Fächerspektrum der Nutzer ist breit und reicht von Musikwissenschaft, Ethnologie und Geschichte über Islamwissenschaft, Sinologie, Japanologie bis zur Kunstgeschichte. Darüber hinaus wurde *Pan.do/ra* auch als Medien-Repositorium für das e-Journal *Transcultural Studies* oder zur Veröffentlichung von Screencasts eingesetzt.

---

5 Beispielsweise ELAN https://tla.mpi.nl/tools/tla-tools/elan/ (14.06.2019) oder EXMARaLDA https://exmaralda.org (14.06.2019). Für weitere Plattformen siehe auch den von Matthias Arnold 2014 zusammengestellten *Overview: Video Annotation Tools*, http://bit.ly/1oUYPNH (14.06.2019).

6 Diese Browserererweiterung für Firefox war speziell für die effiziente Erstellung von Transkriptionen in pad.ma gedacht, auch über Tastatur steuerbar und legte die Daten im .srt-Format ab, das wieder in die Videoannotationsplattform importiert werden konnte; URL: https://files.pad.ma/speedtrans/ (14.06.2019).

Über einige sehr erfolgreiche Anwendungen der Plattform haben wir bereits an anderer Stelle berichtet.[7] In diesem Beitrag möchten wir Möglichkeiten und Grenzen von *Pan.do/ra* einer kritischen Betrachtung unterziehen. Wir stellen dabei drei Anwendungsszenarien vor, in denen die Software mit teilweise sehr spezifischen Anforderungen konfrontiert wurde. Während im ersten Szenario (Jan Scholz und Max Stille) die Analyse diegetischer und mimetischer Elemente von Predigten bereits ein Set von Anforderungen über die Grundfunktionalitäten von *Pan.do/ra* hinaus mit sich brachte, wurde im zweiten Szenario (Hans Martin Krämer) die Kombination von annotatorischer Erschließung und inhaltlicher Auswertung innerhalb eines Seminares erprobt. Im dritten Szenario (Hanno Lecher und Sebastian Vogt) wurde die Nutzbarkeit der Plattform für einen ganz anderen Kontext evaluiert: Der Einsatz als digitale Videothek. Die Berichte sind dabei von den Anwendern selbst verfasst worden, um die Nutzerperspektive jeweils klarer darzustellen. Am Ende dieses Artikels sollen die verschiedenen Erkenntnisse zusammengefasst und in einen allgemeineren Kontext gestellt werden.

Einsatz in wissenschaftlichen Forschungsprojekten

Die Forschungsgruppe *Listening Communities: Islamic Sermons as a Transcultural Medium* hat sich mit zeitgenössischen islamischen Predigten der arabischen Welt und Südasien, mit besonderem Augenmerk auf Bangladesch (Max Stille) und Ägypten (Jan Scholz), beschäftigt. Beide Forscher hatten sich zunächst mit islamischen Podcasts beschäftigt und hier erste Erfahrungen mit der Analyse audio-(visueller) Medien gesammelt.[8] Während der Forschung zu islamischen Predigten in Südasien bzw. der arabischen Welt ergaben sich hierbei immer wieder Überschneidungen in den Forschungsfragen. Die Forschungsgruppe nutzte dabei über mehrere Jahre hinweg *Pan.do/ra* zur Aufbereitung von auditivem und audiovisuellem Predigt-Material. Hierbei standen zwei Ziele im Vordergrund: Erstens sollten einzelne Predigten analytisch, insbesondere auf ihre linguistischen und performativen Aspekte hin, kodiert werden. Zweitens sollte dies auf eine Art und Weise getan werden, die nicht nur zwischen unterschiedlichen Predigten ein und desselben Predigers, sondern über unterschiedliche religiöse und kulturelle Kontexte hinweg eine Vergleichsebene ermöglicht.

Im Folgenden sollen in einem ersten Schritt Möglichkeiten der Videoanalyse skizziert werden. Diese werden zunächst grob innerhalb des geisteswissenschaftlichen Fokus, der performative Elemente in den Blick nimmt, verortet. In einem

7 Matthias Arnold u.a., „‚Losing My Religion' – Einsatz der Videoannotationsdatenbank Pan.do/ra in der kunstgeschichtlichen Analyse von Musikvideos", in: *Grenzen und Möglichkeiten der Digital Humanities*, hg. von Constanze Baum und Thomas Stäcker, Wolfenbüttel 2015 (Sonderbände der Zeitschrift für digitale Geisteswissenschaften 1), DOI: 10.17175/sb001_018 (25.10.2019).

8 Jan Scholz u.a., „Listening to more than Islam: Approaching identities through the auditory dimension of podcasts", in: *Orient* 51/1 (2010), S. 38–50; Jan Scholz u.a., „Listening Communities? Some Remarks on the Construction of Religious Authority in Islamic Podcasts", in: *Die Welt des Islams* 48 (2008), S. 457–509.

zweiten Schritt werden Herausforderungen und Weiterentwicklungsmöglichkeiten besprochen.

Theoretische Rückbindung der Videoanalyse

Spätestens durch die Betonung der Notwendigkeit in der kulturwissenschaftlichen Forschung auch performative Aspekte in den Blick zu nehmen, welche insbesondere durch den *performative turn* und dem Paradigma der „Kultur als Performanz" ab den 90er Jahren zunehmend Aufmerksamkeit erlangt hat,[9] ergeben sich auch neue Chancen für die Videoanalyse. Genau genommen ist eine Aufmerksamkeit für performative Aspekte aber keine neue Erscheinung, sondern bereits tief in einigen der Grundlagentexte beispielsweise der Literaturwissenschaft, aus der ja in gewisser Hinsicht die Kulturwissenschaft zumindest mit hervorgegangen ist, angelegt. So hat bereits die antike Rhetorik – häufig unter Bezug auf entsprechende Überlegungen zum Theater – den performativen Aspekten eine herausragende Bedeutung beigemessen. Hierzu sei nur beispielhaft auf Cicero und Quintilian verwiesen, die bereits ausgiebig über die Bedeutung und Wirkung des körperlichen und des stimmlichen Vortrags nachgedacht haben. Zahlreiche Grundüberlegungen auch der modernen Rhetorik gehen auf sie zurück.[10]

In dieser Hinsicht ist also eine Untersuchung der Performanz keine neue ‚Mode'. Ein solcher Hauch haftet ihr aber mit Blick auf die hierbei zu verwendenden technischen Werkzeuge dennoch manchmal an. Gerade in den Geisteswissenschaften, in denen sich der Wechsel zu neuen Methoden teilweise sehr langsam vollzieht, geht ein Fokus auf performative Aspekte nicht unmittelbar mit der Selbstverständlichkeit einher, diesen auch durch die Nutzung moderner Videoanalysesysteme zu unterstützen. Es mag zunächst nahe liegen sich schlicht der gewöhnlichen Bildbearbeitungssoftware zu bedienen (so auch in ihrer Anfangsphase die Autoren dieses Artikels), um die Bedeutung oder die spezifische Nutzung performativer Techniken – beispielsweise mit Hilfe von Screenshots – deutlich zu machen. Gleichwohl eröffnet die Analyse mittels spezieller Videoannotationssoftware für eine wissenschaftliche Analyse jedoch zahlreiche darüberhinausgehende Möglichkeiten.

---

9 Erika Fischer-Lichte, *Ästhetische Erfahrung: das Semiotische und das Performative*, Tübingen 2001, S. 9.

10 Jan Scholz, „Modern Arabic Rhetorical Manuals: A Transcultural Phenomenon", in: *Engaging Transculturality: Concepts, Key Terms, Case Studies*, hg. von Laila Abu-Er-Rub u.a., London 2018, S. 170–184; Jan Scholz, „Cicero and Quintilian in the Arab World? Latin Rhetoric in Modern Arabic Rhetorical and Homiletical Manuals", in: *Latin and Arabic: Entangled Histories*, hg. von Daniel König. Heidelberg 2019, S. 201–223; Max Stille, „Conceptualizing Compassion in Communication for Communication: Emotional Experience in Islamic Sermons (Bengali *waʿz maḥfils*)", in: *Contributions to the History of Concepts* 11 (2016), S. 81–106.

Möglichkeiten und Anforderungen der Videoanalyse

Die Verwendung von Videoannotationssoftware erlaubt es beispielsweise, wenn wie im vorliegenden Fall die rhetorische Performanz von Predigern Gegenstand der Analyse ist, durch Schlagworte unterschiedliche Sprachregister, die Nutzung der Gestik bzw. der Mimik, oder auch inhaltliche Aspekte zu markieren. Dies erfordert – ungeachtet ob mit *Pan.do/ra* oder einem anderen Programm gearbeitet wird – zunächst eine angepasste Verschlagwortung. Hierbei muss eine Liste geeigneter Schlagworte erarbeitet werden, mit denen die entsprechenden Elemente im zu analysierenden Video markiert werden. An welchen Stellen bringt der Redner beispielsweise Freude, an welchen Trauer, an welchen eine Ermahnung zum Ausdruck, sei es durch die stimmliche oder durch die gestische und mimische Performanz. Dieser Schritt kann mühselig sein, etwa in solchen Fällen, in denen häufige und schnelle Wechsel Gestik, Mimik oder stimmliche Performanz des Sprechers kennzeichnen. Es lässt sich entsprechend weiter differenzieren: An welchen Stellen wird ein leichtes Lächeln, ein starkes und deutliches, wann ein Lachen verwendet? Wo werden wie lange Gesichtsausdrücke für bestimmte Emotionen – Freude, Wut, Trauer, Entsetzen, Begeisterung, Überraschung – eingesetzt? Wann wird mit welchem Stimmregister gesprochen? Die Software *Pan.do/ra* erlaubt, es entsprechende Stellen im Zuge der Betrachtung der Videos mit Schlagworten zu markieren. Hierzu werden ein Anfangs- und Endpunkt für Passagen gesetzt und das gewählte Schlagwort vergeben.

Bereits wenige Beispiele erlauben zu verdeutlichen, inwiefern solche Analysen aufschlussreich sein können: So ist es in zahlreichen islamischen Predigten – Vergleichbares gilt selbstverständlich auch für andere erzählerische Genres – üblich, nicht nur diegetisch von bestimmten Ereignissen zu berichten, sondern solche Ereignisse vielmehr auch mimetisch darzustellen. Eine solche mimetische Darstellung bedient sich meist einer Kombination von verändertem Sprachregister (bspw. Dialekt statt Hochsprache, eine andere – der darzustellenden Person angemessene – Stimmlage) und auch entsprechender mimischer und gestischer Elemente. Die dargestellten Personen werden durch den Redner mimisch und gestisch ,verkörpert': Der Redner spricht nicht nur in direkter Rede ,an Stelle der Person', sondern inszeniert gleichzeitig auch die Freude oder das Erstaunen, das die durch ihn dargestellte Person in einer bestimmten Situation verspürt. Durch diese dramatische Strategie werden die Gefühle für das Publikum auch akustisch und visuell wahrnehmbar, die Predigt wird in besonderer Weise erlebbar.[11] Anhand einer Verschlagwortung entsprechender Aspekte lässt sich somit eine umfangreiche Analyse performativer Strategien durchführen. Beispielsweise lässt sich der Anteil diegetischer und mimetischer Rede ermitteln, oder auch die Frequenz von Rollenwechseln, der Anteil bestimmter Emotionen an einer Rede.

---

11 Jan Scholz, „Dramatic Islamic Preaching: A Close Reading of ʿAmr Khālid", in: *Religion and Aesthetic Experience: Drama – Sermons – Literature*, hg. von Sabine Dorpmüller u.a., Heidelberg 2018, S. 149–170.

Überwiegt etwa Trauer, oder Freude, oder vielleicht Hoffnung, oder gar eine strenge Ermahnung? Lassen sich bestimmte emotionale Register bestimmten in der Predigt dargestellten Personen zuordnen, mit anderen Worten: werden bestimmte Figuren durch ein bestimmtes emotionales Spektrum gekennzeichnet, andere durch ein anderes? Wie wird Männlichkeit oder Weiblichkeit konstruiert? Beispiele für entsprechende Analysen finden sich in anderen Publikationen der Autoren.[12]

Die Anteile entsprechender Emotionen wie auch deren Verteilung auf bestimmte Figuren sind zum einen für ein Verständnis der Wirkung von Predigten oder Reden grundlegend, wie auch für ein Verständnis ästhetischen bzw. rhetorischen Wandels, gerade auch in einer transkulturellen Perspektive.[13] So ist beispielsweise hervorgehoben worden, dass in arabisch-islamischen Predigten häufig zwei wesentliche rhetorische Momente maßgeblich sind. Das Erzeugen von Freude und Sehnsucht (arab. *targhīb*) auf der einen, sowie das Einflößen von Furcht (arab. *targhīb*) auf der anderen Seite. In einigen Fällen wird davon ausgegangen, dass ein Einflößen von Furcht eher für einen konventionelleren Predigtstil kennzeichnend ist, sich hingegen eine Betonung positiv konnotierter Emotionen in den letzten Jahrzehnten verstärkt verbreitet hat. Anhand einer schlagwortbasierten Analyse lassen sich die Anteile entsprechender rhetorischer Elemente darstellen.

Im Falle des Forschungsprojektes zur islamischen Predigt wurde für die Analyse die Videoannotationsplattform *Pan.do/ra* verwendet. Zu den Auswahlkriterien für das Programm zählten zunächst die Vorteile einer webbasierten Software: Auf die Videos kann von überall und gegebenenfalls durch mehrere Personen zugegriffen werden, ohne dass hierzu die jeweils aktuellen Dateien ausgetauscht werden müssen. Dieser leichte Zugriff schien zum Zeitpunkt der Auswahl auch für Präsentationszwecke sinnvoll. Die beteiligten Wissenschaftler hatten somit die Möglichkeit nicht nur auf die jeweils persönlich bearbeiteten Videos zuzugreifen, sondern konnten auch Beispiele des Kollegen anführen. Ebenso wurde die Möglichkeit geschätzt, Videos etwa für die Bearbeitung innerhalb eines Seminars oder von anderen Gemeinschaftsprojekten freizuschalten, so dass Studierenden jeweils unterschiedliche Abschnitte eines Videos identifizieren, annotieren und vergleichen konnten. Gleichzeitig konnte die Verschlagwortung hierbei auch der Gemeinschaft zu Verfügung gestellt werden. Auf dieser Grundlage ließe sich dann entsprechend im Forscherkollektiv eine Menge von Videos verschlagworten, und ggf. über einen längeren Zeitraum ansammeln. Sowohl für

---

12 Max Stille, „Between the Numinous and the Melodramatic: Poetics of Heightened Feelings in Bengali Islamic Sermons", in: *Religion and Aesthetic Experience: Drama – Sermons – Literature*, hg. von Sabine Dorpmüller u.a., Heidelberg 2018, S. 125–148; Scholz, „Dramatic Islamic Preaching".
13 Scholz, „Modern Arabic Rhetorical Manuals"; Max Stille, „Emotion Studies and Transcultural Studies", in: *Engaging Transculturality: Concepts, Key Terms, Case Studies*, hg. von Laila Abu-Er-Rub u.a., London 2018, S. 386–397.

qualitative als auch für quantitative Forschung waren das deutliche Vorteile, die zudem durch die didaktischen Aspekte der Möglichkeit der Verwendung im Unterricht ergänzt wurden. Letzteres ist bei individueller Forschung und Videoanalyse in den meisten Fällen höchstens schwer zu leisten. Nicht zuletzt schien auch die Tatsache, dass für *Pan.do/ra* ein Support durch das Exzellenzcluster *Asia and Europe in a Global Context* in Aussicht gestellt wurde, vielversprechend.

Herausforderungen und Weiterentwicklungsmöglichkeiten

Häufig bieten technischen Errungenschaften nicht nur neue Möglichkeiten, sondern stellen auch Herausforderungen dar. Das gilt auch im Falle von *Pan.do/ra*. Die Eingabe selbst einfacher Elemente wie Untertitel ist teilweise umständlich. Zwar war sie über *Pan.do/ra* grundsätzlich möglich, faktisch erwies es sich jedoch als deutlich praktikabler die Verschlagwortung durch das Programm *Speedtrans* vorzunehmen, und die Verschlagwortung im Anschluss durch die Erstellung einer .srt-Datei in *Speedtrans* in *Pan.do/ra* zu importieren.

Die Schnittstelle zwischen *Pan.do/ra* und anderen Programmen, bzw. das Exportieren von Daten aus *Pan.do/ra*, könnte ebenso verbessert werden. Wie oben beschrieben, ist es ein maßgeblicher Vorteil der Nutzung von *Pan.do/ra*, dass bestimmte inhaltlich oder formell gleiche Teile des analysierten Videomaterials markiert werden können, sowie dass diese im Anschluss über die Bedienoberfläche anhand der vergebenen Schlagworte angewählt werden können. So lassen sich beispielsweise Passagen, in denen eine bestimmte Bewegung durchgeführt oder wiederholt wird, schnell anwählen. Natürlich kann auf markierte Sequenzen oder auch einzelne Suchanfragen direkt online über die automatisch vergebene URL zugegriffen werden. Eine stabile Internetverbindung ist aber nicht immer geben. Hierbei ist die Option sehr hilfreich, markierte Abschnitte eines Videos herunterzuladen, um sie beispielsweise in eine PowerPoint-Präsentation einzubinden oder separat abzuspeichern.

Leider ergeben sich beim Export markierter Abschnitte jedoch häufig Schwierigkeiten. Beispielsweise traten mehrfach Fälle auf, in denen der Ton des heruntergeladenen Videoabschnitts nicht synchron mit dem Video war oder das Video nicht mit dem Beginn des heruntergeladenen Abschnitts einsetzte, sondern erst mit einer gewissen Verzögerung. Insbesondere ist es leider nicht möglich, die mühsam erstellten (auch mehrsprachigen) Untertitel oder Analysekategorien gekoppelt mit den Videoausschnitten zu exportieren. Solange dies nicht der Fall ist, und immer mit einer separaten .srt-Datei gearbeitet werden muss, ist der Aufwand, die Untertitel und Markierungen in *Pan.do/ra* einzupflegen, eigentlich kaum zu rechtfertigen.

Im Sinne der Vorteile, die *Pan.do/ra* als eine Plattform zum Speichern und Verwalten von Videos bieten könnte, von der ausgehend andere Verwendungen der Videos stattfinden, schiene es darüber hinaus sinnvoll, weitere Optionen zum

Export bereitzustellen.[14] Beispielsweise wäre eine Option hilfreich, zwischen
verschiedenen Ausgabeformaten (beispielsweise „nur Video" oder „nur Annotationen aus Spur X") zu wählen oder nur den Ton zu exportieren. Auch wäre
es sinnvoll, über den Namen der heruntergeladenen Datei hinaus auch die URL
der Annotation oder weitere Metadaten der Sequenz (Annotationen) zu exportieren. Gleiches wäre auch für den Export von Standbildern sinnvoll. Könnte eine
Option integriert werden, die es erlaubt, die verschiedenen zu einem Standbild
gehörenden Markierungen anzuzeigen oder auszublenden, und mit der die Bilder automatisch mit dem gewählten Schlagwort als Überschrift sowie mit einer
Zeitmarkierung versehen werden? Eine solche Option wäre deutlich einfacher
als ein herkömmliches Erstellen von Screenshots, da letztere jeweils manuell erstellt werden müssen und im Anschluss manuell die entsprechende Beschriftung
(bzw. das entsprechende Schlagwort) hinzugefügt werden muss, wohingegen es
die vorgeschlagene Option erlauben würde, nach einer manuellen Auswahl bestimmter Schlagworte bzw. Punkte die gesamten Standbilder mit entsprechender
Beschriftung und Zeitstempel zu erzeugen. Dies würde die Darstellung von Performanz und ausgewählten rhetorischen Mittel in Publikationsformen, die keine
Videos einbinden, wie beispielsweise gedruckten Artikeln, erleichtern.

Auch die Möglichkeiten, die *Pan.do/ra* zur wissenschaftlichen Analyse bereitstellt, könnten noch ausgebaut werden, so beispielsweise bei der Auswertung der
vergebenen Schlagworte. Wenn über eine große Menge von Videos hinweg Stellen oder Passagen mit denselben Schlagwörtern markiert wurden (etwa zu An-
redeformen, stimmlichen Charakteristika, bestimmten Gesten, zitierten Werken,
Koranpassagen oder Gedichten, Sprachregisterwechseln), so wäre es spannend,
diese quantitativ auswerten zu können. So könnte beispielsweise anhand von
Diagrammen veranschaulicht werden, wie oft in Predigten eines bestimmten
Predigers, Predigten zu einem Anlass, oder sogar in verschiedenen Predigtteilen
bestimmte Schlagworte auftauchen. Wenn mehrere Wissenschaftler gemeinsam
daran arbeiten, mit kontrollierter Verschlagwortung ein Archiv aufzubauen,
könnten solche Darstellungen helfen, Unterschiede und Gemeinsamkeiten zwischen verschiedenen Sprachen, theologischen Traditionen oder Medienformaten
herauszuarbeiten.

Nutzung zur Präsentation und im Unterricht

Ein wohlgeordnetes, mit Schlagworten und Untertiteln in unterschiedlichen
Sprachen versehenes Audio-/Video-Archiv ist prädestiniert für die Kommunikation von Forschungsergebnissen und für den Einsatz im Unterricht. Was den
ersten Punkt betrifft, so ist hervorzuheben, dass gerade in kleineren Kontexten,
z.B. bei Workshops, die Präsentation von Daten anhand von *Pan.do/ra* viele Vorteile bietet. Zum einen bekommen die Kollegen einen Eindruck von der Art und

---

14 Die folgenden Anmerkungen sind als Anregungen gedacht, und entsprechen gegebenenfalls nicht den Zielen, die sich die Entwickler der Plattform gesetzt haben.

Fülle der verwendeten Daten, zum anderen kann bei Rückfragen dynamisch auf andere Teile der Datenbank zugegriffen werden. Dabei ist lediglich eine stabile Internetverbindung Voraussetzung.

Eine noch viel größere Hürde – wenn auch kein Software-Problem – ist allerdings das Copyright: Gibt man Datensätze aus *Pan.do/ra* auch anderen an die Hand oder bindet sie in Veröffentlichungen ein, müssen oft teure und/oder logistisch schwierig zu erwerbende Einverständniserklärungen vorliegen.

Was die Möglichkeiten zur Nutzung im Unterricht betrifft, so sind unterschiedliche Möglichkeiten denkbar. An dieser Stelle seien in Kürze zwei Punkte, nämlich a) die Erstellung von Analysekriterien gemeinsam mit Studierenden und b) die Nutzung von Untertiteln besprochen.

Die Verwendung von Videomaterial, sei es aus der Feldforschung oder Material aus dem Internet bzw. anderen Quellen, hat sich in der Praxis als bedeutender Mehrwert im Unterricht erwiesen. Eine Analyse von Videomaterial wird von Studierenden häufig ‚anschaulicher‘ empfunden, gegenüber der Lektüre und Analyse von Texten oder Forschungsberichten. Gleichzeitig stellt eine Videoanalyse Studierende jedoch häufig vor eigene Herausforderungen. Genau hier liegt die Stärke einer Plattform wie *Pan.do/ra*: Welche Aspekte sind wichtig? Worauf sollte sich eine Analyse konzentrieren? Diese grundsätzliche Herausforderung lässt sich im Fall einer Videoanalyse mittels *Pan.do/ra* mit der ebenfalls grundsätzlichen Notwendigkeit zur Verschlagwortung verknüpfen: Durch mehrmaliges Betrachten einer Sequenz lassen sich zunächst – vor dem Hintergrund einer Fragestellung, beispielsweise der performativen Ausgestaltung einer Predigtpassage – geeignete Schlagworte sammeln. Bei der anschließenden Verschlagwortung des Videos, d.h. bei der Setzung der gewählten Schlagworte an den entsprechenden Stellen, wird diese Sammlung einer detaillierten Prüfung unterzogen. Schnell zeigen sich in diesem Prozess etwa die Notwendigkeit einer weiteren Spezifizierung oder Ausarbeitung. Das Medium ‚Video‘ bringt im Vergleich zum herkömmlichen Text somit neue Herausforderungen, gleichzeitig erschließt die Videoanalyse jedoch auch andere Ebenen, als dies bspw. beim Mark-Up von Text möglich ist.

Vergleichbares lässt sich auch mit Blick auf die Nutzung von Untertiteln feststellen. Das Hörverständnis von fremdsprachigen (etwa Arabisch, Bengalisch etc.) Passagen stellt (nicht nur) die Studierenden vor große Herausforderungen. Entsprechend müssen Videos in teilweise kleinteiliger Arbeit schrittweise rausgehört bzw. übersetzt werden. Hierbei bietet es sich an, unterschiedliche Spuren anzulegen, eine in der lediglich der ‚rausgehörte‘ Text in Originalsprache enthalten ist, eine andere mit der Übersetzung. Gegebenenfalls kann es sinnvoll sein, für den Originaltext zwei Spuren anzulegen: eine mit dem Text in Originalschrift und eine zweite, in der der Text in wissenschaftlicher Transkription angezeigt wird. Die Möglichkeit, bei der Analyse in der Gruppe jeweils gemeinsam erarbeitete Übersetzungen direkt der entsprechenden Sequenz im Video zuzuordnen, bietet hier einen entscheidenden Mehrwert. Und zwar auch abgesehen davon, dass Übersetzungen über das Internet den Studierenden auch für die Nachbereitung bzw. Vorbereitung einer Sitzung unmittelbar zur Verfügung gestellt werden können: Ohne weitere Umstände (wie etwa zeitaufwendige Orientierung innerhalb der Datei o.ä.) lassen sich Passagen zu Hause nachhören und wiederholen. Die Studierenden können hierbei ihr Hörverständnis trainieren, wobei sie die Möglichkeit haben, die entsprechenden Untertitel in Originalsprache, Umschrift, Übersetzung ein- bzw. auszublenden. Eine bequeme Navigation bietet hier auch den Vorteil, dass ähnliche Textpassagen während des Übersetzungsprozesses ohne langwierige Suche nach entsprechenden Stellen direkt miteinander verglichen werden können. Das erleichtert auch die Korrektur: Sollte beispielsweise ein bestimmter Begriff (oder eine bestimmte Wendung) zunächst fehlerhaft übersetzt worden sein, so lässt sich dies im Anschluss relativ schnell korrigieren. Durch Auswahl der Originalsprachen-Spur können sämtliche Stellen ausgewählt werden, an denen das entsprechende Wort (oder die entsprechende Wendung) auftaucht, wodurch sich diese entsprechend schnell verbessern lassen.

Zusammenfassend kann gesagt werden, dass die Arbeit mit einer Videodatenbank für die Forschung zur Organisation von Material, den wissenschaftlichen Austausch und zum Teil die Darstellung von Forschungsmaterial hilfreich ist. Für beide Ebenen waren eine enge Zusammenarbeit und ein regelmäßiges Feedback der Mitglieder der Forschungsgruppe von großer Bedeutung. Insbesondere regelmäßige Treffen zur gemeinsamen Verschlagwortung beim Umgang mit dem audiovisuellen Material haben sich als nützlich erwiesen. Zukünftigen Projekten wird empfohlen, diese entsprechend im Voraus einzuplanen. Nach der Absprache einer erfolgreichen Verschlagwortung ist es im Anschluss möglich, dezentral und ohne großen Koordinationsaufwand weitere Videos hinzuzufügen. Für die Kommunikation in Unterricht und auf Workshops ist, insbesondere aufgrund der Möglichkeit zur Darstellung von Vielsprachigkeit durch Untertitel, *Pan.do/ra* sehr nützlich. Gleichzeitig bleibt aufgrund optimierbarer technischer Umsetzung und Usability noch einiges an Potential ungenutzt. Um *Pan.do/ra* zu einer Plattform auszubauen, die auch analytisch genutzt werden kann und den Wissenschaftlern ein unabdingbares Werkzeug im Alltag bietet, wäre eine Weiterentwicklung in enger Zusammenarbeit zwischen Entwicklung und Forschung anzuvisieren.

Einsatz in der Lehre

Im Wintersemester 2017/18 wurde *Pan.do/ra* als zentrales Tool im Rahmen eines Hauptseminars in der Heidelberger Japanologie eingesetzt, das hier aus der Perspektive des Dozenten dargestellt und beurteilt wird. Gegenstand des Seminars mit dem Titel *Japanische Propagandafilme des Zweiten Weltkriegs* waren 16 eher kurze Filme aus dem Zeitraum 1929 bis 1943, wobei der zeitliche Schwerpunkt mit zehn Filmen auf den Jahren 1938 bis 1940 lag, d.h. der Zeit nach Beginn des Chinesisch-Japanischen Krieges 1937, aber noch vor dem japanischen Angriff auf die USA 1941. Die 16 Filme, die zwischen 7 und 22 Minuten lang sind, wurden 2005 auf DVD herausgegeben. Es handelt sich durchweg um zuvor unbekannte Filme, die 2005 erstmals nach 1945 in irgendeiner Form gezeigt oder veröffentlicht wurden. Entsprechend existiert so gut wie keine Literatur zu diesen Filmen, und sie tauchen auch in japanischen Nachschlagewerken zur Filmgeschichte so gut wie kaum auf.

Mit anderen Worten: Hier galt es, filmisches Primärmaterial überhaupt erst einmal ganz fundamental quellenmäßig zu erfassen, was u.a. auch eine Transkription der Tonspur und der gezeigten Titel und Zwischentitel umfasste. Hierfür bot sich *Pan.do/ra* unmittelbar an, und in der Tat war die erste Idee für das Seminar, die primäre Erschließung der Filme mittels *Pan.do/ra* in das Zentrum der Seminararbeit zu stellen. Es wurden 16 Teilnehmerinnen und Teilnehmer für das Seminar angenommen, von denen dann jede und jeder einen Film übernahm. Die Teilnehmerinnen und Teilnehmer sollten also ihren Film in *Pan.do/ra* annotieren, dann aber auch auf der Grundlage dieser Primärerschließung formal und inhaltlich analysieren und interpretieren. Als wichtige Analysedimensionen waren vom Dozenten vorgegeben: Geschichte, Gender, Heimatfront, Klassen, Schichten, Alltagsleben, Familie, Wirtschaft, Technik, Waffen, Religion, Feinddarstellungen (insbesondere China), Musik, Ton, Natur und Landschaft(en).

Diese eigentliche inhaltliche Arbeit waren fünf einführende Sitzungen vorgeschaltet, in denen es zunächst um Propaganda und Filmgeschichte allgemein ging, dann in zwei Sitzungen auch um die Arbeit mit *Pan.do/ra*. Hier half in einer Sitzung Eric Decker von der Heidelberg Research Architecture (s.o.), der auch schon im Vorfeld dem Dozenten bei der Planung der Veranstaltung und der Aufbereitung der Filmdateien in *Pan.do/ra* zur Seite gestanden hatte, diese Einführung zielführend zu gestalten. Der Unterricht selbst fand in einem Sprachlaborraum mit fest installierten Computern statt, an denen die Studierenden per Internetzugang mit *Pan.do/ra* arbeiten konnten.

Die Sitzungen im Hauptteil des Seminars waren so gestaltet, dass jeweils zwei Filme vorgestellt wurden. Jede Teilnehmerin und jeder Teilnehmer hatte also 45 Minuten Zeit, zunächst seinen/ihren Film zu zeigen bzw. Teile daraus (bis zu maximal zehn Minuten Länge). Hier sollte auch sichtbar werden, wie weit die Videoannotation bereits fortgeschritten war, das heißt, der Film wurde aus der Editor-Ansicht in *Pan.do/ra* heraus gezeigt, so dass die anderen Studierenden direkt sehen konnten, welche Annotationen bereits vorgenommen worden waren. Der Referent oder die Referentin sollte dann auch auf die Annotationen eingehen, v.a. aber auf die Analyse des Films nach den o.g. inhaltlichen Dimensionen.

In diesem Stadium, d.h. während des Semesters, nahm die sprachliche Erschließung einen großen Teil der Annotations-Arbeit ein. Zwar handelte es sich bei einem Film um einen Stummfilm, alle anderen hatten aber eine Tonspur mit zum Teil sehr umfangreicher Narration. Diese war aufgrund der Tonqualität nicht immer leicht zu erschließen. Zusätzlich sollten die Studierenden die Narration auch ins Deutsche übersetzen; dies galt auch für die im Bild gezeigte Schrift, d.h. v.a. die teils ebenfalls zahlreichen Zwischentitel.

Große Schwierigkeiten ergaben sich bei der Festlegung der Verwendung der vorhanden Felder für die Annotation. Hier hatte der Dozent vorab keine feste Entscheidung getroffen, sondern dies mit den Studierenden zusammen festlegen wollen, was sich als zu naiv herausstellte. So herrschte eine längere Zeit Unklarheit, was in welches Feld eingetragen werden soll, bis die folgenden verbindlichen Regeln etwa in der Mitte des Seminars festgelegt und im begleitenden E-Learning-Kurs schriftlich festgehalten wurden:

Places:
• Bitte tragen Sie hier Orte ein, die gezeigt werden.
• Legen Sie diese nicht in der Orts-Datenbank an (Manage Places), sondern fügen Sie sie einfach mit dem Plus-Zeichen hinzu.

Events:
• Bitte tragen Sie hier Ereignisse ein, die gezeigt werden.
• Es kann sich entweder um punktuelle Ereignisse (wie den Zwischenfall an der Marco-Polo-Brücke vom 7. Juli 1937) oder um längere Zeiträume (wie den Zweiten Chinesisch-Japanischen Krieg 1937–1945) handeln.

Keywords:
• Hier tragen Sie bitte einzelne Realia oder nur kurz zu Sehendes ein.
• Innerhalb der unter Descriptions einzutragenden Szenen sollten hier für die Analyse wichtige kleinere Bestandteile des Filmes auftauchen.
• Beispiele:
    • B1, 06:40–06:46 Poster zu den 21 Forderungen Japans an China 1915
    • B5, 04:37–04:41 traditionelles japanisches Bauernhaus in Totalansicht
    • B7, 00:50–01:10 Kaiserliche Universität Tokyo, Yasuda-Uhrenturm

Descriptions:
• Hier geben Sie bitte eine Beschreibung der Szene ein, die gerade zu sehen ist.
• Was zu einer Szene gehört, entscheiden Sie; in der Regel ist damit aber nicht ein einzelner Schnitt gemeint, sondern eine längere Passage
• Beispiele:
    • A4, 04:14–04:32 Fütterung der Pferde
    • A5, 08:41–09:02 qualmende Fabrikschornsteine; Fabrikanlagen
    • B1, 06:25–06:49 antijapanischer Widerstand in China
    • B6, 00:10–00:30 Flugzeug hebt ab
• Auch die im Hintergrund zu hörenden Musikstücke sollten hier aufgeführt werden.

Transcripts:
• Hier wird alles festgehalten, was an Text im Film zu sehen ist.
• Dazu gehören Untertitel, Zwischentitel und Schrift auf Gebäuden etc.

- Die Eingabe erfolgt immer zuerst in Japanisch, dann in einem separaten Feld für den gleichen Zeitabschnitt in Deutsch.

Subtitles:
- Hier wird jeder Text festgehalten, der im Film zu hören ist.
- Dazu gehört Text des Off-Redners und direkte Rede.
- Die Eingabe erfolgt immer zuerst in Japanisch, dann in einem separaten Feld für den gleichen Zeitabschnitt in Deutsch.
- Hier sollte die Sprache (Deutsch bzw. Japanisch) wie folgt markiert werden:
    - Deutsch: <span lang="de">Text</span>
    - Japanisch: <span lang="ja"> テキスト </span>

Die Teilung in ‚Transcripts' und ‚Subtitles' war für die Annotation entscheidend und auch klar umzusetzen. Die für die anschließende Analyse wichtigen ‚Keywords' und ‚Descriptions' hingegen blieben für die Studierenden weitgehend unklar und sind auch nicht sehr viel benutzt worden. Allerdings war auch die Identifikation von Realia nicht immer einfach, etwa die Zuordnung bestimmter Gebäude. Hier hat die Diskussion im Seminar gut funktioniert und häufig konnten die Studierenden einander helfen, weil viele visuelle Motive in mehreren Filmen vorkamen. So gut wie gar nicht wurden die Felder Places und Events benutzt.

Das Seminar hat letztlich stark unter dem doppelten Anspruch der Filmerschließung per Videoannotation und der inhaltlichen Analyse gelitten. Der Dozent hat sich nicht dazu durchringen können, den Schwerpunkt auf die Annotation zu legen, sondern für den Leistungserwerb neben der Annotation auch noch eine Hausarbeit in üblicher Länge verlangt, in der die inhaltliche Erschließung des gewählten Films in der Regel mit dem Schwerpunkt auf einem wichtigen Thema stand. Beispiele für Titel von letztlich eingereichten Hausarbeiten in diesem Seminar sind:

- Die Darstellung des Spions im japanischen Propagandafilm *Buki naki teki* und ihr Realitätsbezug anhand des Fallbeispiels „Richard Sorge"
- Der Film *Chizome no sukecchi* von 1937 – Kriegspropaganda oder Kunstfilm?
- Analyse der Darstellung der Kriegsbestattung von Soldaten und des Kriegstotenkultes in japanischen Propagandafilmen des Zweiten Weltkrieges am Beispiel des Filmes: *Lied zum Ruhm der Heldenseelen*
- Wie und mit welchem Ziel inszenierte das japanische Heeresministerium den „Tag des Heeres"?

Während die ursprüngliche Idee des Dozenten war, dass die inhaltlichen Filmanalysen sich auf die Videoannotation stützen sollten, so stellte sich im Nachhinein heraus, dass die Filmanalysen in den Hausarbeiten nur sehr peripher Gebrauch von der Annotation machten. Im Endergebnis standen die beiden verlangten Arbeitsergebnisse, die Videoannotation und die Hausarbeit, also weitgehend unverbunden nebeneinander. Wichtig war für die Hausarbeiten eigentlich nur die sprachliche Erschließung der Filme, die auch ohne ein entsprechendes Tool hätte geleistet werden können. Dies ist weniger eine Kritik an dem Annotationssystem *Pan.do/ra*, sondern war ein strukturelles Problem der Anlage des Seminars bzw. der unreflektierten Herangehensweise an das Seminar durch den Dozenten.

Dass die Videoannotation letztlich kaum zu Rate gezogen wurde, mag auch daran gelegen haben, dass die Inhaltsanalyse eines 15-minütigen, also eher kurzen, Films noch überschaubar ist. Vielleicht bietet sich die Annotation bei einem oder mehreren längeren Filmen eher an; interessant ist sie sicherlich auch für den – ursprünglich angedachten, aus Gründen des Copyrights aber verworfenen – Zweck einer Veröffentlichung des annotierten Films (etwa zum Erschließen der Filme für Personen, die kein Japanisch können). In keinem der 16 Filme konnte dem jeweiligen Bearbeiter oder der jeweiligen Bearbeiterin wirklich plausibel gemacht werden, warum er/sie für die Filmanalyse, die der eigentliche Schwerpunkt des Seminars war, zunächst die Annotation durchführen sollte. Dies haben die Hausarbeiten, in denen die von den Autorinnen und Autorenselbst angefertigte Annotation ignoriert wurden, deutlich gezeigt.

Unabhängig davon gab es durchaus auch Schwierigkeiten, die direkt mit *Pan.do/ra* zusammenhingen. Neben der umständlichen Bedienung, in der die Zuordnung von Tags zu bestimmten Filmausschnitten mühsam war und es immer wieder dazu kam, dass versehentlich schon gesetzte Tags gelöscht oder überschrieben wurden, fehlten bestimmte Funktionen. Insbesondere war dies das Anlegen eigener Tag-Kategorien. Die Beschränkung auf die vorhandenen Kategorien ‚Keywords‘, ‚Descriptions‘, ‚Transcripts‘ und ‚Subtitles‘ führte dazu, dass wir in vielen Fällen nicht wussten, wohin mit welcher Information. Ein Schwerpunkt im Seminar war etwa die Analyse von Musik, Ton und Geräuschen. Hierfür hätten wir gerne eine eigene Kategorie gehabt. Eine solche neu hinzuzufügen ist zwar grundsätzlich möglich, aber nur so, dass sie dann für alle *Pan.do/ra*-Nutzerinnen und -Nutzer sichtbar wird; eine solchermaßen tief eingreifende Änderung bedürfte also sorgfältiger Absprache. In den ‚Transcripts‘ fehlte uns die Möglichkeit, die direkten Transkriptionen auf Japanisch von den deutschen Übersetzungen zu trennen. Hier wurde dann einfach immer ein zweiter Eintrag für denselben Zeitraum angelegt, der aber logisch nicht mit dem anderen in der jeweils anderen Sprache verknüpft war. Der Umgang mit den Keywords ist gewöhnungsbedürftig: Statt ein identisches Keyword einmal anzulegen und dann die relevanten Filmpassagen zuzuweisen, muss dasselbe Keyword immer wieder einzeln vergeben werden. Die Liste der Keywords wird so schnell sehr unübersichtlich. Ebenfalls vermisst wurde die Möglichkeit, hierarchische Schlagwörter anzulegen, so dass etwa eine Zuordnung von Paris und Lyon zu Frankreich möglich würde und man nicht von Hand eine längere Passage mit Frankreich taggen müsste, und darunter zwei Teile dann mit Paris und Lyon.

Der Dozent hat mittlerweile eine zweite DVD-Sammlung mit weiteren Propagandafilmen aus demselben Zeitraum angeschafft und erwägt, das Seminar noch einmal mit weiteren Filmen durchzuführen. Hier stellt sich nun grundsätzlich die Frage, ob *Pan.do/ra* noch einmal zum Einsatz kommen sollte. Der Aufwand für die Studierenden, den die Annotation bedeutet, und damit auch die Ablenkung vom eigentlichen Hauptinteresse, nämlich dem Herausarbeiten der zentralen inhaltlichen Motive japanischer filmischer Propaganda zwischen 1931 und 1945, lässt den Dozenten gegenwärtig dazu neigen, einen zweiten Versuch eher ohne die Videoannotation durchzuführen. Die formale Filmanalyse (Segmentierung etc.) sowie die v.a. sprachliche Primärerschließung müsste natürlich dennoch stattfinden, und mindestens wäre wohl ein Tool zur Untertitelung der Filme hilfreich, damit im Seminarkreis das Ergebnis der sprachlichen Erschließung leicht geteilt werden kann. Für diese vergleichsweise einfachen Aufgaben wäre aber vielleicht der Einsatz eines simpleren Tools wie beispielsweise *SpeedTrans* zielführender.

Einsatz als institutionelles Repositorium (*Digitale Videothek*)

Als Teil seiner Sammlungen verfügt die *Bereichsbibliothek Ostasien* (BOA) der Universität Heidelberg über mehrere Tausend Einheiten teilweise seltenen Filmmaterials aus der Zeit des frühen zwanzigsten Jahrhunderts bis in die Gegenwart. Das Spektrum reicht von Spielfilmen, Dokumentationen und Fernsehmitschnitten bis zu wissenschaftlich bedeutenden Feldforschungsaufnahmen. Das Material liegt in verschiedensten Formaten vor, darunter VHS, Betamax, MiniDVs, zahlreichen der in den achtziger Jahren in Ostasien sehr populären Video-CDs (VCDs), sowie den heute geläufigen DVDs und Blu-rays – und oft sind auf einer DVD oder Blu-ray mehrere Sprachversionen und Untertitelungsvarianten zu finden.

Digitale Infrastruktur der Bereichsbibliothek Ostasien

Das große Spektrum an Datenträgern und Formaten führt dazu, dass unterschiedliche Geräte für die Wiedergabe vorgehalten werden müssen. Um auf diese Endgeräte verzichten zu können und die Filme dadurch leichter zugänglich zu machen, wird die gesamte Sammlung derzeit digitalisiert. Zudem soll die Nutzung damit auch langfristig und unabhängig von der Haltbarkeit der Original-Datenträger gewährleistet werden. Aufgrund budgetärer Beschränkungen kann im Zuge der Digitalisierung allerdings keine Verbesserung der medienbedingt sehr uneinheitlichen Bild- und Tonqualität durchgeführt werden.

Das angestrebte Nutzungsszenario sieht vor, dass authentifizierte Mitglieder der Universität Heidelberg die Filme der Sammlung direkt über einen permanenten Link im entsprechenden Datensatz des Universitäts-OPACs bestellen und für eine Woche ‚ausleihen', d.h. im kopiergeschützten streaming-Format auf einem Endgerät eigener Wahl (PC, Tablet, Handy) ansehen können. Analog zum physischen Originalmedium, das nun nur noch zu Archivzwecken im geschlossenen Magazin aufbewahrt wird, steht der Film aus urheberrechtlichen Gründen in dieser Zeit anderen Nutzern nicht zur Verfügung.

Die Digitalisierung der Sammlung eröffnet gleichzeitig aber auch weitere Möglichkeiten der Nutzung, unter anderem die der Videoannotation. Diese Funktion ist als Teil einer umfassenderen digitalen Infrastruktur konzipiert, in welcher einerseits die digitalen Bild-, Film-, Ton- und Text-Ressourcen der Bibliothek über die regulären discovery tools erschlossen und zugänglich gemacht werden. Darüber hinaus soll im Rahmen von Unterricht und Forschung auch das interaktive Arbeiten mit diesen Ressourcen durch Anreicherung von Metadaten, Schlagworten und Annotationen ermöglicht werden, etwa auf der Basis des *Web Annotation Data Model*[15] *oder TEI* [16]. Dabei können auch Elemente von Bildern, Szenen aus Filmen oder Sequenzen in Musikaufnahmen markiert und Informationen oder Kommentare zu diesen Ausschnitten hinzugefügt werden. Diese Annotationen wiederum sollten als Teil der Metadaten des entsprechenden Objekts für entweder alle oder nur bestimmte Nutzer recherchierbar und zugänglich sein, wo sinnvoll und möglich auch über den regulären OPAC der Universität.

Herausforderungen multilingualer Untertitel- und Tonspuren

Wie in den vorigen Abschnitten demonstriert, bietet sich *Pan.do/ra* grundsätzlich an, um Annotations-Funktionalitäten für audiovisuelle Ressourcen einzubinden, die in Forschung und Lehre eingesetzt werden können. Im Rahmen des angestrebten Nutzungsszenarios als digitale Videothek, speziell in einem multilingualen Kontext, bestehen jedoch einige Einschränkungen.

Bei einem substantiellen Anteil der Filmsammlung der Bereichsbibliothek Ostasien sind multiple Audiospuren und Untertitel vorhanden. So wird zum Beispiel bei Filmen aus der Volksrepublik China der regionalen sprachlichen Diversität Rechnung getragen, indem neben einer Version in Hochchinesisch nicht selten eine oder mehrere Regionalsprachen (z.B. Kantonesisch) sowie Englisch und andere Sprachen als zusätzliche Audiospuren und Untertitel zur Verfügung stehen.

Pan.do/ra verwendet das Container-Format WebM.[17] Audiovisuelle Medien werden nach dem Import in dieses Format konvertiert, welches Video- und Audiospuren beinhalten kann. Die Transkodierung, die in *Pan.do/ra* standardmäßig implementiert ist, sieht jedoch nur eine Audiospur vor. Auch wenn auf dem Originalmedium multiple Audiospuren vorhanden sind, wird daher nur die erste im WebM-Container gespeichert. Selbst wenn der Film im Vorfeld mit verschiedenen Audiospuren kodiert wird, kann der Video-Player von *Pan.do/ra* diese nicht identifizieren, und es ist auch keine Funktionalität vorhanden, zwischen Tonspuren zu wechseln. Um einen Film in unterschiedlichen Sprachversionen anbieten zu können, muss das Video daher vor der Verarbeitung auf *Pan.do/ra* jeweils mit der gewünschten Audiospur in einen eigenen Container gepackt werden. Dies führt bei Filmen mit vielen Sprachversionen schnell zu beträchtlichem Speicherbedarf.

---

15 https://www.w3.org/TR/annotation-model/ (14.06.2019).
16 https://tei-c.org/ (14.06.2019).
17 https://www.webmproject.org/ (14.06.2019).

Sind zusätzlich mehrere Untertitelversionen vorhanden, wird dieses Problem noch potenziert. WebM bot zum Zeitpunkt der Testphase (2016/17) keine Möglichkeit, Untertitel mit im Container abzuspeichern. Diese mussten daher zusätzlich bereitgestellt werden. In *Pan.do/ra* geschieht dies mit SubRip Text-Dateien (.srt), welche aus einem numerischen Identifikator, Zeitmarkern und dem eigentlichen Text des Untertitels bestehen. Diese textbasierten Untertitel können als zusätzliche Ebene über den Film gelegt werden. Als problematisch erweist sich hierbei, dass Untertitel standardmäßig nicht als Text, sondern in der Regel als Bitmap-Grafiken auf den Originalmedien (DVD, Blu-Ray) vorliegen. Textbasierte Untertitel müssten erst aus diesen Grafiken durch optische Zeichenerkennung (OCR) extrahiert werden. Für alphabetische Schriften können mithilfe spezialisierter Programme (z.B. subRip, subedit) relativ zuverlässige Ergebnisse erzielt werden. Durch manuelle Eingabe oder die Verarbeitung von Bildkorpora (mit zugehörigen Texten) kann hierbei das OCR-Programm so trainiert werden, dass einzelne Textzeichen zuverlässig auf den Untertitel-Grafiken identifiziert werden können. Um die deutlich komplexeren asiatischen Schriftzeichen erkennen zu können, reicht die Qualität der Bitmap-Grafiken allerdings nicht aus. Bei der geringen Auflösung der Untertitel-Grafiken ‚fließen' die Schriftzeichen so stark ineinander, dass sie nicht mehr automatisiert demarkiert werden können. Es werden dadurch zumeist falsche oder überhaupt keine Schriftzeichen erkannt.

Da es in *Pan.do/ra* derzeit noch keine Möglichkeit gibt, bildbasierte Untertitel anzuzeigen, müssten für einen großen Teil der Filmsammlung der Bereichsbibliothek Ostasien die Untertitel-Grafiken fest auf der Videospur ‚eingebrannt' und für jede Untertitelvariante ein eigener WebM-Container erstellt werden. In Kombination mit unterschiedlichen Tonspuren hätte dies zur Folge, dass der gleiche Film teilweise in mehr als einem Dutzend Versionen vorgehalten werden müsste. Neben dem enormen Speicherbedarf ergibt sich hieraus auch die Problematik, dass diese Versionen innerhalb von *Pan.do/ra* nicht sinnvoll und anwenderfreundlich miteinander in Beziehung gesetzt werden können. Es wäre daher wünschenswert, wenn in *Pan.do/ra* eine dynamische Sprach- und Untertitelauswahl implementiert werden könnte.

Die Einbindung von Annotationen wirft in diesem Kontext weitere Fragen auf. Bei Annotationen, die sich auf den Film an sich beziehen, also nicht an eine bestimmte Sprach- oder Untertitelvariante gebunden sind, müsste die Referenz idealerweise auf einer Ebene erfolgen, bei der Sprache und Untertitel noch frei wählbar sind. Annotationen können sich aber auch auf eine bestimmte Sprach- und/oder Untertitel-Version beziehen, z.B. weil sie Übersetzungen kommentiert. Sollte *Pan.do/ra* eine dynamische Sprach- bzw. Untertitelauswahl anbieten, müsste darüber nachgedacht werden, wie ein eindeutiger Bezug zwischen Annotation und zugehöriger Sprach- oder Untertitelversion hergestellt werden kann.

Pan.do/ra bietet ein feinstufiges System zur Vergabe und Verwaltung von Nutzer- und Zugriffsrechten. Für eine effiziente Nutzung als digitale Videothek wären einige zusätzliche administrative Funktionen wünschenswert. Bisher

können Anwendern zwar Rechte auf einzelne Filme oder Kollektionen einge-
räumt werden, diese aber programmatisch u.a. nicht zeitlich begrenzt werden
(beispielsweise auf eine Woche). Somit ist bei einer größeren Zahl von Nutzern
viel administrative (Hand-)Arbeit erforderlich. Zudem ist kein Schutz der Film-
daten implementiert. Ein angemeldeter Nutzer kann alle Filme, auf die Zugriff
besteht, relativ einfach herunterladen, da die Filmcontainer über einen einfachen
Video-Tag in die Plattform eingebunden sind. Denkbare Möglichkeiten, um das
Downloaden des Filmmaterials zumindest zu erschweren, wären z.B. das Streamen der Filme in kleinen HTTP-basierten Datei-Segmenten oder das Laden als
Blob-URL.[18]

Um *Pan.do/ra* nicht nur als Videoannotationstool, sondern als vollwertige digitale Videothek der Bereichsbibliothek Ostasien nutzbar zu machen, sind daher
substanzielle Anpassungen und Funktionserweiterungen erforderlich. Hierbei
steht in erster Linie die Codierung multipler Audiotracks und die Erweiterung
des Videoplayers, um diese Audiospuren auch auslesen und abspielen zu können. Darüber hinaus sind die Implementierung einer Anzeige von Bitmap-Unter-
titeln sowie eine optimierte Nutzerverwaltung notwendig.

Eine entsprechende Erweiterung der Funktionalitäten von *Pan.do/ra* wurde
angestrebt, ließ sich aber nicht kurzfristig umsetzen. Stattdessen beschloss die
BOA, die Annotationsfunktionen von *Pan.do/ra* von der digitalen Videothek zu
trennen.

Digitale Videothek

Für das als digitale Videothek fungierende Filmrepositorium wurde instituts-
intern eine Plattform entwickelt, die auf *Dynamic Adaptive Streaming over http*
(DASH) basiert.[19] Filme werden zunächst vom Datenträger vollständig in MP4-
Container konvertiert, alle Audiospuren und Untertitel in verschiedenen Bitraten
extrahiert und schließlich segmentiert. Die Informationen über die einzelnen Bestandteile werden in der Media Presentation Description (MPD), einer speziellen
XML-Datei festgehalten. Ein Video-Player basierend auf Dash.js setzt die Komponenten für das Streaming mithilfe dieser XML-Datei zusammen. Dies geschieht
adaptiv, d.h. basierend auf der Internetverbindung wird die Bitrate des Filmes
automatisch bestimmt. Innerhalb des Players können Audiospuren und Untertitel beliebig ausgewählt und kombiniert werden.

Über die Filmplattform können berechtigte Nutzer nun einen Film aus dem
Katalog auswählen und über ein Formular eine Leihanfrage senden. Liegt der

---

18 Dabei handelt es sich um ein Protokoll, mit dem Blobs (Binary Large Objects) referenziert
   werden können. Ein Blob ist eine größere Menge an binären Rohdaten, z.B. auch Video- und
   Audiodateien. Im Gegensatz zu ,regulären' URLs werden Blob-Urls mit JavaScript intern
   im Browser ,konstruiert' und aufgerufen. Die Referenz zum Objekt ist nur in der aktuellen
   Browser-Session gültig und nach außen nicht sichtbar.
19 https://standards.iso.org/ittf/PubliclyAvailableStandards/c065274_ISO_IEC_230091_2014.zip
   (14.06.2019) und https://www.iso.org/standard/65274.html (14.06.2019).

Film bereits digitalisiert vor und ist nicht gerade von einem anderen Nutzer ,entliehen', erhält der anfragende Nutzer eine E-Mail mit einem zufällig generierten Streaming-Link, welcher für eine Woche gültig ist. Nach Ablauf der Woche wird der Film wieder für andere Nutzer freigegeben oder muss über das ursprüngliche Formular erneut ausgeliehen werden. Wurde der Film noch nicht digitalisiert, erhalten Mitarbeiter der BOA per E-Mail den Auftrag, den Film zu digitalisieren, was in der Regel innerhalb eines Arbeitstages geschieht. Nach Abschluss der Digitalisierung und Konvertierung in das DASH-Format wird automatisch eine E-Mail mit Streaming-Link an den Nutzer generiert.

Unabhängig von diesem Angebot ist geplant, die Filme auch über Pan/do.ra anzubieten, um im Rahmen der digitalen Infrastruktur die Möglichkeiten der Videoannotation in Forschung und Lehre bereitzustellen. Wünschenswert wäre natürlich, wenn die Funktionen der digitalen Videothek und die der Videoannotation in einer Plattform wie Pan/do.ra vereint werden könnten. Hierfür müsste Pan/do.ra jedoch noch erheblich weiterentwickelt werden, um die hier beschriebenen Erfordernisse als Filmrepositorium zu erfüllen.

Pan.do/ra in der Zukunft

Die beschriebenen Anwendungsszenarien haben ergeben, dass die Software grundsätzlich gut geeignet ist, um als Werkzeug zur Video- und etwas eingeschränkt auch Audioanalyse in Forschungsprojekten eingesetzt zu werden. Sie ist ebenfalls gut für den Einsatz in der Lehre geeignet, wenn es um kollaboratives Annotieren und inhaltliches Erschließen von Material geht. Allerdings stößt man schnell an Grenzen, wenn die Plattform als Basis für eine flexible Streaming-Lösung und die Kombination unterschiedlicher Audiospuren mit verschiedenen Untertiteln geht. Hier sind die internen Verarbeitungsprozesse unzureichend und müssen erweitert werden. Man muss allerdings fairerweise zugeben, dass die Software für einen derartigen Einsatz nicht konzipiert wurde.

Desiderata

In den typischeren Anwendungsszenarien wurden mehrere Bereiche identifiziert, in denen Bedarf an Weiterentwicklungen besteht: Exportfunktionalitäten, Auswertung qualitativer Analysen, kontrollierte Vokabulare, projektbasierte Annotationsspuren sowie dynamische Ausgabeformate.

1. Die Exportfunktion sollte gewährleisten können, dass die korrekten Zeitfenster in Video- und Audio-Daten abgespeichert werden. Dabei sollte es möglich sein, auch die zugehörigen Metadaten zu exportieren, sowohl für Sequenzen als auch für Standbilder. Die Ausgabe von Annotationen über .srt funktioniert zwar, ist aber nicht mehr zeitgemäß. Die Daten könnten beispielsweise als Embedded Metadata in den jeweiligen IPTC- oder EXIF-Headern, als XMP sidecar file oder im Web Annotation Format ausgegeben werden. Zusätzlich wäre eine Ausgabe der URL der annotierten Se-

quenz wünschenswert, um vom exportierten Medium wieder zurück zur
Annotation in die Datenbank zu gelangen.

2. Die Inhalte aller Spuren, sowohl Text-Annotationen als auch Bilder (z.B.
   Untertitel) sollten als Overlay über die Filmsequenz gelegt werden können
   – sowohl in der exportierten Sequenz als auch in der Datenbank selbst.

3. Obwohl *Pan.do/ra* nicht für qualitative Analysen gedacht ist, lassen sich
   doch viele der in diesem Kontext benötigten Annotationen als Schlagwörter kodieren. Es fehlt jedoch eine Möglichkeit diese Ergebnisse zu visualisieren. Immerhin ist es möglich, Daten an andere Tools über .srt Dateien
   weiterzugeben.

4. Sämtliche Annotationen werden in *Pan.do/ra* zeitbasiert gespeichert. Bei
   Schlagwörtern bedeutet das, auch wiederkehrende Keywords werden separat erfasst, weil sich der Zeitstempel unterscheidet. Für die Annotation
   mit kontrollierten Vokabularen, entweder lokalen Wortlisten oder externen
   Thesauri (beispielsweise die Getty Thesauri oder die Gemeinsame Norm-
   datendatei) müsste jedoch eine term-basierte Implementierung erfolgen.

5. Es hat sich als hinderlich herausgestellt, dass manche Einstellungen der
   Software nur global geändert werden können. Beispielsweise wäre die An-
   passung der verfügbaren Annotationsspuren auf Projektebene (oder nach
   Nutzergruppen) eine sinnvolle Erweiterung.

6. *Pan.do/ra* legt entscheidenden Wert auf den Einsatz freier, lizenzgebühren-
   freier Datenformate und Kompressionsalgorithmen, was grundsätzlich zu
   begrüßen ist. Allerdings hat sich die Beschränkung auf nur eine Audiospur mehrfach als problematisch.

7. Bei Annotationen von A/V-Material sollte zwischen Annotationen auf
   Film-, Videospur-, Audiospur- und Annotationsspur-Ebene unterschieden
   werden können. Wie im Artikel beschrieben, ist dies insbesondere bei Material mit mehreren Audio- und Untertitelspuren von großer Bedeutung.

8. Das Herunterladen des Filmmaterials sollte technisch zumindest erschwert werden. Möglichkeiten wären z.B. das Streamen der Filme in kleinen HTTP-basierten Datei-Segmenten oder das Laden als Blob-URL.

Die Einbeziehung von digitalem Material in der Lehre, insbesondere bisher un-
erschlossener Filme, stellt einen hohen Zusatzaufwand für Dozenten dar und
bringt deutlich erhöhte Anforderungen an die Studierenden mit sich. Seminare
müssen neben der Vermittlung der wissenschaftlichen Hintergründe auch erreichen, dass Studierende die digitale Technik nicht nur verstehen, sondern auch im
Sinne der Fragestellungen des Seminars anwenden und inhaltliche Auswertungen vornehmen können. Die HRA hat dabei in anderen Seminarkontexten, beispielsweise in Zusammenarbeit mit Dr. Cathrine Bublatzky vom Lehrstuhl Visual
and Media Anthropology gute Erfahrungen mit neuen Unterrichts-Modellen machen können. Zwei davon haben sich dabei besonders gut bewährt:

- Modell 1: Anlage als 2-semestriger Kurs. Dabei können im ersten Teil die wissenschaftlichen Hintergründe intensiver erarbeitet und im zweiten Teil im digitalen Medium von den Studierenden umgesetzt bzw. angewandt werden.[20]
- Modell 2: Ausstattung des Seminars mit einem begleitenden Tutorium, über welches die praktische Arbeit mit einer Software betreut und Fragen in Bezug auf die Umsetzung der Studierenden-Projekte aufgefangen werden.[21]

Wenn in Vorbereitung auf ein Seminar festgestellt wird, dass die unterschiedlichen Herangehensweisen an Video-Material zu neuen Anforderungen und funktionalen Erweiterungen einer Software führen, müssen diese möglichst zeitnah umgesetzt werden. Die Einbeziehung des *Pan.do/ra*-Entwicklerteams hat sich nach zunächst positiven Erfahrungen trotz vorhandener Finanzierbarkeit auf Dauer eher nicht bewährt. Weiterentwicklungen auf Programmebene müssen daher in Zukunft durch den Einsatz zusätzlicher Kräfte angegangen werden. Auch wird die Vernetzung mit anderen Forschern und Institutionen, die sich mit der Annotation von Bewegtbild beschäftigen, immer wichtiger werden, sei es, um Nutzerszenarien auszutauschen, sich zu Datenstandards und Nachhaltigkeit zu verständigen oder auch um gemeinsam die Entwicklung von Lösungen voranzutreiben. Hierzu hat sich in jüngster Zeit eine DHd Arbeitsgruppe Film und Video konstituiert, um sich u.a. auch genau um diese Bereiche koordinierend zu kümmern.[22]

Bisher war die Software auf Servern der HRA im HCTS installiert und wurde von deren Mitarbeitern betreut. Dauerhaft kann aber kein einzelnes Institut einen solchen Service anbieten, dabei müssten Zugang und Nutzbarkeit universitätsweit angeboten werden. Die Zusammenführung der Aktivitäten des HCTS mit dem *Zentrum für Ostasienwissenschaften* (ZO) und dem neuen *Centre for Asian and Transcultural Studies* (CATS) ist ein erster und wichtiger Schritt zur Verbesserung der Nachhaltigkeit des Systems. Ein universitätsweites Angebot kann jedoch letztlich nur über eine zentrale Universitätseinrichtung gewährleistet werden. Hierzu gab es bereits erste Vorgespräche mit der Universitätsbibliothek.

---

20 Beispiel für einen 2-semestrigen Kurs: *Ethnografische Fotografie in Asien und Europa – Ein transkultureller Ansatz.* Während sich die Studierenden im ersten Teil mit theoretischen und methodischen Fragen über Fotografie in der Ethnologie auseinandersetzten, bestand die Aufgabe im zweiten Teil darin, eigene Projekte zu erarbeiten, um Möglichkeiten und Grenzen ethnografischer Fotografie zu erfahren. Die Umsetzung erfolgte dann in Form von datenbankgestützten visuellen Essays; http://www.asia-europe.uni-heidelberg.de/en/ research/ hcts-professorships/visual-and-media-anthropology/teaching/student-projects/ethnographic-photograhy-in-asia-and-europe.html (14.06.2019).

21 Die HRA hat Tutoren für die Unterstützung von Dozentinnen, Dozenten und Studierenden beim Einsatz der Hyperimage Forschungsumgebung (http://hyperimage.ws/de/) ausgebildet und eingesetzt; http://www.asia-europe.uni-heidelberg.de/en/research/hcts-professorships/ visual-and-media-anthropology/teaching/student-projects/hyperimage.html (14.06.2019).

22 http://dig-hum.de/ag-film-und-video (14.06.2019) bzw. https://dhdagfilm.hypotheses.org/ (14.06.2019)

Videoannotation in der Zukunft

Wie wir zu zeigen versucht haben, ist die Videoannotationsdatenbank *Pan.do/ra* für eine Reihe von Anwendungen durchaus gut geeignet.[23] Gleichzeitig muss man feststellen, dass ein einzelnes System nicht allen Ansprüchen gerecht werden kann – das ist auch weder notwendig noch sinnvoll. Vielmehr geht es darum, für die jeweiligen Fragestellungen möglichst zielführende Werkzeuge einzusetzen. Rückblickend wäre in unserem ersten Szenario möglicherweise der Einsatz einer stärker auf qualitative Analysen ausgerichteten Software sinnvoller gewesen, obwohl *Pan.do/ra* auch hier zu guten Forschungsergebnissen geführt hat. Im zweiten Szenario könnte man sich für die Zukunft anschauen, ob nicht ein anderes Seminar-Modell gewählt werden kann. Im dritten Szenario haben wir anschaulich gemacht, wie schnell Anwendungen im multilingualen Kontext an Grenzen stoßen können und warum es manchmal besser ist, für eine neue Anforderung auf eine andere Softwarelösung zu setzen.

Die Arbeit mit Bewegtbild-Material im DH-Kontext ist in jüngster Zeit stärker in den Vordergrund getreten. Neben der bereits erwähnten Gründung der DHd AG Film und Video, fanden ein Workshop zu *Multimodalen Herangehensweisen an Visuelle Materialien* in Passau[24] statt, stand die Jahrestagung der Digitalen Geisteswissenschaften im deutschsprachigen Raum (DHd 2019) unter dem Motto „Digital Humanities: multimedial und multimodal"[25] und auch auf der *Digital Humanities Conference 2019* in Utrecht waren viele Vorträge und Panels mit Bezug auf A/V-Medien vertreten.[26]

Eine letzte, aber wichtige und grundlegende Fragestellung ist die Nachhaltigkeit der entstandenen Daten, seien es Filme, Annotationen oder begleitendes Material. Diese sollten in einem maschinenlesbaren Standardformat unabhängig von Anwender-Interfaces aufbewahrt und nachnutzbar gemacht werden kön-

---

23 Dies wurde erst kürzlich durch das große Interesse am Workshop „Annotation of audio-visual data" auf der 2nd Heidelberg Computational Humanities Summer School (HCH19) bestätigt. Vgl. https://hch19.cl.uni-heidelberg.de/ (15.07.2019).
24 *Towards New Horizons in Digital Humanities: Multimodal Approaches for Visual Media*, University of Passau, 15. bis 16. März 2019; http://www.phil.uni-passau.de/fileadmin/dokumente/ lehrstuehle/rehbein/PACE/Workshop.pdf (15.07.2019)
25 So hielt die Filmwissenschaftlerin Barbara Flückiger die Opening Keynote der Konferenz über computergestützte Filmanalyse. In ihrem Forschungsprojekt wurde eine neue Datenbank VIAN (visual video annotation and analysis) auf FileMaker Basis entwickelt, da „eine umfassende Analyse der bestehenden Systeme" zu „ernüchternden Ergebnissen" führte; *DHd 2019. Digital Humanities: multimedial & multimodal. Konferenzabstracts*, hg. v. Patrick Sahle, Frankfurt 2019, S. 13–21, hier S. 14, URL: https://zenodo.org/record/2596095 (15.07.2019).
26 Besonders erwähnenswerte Initiativen sind dabei die Experimente des Distant Viewing Lab Richmond (URL: https://www.distantviewing.org, 15.07.2019), die Bild- und Videomaterial unterstützenden Softwareprojekte der Oxforder Visual Geometry Group (URL: https:// www.robots.ox.ac.uk/~vgg/software/, 15.07.2019), das Media Ecology Project Dartmouth (URL: http://mediaecology.dartmouth.edu/wp/, 15.07.2019), die holländische CLARIAH Media Suite (URL: https://mediasuite.clariah.nl/, 15.07.2019), sowie die u.a. mit der Plattform Advene arbeitende Forschergruppe Affektrhetoriken des Audiovisuellen Berlin/Potsdam (URL: http://www.ada.cinepoetics.fu-berlin.de, 15.07.2019).

nen. Gerade in diesem Bereich ist in den letzten Jahren viel Bewegung in die Community der mit Annotationen befassten Wissenschaftsbereiche gekommen. Hierbei kamen entscheidende Impulse vom *International Image Interoperability Framework* (IIIF).[27] Im Zusammenhang mit dieser Initiative hat sich eine *IIIF A/V Technical Specification Group*[28] konstituiert, die an speziellen Erweiterungen für die Erstellung und Präsentation von Annotationen von A/V-Materialien arbeitet.[29] Auf dem Workshop textAV wurden im September 2018 bereits erste vielversprechende Prototypen vorgestellt.[30] Auch *Europeana* ist aktiv in die Mitarbeit bei der Weiterentwicklung von IIIF und IIIF AV eingestiegen.[31] Seit Version 3.0 der IIIF API ist das Annotieren von A/V Materialien möglich.[32] In Anbetracht des gewaltigen Impetus der IIIF-Initiative im Bereich Image-Service und Image-Annotation kann von einer richtungsweisenden Entwicklung ausgegangen werden, die schon bald die Landschaft der Videoannotationsdatenbanken grundlegend verändern wird.

Literaturverzeichnis

Arnold, Matthias, Eric Decker und Thorsten Wübbena, „‚Losing My Religion' – Einsatz der Videoannotationsdatenbank Pan.do/ra in der kunstgeschichtlichen Analyse von Musikvideos", in: *Grenzen und Möglichkeiten der Digital Humanities*, hg. von Constanze Baum und Thomas Stäcker, Wolfenbüttel 2015 (Sonderbände der Zeitschrift für digitale Geisteswissenschaften 1), DOI: 10.17175/sb001_018.

Fischer-Lichte, Erika, *Ästhetische Erfahrung: das Semiotische und das Performative*, Tübingen 2001.

Flückiger, Barbara: „Avancierte Methoden der computergestützten ästhetischen Filmanalyse", in: *DHd 2019. Digital Humanities: multimedial & multimodal. Konferenzabstracts*, hg. v. Patrick Sahle, Frankfurt 2019, S. 13–21, URL: https://zenodo.org/record/2596095 (15.07.2019).

---

27 https://iiif.io/ (14.06.2019).

28 IIIF A/V, URL: http://iiif.io/community/groups/av/ (14.06.2019).

29 Es geht dabei um die Presentation API Extension und die Audio and Video Content APIs, URL: https://iiif.io/community/groups/av/charter/ (14.06.2019).

30 Website des Treffens der Arbeitsgruppe textAV in London vom September 2018: https://textav.gitbook.io/textav-event-2018/ (14.06.2019). Interessant besonders die Vorstellung der IIIF A/V-Gruppe durch Tom Crane (URL: https://textav.gitbook.io/textav-event-2018/projects/av-work-for-iiif-and-the-context-of-that-work-for-the-british-library-tom-crane, 14.06.2019) und das Anwendungsbeispiel für ein IIIF Interactive Transcript zu den Parlamentsdebatten (URL: https://textav.gitbook.io/textav-event-2018/unconference-projects/iiif-parliamentary-debates, 14.06.2019).

31 Siehe die *Final Recommendations from the Audiovisual Media in Europeana Task Force*, URL: https://pro.europeana.eu/files/Europeana_Professional/Europeana_Network/Europeana_Network_Task_Forces/Final_reports/FinalRecommendationsTaskForceAudiovisual MediainEuropeana_20170711.pdf (14.06.2019). Seit September 2018 läuft das Project *Europeana Media*, mit dem Ziel, einen „Enhanced Unified Playout Service (EUPS)" für AV Inhalte zu entwickeln, URL: https://pro.europeana.eu/project/europeana-media (14.06.2019).

32 https://iiif.github.io/training/iiif-5-day-workshop/day-four/iiif-and-av.html (15.07.2019).

Scholz, Jan, „Dramatic Islamic Preaching: A Close Reading of 'Amr Khālid", in: *Religion and Aesthetic Experience: Drama – Sermons – Literature*, hg. von Sabine Dorpmüller, Jan Scholz, Max Stille und Ines Weinrich, Heidelberg 2018, S. 149–170.

—, „Modern Arabic Rhetorical Manuals: A Transcultural Phenomenon", in: *Engaging Transculturality: Concepts, Key Terms, Case Studies*, hg. von Laila Abu-Er-Rub, Christiane Brosius, Sebastian Meurer, Diamantis Panagiotopoulos und Susan Richter, London 2018, S. 170–184.

—, „Cicero and Quintilian in the Arab World? Latin Rhetoric in Modern Arabic Rhetorical and Homiletical Manuals", in: *Latin and Arabic: Entangled Histories*, hg. von Daniel König. Heidelberg 2019, S. 201–223.

—, Tobias Selge, Max Stille und Johannes Zimmermann, „Listening Communities? Some Remarks on the Construction of Religious Authority in Islamic Podcasts", in: *Die Welt des Islams* 48 (2008), S. 457–509.

—, Tobias Selge, Max Stille und Johannes Zimmermann, „Listening to more than Islam: Approaching identities through the auditory dimension of podcasts", in: *Orient* 51/1 (2010), S. 38–50.

Stille, Max, „Conceptualizing Compassion in Communication for Communication: Emotional Experience in Islamic Sermons (Bengali *wa'z maḥfils*)", in: *Contributions to the History of Concepts* 11 (2016), S. 81–106.

—, „Between the Numinous and the Melodramatic: Poetics of Heightened Feelings in Bengali Islamic Sermons", in: *Religion and Aesthetic Experience: Drama – Sermons – Literature*, hg. von Sabine Dorpmüller, Jan Scholz, Max Stille und Ines Weinrich, Heidelberg 2018, S. 125–148.

—, „Emotion Studies and Transcultural Studies", in: *Engaging Transculturality: Concepts, Key Terms, Case Studies*, hg. von Laila Abu-Er-Rub, Christiane Brosius, Sebastian Meurer, Diamantis Panagiotopoulos und Susan Richter, London 2018, S. 386–397.

Autorinnen und Autoren

Matthias Arnold ist wissenschaftlicher Mitarbeiter in der Heidelberg Research Architecture, der Digital Humanities Abteilung am Heidelberger Zentrum für Transkulturelle Studien der Universität Heidelberg. Hier betreut er ein breites Spektrum an digitalen Ressourcen und Plattformen, darunter *Pan.do/ra* oder HyperImage. Die konzeptuelle Mitarbeit und technische Begleitung wissenschaftlicher Datenbankprojekte über deren kompletten Lebenszyklus hinweg bildet einen Schwerpunkt seiner Tätigkeiten, beispielsweise *Early Chinese Periodicals Online* (https://uni-heidelberg.de/ecpo). Zu seinen Veröffentlichungen gehören „'Losing My Religion' – Einsatz der Videoannotationsdatenbank *Pan.do/ra* in der kunstgeschichtlichen Analyse von Musikvideos." (mit Thorsten Wübbena und Eric Decker), in: *Grenzen und Möglichkeiten der Digital Humanities*, hg. von Constanze Baum und Thomas Stäcker 2015 (Sonderbände der Zeitschrift für digitale Geisteswissenschaften 1). DOI: 10.17175/sb001_018, und *Transforming data silos into knowledge: Early Chinese Periodicals Online (ECPO)* (Konferenzband E-Science-Tage Heidelberg 2019, im Druck).

Bernhard Bermeitinger ist wissenschaftlicher Mitarbeiter am Lehrstuhl für Data Science der Universität Sankt Gallen, Schweiz. Seine Forschungen umfassen multimodale Artefakte. Er ist Mitautor mehrerer Beiträge in diesem Bereich, darunter „Object Classification in Images of Neoclassical Furniture Using Deep Learning", in: *CHDDH 2016*, „Object Classification in Images of Neoclassical Artifacts Using Deep Learning", in: *Digital Humanities 2017* und „Bildanalyse durch Distant Viewing – Zur Identifizierung von Klassizistischem Mobiliar in Interieurdarstellungen", in: *DHd 2018*.

Kirill Bogomasov ist wissenschaftlicher Angestellter und Doktorand am Lehrstuhl für Datenbanken und Informationssysteme an der Heinrich-Heine-Universität Düsseldorf. Er studierte Informatik an der Heinrich-Heine-Universität, an der er 2016 erfolgreich den Masterstudiengang absolvierte. Seine Masterarbeit schrieb er zum Thema 'Klassifizierung des Himmels in Bildern für eine automatische Auswahl einer optimierten Segmentierungsstrategie'. In seiner Forschung beschäftigt er sich mit Anwendung von Machine-Learning Techniken zur Objektsegmentierung und -Klassifizierung. Deren Anwendungsgebiete reichen von Aufnahmen von Bergen, über Aufnahmen historischer Zeitungen bis zu medizinischen Bildern.

DOI: 10.13173/9783447114608.255

Maximilian Brodhun ist seit 2013 Entwickler an der Staats- und Universitätsbibliothek Göttingen und seit 2014 als solcher im Projekt *Textdatenbank und Wörterbuch des Klassischen Maya* tätig. Forschungsschwerpunkte sind RDF, Graph-Datenbanken, Triplestores, Suchtechnologien und Datenkonversionen. Aktuelle Publikationen (Auswahl): Christian M. Prager u.a.: „The Digital Exploration of Maya Hieroglyphic Writing and Language", in: *Crossing Experiences in Digital Epigraphy: From Practice to Discipline*, hg. von Annamaria De Santis und Irene Rossi (Berlin 2018).

Martin Bullin ist wissenschaftlicher Mitarbeiter am Lehrstuhl für Medieninformatik an der Fakultät für Wirtschaftsinformatik und Angewandte Informatik der Otto-Friedrich-Universität Bamberg. Die Schwerpunkte seiner Forschung liegen in der inhaltsbasierten Bildsuche. In seiner Masterarbeit hat er sich mit dem Thema *Prädiktives Data-Mining – Klassifikation von Haushalten auf der Grundlage von Stromverbrauchs- und Immobilienportaldaten* beschäftigt.

Maria Christoforaki ist wissenschaftliche Mitarbeiterin an der Fakultät für Mathematik und Informatik der Universität Passau. Ihre Forschungsschwerpunkte umfassen Conceptual Modeling und die Digital Humanities. Sie ist Mitautorin zahlreicher Beiträge in diesem Bereich, darunter „Neoclassica – A Multilingual Domain Ontology. Representing Material Culture from the Era of Classicism in the Semantic Web" in: *CHDDH 2016*; „Object Classification in Images of Neoclassical Artifacts Using Deep Learning", in: *Digital Humanities 2017* und „Bildanalyse durch Distant Viewing – Zur Identifizierung von Klassizistischem Mobiliar in Interieurdarstellungen", in: *DHd 2018*.

Stefan Conrad ist Professor für Datenbanken und Informationssysteme an der Heinrich-Heine-Universität Düsseldorf. Er studierte Informatik an der Technischen Universität Braunschweig, wo er 1994 auch promoviert wurde. Anschließend habilitierte er an der Universität Magdeburg und wurde 2000 Professor für Praktische Informatik an der Ludwig-Maximilians-Universität München. Seit 2002 ist er an der Universität Düsseldorf. In der Forschung beschäftigt sich seine Arbeitsgruppe mit Anwendungen von Machine Learning-Techniken insbesondere zur Objekterkennung in Bildern als auch zur Textanalyse. Seit 2014 ist ein Mitglied des Graduiertenkollegs *Online-Partizipation*. Darüber hinaus interessiert er sich für die Integration heterogener Datenbanken und Informationssysteme, Multimediadatenbanken und Information Retrieval.

Katja Diederichs ist seit 2014 Mitarbeiterin für den Bereich Digital Humanities im Projekt *Textdatenbank und Wörterbuch des Klassischen Maya* und koordiniert zurzeit u.a. das Maya Image Archive, die Bilddatenbank des Projekts. Forschungsschwerpunkte sind Metadatenmodellierung von Bild- und Objektinformationen des Kulturellen Erbes, Open Science-Forschungsmethoden. Publikationen (Auswahl): *Die ‚Open Science'-Strategie im Projekt ‚Textdatenbank und Wörterbuch des Klassischen Maya'* (Bonn 2015); Christian M. Prager u.a.: „The Digital Exploration of Maya Hieroglyphic Writing and Language", in: *Crossing Experiences in Digital Epigraphy: From Practice to Discipline*, hg. von Annamaria De Santis und Irene Rossi (Berlin 2018).

Simon Donig ist wissenschaftlicher Mitarbeiter im Passau Centre for the eHumnities (PACE) und einer der geistigen Eltern des Projekts *Neoclassica*. Seine Forschungsschwerpunkte umfassen die Nutzung von AI-unterstützten Forschungsmethoden in qualitativen Disziplinen; Design- und Architekturgeschichte als digitale Kulturwissenschaft; digital unterstützte Materialkulturforschung; Erfahrungsgeschichte, Erzähl- und Gedächtnisforschung sowie Generationengeschichte vom 18. Jahrhundert bis in die Gegenwart. Er ist unter anderem Mitautor von „Neoclassica – A Multilingual Domain Ontology. Representing Material Culture from the Era of Classicism in the Semantic Web", in: *CHDDH 2016*, „Object Classification in Images of Neoclassical Artifacts Using Deep Learning", in: *Digital Humanities 2017*, „Bildanalyse durch Distant Viewing – Zur Identifizierung von Klassizistischem Mobiliar in Interieurdarstellungen", in: *DHd 2018* und Organisator des Panels „Der Ferne Blick. Bildkorpora und Computer Vision in den Geistes- und Kulturwissenschaften: Stand – Visionen – Implikationen" auf der DHd 2018. 2019 erscheint bei de Gruyter seine Monographie *Adel ohne Land – Land ohne Adel? Lebenswelt, Gedächtnis und materielle Kultur des schlesischen Adels nach 1945*.

Mark Fichtner (Dipl. Inf.) hat Informatik mit Schwerpunkt Künstliche Intelligenz an der Friedrich-Alexander-Universität Erlangen-Nürnberg studiert und war ab 2009 im DFG-geförderten Projekt *WissKI* als Mitarbeiter des Zoologischen Forschungsmuseum Alexander Koenig im Bereich der Digital Humanities tätig. 2012 wechselte er an das Germanische Nationalmuseum (GNM), wo er seit 2013 als stellvertretender Leiter der Abteilung für Museums- und Kulturinformatik und weiter in der WissKI-Entwicklung tätig ist. Seitens des GNM leitet er das BMBF-geförderte Projekt *Objekte im Netz*.

Germaine Götzelmann ist Informatikerin und Literaturwissenschaftlerin in der Abteilung Data Exploitation Methods am Steinbuch Centre for Computing (SCC) des Karlsruher Instituts für Technologie (KIT). Sie arbeitet als wissenschaftliche Mitarbeiterin im Informationsinfrastrukturprojekt des Sonderforschungsbereichs 980. Ihre Forschungsschwerpunkte liegen im Bereich Forschungsdaten, Annotationen und Big Data Analytics. Im Rahmen ihres Dissertationsprojektes erforscht sie die Einsatzmöglichkeiten von Bildähnlichkeitssuche auf digitalisierte historische Buchbestände des 16. Jahrhunderts.

Tobias Gradl (M. Sc.) ist Mitarbeiter im Projekt *CLARIAH-DE* und verantwortet darin die Konzeption und Entwicklung zentraler Softwaredienste – unter anderem der Komponenten der Datenföderationsarchitektur (DFA). Seit 2011 ist er wissenschaftlicher Mitarbeiter am Lehrstuhl für Medieninformatik der Universität Bamberg und setzt seine Schwerpunkte in Forschung und Lehre in die Bereiche Datenmodellierung, Datenintegration und Digital Humanities. In seiner

Promotion beschäftigt er sich mit domänenspezifischen Sprachen und deren Anwendbarkeit zur Definition, Modellierung und Transformation geisteswissenschaftlicher Daten.

Siegfried Handschuh ist Professor für Data Science an der Universität Sankt Gallen, Schweiz und arbeitet auf dem Gebiet der Data-Science (Semantik der Daten) und des Natural Language Processing (NLP). Seine Forschungsschwerpunkte liegen in der Kombination kompositorischer linguistischer Methoden (Verteilungssemantik und Worteinbettung) mit maschinellen Lerntechniken, insbesondere Deep Learning. Er ist u.a. Mitautor von „Neoclassica – A Multilingual Domain Ontology. Representing Material Culture from the Era of Classicism in the Semantic Web", in: *CHDDH 2016*, „Object Classification in Images of Neoclassical Artifacts Using Deep Learning", in: *Digital Humanities 2017*, und „Bildanalyse durch Distant Viewing – Zur Identifizierung von Klassizistischem Mobiliar in Interieurdarstellungen", in: *DHd 2018*, „Recognizing and Justifying Text Entailment Through Distributional Navigation on Definition Graphs", in *AAAI-18* sowie „Building a Knowledge Graph from Natural Language Definitions for Interpretable Text Entailment Recognition", in: *LREC 2018*.

Canan Hastik hat Informationswissenschaft mit Schwerpunkt Bibliothek studiert und arbeitet am Institut für Sprach- und Literaturwissenschaft der TU Darmstadt als Task Leader in den Projekten DARIAH-DE und CLARIAH-DE. Mit ihrem Forschungsinteresse an Semantic Web, Digital Humanities und digitaler Kunst und Kultur promovierte sie im Bereich Wissensdesign zum digitalen Kulturerbe (erscheint 2019 beim vwh Verlag). Sie erhielt 2012 den Maria Englert Preis verliehen vom Verein für Medieninformation und Mediendokumentation, vfm e.V. und war 2015 *Dariah*-DE Fellow im Cluster 6 Fachwissenschaftliche Annotationen der TU Darmstadt. Sie ist Mitglied im Hochschulverband Informationswissenschaft (HI) e.V., im Arbeitskreis Digitale Kunstgeschichte, im Media Art History Global Network und MEGA e.V und hält Vorträge in den Bereichen digitale Datenerfassung, -verarbeitung und -analyse. Weitere Informationen finden sich online unter http://canan.hastik.de

Philipp Hegel, geb. Vanscheidt, ist wissenschaftlicher Mitarbeiter im Informationsinfrastrukturprojekt des Sonderforschungsbereichs 980 (*Episteme in Bewegung – Wissenstransfer von der Alten Welt bis in die Frühe Neuzeit*) an der Freien Universität Berlin. Forschungsschwerpunkte: Deutschsprachige Literatur nach 1800 (Hoffmann, Holz, Spitteler, Mayröcker, Tellkamp); digitale Verfahren in der Philologie (u.a. Forschungsumgebungen, digitale Editionen). Publikationen (Auswahl): *Digitale Rekonstruktionen mittelalterlicher Bibliotheken*, hg. mit Sabine Philippi (Wiesbaden 2014); mit Hannah Busch: „Automatic Layout Analysis and Storage of Digitized Medieval Books", in: *Digital Philology* 6/2 (2017); mit Celia Krause: „Überlegungen zur quantitativen Kodikologie", in: *Quantitative Ansätze in den Literatur- und Geisteswissenschaften*, hg. von Toni Bernhart u.a. (Berlin 2018).

Andreas Henrich ist Professor für Medieninformatik an der Fakultät für Wirtschaftsinformatik und Angewandte Informatik der Otto-Friedrich-Universität Bamberg. Er ist seit vielen Jahren in Projekten zur Infrastruktur für Forschungsdaten sowie zur Suche in verteilten und heterogenen Kontexten tätig. Die Schwerpunkte seiner Forschung liegen im verteilten Information Retrieval, Suchmaschinen für Internet- und Intranetanwendungen, der inhaltsbasierten Bildsuche sowie in den Bereichen e-Learning und Blended Learning. Er ist u.a. Mitglied im Leitungsgremium des Fachbereichs Datenbanken und Informationssysteme der Gesellschaft für Informatik und Autor zahlreicher Fachbeiträge unter anderem zu Themenstellungen aus dem Bereich der Digital Humanities.

Daniel Kaltenthaler ist Informatiker und promovierte bis 2018 am Lehrstuhl für Datenbanksysteme und Data Mining des Instituts für Informatik an der Ludwig-Maximilians-Universität München. Während dieser Zeit entwickelte er zahlreiche Datenbanken für den archäologischen Bereich, u.a. OssoBook für archäozoologische Funde und ExcaBook zur Grabungsdokumentation. Im Rahmen seiner Dissertation entwickelte er Methoden zur Unterstützung des Arbeitsablaufes der archäologischen und bioarchäologischen Wissenschaften mit Fokus auf der Zusammenführung derer verteilter Daten. Heute bringt er seine Kenntnisse über verteilte Daten als Mitgründer der Cesonia GmbH, einer Firma mit dem Ziel der Entwicklung einer allgemeinen Plattform zum organisationsübergreifenden Datenaustausch, ein.

Gerhard Klassen ist seit 2017 wissenschaftlicher Mitarbeiter an der Heinrich-Heine-Universität Düsseldorf. In seiner Forschung beschäftigt sich Herr Klassen mit der Erkennung von Ausreißern in multivariaten Zeitreihen. Im Rahmen seiner Arbeit entwickelt er Verfahren zur Erkennung und Analyse von temporären Gruppen und deren Zusammensetzung.

Hubertus Kohle ist Professor am Institut für Kunstgeschichte der LMU München Forschungsschwerpunkte: Deutsche und französische Kunst des 18. Jahrhunderts bis zur Klassischen Moderne; digitale Kunstgeschichte. Relevante Publikationen: Museen digital. Eine Gedächtnisinstitution sucht den Anschluss an die Zukunft (Heidelberg 2018); Digitale Bildwissenschaft (Glückstadt 2013); mit Fotis Jannidis und Malte Rehbein (Hgg.) Digital Humanities: Eine Einführung (Stuttgart 2017), Kunstgeschichte digital. Eine Einführung für Praktiker und Studierende (Berlin 1997).

Thomas Kollatz ist wissenschaftlicher Mitarbeiter an der Digitalen Akademie der Akademie der Wissenschaften und Literatur | Mainz. Forschungsschwerpunkte: Digitale Epigraphik, Jüdische Studien. Publikationen (Auswahl): mit Michael Bender und Andrea Rapp: „Objekte im digitalen Diskurs – Epistemologische Zugänge zu Objekten durch Digitalisierung und diskursive Einbindung in Virtuelle Forschungsumgebungen und -Infrastrukturen", in: *Berlin Studies of the Ancient World. Objektepistemologien* (Berlin, 2018); „Totenlob als ‚Stylübung'? Grabschriften in Schalom Ha-Cohens Briefsteller Ketav Joscher", in: *Memoria – Wege Jüdischen Erinnerns. Festschrift Michael Brocke* (Berlin 2005); „Under the Cover of Tradition: Old and New Science in the Works of Aron Salomon Gumpertz", in: *Sepharad in Ashkenaz. Medieval Knowledge and Eighteenth-Century Enlightened Jewish Discourse* (Amsterdam 2007).

Hans Martin Krämer ist Professor für Japanologie an der Universität Heidelberg. Sein Forschungsschwerpunkt liegt in der modernen japanischen Geschichte, insbesondere der Sozialgeschichte, Religionsgeschichte und Bildungsgeschichte. In der universitären Lehre deckt er auch die Gebiete japanische Gegenwartsgesellschaft, kulturwissenschaftliche Theoriebildung und Film ab. Seit seiner Zeit als ‚Netzwerk-Hiwi' an einer Fakultät (1997 bis 1999) ist er auch an Digital Humanities interessiert, ein Arbeitsgebiet, das er auch in der Lehre zu berücksichtigen bemüht ist. Publikationen (Auswahl): „The Transcultural Turn in the Study of Religion", in: *Engaging Transculturality. Concepts, Key Terms, Case Studies*, hg. von Christiane Brosius u.a. (London 2019); *Religious Dynamics under the Impact of Imperialism and Colonialism. A Sourcebook*, hg. mit Björn Bentlage, Marion Eggert und Stefan Reichmuth (Leiden 2017).

Michael Krewet ist wissenschaftlicher Mitarbeiter im Informationsinfrastrukturprojekt *Bücher auf Reisen* und im Projekt *Prozesse der Traditionsbildung in der De interpretatione-Kommentierung der Spätantike* des Sonderforschungsbereichs 980 (*Episteme in Bewegung – Wissenstransfer von der Alten Welt bis in die Frühe Neuzeit*). Forschungsschwerpunkte: Antike, spätantike und byzantinische Philosophie; handschriftliche Überlieferung der griechischen Literatur und Philosophie (Schwerpunkt: Aristoteles); Editionsphilologie, Kodikologie, Paläographie; griechische Literatur und Historiographie. Publikationen (Auswahl): *Wissenstransfer in Scholien* (Berlin 2015); „Bilder des Unräumlichen. Zum Erkenntnispotential von Diagrammen in Aristoteleshandschriften", in: *Wiener Studien* 127 (2014); in Arbeit: *Digitale (Erst-)Edition des Anonymos Coislinianus Kommentars zu De Interpretatione*.

Hanno Lecher ist Co-Leiter der Bibliothek des Centrums für Asienwissenschaften und Transkulturelle Studien der Universität Heidelberg. Schwerpunkt seiner Tätigkeit ist unter anderem die digitale Infrastruktur an wissenschaftlichen Bibliotheken, insbesondere die für die heutige Wissenschaft zunehmende Bedeutung von Webarchivierung. Zu seinen Publikationen und Vorträgen zu diesem Thema zählen „Small scale academic Web archiving", in: *Web Archiving*, hg. von Julien Masanès (Berlin 2006), sowie „Wer braucht DACHS und wofür? Zur Nutzung eines Webarchivs im akademischen Umfeld", gemeinsam mit Miriam Seeger (Stuttgart 2013). Er ist verantwortlich für das Digital Archive for Chinese Studies (https://www.zo.uni-heidelberg.de/boa/digital_resources/dachs/) und hat zuletzt, gemeinsam mit Sebastian Vogt, das Filmportal der Bereichsbibliothek Ostasien (https://www.zo.uni-heidelberg.de/boa/collections/film/) konzipiert und umgesetzt.

Johannes-Y. Lohrer ist Informatiker und hat bis 2018 am Lehrstuhl für Datenbanksysteme und Data Mining des Instituts für Informatik an der Ludwig-Maximilians-Universität München promoviert. Im Rahmen seiner Dissertation entwickelte er zahlreiche Datenbanken für den archäologischen und bioarchäologischen Bereich, u.a. OssoBook für archäozoologische Funde und ExcaBook zur Grabungsdokumentation. In dieser Zeit erforschte er Methoden und Anwendungen zum Erfassen, Teilen, Empfangen und Analysieren von wissenschaftlichen Daten aus verteilten Datenquellen. Als Mitgründer arbeitet er heute bei der Cesonia GmbH, bei der er die Entwicklung einer allgemeinen Plattform zum organisationsübergreifenden Datenaustausch mitverantwortet.

Mieke Pfarr-Harfst ist promovierte Architektin und widmet sich in ihrer Forschung seit 2010 eingehend der wissenschaftlichen Betrachtung von Visualisierungen und speziell der digitalen 3D-Rekonstruktionen. Ausgehend von der Frage nach der Sicherung des darin enthaltenen Wissens fokussiert Frau Pfarr-Harfst sich heute vor allem auf die Betrachtung der digitalen 2D- und 3D-Visualisierungen als innovative Methode zur Erforschung und Vermittlung des kulturellen Erbes im Kontext der Geistes- und Kulturwissenschaften. Neben ihrer Dissertation *Dokumentationssystem für Digitale Rekonstruktionen*, die auch grundlegende Begriffe und Prozesse definiert und insofern als Grundlagenwerk bezogen auf die Wissensicherung und den Wissensnachweis für digitale 3D Rekonstruktionen gilt, hat sie zahlreiche weitere Publikationen veröffentlicht und ist u.a. Mitherausgeberin des Bandes *Der Modelle Tugend 2.0 – Digitale 3D Rekonstruktionen als virtueller Raum der architekturhistorischen Forschung.*

Christian M. Prager ist Koordinator des Langzeitvorhabens *Textdatenbank und Wörterbuch des Klassischen Maya*. Die an der Universität Bonn angesiedelte Arbeitsstelle der Nordrhein-Westfälischen Akademie der Wissenschaften und der Künste kooperiert mit der Niedersächsischen Staats- und Universitätsbibliothek Göttingen und erforscht seit 2014 in interdisziplinärer Zusammenarbeit die Hieroglyphentexte der Maya. Schwerpunkte seiner Forschung sind die Schrift, Sprache, Literatur und Religion der Klassischen Maya, wobei sein besonderes Interesse der digitalen Epigraphie in komparativer Perspektive gilt. Redakteur und Mitherausgeber der Fachzeitschrift Mexicon. Aktuelle Publikationen (Auswahl): *Jahrbuch Year Book Anuario 2016 – 2017: Textdatenbank und Wörterbuch des Klassischen Maya*, hg. mit Elisabeth Wagner (Norderstedt 2019); Christian M. Prager u.a.: „The Digital Exploration of Maya Hieroglyphic Writing and Language", in: *Crossing Experiences in Digital Epigraphy: From Practice to Discipline*, hg. von Annamaria De Santis and Irene Rossi (Berlin 2018).

Andrea Rapp ist nach Stationen beim Trierer Kompetenzzentrum für elektronische Erschließungs- und Publikationsverfahren in den Geisteswissenschaften und beim Digitalisierungszentrum der Staats- und Universitätsbibliothek Göt-

tingen seit 2010 Professorin für Germanistik – Computerphilologie und Mediävistik an der Technischen Universität Darmstadt. Bei ihren Forschungen zur
Sprache, Literatur und Kultur des Mittelalters ist die digitale Transformation Teil
der Fachlichkeit, so dass traditionell-philologische und digitale Verfahrenswei-
sen integrativ verbunden werden. Dies umfasst sowohl die Entwicklung digitaler Analysetechnologien, die Erstellung digitaler Editionen und Wörterbücher,
aber auch den nachhaltigen Aufbau von Forschungsinfrastrukturen sowie die
Reflexion von Digitalität in der philologischen Forschung und im Bereich des
Kulturellen Erbes.

Ruth Reiche ist Lehrkraft für besondere Aufgaben am Kunstgeschichtlichen
Seminar der Georg-August-Universität Göttingen. Sie promovierte an der Frei-
en Universität Berlin über Medienkunst. Ihr zweiter und aktueller Forschungsschwerpunkt liegt auf digitalen Methoden der Bildforschung. Sie hat die Bücher
*Ein Bild sagt mehr als tausend Pixel? Digitale Forschungsansätze in den Bild- und Ob-
jektwissenschaften,* mit Celia Krause (Glücksstadt ²2016) und *Strategien des Narrati-
ven im kinematographischen Raum* (München 2016) veröffentlicht.

Jan Scholz war Teil eines Forschungsprojektes zu islamischen Predigten des Ex-
zellenzclusters *Asien und Europa im globalen Kontext* der Universität Heidelberg.
Dort verteidigte er seine Doktorarbeit zum Thema der islamischen Predigt im
zeitgenössischen Ägypten, für die er zwischen 2011 und 2015 zu mehreren Feld-
forschungsaufenthalten in Ägypten war. Zwischen 2012 und 2013 war er für das
Orient-Institut Beirut tätig. Derzeit arbeitet er als Islamwissenschaftler am Lan-
deskriminalamt Thüringen zu den Themen Islamismus, Salafismus, Jihadismus,
islamistischer Antisemitismus und Deradikalisierung. Zu seinen letzten Publikationen zählen: „Dramatic Islamic Preaching: A Close Reading of 'Amr Khālid",
in: *Religion and Aesthetic Experience. Drama – Sermons – Literature,* hg. von Sabine
Dorpmüller u.a. (Heidelberg 2018); „Modern Arabic Rhetorical Manuals: A Transcultural Phenomenon", in: *Engaging Transculturality: Concepts, Key Terms, Case Studies,* hg. Laila Abu-Er-Rub u.a. (London 2019); „Cicero and Quintilian in the Arab
World? Latin Rhetoric in Modern Arabic Rhetorical and Homiletical Manuals",
in: *Latin and Arabic. Entangled Histories,* hg. von Daniel König (Heidelberg 2019).

Max Stille ist Wissenschaftlicher Mitarbeiter am Max-Planck-Institut für Bil-
dungsforschung, Berlin. Seine Arbeitsschwerpunkte sind Emotionsgeschichte,
Globaler Islam und Medien. Publikationen (Auswahl): „Between the Numinous and the Melodramatic. Poetics of Heightened Feelings in Bengali Islamic Sermons", in: *Religion and Aesthetic Experience. Drama – Sermons – Literature ,* hg. von
Sabine Dorpmüller u.a. (Heidelberg 2018); mit Carla Petievich: „Communities of
Code-switching Connoisseurs: Multilingualism in Islamic sermons in Bangla-
desh", in: *South Asia Multidisciplinary Academic Journal* 2018; „Emotions in Perfor-

mance: Poetry and Preaching", in: *The Indian Economic and Social History Review* 54/1 (2017. Special Issue: Feeling Communities).

Céline Tamignaux ist seit 2016 Wissenschaftliche Hilfskraft für das Projekt *Textdatenbank und Wörterbuch des Klassischen Maya*. Sie ist verantwortlich für die Erforschung und Aufbereitung der Daten und Metadaten für das Maya Image Archive, die Bilddatenbank des Projekts.

Martha Tatusch ist seit Januar 2018 wissenschaftliche Mitarbeiterin am Lehrstuhl für Datenbanken und Informationssysteme der Heinrich-Heine-Universität Düsseldorf und promoviert im Bereich des Machine Learning. In ihrer Forschung befasst sie sich mit der Erkennung von Anomalien in multivariaten Zeitreihen. Hierbei beschäftigt sich Martha Tatusch ebenfalls mit der Transformation von mehrdimensionalen Bilddaten zu multivariaten Zeitreihen um die Übertragbarkeit entwickelter Modelle zur Zeitreihenanalyse zu untersuchen.

Bernhard Thull ist Professor für Wissensmanagement und Informationsdesign an der Hochschule Darmstadt. Forschungsschwerpunkte: Wissensrepräsentation, Informationsdesign (Interaktivität, Informationsarchitektur, Datenvisualisierung), Semantic Web. Publikationen (Auswahl): Entwicklung experimenteller digitaler Archive auf Basis von Linked Data-Standards, in Performing the Archive, Theaterpolitik für ein Archiv des Freien Theaters (Hrsg.: W. Schneider, H. Fülle, and C. Henniger), Hildesheimer Universitätsschriften, 2018; mit Kerstin Diwisch und Vera Marz: Linked Data im digitalen Tanzarchiv der Pina Bausch Stiftung, in Corporate Semantic Web (Hrsg.: B. Ege, B. Humm, and A. Reibold), Springer: Berlin, Heidelberg, 2015; The digitale Pina Bausch Archive, in Inheriting Dance – An Invitation from Pina (Hrsg.: M. Wagenbach), Transcript: Bielefeld, 2014.

Danah Tonne ist promovierte Informatikerin und stellvertretende Leiterin der Abteilung Data Exploitation Methods am Steinbuch Centre for Computing (SCC) des Karlsruher Instituts für Technologie (KIT). Als Mitarbeiterin des Informationsinfrastrukturprojektes des Sonderforschungsbereiches 980 liegt ihr Schwerpunkt auf der Entwicklung eines nachhaltigen Forschungsdatenrepositoriums sowie einer angeschlossenen Annotationsinfrastruktur zur Datenanreicherung und -analyse.

Sebastian Vogt ist Co-Leiter der EDV-Abteilung des Zentrums für Ostasienwissenschaften der Universität Heidelberg. Sein besonderes Interesse gilt der Entwicklung und Bereitstellung digitaler Ressourcen im ostasiatischen Kontext. Zu seinen aktuellen Projekten gehören das Webarchiv DACHS (https://uni-heidelberg.de/dachs) sowie das Filmportal der Bereichsbibliothek Ostasien (https://www.zo.uni-heidelberg.de/boa/collections/film/).

Thorsten Wübbena hat Kunstgeschichte, Kulturwissenschaften und Geschichte studiert. Von 2000 bis 2019 war er als wissenschaftlicher Mitarbeiter im Kunstgeschichtlichen Institut der Goethe-Universität Frankfurt am Main tätig und dort von 2007 bis 2012 in leitender Funktion im DFG-Projekt *Sandrart.net: Eine netzbasierte Forschungsplattform zur Kunst- und Kulturgeschichte des 17. Jahrhunderts* beschäftigt. Zwischen 2011 und 2014 arbeitete er im DFG-Projekt *Zur ästhetischen Umsetzung von Musikvideos im Kontext von Handhelds*. In den Jahren 2014 bis 2019 baute er als Directeur de recherche am Deutschen Forum für Kunstgeschichte Paris (Max Weber Stiftung) die Abteilung Digital Humanities auf. Seit Oktober 2019 leitet Thorsten Wübbena den Bereich „Digitale Historische Forschung (DH Lab)" am Leibniz-Institut für Europäische Geschichte in Mainz. Seine Arbeitsschwerpunkte liegen im Bereich der Informationstechnologie in der kunstgeschichtlichen Forschung, hier insbesondere kulturhistorische Bild- und Forschungsdatenbanken (Datenmodelle, Wissensrepräsentation) sowie der Musikvideos. Publikationen (Auswahl): *Modellierung des Zweifels. Schlüsselideen und -konzepte zur graphbasierten Modellierung von Unsicherheiten"*, hg. mit Andreas Kuczera und Thomas Kollatz (Wolfenbüttel 2019); „(Un)ordnungen – Werkzeuge – Beziehungen. Datenbanksysteme und kunsthistorische Forschung", in: *Computing Art Reader. Einführung in die digitale Kunstgeschichte*, hg. von Peter Bell u.a. (Heidelberg 2018); mit Henry Keazor: „ASI oder ASO? ‚Artistic Swarm Intelligence' (ASI) vs. ‚Artistic Sell Out' (ASO) in den Zeiten des Web 2.0", in: *Medien als Alltag: Festschrift für Klaus Neumann-Braun*, hg. von Ulla Autenrieth u.a. (Köln 2018).

Farbteil

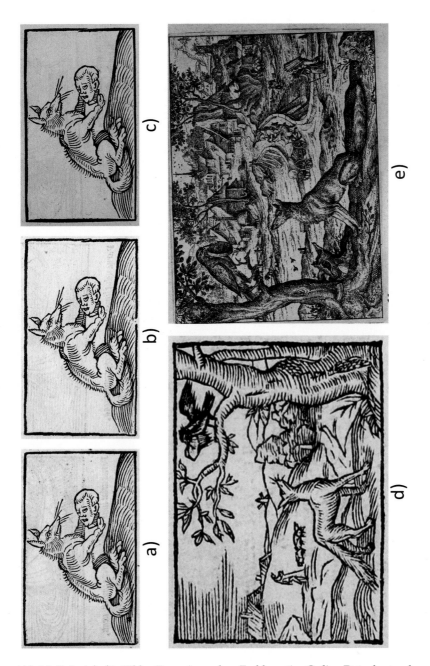

Abb. 1.1: Beispiele für Bilder (Icones) aus dem Emblematica Online Datenbestand.
Picturae by permission of University of Glasgow Library, Archives & Special Collections;
https://www.emblems.arts.gla.ac.

DOI: 10.13173/9783447114608.265

Farbteil

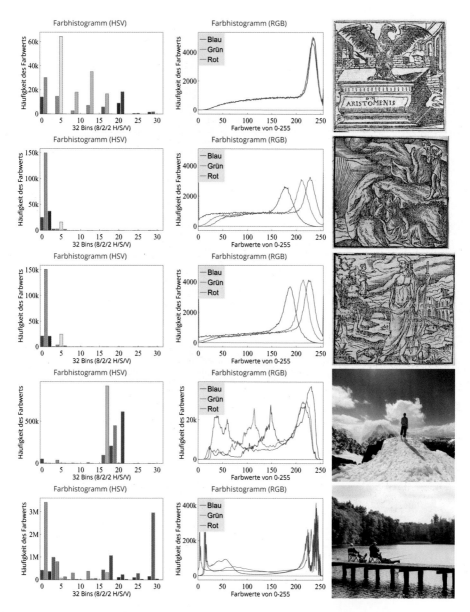

Abb. 1.2: Farbverteilungen nach dem HSV- und RGB-Farkmodell.
Abbildung, Martin Bullin und Andreas Henrich (CC BY-NC-ND).

Segmentierung mit
5 gleich großen
Segmenten

Segmentierung/
Labelling mit YOLO
Threshold=0.001

Segmentierung/
Labelling mit YOLO
Threshold=0.9

Abb. 1.3: Beispiele für sehr einfache (links) und auf Deep Learning Verfahren basierende Segmentierungen (Mitte und rechts), Abbildung, Martin Bullin und Andreas Henrich (CC BY-NC-ND).

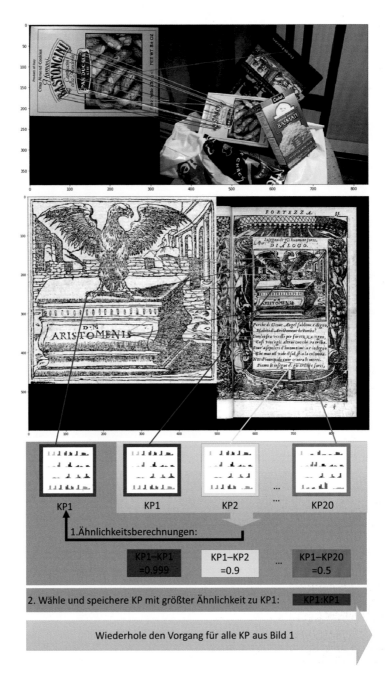

Abb. 1.4: Zuordnung ähnlicher Features mit Hilfe der SIFT-Methode,
Abbildung, Martin Bullin und Andreas Henrich (CC BY-NC-ND).

Abb. 5.1: Extraktion von Wolken, bearbeitete Abbildung; Kirill Bogomasov (CC BY 4.0). Originaldatensatz, URL: https://cvg.ethz.ch/research/mountain-localization/ (CC BY).

Abb. 5.2: Originalaufnahme einer Berglanschaft, Abbildung aus Datensatz, URL: https://cvg.ethz.ch/research/mountain-localization/ (CC BY).

Farbteil

Abb. 6.1: Technische Universität Darmstadt, FG Digitales Gestalten, *Crystalpalace* (2010),
Abbildung: Technische Universität Darmstadt (CC BY NC ND).

Abb. 6.3: Technische Universität Darmstadt, FG Digitales Gestalten, *Die Kaisergräber von Xi´an* (2006), Abbildung, Technische Universität Darmstadt) (CC BY NC ND).

Farbteil

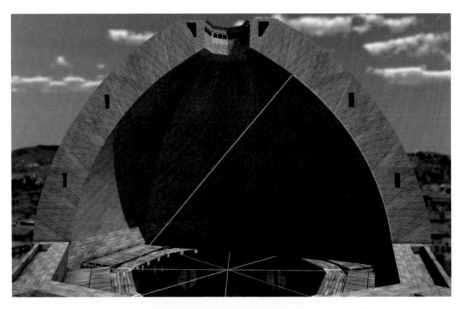

Abb. 6.4: Technische Universität Darmstadt, FG Digitales Gestalten, *Die Baugeschichte des Florentiner Doms* (2013), Abbildung, Technische Universität Darmstadt(CC BY NC ND).

Abb. 6.5: Technische Universität Darmstadt, FG Digitales Gestalten, *Die Baugeschichte des Florentiner Doms* (2013), Abbildung, Technische Universität Darmstadt(CC BY NC ND).

Abb. 7.1: August Macke: Leute am blauen See (1913), Öl auf Leinwand, 60 x 48,5 cm, Staat-
liche Kunsthalle Karlsruhe. Links: Originale Abbildung (Quelle: Wikimedia Commons),
URL: https://commons.wikimedia.org/wiki/File:August_Macke_-_Leute_am_blauen_
See_(1913).jpg), rechts: sortiert nach Farbtönen; Abbildung, Ruth Reiche (CC BY).

Abb. 7.2: Robert Delaunay: Drei Fenster, Turm und Rad (1912), Öl auf Leinwand,
130,2 x 195,6 cm, Museum of Modern Art New York. Links: Originale Abbildung
(Quelle: prometheus Bildarchiv, Datenbank: DILPS, Universität Passau, Lehrstuhl für
Kunstgeschichte und Bildwissenschaften, Universität Passau, gescannt aus: Robert
Delaunay. 1906–1914. De l`impressionnisme à l`abstraction, Ausst. Kat. Centre Georges
Pompidou, hg. von Pascal Rousseau und Jean-Paul Ameline, Paris 1999, S. 183),
rechts: sortiert nach Farbtönen; Abbildung, Ruth Reiche (CC BY).

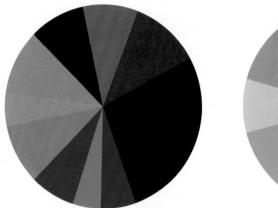
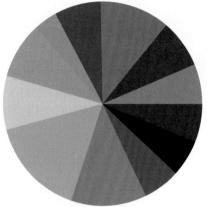

Abb. 7.4: Kuchendiagramme. Links: Macke, rechts: Delaunay;
Abbildung, Ruth Reiche (CC BY).

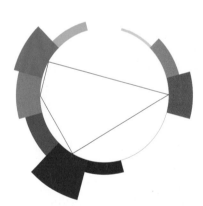
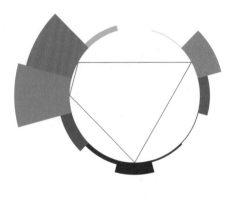

Abb. 7.5: Chord Diagrams. Links: Macke, rechts: Delaunay;
Abbildung, Ruth Reiche (CC BY).

Fig. 9.1: Arrangement of settees from the Neoclassica Open Corpus, displaying a variety
of media, modalities, degrees of abstraction and artistic techniques.
Figure, Metropolitan Museum of Art, NY (CC0).

Fig. 9.2: Parlor from the William C. Williams House, Richmond, a period room from the
Metropolitan Museum of Art, NY. Figure, Metropolitan Museum of Art, NY (CC0).

Fig. 9.3: A lay artist's depiction of an interior in the Governor's residence in Herrmanstadt (rom. Sibiu) 1841. Signed: M Sekim/ [1]841. Brush and watercoulor, gouache with accents of gold paint on paper; Frame H x W x D: 44.8 x 60.3 x 2.5 cm (17 5/8 x 23 3/4 x 1 in.) Sheet: 33.4 x 50.2 cm (13 1/8 x 19 3/4 in.); Thaw Collection; 2007-27-32.Figure, Cooper Hewitt, Smithsonian Design Museum, NY. (CC0).

Fig. 9.4: Classification results (confidence rate) for illustrating the impact of modality on the quality of a classification process, including a false positive. Left: Auguste Gaspard Louis Boucher Desnoyers: Engraving with etching, third state of three after the painting on the right. After 1808 (69.5 x 50.6 cm (sheet), 60.3 x 41 cm (plate)). Right: Portrait of Charles Maurice de Talleyrand-Perigord by by François Gérard, 1808. Oil on canvas (213 x 147 cm). Figures, Metropolitan Museum of Art, NY (CC0).

Fig. 9.5: Nominal misclassification with a classifier based on a flat labelling of the corpus. An armchair by Seddon & Sons, ca. 1790, classified as a chair. A bergère by the Jacob-Desmalter workshop, ca. 1805, classified as a fauteuil. Figure, © Victoria and Albert Museum, London.

Farbteil

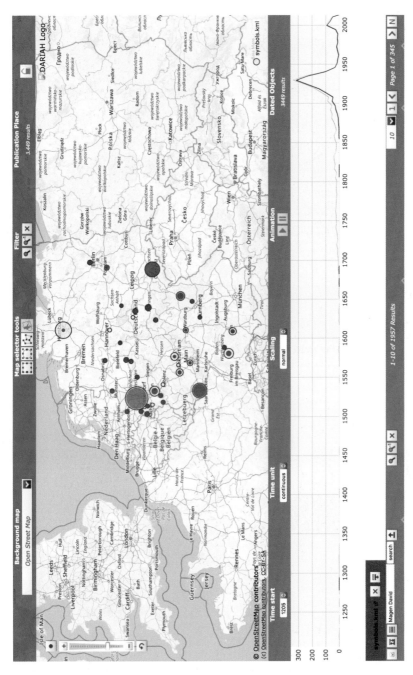

Abb. 12.1: Distribution des Davidschildes im Geobrowser.
Bildschirmfoto: Thomas Kollatz (CC BY).